アメリカ労働民衆の歴史

働く人びとの物語

野村達朗［著］

ミネルヴァ書房

アメリカ労働民衆の歴史——働く人びとの物語　目次

第Ⅱ部　二〇・二一世紀の労働民衆

序章　労働民衆史の魅力

(1) 労働民衆史とは何か

歴史学の変化

筆者が歴史学の勉強を始めた一九五〇年代までの歴史学は、単純化して言えば国家の歴史であり、民衆は統治の対象としてだけ歴史叙述の中に姿を現した。労働者や農民は「労働問題」、「農民問題」として統治者にとって問題を引き起こしたから研究対象となったのだと言えよう。大きな変化は一九六〇年代を中心に生じた。アメリカ合衆国（以下「アメリカ」と表記）では黒人の公民権運動に端を発して、さらに学園闘争、ベトナム反戦運動の高まりの中で黒人、学生、女性、アメリカ先住民、メキシコ系（チカノ）、はてはヒッピーをも含めて、様々な集団の激しい運動が社会を揺さぶった。

この時期にはいわゆる「ニューレフト史学」が台頭し、現状変革の強烈な意識に立つ研究が増え、アメリカの歴史の膨張主義的・収奪的・人種差別的本性がえぐり出された。同時にそれは歴史を、差別され、収奪され、迫害された人々の立場から、つまり「底辺から」見ようとする立場を生み出した。統治者の立場から見る歴史学から、民衆の立場から見る歴史学への転換を図る歴史家が増えた。その後、「新しい社会史」が台頭した。かつてアメリカの歴史学は主としてアングロサクソン系の上層中産階級出身者が担う上品な学問だったが、労働者、女性、黒人、移民系出身の歴史研究者が増えて、それぞれ自分たちの歴史的背景を研究するようになったことも大きい。

アメリカの「旧労働史学」の歴史

いわゆる「労働史」（レイバー・ヒストリー）の変化も著しかった。アメリカでは旧来の労働史は主として経済学者の研究領域で、いわゆる「労働運動史」、もっと限定して言えば「労働組合史」だった。アメリカ労働問題についての最初のアカデミックな研究書は一八八六年に刊行されたリチャード・T・

イリーの『アメリカにおける労働運動』である。イリーはドイツの歴史学派の経済学を学び、ヨーロッパの社会主義や社会改革運動を観察して帰国し、社会改革主義に立脚する「アメリカ経済学会」創設の中心人物となった。

二〇世紀初めにはいくつもの大学で労働問題についての講座が開始されたが、ウィスコンシン大学がアメリカ労働史研究の重要な中心となった。イリーの弟子、ジョン・R・コモンズが多数の有能な労働史研究者を育成したからである。彼の下で膨大な資料収集が開始され、それが『アメリカ産業社会史料集』全一一巻（一九一〇～一一年）となった。その上でコモンズは弟子たちを指揮してアメリカ労働運動の基本史を書くことに着手し、その成果が『合衆国労働史』全四巻（一九一八～三五年）となって刊行された。

ウィスコンシン学派を中心とするアメリカ労働史研究は次の二点を特徴としていた。第一は制度学派に立脚する経済学者を中心に研究がなされ、「制度」としての労働組合の歴史に焦点が置かれ、加えて労働条件やストライキ、企業や政府の労働政策、そして労働者の第三政党を取り上げるというのが、その実質的内容だった。

第二には体制内改革論に立ち、アメリカ労働総同盟（AFL：アメリカン・フェデレーション・オブ・レイバー）とサミュエル・ゴンパーズに代表される「ビジネス・ユニオニズム」こそアメリカに適合した正統的運動だったとして強く支持する一方、労働騎士団（ナイツ・オブ・レイバー）や世界産業労働者組合（IWW：インダストリアル・ワーカーズ・オブ・ザ・ワールド）のような改革的または急進的な労働諸運動を「ユートピア的」として斥けた。彼らによればアメリカの労働者は「階級意識」ではなく、「賃金意識」を抱くよう定められていたのであり、ラディカルな運動は「逸脱」であった。一九三〇年代の産業別組織会議（CIO：コングレス・オブ・インダストリアル・オーガニゼーションズ）台頭以降は、AFLへの批判が増えたし、またフィリップ・S・フォーナーによって代表された「旧左翼」的労働史学も存在したが、それらはイデオロギー的にはコモンズ的労働史研究に反対でありながらも、その扱う領域はほとんど同じであり、実質は「労働運動史」だったのである。

「新労働史学」の台頭とその特徴

いわゆる「ニューレフト史学」は最初は労働史に関心を寄せなかった。ニューレフト史家たちは、その強烈なラディカリズムのゆえに、アメリカの労働者階級が資本主義体制の中に統合されてしまっており、社会変革の担い手にはなりえないと考えたからである。しかしやはり「新労働史学」は一九六〇年代に誕生した。一九五〇年代の保守主義の風潮に飽き足らずに労働史研究の歩みを始めていた少数の歴史家たちが、一九六〇年代の追い風を受けて新しい道を切り開き、若い研究者たちに刺激を与えたのである。

新労働史学の一つの特徴は、研究の主要な担い手が経済学者から歴史家に転換したことだった。それに伴い、未刊行の第一次史料を利用した研究が増えた。第二に旧来の「労働運動史（労働組合史）」が「労働者階級史」へと拡大した。新労働史学は組合に所属しなかった大多数の労働者を含めて、労働者階級それ自体の歴史の究明をめざしたのである。第三に新労働史学は旧労働史学が労働者を経済的枠組みの中でだけ分析したことを批判し、労働者を人間的尊厳をもった社会的・文化的存在として把握しようとした。第四にそれは労働組合史の枠組みから解放されて、労働者を歴史の能動的担い手として捉え、歴史の全体像を作り変えようとしたのである。

多くの歴史家が労働者の歴史の面白さに熱中したのは、労働史が労働民衆の全体史として、人種、民族集団、性別、家族、地域社会、思想、宗教、娯楽、政治行動などを含む広大な領域に拡大したからだった。このような新労働史学の立場は、アメリカの歴史学が六〇年代のラディカリズムの影響を受けて「物言わざる大衆」に注目し、歴史を「底辺から」見る視座を獲得したことに求められるが、第二にアメリカの大学に労働者階級や移民の家系出身の学生、そして研究者が増え、彼らが自分たちの歴史的背景を調査するようになったことが挙げられよう。第三に社会史研究の興隆を反映し、女性史や移民史、黒人史と結びつくようになったことが挙げられる。またE・P・トムスンやエリック・ホブスボームなど、イギリスの労働史研究の新動向の影響を受けたということもあった。

労働研究の重要性

二一世紀に入った今、「新労働史学」はもう「新」労働史学ではなくなった。今日の労働組合の低迷を反映してか、アメリカでも労働史研究にかげりが射してきている。歴史研究者の間では労働史よりも女性史が、仕事よりも娯楽や消費が関心を強めているという状況もある。しかし人々の生の営みにおける労働が軽視されてはなるまい。圧倒的多数の人は働かねば生きていけない。労働がなければ消費も娯楽もありえない。人を人たらしめてきたものに労働があった。人間以外の動物が自然界に存在するものをそのままに獲得して生命を維持してきたのに対して、人間は自然物に手を加え、それが人間の発展、つまり「歴史」を作り出してきたのである。労働は歴史の原動力であった。人は労働によって社会関係を取り結び、社会的存在となっているのである。

新労働史学においては「労働者階級」という概念自体が拡大した。代表的な新労働史家のハーバート・ガットマンはアメリカ労働史に関する論文集を出し、筆者らはそれを『金ぴか時代のアメリカ』（一九八六年刊）として邦訳したが、彼は別に『奴隷制と自由の時代における黒人家族』という大著を出版していた。私が彼になぜ労働者から黒人奴隷に研究対象を変えたのかと質問すると、彼は自分は研究対象を変えていない、あの本は「奴隷労働者」（スレイヴ・ワーカー）についての社会史なのだと答えた。旧来の労働史研究では「労働者階級」を雇用されたブルーカラーの産業賃金労働者に限定し、それ以外を「労働者」概念から排除した。しかし今日の日本のアメリカ史研究においては「労働民衆」という言葉が定着している。それには一九八一年以来、毎年のアメリカ史研究者夏季セミナーの後に、「アメリカ労働民衆史研究会」が開催され、一九九五年まで続いたことが大きい。

労働者概念の拡大

労働民衆は英語で言えば「ワーキング・ピープル」である。工業労働者だけでなく、自営農民も小作人も奴隷も、事務員も、管理職も専業主婦も「労働民衆」に含まれる。大統領選挙において民主党のアル・ゴア候補も、オバマ大統領も自分が「働く家族」を代表していると語ったが、「労働民衆」は「働く家族」、つまりアメリカ国民の大多数なのである。

かつてアメリカでは所得の多い熟練労働者を中産階級（ミドル・クラス）に入れ、所得の少ない半・不熟練労働者を「労働者階級」（ワーキング・クラス）と呼ぶことが多かった。また日本では工場や作業現場で働く肉体労働者を「労働者」、オフィスで働く人々を「サラリーマン」と呼んできた。しかし筆者の言う労働民衆とは多様な仕事を行っているあらゆる種類の人々を指す。ただしもちろん少数の特権的階級のメンバーは「民衆」ではないから、彼らは「労働民衆」には含まれない。厳格な区分は困難だが、大体以上のように考えてよかろう。「労働民衆」とは多様な職種で働くすべての民衆を包摂する概念なのである。

労働民衆の多面的性格　ガットマンはまた労働民衆の多面的性格を強調した。一人の労働者は多面的存在であり、その多面性が理解されないと一人の労働者をも理解することができない。また一人の労働者の労働生活は他の労働民衆の労働生活と連なっている。ローウェルの木綿工場の女工たちが紡ぎ、織ったのは南部の黒人奴隷が育てて摘んだ綿花だったし、東部の都市労働者が食べた食料は西部の農民が育てたものであり、それを運んだのは鉄道労働者だった。すべては労働民衆の労働によって連なっていた。女性の場合、企業に雇用された「女性労働者」だけでなく、専業主婦も労働を行っている。「働いていない」とされることの多い専業主婦も重要な労働を行っている。夫の家庭外労働を可能にしたのは主婦による家事労働であり、また労働民衆を再生産させたのは主婦による生殖と育児だった。したがって筆者の考えるアメリカ労働民衆史には、農民も商店主も、黒人奴隷も、家庭の主婦も含まれる。それは働くすべての人々の歴史を明らかにしようとする、広くて、魅力的な歴史学なのである。

（2）　本書で扱う範囲

実を言うと、初め筆者はアメリカ労働民衆史は白人到来以前のアメリカ先住民の労働生活から書き始めねばならないと考えて調べ始め、また植民地時代の白人の労働生活、一九世紀において労働民衆の基幹部分だった自営農民、そして黒人奴隷についても書き始めてみたのであるが、それではあまりにも膨大となり、また筆者はそれらについての緻密な調査をしているわけではないので、省略することにした。アメリカ独立革命における都市職人の活動などきわめて興味深いテーマであるが、省略し、工業化以前の時期のアメリカ民衆の労働生活については、第1章で図式的な説明を加えるだけにした。スペース、そして筆者の能力の問題であるし、また工業化によって生じたアメリカ労働民衆の生活の変化が本書の主題だからである。

それでも本書で扱う労働民衆には多様極まりない人々が含まれている。自営農民は省いたが、賃金労働者であるカウボーイなどについては説明を加えた。本書は男性、女性、生粋アメリカ白人、黒人、移民、多様極まりない人々の物語なのである。

振り返って本書を眺めてみると、一九世紀については社会史的な説明が多いのに気づかされよう。一九世紀は現代とは異なる時代であり、社会史的な変化の面白さに満ちた時代であり、また新労働史学が大きな成果を挙げたのは一九世紀の社会史だった。それに比べると二〇・二一世紀には社会史的面白さは薄くなる。我々にお馴染みの、味気ない現代社会である。そこで二〇・二一世紀については政治史との関連を重視してみた。労働民衆の歴史はアメリカの政治体制の変化の中で動いてきたし、これからも我々がアメリカと付き合うに際して、政治との関連が重要だからである。

そしてまた働く民衆の大部分は企業に雇われて働く人々となってきたのであるから、彼らの状態の改善を図ろうとする労働運動の歴史が重要になる。アメリカにおける労働組合は二〇世紀の半ばに数量的には最盛期を迎え、その後、組織率の低下が生じた。しかし労働組合、そして広く言って「労働運動」は重要である。コロンビア大学の歴史学教授、エリック・フォーナーが言うように「アメリカの進歩的な社会変革は強力な労働運動がなければ実現できない」からである。

ともあれ、本書は一九世紀初めからほぼ二〇〇年間の、アメリカ労働民衆の歩みを描こうとする筆者の努力の所産であり、労働史研究の面白さを読者にいくらかでも伝えられたら嬉しく思う次第である。このうちの四分の一、つまり二〇世紀の半ば以降は筆者にとっては「同時代史」である。長いこと、海の彼方のアメリカの労働民衆にアメリカ史家として筆者は心を寄せてきたのである。

第Ⅰ部　一九世紀の労働民衆

第1章　前工業的社会としての出発——植民地時代から共和国初期

1　「自由な植民地」として出発したアメリカ

（1）「自由な植民地」と労働の形態

「自由な植民地」アメリカの特殊性　植民地時代から共和国初期のアメリカは「前工業的社会」であり、大西洋沿岸地域に自給性の強い農村中心の社会が広がっていた。アメリカは近代世界システムの中心である西ヨーロッパから遠く離れた僻地だった。人々は伝統的な様式を色濃く残しながら仕事に従事していた。かなり単純化して説明すれば、次のようになろう。

ラテンアメリカにおいてスペイン人が「コンキスタドール」（征服者）としてインディオ原住民の上に君臨し、原住民の労働力の収奪の上に栄華を誇ったのに対して、イギリス領植民地では白人たちは、アメリカ先住民を追い払い、彼ら自身が働く農業定住地を樹立していった。アメリカのイギリス領一三植民地はイギリス国王の勅許によって形成され、そのいくつもが「領主植民地」だったのだから、封建遺制の残存は認めねばならないが、単純化した議論をすれば、ルイス・ハーツの『アメリカ自由主義の伝統』（原著一九五五年、有賀貞訳一九六三年刊）が述べたように、アメリカは最初から封建制を欠如した社会として発足した。またマルクスは『資本論』第一巻第二五章「近代植民理論」において、アメリカをも「自由な植民地」として捉え、「自由な植民地の本質は、広大な土地が民衆の所有であり、移住者は誰でもその一部を自分の私有地にし、個人的生産手段にすることができ、しかもそうすることによって後から来る移住者が同じようにすることを妨げない」という点にあったと述べた。これはアメリカの歴史展開を考える際に非常に示唆に富む指摘である。近代化に伴うプロレタリア化（無産階級化）を避けて、独立生産者の地位を確保することをめざすヨーロッパ系白人の「自由な植民地」としてアメリカは発足したというのである。

初期アメリカの最大の特色は、多くのヨーロッパ系白人が初めは隷属と収奪に遭遇しながらも、土地所有者になるという夢を達成できたことにあった。独立的な小財産（土地）取得をめざして、白人の農地は西へ西へと拡大を続け、アメリカ先住民は駆逐された。

ヨーロッパの貧民にとって大西洋を渡る費用を捻出することが困難だった当時、多くのヨーロッパ人は「年季契約奉公人」（インデンチャード・サーヴァント）として海を渡り、四～七年間は不自由身分の隷属労働者として主人の下で働かねばならなかった。しかし年季が終わると彼らは自由民となり、農地取得をめざした。ある官吏はイギリス本国政府に次のように報告した。奉公人たちは「契約書に明記された期間が満了するや、直ちに主人のもとを辞して小さな面積の土地を獲得する。そしてそこに定住して三年か四年はきわめて惨めな貧困の中で生活するが、辛抱強く忍耐し、土地所有者となる弁済をあらゆる困難を越えて済ましていく」と。しかし広大なイギリス領植民地にあっては北と南で発展の道筋は大きく異なっていったのである。

北部——自由な白人労働の世界

合衆国の独立により、アメリカの白人はすべて自由な市民としての身分を保障された。宗主国だったイギリスは近代化が最も進んでいたし、そのイギリスから封建制度を継承せず、アメリカは近代のみを受け継ぎ、ヨーロッパ以上に近代的な国家となっていく。一八世紀末に君主のいない国家を作り上げるという偉業を成し遂げたアメリカは、一八二〇年代には多くの州で白人男性の普通選挙権を基本的に確立した。

北東部において「自由な植民地」に成立した社会は、封建的束縛から解放されて、人々の行動の自由を生み、農業社会を基盤にして、そこからやがては資本主義社会の展開が生み出された。そしてその西方では自由な農地の取得をめざして、白人の農業地域が拡大していった。アメリカの一九世紀は西に進んで農地を開拓する西漸運動の時代であり、広大な地域がアメリカ先住民の世界からヨーロッパ系白人の世界へと大変貌を遂げ、先住民は「インディアン保留地」に強制的に閉じ込められた。そしてヨーロッパ系白人の西漸運動は、無産階級への転落を避けて、独立小生産者としての自己を樹立しようとする努力だった。

南部――黒人奴隷制度の発展

南部では自由な白人農民の自営農業のほかに、黒人奴隷制度が発展した。近代の奴隷制度はヨーロッパ人による資本主義の世界的拡大の中で生み出された制度だった。イマニュエル・ウォーラーステインは資本主義を、「拡大利潤の実現をめざす市場向け生産のために成立した世界的分業体制」として説明した。その分業体制の中核地域には自由な賃金労働の体制が生まれ、近代的な自由に基づく市民社会と国民国家が花開いたが、アメリカ南部を含めて「周辺」の地域では強制労働の制度が成立していったというのである。

第3章でも再述するが、南部の特質はヨーロッパ諸国とは違って気候が温暖であり、ヨーロッパでは栽培できない各種の商業的作物、すなわちタバコ、砂糖キビ、藍、米、綿などを生産し、ヨーロッパに輸出して利潤を上げることが可能だという点にあった。そのような商業的農業を営む大農園主たちは、そのための主要な労働力をヨーロッパ系白人に求めることはできなかった。なぜなら南部植民地でも自由な白人植民者は、土地を取得して自営農民化してしまうからである。ヨーロッパ向けの商業的農産物を生産する大農園の労働力を求めて、農園主たちは不自由労働者、つまり黒人奴隷の輸入に立脚することになった。白人が自由であるがゆえに、黒人の不自由労働力が求められたのである。

一七九〇年の人口構成

一七九〇年の第一回センサス（国勢調査）に基づく計算では、アメリカ合衆国の総人口はわずか三九三万人。そのうち白人が三一七万人で八一％、黒人は七六万人で一九％を占めた。大多数の白人は自営農民だった。そしてインディアン先住民はセンサスから省かれていた。アメリカは黒人とアメリカ先住民を排除した国家として出発したのである。

(2)　独立自営農民の生活

自然と共同体の中での生活

北部でも南部でも白人の大多数は農村に住み、大部分は独立した小農場で暮らしていた。一七九〇年、人口二五〇〇人以上の集落（都市）に住んでいたのは二〇万二〇〇〇人、総人口の五％にすぎなかった。アメリカは農民の国だった。そして南部では黒人奴隷を使役する大農園（プランテーション）が広がったが、北部では大地主は少数だった。

農民の生活は大いなる自然の中で営まれていた。人々は太陽とともに起き、陽が沈んで暫くしてから就寝した。彼らは簡単な道具で耕し、自然の気まぐれに服した。道路は整備されておらず、雨が降れば馬車の通行も困難なぬかるみとなった。

それはまた共同体的（コミューナル）な生活文化だった。植民地時代の家にはプライヴァシーの欠如が著しかった。ニューイングランドでは彼らは村（タウン）の重要な事柄は「タウン・ミーティング」に集まって決めた。しかし共同体的感覚と並んで個人的な自由と独立の感覚が存在していた。それを支えたのは、彼らが生活の基盤である土地という財産を所有しているということにあった。小規模財産の所有、勤勉な労働、そして誰の命令をきく必要もない自由と独立が彼らの生活の特徴であり、朝起きる時、その日に何をするかは自分で決めた。自由とは誰からも雇われず、何をするかを他人の決定に委ねることのない生活、つまり独立と結びついていたのである。

農民の経済生活

生活のすべてを自給することなどできなかった。アメリカはイギリスの植民地としてイギリス本国の商業的利益に奉仕すべきとする重商主義体制の下にあり、植民地における市場経済の浸透が今日のアメリカ史学では強調されている。農村であっても塩も小銃も火薬も都市から、または行商人から購入せねばならなかった。イギリスから輸入される衣服は大切にされた。しかし一九世紀と比べると、コミュニティはかなりの程度まで自給自足的だった。内陸では外部市場から現金収入を得ることが困難だったから、農民の過半数は彼ら自身のニーズのために、居住する地域の内部での物々交換（バーター）を行った。また農民は税金を支払い、なんらかの製造品を購入するためにいくらかの余剰を生産せねばならなかった。

水車は広く利用されたが、耕作にあたっては人間と家畜の筋肉が動力のほとんどを提供した。二〇世紀と比べると、肉体労働の比重が圧倒的だった。農家はしばしば副業として手工業的な仕事を行った。村には鍛冶屋や車大工のような職人もおり、村人のために蹄鉄を作ったり、車を直したりした。人々は仕事の大部分を家で、また自分の畑で行った。

父親は息子に農作業の基本を教えた。家族内徒弟制度と呼んでよかろう。紡ぎ、織り、衣服を縫うことを含めて多くの仕事が女性によって家族のためになされた。母親は娘がまだ小さいうちにやさしい仕事から教え始め、娘が齢をとるにつれて、紡ぎとか織布のようなもっと難しい仕事を教えた。こうして世代から世代へと基本的な熟練が伝達された。

時として家族全員が長い冬の間、靴作りなどの仕事に従事することもあり、「夏は農民、冬はメカニック」などと表現された。農家の主婦は種々雑多な物品、石鹸、蠟燭《ろうそく》、バター、チーズなどの製造に従事した。家族が製造するものの多くは自分の家で消費するためのもの、または村人のためのものであり、遠隔市場のためのものは少なかった。村人は緊密に助けあって経済生活を営んでいた。一日の仕事は開始の時刻と終りの時刻が定まってなどいなかった。人々は必要に応じて仕事をした。家庭（ホーム）と仕事（ワーク）は分離しておらず、混じりあっていた。

2　都市で働く人々の世界

(1)　職人（アーティザン）

「ウォーキング・シティ」のなりたち

大都市はなかった。一七九〇年、最大の都市ニューヨーク市の人口は三万三〇〇〇人にすぎなかった。都市は徒歩で容易に横断できる「ウォーキング・シティ」だった。大方の住民は互いに顔なじみだった。仕事場、住宅、商店、倉庫が混在し、仕事場と住宅は同一であるか、近接していた。

それでも農村に比べると都市は複雑だった。政治的首都だったり、商業中心地だったり、都市住民は商業と製造業が生活の基盤だった。そこでは船を所有する商人から日雇い労働者にいたる多様な人々がいた。商人と弁護士、牧師がエリート層を構成した。最も富める者は商人（マーチャント）だった。マーチャントは小さな商店主ではなく、海を越えて貿易を行い、倉庫を持ち、卸売りに従事するような者たちを意味した。しかし都市住民の大部分は「労働諸階級」（レイバリング・クラーシズ）に属した。一定の職能を身につけた者たちは「アーティザン」であり、「トレーズマン」、「クラフツマン」、「アーティフィサー」などとも呼ばれた。手労働で働く者たちとエリート層は服装で区別できた。

都市職人の三身分　都市の労働諸階級には二つの種類があった。第一は職人的生産に従事するアーティザン（職人）で、第二は多様な雑役に従事する日雇い労働者（レイバラー）だった。アーティザンは製靴、樽製造、印刷、帽子製造、家具製造、葉巻製造、その他多くの職能に従事していた。アーティザンは親方（マスター）、雇われ職人（ジャーニーマン）、徒弟（アプレンティス）に分かれていた。一つの職能を身につけようと望む少年は、親方の徒弟となった。徒弟は三〜七年間、親方の下で奉公した。親方は徒弟に対してその職能の「奥義」（ミステリーズ）を教える義務があった。親方は徒弟に食事と衣服を与えた。通常、徒弟は親方と一緒に住み、世帯の一員として扱われた。

徒弟期間が終わると、彼らは雇われ職人となり、親方の仕事場で賃金のために働いた。それは彼らが自分たち自身のための仕事場を設立するのに十分な資金を得るまでのこととされており、一般に彼らは親方の地位に就くまで結婚はしなかった。雇用を求めて他の地域に移動する場合もあった。「ジャーニーマン」という言葉は中世ヨーロッパにおいて彼らが職を求めて遍歴したことに由来した。ジャーニーマンは金を貯めて独立自営の親方職人になることをめざしたが、生涯を通じて雇われ職人の状態に留まる者もいた。

親方職人は一般に年長の職人であり、自分自身の仕事場を所有し、一人でか、または雇われ職人、徒弟を動員して働き、製造工程の全体をコントロールし、製品を売った。親方は自分自身の道具で物品を生産する生産者であり、雇われ職人と徒弟の雇い主であり、仕事場の所有者であり、独立した地位を樹立していた。農業におけると同様に、独立こそ工業生産に従事する者たちの目標であり、それを可能にするために技能と財産を身につけることを彼らはめざした。若干の親方職人はかなり豊かになった。彼らは投票資格のある自由民（フリーマン）であり、独立革命において重要な役割を演じた。一八世紀末〜一九世紀初期はアメリカの職人的技能の黄金時代だった。彼らの製品は今日のアンティーク市場で非常な高値で取引きされている。

（2）その他の都市労働者

親方、雇われ職人、徒弟という階層的秩序の外にいる労働者もいた。「レイバラー」と呼ばれたのは一般に低熟練労働者だった。彼らの地位は低く、運搬人、煙突掃除夫、薪割夫、洗濯女、市街掃除夫などだった。また船への積み込み、積み下ろし、商品の運搬、その他多様な肉体労働を行った。彼らは日賃金を支払われ、不規則に雇われた。このほかに年季契約奉公人や奴隷もいた。北部の植民地は奴隷制社会ではなかったが、黒人奴隷が存在する場合があった。奴隷身分は独立革命を契機に北部では廃止されていくことになる。

前工業的労働方式

農民の場合と同様に、都市の職人や労働者も長時間働いた。日の出から日没までが普通だった。しかし仕事のペースは一年のうちの季節とか注文の量で著しく違っていた。そして仕事はしばしば家族の都合や近所付き合いで中断された。仕事とレジャーは明確に分離されておらず、「前工業的」労働習慣が普及していた。時計のリズムによってではなく、引き受けた課業（タスク）によって規定される労働である。当時の職人たちは自分の手と心が赴くままに仕事に熱中し、夜を徹して明け方まで仕事を続けることもあった。

一八世紀のアメリカ植民地では一人当たりの生産は年率〇・五％で成長したと言われる。後の時代に比べるとそれはかなり低かったが、それでも経済成長によって植民地人の生活は改善されていった。しかし不平等も拡大した。フィラデルフィアでは納税者のトップの五％が所有する財産の割合は、一六八七年の三〇％から一七七四年の五五％へと上昇したという。諸都市における貧困問題は深刻だった。

貧民救済

工業化が進んだ一九世紀と比べて、植民地時代は物質的欠乏の時代であり、白人労働民衆の間にも貧窮は広がっていた。「貧民はどこにでもいる」と考えられており、貧しいことは労働民衆にとってそれほど「恥辱」ではなかった。貧民救済の方法はエリザベス女王時代からのイングランドの方式を継承していた。都市に貧民院（プアハウス）が設置されていることもあり、自活できない貧窮者の面倒を見たが、それらは「ワークハウス」であり、収容された者たちの多くは労働を強制された。その他にそれぞれの家に住む貧窮者に食料や金銭を与える院外救済の制度があった。前工業的社会においてはコミュニティ的まとまりは強く、貧者の面倒を見ることはコミュニティの責務でもあったのである。

（3）家父長制社会

男性中心の社会組織

家族生活と職業労働との区分はあいまいだった。都市の世帯は一般に一つの職業の周りに組織されていた。住宅は仕事場または店に付着していた。そして家族全員がその仕事の一部分を行った。例えば印刷工の妻は夫が不在の時には徒弟または家族の子供たちの仕事を監督した。パン焼き工は真夜中に起きて仕事したが、妻が日中にパンを売った。

農村でも都市でも労働する家族は家父長制の下に組織されていた。父親は家族員および徒弟の生活と仕事を指揮した。妻は食事と衣服の提供、子育て、徒弟の世話、そして家事を切り回した。しかし彼女は夫の指揮に服した。男は家族の長であり、仕事場のボスだった。社会全体が家父長制的に組織されていた。世帯の長として男性は彼が責任を担うすべての者（妻、子供、奉公人、徒弟）の共通の利益を代表するというのが原理だった。すべての者は社会秩序の中で固定された場所をもっていた。各階層の者たちは上の者を敬い、下の者たちから尊敬された。アーティザンの社会的地位は裕福な商人の下にあったが、一般に日雇い労働者（レイバラー）よりも上にあった。あらゆる社会的地位の男性は日常生活において混じりあったけれども、彼らは対等な者として混じりあったのではなかった。敬服（デフェレンス）の態度が染みとおっていたのである。

男性市民の政治的権利

独立革命によって君主のいない共和国を樹立した建国初期の時期において、成人白人男性の半分を超える人々が投票権をもっていたと考えられている。これほど広く参政権が普及している国は他になかった。しかし市民としての権利を剝奪されていた人々も多かった。白人男性の間においても、年季契約奉公人はいわば短期的奴隷だった。それでも白人男性であれば、下層の民衆であっても、政治的に無視することはできなかった。正規の選挙権を所有していなくても、白人住民はしばしば「群集行動」を起こして、その権利を主張し、都市政治に圧力をかけたからである。

他方、白人女性は市民ではあったが、男性に従属する者として多様な権利を奪われていた。人口の五分の一を占めた黒人はほとんどが奴隷であり、市民としての権利などなかった。またアメリカ先住民も合衆国市民としての権利を奪われていた。したがってこの時期のアメリカはかなり非民主的な社会だった。とりわけアメリカの南部が奴隷制社会だったということは重要であった。

第2章　工業化過程の中の労働民衆——一八五〇年代まで

1　急激な経済成長と労働者階級の形成

（1）　市場革命の開始

「市場革命」とは　アメリカが「市場革命」という大きな変化の時代に本格的に入るのは、アメリカが直面した対ヨーロッパの危機が一つの契機になった。ナポレオン戦争（一七九六〜一八一五年）の余波で、一八一二〜一四年にイギリスとの間に「一八一二年戦争」が起こり、イギリスからの工業製品の輸入が途絶したのに対応せねばならなかったのである。

「市場革命」とはすべての生産と消費が市場での売買を通じて行われるようになっていく変化を指し、運輸革命、商業化、工業化を主要な構成要素としていた。イギリスと違い、アメリカの場合には機械制工場の成立という狭い意味での「産業革命」よりも、「工業化」という広い用語のほうが歴史的事態に適合しており、また工業化だけに限定しない「市場革命」という言葉が社会全体の変化を表すのに便利であり、アメリカの学界で多用されるようになっているのである。

運輸革命　一九世紀の初め、人々はそれまで何世紀にもわたってやってきたのと同じやり方で旅をし、物を運んだ。道路は劣悪だった。そこに大きな変化が生じた。国土が広大で西部に未開発の土地が広がっているアメリカでは運輸革命の意義は絶大だった。連邦政府は一八一一年にカンバーランド道という国道の建設に着手し、メリランド州カンバーランドから発して、一八三三年にはオハイオ州コランバスにまで達した。各州の道路も建設された。これらの道路の発達とともに、馬車交通が最もアメリカ的な交通風景となった。

長距離運河建設の口火を切ったのが、ニューヨーク州が州営事業として建設したエリー運河だった。ハドソン川畔の州都のオルバニーからエリー湖岸のバッファロまでモホーク渓谷に沿って東西に延々三六四マイルに及ぶ大運河であり、一八一七年に着工され、一八二五年に開通した。キロに直すと五八五キロ、日本の鉄道では東京から神戸までの距離である。これにより運輸コストが大幅に下がった。以前にはバッファロからニューヨーク市まで一トンの貨物輸送に一〇〇ドルを要したのに、一八五二年には三～七ドルしかかからなくなった。この運河は五大湖の水運と連結し、広大な中西部とつながった。その後、運河時代と言われるように各地で運河建設が進み、一八五〇年にはアメリカの運河の総キロ数は五九〇〇キロに及んだ。また河川蒸気船の黄金時代が訪れた。ロバート・フルトンがクレモント号をハドソン川に浮かべたのは一八〇七年だったが、一八五五年にはミシシッピ川を大動脈とする西部の河川運輸網において七二七隻の蒸気船が運航していた。

アメリカの鉄道建設は一八三〇年に始まった。一八四〇年全ヨーロッパの約三〇〇〇キロに対して、アメリカにはすでに約四八〇〇キロの鉄道が建設されており、一八六〇年には四万八〇〇〇キロを超え、北東部と西部をつなぐ四大幹線鉄道が成立し、工業製品は西へ、農産物は東へと運ばれ、国内市場は一挙に拡大した。

人口も経済も大膨張

市場革命によりアメリカは休みを知らない社会となった。人口は世界最高の増加率を示した。一七九〇年に三九三万人、一八〇〇年に五三一万だった総人口は、一八六〇年には三一四四万人へと膨張した。そして都市が爆発的に発展した。ニューヨーク市の人口は一八二〇年の一二万四〇〇〇人から一八六〇年の八〇万へと膨張した。

暴騰と景気崩壊のサイクル

経済成長は暴騰と景気崩壊のサイクルを伴った。一八一九～二三年には不況が襲い、その後一八二〇年代には温和な成長が続いた後、一八三〇年代の狂熱的な膨張の時代に入った。そして一八三七年に大崩落が生じ、一八四三年まで深刻な不況が続いた。一八四〇年代の後半には緩慢な成長の時期に入り、一八五〇年代には好景気の時代となり、それから一八五七年に経済収縮が起こった。このような激しい経済変動を経由しながら、経済は爆発的な成長を遂げていったのである。一九世紀の世界においてこれほど、急激な変化を遂げた国は、日本のほかにはアメリカだけだった。

（2）多様な製造業発展の道

「アメリカ工場制度の父」サミュエル・スレーター

爆発的な経済成長の中軸は工業化だった。アメリカで最初の機械制工場を設立したのはイギリスからやってきた職人、サミュエル・スレーターだった。当時のイギリスは機械の輸出、または機械の技術をもった熟練工の出国を禁止していた。スレーターは最新式の綿紡績機の構造を暗記して、一七八九年農業労働者のふりをして渡米した。そしてロードアイランド州プロヴィデンスの町でクエーカーの商人モーゼス・ブラウンの資金提供を得て、一七九三年にロードアイランド州ポータケットに水力を動力とする紡績機械を設置し、十八人の労働者で操業を開始した。これがアメリカ最初の機械制工場である。

これに刺激されて、次々に新しい木綿工場が建てられた。この種の工場はアメリカ経済史上「ロードアイランド型」と呼ばれ、ニューイングランド南部から中部大西洋沿岸地域の川沿いの地域に広く普及した。それらは経営規模も小さく、工場内では紡績だけを行い、織布は農家の問屋制家内工業に出した。これらの工場はしばしば家族全体、つまり父、母、子供を雇ったので、「ファミリー・ミル」とも呼ばれた。

ローウェル型木綿工場の始まり

その後、木綿工業では当時としては驚くほど大きな工場が建設されるようになった。ボストンの名門商人フランシス・ローウェルは一八一〇年から二年間イギリスに滞在し、力織機をつぶさに観察して帰国し、彼の記憶を職人ポール・ムーディが実地に移して機械の製作に成功した。これによって紡織一貫の機械制工場が実現した。ローウェルはボストンの大商人仲間の「ボストン・アソシエーツ」を勧誘して株式会社を作り、大金を注ぎこんで、マサチューセッツ州ウォルサムにボストン製造会社を設立し、運河を作ってメリマック川から水を引き、機械による紡績から織布までの一貫工場を建設した。河川の畔の各地に機械制工業都市が誕生した。

その代表が一八二二年に設立されたマサチューセッツ州のローウェルという町だった。ローウェルでは一八四〇年代初めに人口二万人で、九社の工場で七〇〇〇人近くの女工が働いていた。女工たちは大部分がニューイングランド農村出身の未婚の女性で、寮母の監督がついた寄宿舎に住んだ。経営者たちは博愛主義者をもって任じ、女工たちを優遇していると称し、工場とその施設をジャクソン大統領やヨーロッパからの来訪者たちを含めて見せ、多くの人々に自慢した。この種の工場は北部ニューイングランド各地に建設された。一八三一年にはマサチューセッツ州だけでも木綿工場の数は二五六に及んだ。

工場制手工業と問屋制家内工業

工業の発展は不均等だった。機械制大工場が操業している一方で、手織り職人が繁栄していた。機械を導入しないが分業化によって生産性を上げる工場制手工業も多かった。日本の経済史学で使われたかつての用語で言えば「マニュファクチャー」であるが、英語で「マニュファクチャー」といえば「製造業」一般を指すので、ここでは「工場制手工業」という言葉を使うことにしよう。そして資本による工業の組織化としては問屋制家内工業も重要だった。伝統的職人の仕事場も広く残存し、増大した。アメリカでは人口も地域も拡大しつつあったからである。

図2-1　マサチューセッツ州の木綿工場で働く二人の女性労働者

アイルランド系移民男性に取って代わられる直前の時期の写真。

出典：John M. Murrin, Gary Gerstle and others, *Liberty, Equality, Power : A Histtory of the American People* (New York and others, 1996), p.331.

問屋制家内工業では商人が人々に原料を卸し、人々は自分の家の内部で、しかし商人の指示の下で製造労働に従事した。商人はでき高に応じて金を支払い、完成品を遠隔の市場に販売した。問屋制生産の新しい局面は分業だった。以前には個々の労働者または世帯が、例えば靴のような物品の全体を製作した。しかし今や労働者は安いでき高払い賃金で物品の一部分を製造するようになった。そのよう

図2－2　マサチューセッツ州の繊維工場に仕事を求めた女工たち

出典：Richard B. Morris ed., *The U.S. Department of Labor Bicentennial History of the American Worker* (Washington, D. C., 1977), p. 225.

な生産を組織したのは資本をもつ商人だった。こうしてニューイングランドの農村には女性を含めて手工業が広がり、農家の女性は家事に従事しながら、新しい収入を得、農家は大きな市場経済の中に編入されていった。ヨーロッパでは問屋制工業は工業化に先立つものだったが、アメリカでは一九世紀になってから製造工業の発展に随伴して起こったのである。

靴工業の町リン

マサチューセッツ州リンでは植民地時代から半農（または半漁）半工の自営職人による靴製造が行われ、一九世紀初頭には靴は「テン・フッター」（三メートル四方の小屋）と呼ばれる小さな仕事場で伝統的なやり方で製造された。そこに問屋制商人が登場した。初め商人は職人たちに原料を供給し、完成品を集めて卸商人や小売商人に売った。しかしやがて彼らはリンに「セントラル・ショップ」を樹立し、熟練職人を雇い、皮革の裁断を行い、問屋制度によって個々の職人や在宅の女性のところに配分した。各仕事場で分業が行われ、完成された靴はセントラル・ショップに集められ、検査と仕上げが行われた。さらに業者は女性を直接雇って工場の中で縫製させた。リンの靴工業はかなりの規模となり、一八三七年には男性二六〇〇人、女性二五〇〇人に賃金が支払われた。ここでは商人が「産業資本家」になり、大部分の職人たちは商人資本家の下で働く賃金労働者になったのである。

既製服生産の発展

衣服はそれぞれの家庭で多くが作られたが、仕立て職人による個別的注文生産のほかに、既製服生産も発展した。とりわけ南部の奴隷用の衣服の生産が行われた。商人たちは衣服生産を問屋制の下に組織し、布の裁断をセントラル・ショップで行い、小作業場に下請けに出したり、女性の家に配達し、分業で一部分の仕事をさせて回収した。これと並行して若い未婚女性を一箇所に集めて協業させる工場制手工業方式も成長した。機械を導入せずに大工場制度の下で分業が進んだのである。一八六〇年のニューヨーク市には一万六〇〇〇人の女性の衣服労働者がいたという。旧来の仕立て職人は、ごく少数が裁断師や女性労働者の監督などの地位に上昇し、また他の少数は自分の仕事場で富裕者用の注文服の製作者となったが、多数は裁断された布の加工の下請け労働者に転落したのである。

小工場の群生　無数の小工場がニューイングランドから中部大西洋沿岸、さらに中西部の諸都市に普及した。金属加工業の発展も目覚しく、早くも一八三〇年代末にはフィラデルフィアの製造業者たちはイギリスに蒸気機関を輸出するまでになっていた。しかし工業分野における仕事が、従来の職人社会の仕組みの中で行われる場合も多かったのである。

フィラデルフィアは、一八五〇年には人口四〇万八〇〇〇人の工業的メトロポリスに発展していた。新しい工場は主として同市の外縁部に位置しており、工場の大部分は小さかった。さらに多くの労働者階級男女は工場に雇用されてもおらず、彼ら自身の小屋（コテッジ）で手織機を動かしたり、比較的小さな仕事場で職人として働き、下請けの零細工場で布や皮革を裁断し、縫い、あるいは戸外で不熟練の運搬仕事に従事していた。一八二〇年フィラデルフィアの工業労働者の八六％は一〇人以下の従業員の企業で働いていたが、一八五〇年には五九％は従業員二六人以上の企業で働くようになっていた。

工業は内陸の小さな都市でも進展した。オハイオ川の始点に位置するピッツバーグは、一八〇〇年には人口一五〇〇人ほどだったが、一八四〇年には人口三万九〇〇〇の工業都市になっていた。そして一八三六年には同市の蒸気機関工場、圧延工場は一八を数えるまでになっており、蒸気機関をもつ二つの工場から三万四〇〇〇個の鋤《すき》を西部に積み出していた。

工業の発展と農村

多くの工場が農村にあった。アメリカの初期の工業発展では蒸気力よりも水力のほうがはるかに重要だった。工場主は川から運河で水を工場に導き、機械を動かした。また工場の燃料としては石炭よりも木材が重要だった。工業の主要な原料となったのは木材だった。鉄が重要でなかったというわけではないが、後の時代に比べるとはるかに重要性が低かった。木材は基幹的な建築素材であり、多様な製造業の原料だった。家庭の燃料も木材だった。また一九世紀のアメリカ工業は製粉、皮革加工、食肉加工など農産物を原料とするものが多く、また農民を顧客とする農機具工業が重要だった。

運河、鉄道、道路の建設は多数の労働者、特に不熟練労働者を必要とした。アイルランド系移民がこのような建設労働の担い手となった。拡大する都市は多くの道路、家屋、商店、工場の建設を必要とした。そしてドック労働者、船員、ボートマンが物品を積み込み、運び、下ろした。その労働の多くは極度の重労働を必要とした。後には機械によってなされる多くの仕事を人間の筋肉が遂行した。

（3）工業技術の担い手としての職人たち

高度の工業技術の持ち主としての職人

経済史家のトマス・コクランは工業化の初期段階における職人による技術革新を高く評価し、特にその木工技術の役割を重視した。多くの初期の金属加工職人は木工職人の中から出てきた。アメリカにおける機械技術の発展は、やはり各種の職人による「下からの」努力だった。『森の生活――ウォルデン』、『市民としての反抗』で知られるコンコードの哲人、ヘンリー・デイヴィッド・ソーローも鉛筆作りの熟練職人としても生計を支えたのである。一八四〇年代までにアメリカの職人たちはミシン、収穫機、電信機などでおびただしい数の発明をし、それらの実用化に成功していた。イギリスの場合と違って、アメリカでは職人層による機械打ち壊しはほとんど見られなかった。

機械制工業の発展に政府が何ら役割を果たさなかったわけではなかった。アメリカ技術史の大家、デイヴィッド・ハウンシェルによれば、技術史における「製造のアメリカン・システム」は、「互換性部品を生産する一連の専用機械で行う工程順の加工」を含む製造を意味し、これこそ「大量生産」方式の原型だった。一九世紀初めまで小銃は丸ごと一人の職人が作っていた。それが互換性部品の組み立てによる大量生産に転換したのはマサチューセッツ州スプリングフィールドの陸軍工廠においてであった。小銃生産に始まったこの新しい製造技術はやがてミシンやタイプライターや自転車の製造に広がり、そして二〇世紀に入ってフォーディズムを生み出すのである。

一八五一年ロンドンで世界最初の万国博覧会が開催された時、マッコーミックの収穫機やコルトの拳銃に人々は引き付けられた。「イギリス人は産業博覧会でアメリカ人が栄冠を獲得して、あらゆる点で自分たちを打ち負かしたということを認めている」と、マルクスはいくらかオーバーな評価を与えた。そしてこれらの生産的労働に従事していた親方職人たちが工業化の波にのって産業資本家への道を歩む場合も多かったのである。

労働民衆の生活の激変

一八五〇年センサスによると、まだ労働力の五五％は農業で働いていた。次に多かったのは低熟練労働者（レイバラー）で、全有業者の一七％を占めていた。他の労働者は幾百もの職業に分散していた。鍛冶工、大工、石工、左官などの熟練職人は自由男性職業者の七％を占めた。事務員と商人が約四％であり、工業の内部でも機械制の工場制工業はまだ一部分だった。しかし変化は着実に進行しつつあった。

一九世紀初頭、支配的な労働制度は家族農業とアーティザン・ショップだった。しかしその半世紀後には多くの賃金労働者が朝から夜まで、生まれてから死ぬまで、祖父母とは違う生活を送るようになっていた。祖父たちは自分の家で、また自分の畑で働いたのに、今は多くの男たちが工場、建設現場、商店という商業的世界で働くようになっていた。祖母は家で自家用の衣服を作り、バターを作り、石鹸を作ったのに、既婚女性の大部分は専業主婦として家事・育児に専念するか、問屋制商人から頼まれて現金稼ぎをするようになった。農民は都市の市場に向けて換金作物を栽培した。商店は賃金労働者によって製造された商品を販売した。市場革命はアメリカ人の生活を根本的に変えつつあったのである。

（4）　民主主義の時代と経済的不平等

「コモン・マンの時代」という神話

市場革命の進展によりアメリカ経済は流動性を高め、富は増大した。しかしその分配はどうだったのだろうか。一八三一～三二年の九ヶ月にわたってアメリカ各地を視察したフランスの自由主義的政治家、アレクシス・ド・トクヴィルは名著『アメリカにおけるデモクラシー』（一八三五・四〇年）において、「アメリカ合衆国に滞在中、新規なことは多々あったが、諸階層の平等ほど私の注目を引いたものはない」と書いた。

当時のアメリカ人はアメリカの平等性を誇りに思っていた。文筆家、政治家のカルヴィン・コルトンは書いた。「我が国は人々が卑しい生まれから出発し、自らの選ぶ職業に応じて最高の地位に達したり、巨富を獲得したりすることのできる国である。人は才能、分別、個人的努力に応じて他人と同じ十分な機会をもっている。我が国はセルフメイド・マンの国であり、これほどよい社会状態はほかにないと言える」。このような言説を支えていたのは、ヨーロッパとはきわめて対照的な政治的民主主義の普及だった。白人成年男性の普通選挙権が普及し、男性大衆が選挙に参加するようになっていたのである。

かつてのアメリカ史学においては、南北戦争前の数十年間、アメリカは平等性の高い社会だったとする見解が強かった。多くの歴史家が南北戦争以前の時期を「コモン・マンの時代」として捉え、貴族主義的特徴のあった植民地時代と建国初期、そして著しい富の不平等を伴った南北戦争以降の「金ぴか時代」との間に挟まれた相対的平等の時期だったと考えた。

しかし今日のアメリカ史学では、「コモン・マン」の時代は神話にすぎなかったと考えられている。歴史家エドワード・ペッセンによれば、平等主義的解釈者たちは平等についてのレトリックに騙されたのである。大量の未刊行史料を調査したペッセンは、当時のアメリカにおいて富と経済的機会はきわめて不平等だったことを実証した。

富の集積と不平等な分配

市場革命は古い社会秩序を揺るがし、ダイナミックな社会秩序を作り出した。多くの者が社会的階梯《かいてい》をよじ登った。しかし富はきわめて不平等に配分されていた。一八二五年、東部の四大都市において人口の最も豊かな一％がこれらの都市の富（所得ではない）の総計の四分の一を所有しており、一八五〇年にはそれは半分にまで増加していたという。また一八四〇年には国の家族の一〇％が、国の富の七〇％以上を所有しており、最も富裕な一％が三〇％近くを支配していたというのである。

このような富の集積は、経済的下層の犠牲において起こった。しかし国富の総体は急増しつつあり、通常の市民は必ずしも所得の減少を悩む必要はなかった。実に一八二五～六〇年の間に、白人の間における平均的な一人あたりの所得はほとんど二倍になった。大部分の家族は生涯のうちに地位がいくらか上昇した。しかし時として労働民衆は生活の困窮から騒擾《そうじょう》事件を爆発させることもあったのである。一八三七年ニューヨーク市で群集が市役所前の広場に集まり、小麦粉の高値に対して抗議し、買占人を非難して、卸売り商人の小麦粉倉庫に押しかけ、小麦粉を略奪し、市長を追いまわした事件が代表的であった。

（5）労働者階級形成の源泉──国内自生と移民労働者

アメリカ自生の労働者　南北戦争に先立つ半世紀は、アメリカにおける労働者階級の形成期である。では誰がアメリカの労働者階級になったのだろうか。一つにはイギリス系の移民熟練労働者がいた。彼らはイギリスの先進的技術をアメリカに伝え、企業家になるとともに、雇用労働者になった。しかし彼らの比重は小さかった。労働者階級形成の中軸を形成したのは、植民地時代以来の都市職人の子孫たちだった。しかし初期の都市は小さくて少なかったから、都市職人とその子孫だけでは急増した工業労働者の起源を説明することはできない。彼らをまず補充したのは農村出身の男性だった。アメリカの農民は「ジャック・オブ・オール・トレーズ」と呼ばれて何でも自分で作るという性質を帯びていた。彼らが都市に出て、工業に職を求めればよかったのである。

また初期の繊維工場の労働者となったのは、大半が農村出身の未婚の女性だった。そしていくらか遅れてだったが、都市の衣服産業において低賃金で働いたのは、都市の貧しい家庭の女性たちだった。またスレーターの工場におけるように、貧困家庭の児童も低賃金労働者として雇用された。こうして工業化の初期においてアメリカの工業労働力は雑多ではあるが、大部分がアメリカの内部から供給されたのである。

移民の比重、高まる

しかし一八三〇年代以降、アメリカの工業労働力源として重要となったのはヨーロッパからの移民だった。詳細な社会史的調査のあるフィラデルフィアの場合を例にとると、人口は一八二〇年の十四万人が、一八四〇年の二六万人、一八五〇年の四一万人へと急増した。一八二〇〜四〇年の増加分の多くは農村部からの移住者によるものだった。一八三〇年代には海外からの移民は人口の一〇％にすぎなかったから、一八四〇年以前のフィラデルフィアにおける労働力はアメリカ生まれが支配的だった上に、その多くが農村部からの移住者だった。しかしその後の人口増加は移民の大量流入が主たる要因であり、以後フィラデルフィアの労働者の過半数は移民とその第二世代から構成されるようになっていった。移民が工業労働力として大量に流入したところに、アメリカにおける労働力形成の特殊性があったのである。

（6）職人世界の分断

職人社会の伝統の崩壊と近代的企業家の誕生

伝統的な職人社会は変貌しつつあった。初期の親方と雇われ職人はしばしば同じ屋根の下に住み、同じ食事をし、一緒に酒を飲み、一種の家族共同体的世界に住んでいた。しかしニューヨークやフィラデルフィアなどの都市では、すでに一八一〇年代に職人の大部分が親方とは別の家に、しかもかなり離れた場所に住むようになっていた。そして職人の半分以上が三〇歳を超え、多数が結婚しており、扶養家族を抱えていた。生涯雇われの身分になっていたのである。こうして手工業職人の世界は出世した少数の親方と、労働者化した多数の雇われ職人とに分断されつつあった。

親方職人の中には次第に手仕事は雇われ職人たちに任せ、自分は安い原料の仕入れや金策、顧客の獲得に専念していく者たちが台頭した。彼らは企業家としての精神と能力を身につけ、それぞれの業種ごとに同業者団体を作り、団結した。他方、雇われ職人たちは資本・賃労働関係の下での労働者階級になっていった。彼らは労働組合を作り、労働運動を展開するようになる。こうして市場革命は親方、職人、徒弟の伝統的な職人共同体を分解させ、近代的な資本・賃労働関係を成立させていくのである。

徒弟制度も弱体化していった。親方の家に住む徒弟は減少した。徒弟に食事や衣服の世話をするのを止めて、現金を支払うやり方が広がった。徒弟は次第に親方の下の労働者という性格を強めていった。ニューヨークでは一八二〇年代半ばには仕立工と靴工の親方は徒弟に対してわずかの単純な操作しか教えておらず、事実上彼らを「ヘルパー」として利用していた。徒弟制度は一種の児童労働制度へと変質していったのである。

仕事のやり方の変化

仕事のやり方にも変化が生じた。時間という尺度が強く作用してきた。かつて職人たちは気が向けば、徹夜も厭わない代わりに、何日も連続して休んだり、仕事中に勝手にくつろぎの時間を設けて酒を飲んだりした。そこに時間という要素が入ってきて、始業時間・終業時間がはっきりと定められ、仕事場では職人たちは仕事にだけ専念せねばならなくなった。仕事のリズムは速くなり、仕事の規律は厳しくなり、仕事場では娯楽は禁止された。企業家としての成功をめざす親方たちは生産性の向上を試み、労働者に対して勤勉と節約の道徳を説き始めた。

こうして機械制工業の形成には二つの経路があったのである。一つは木綿工業のように労働力の基幹部分が職人社会の外部からの低熟練労働者の導入によって占められ、旧来の職人出身者は監督的地位につくか、機械の修理、補修、管理にあたる場合である。他は職人的な生産活動の中から、まずは小規模な工場が形成され、親方が企業家、つまり産業資本家に上昇し、職人が賃金労働者に転落していく場合である。それとともにかつての共同体的であると同時に「敬服」に基づく社会秩序は崩壊し、労資は争うようになるのである。しかしその「労働者」もまだ多くが工業的職能を所有する「熟練労働者」として生産の場で大きなパワーを揮《ふる》っていた。

他方、「レイバラー」と呼ばれることの多い、熟練技能をもたない労働者も増えた。建設労働者の数も多かった。運河を掘り、鉄道を敷設する仕事は人間の筋肉でなされた。それは大変な重労働だった。アイルランド系移民の建設労働者がその典型だった。彼らはアメリカ産業社会の底辺に位置づけられ、低賃金で呻吟し、粗末な小屋に住み、惨めな生活を送った。しかも彼らの仕事は恒常的なものではなかった。平均して日雇い労働者は一年に約二〇〇日しか働かな

コラム1　ヨーロッパと比較してのアメリカの労働者

ヨーロッパ諸国と比較する時、確かにアメリカは高賃金の国だった。南北戦争以前において、特に熟練工はイギリス、ドイツ、フランスに比べて二倍以上の賃金を得ていたとさえ言われた。ヨーロッパ諸国から大量の熟練工が移民としてアメリカに引き寄せられたのは高賃金の魅力だった。それにアメリカでは食料品がヨーロッパよりもずっと安かった。ある移民は述べた。「アメリカの農民、職人、労働者がとっている食事は、同じ階級の者たちの世界中のどこと比べても最高だと私は信じます」。

しかしアメリカの賃金制度の特徴は著しい格差だった。アメリカは工業の発展において西ヨーロッパよりも遅れて出発したから、熟練工が不足しており、彼らは高賃金だった。そして一九世紀の前半期を通じて熟練労働者と不熟練労働者の賃金格差は広がっていった。

もう一つは、アメリカにおける労働はヨーロッパに比べてきつくて長時間だったことである。ヨーロッパから来た旅行者や移民が一様に驚愕したのは、アメリカの工場における労働の強度だった。あるイギリス移民は一八五七年、故国にいる妻に宛てて「僕はこんなにハードに働いたことはないと断言できる」と書き送った。イギリスのある雑誌記者は移民は「前よりもよい賃金を得るかもしれないが、この金のためにはるかに多くの労働をせねばならない」と指摘した。そして　労働時間も長かった。一八三〇〜四〇年代のアメリカ労働運動の要求の焦点の一つは十時間労働だったが、イギリスでは一八世紀の半ばには大部分の職種で十時間労働は実現していた。植民地時代以来、アメリカは勤勉の国であり、日の出から日没までという長時間労働が、農村でも都市でも長らくの慣習だったのである。

かった。その他、女性労働者、児童労働者を含めて、多様な低熟練労働者がおり、不規則な雇用と低賃金に苦しめられていたのである。

労働者の賃金

南北戦争以前の時期の賃金の動向については信頼できる統計は欠如しているが、一八八八年に連邦政府の労働局長となったキャロル・D・ライトは、低熟練労働者（レイバラー）の日賃金について一七九〇年四三セント、一八〇〇年六二・五セント、一八一〇年九〇セント、一八五〇年ごろ八七セント〜一ドルという数字を挙げている。もちろん熟練労働者はもっと高賃金で、大工の場合一七九〇年六〇セント以下、一八〇〇年七〇セント以上、一八二〇年一ドル一三セント、一八三〇年代北部諸州で一ドル四〇セント、一八三〇年までで四四セント、一八四〇年代一ドル三セント、鉄道機関士は一八四〇年二ドル四〇セントだったという。毎日恒常的な仕事で働けることは少なかったから、これらから年収を算定することは難しい。しかしこれらの数字から、当時は一日一ドルあれば一応まともな生活ができたこと、賃金はゆっくりとではあるが、上昇しつつあったことがうかがわれよう。

2　労働運動の始まりと展開

(1)　共和国初期の労働組合

労働組合運動の始まり

早くも一七九〇年代には雇われ職人たちの団体が出現し始めた。一七九二年フィラデルフィアの靴職人が最初の労働者組織を樹立したが、これは一年で消滅した。二年後の一七九四年には彼らは靴職人連合会を結成し、これが賃金労働者のアメリカ最初の持続的組織であるとされており、一八〇六年まで一二年間存続した。同じく一七九四年にはニューヨーク市の印刷工たちがニューヨーク印刷工協会を結成し、これは一〇年続いた。以後、様々な都市で靴工、印刷工、大工、船大工、家具製造工、樽工、仕立工など多様な職種の組合が結成された。

最初職人組合の多くは親方の加入も認めたが、次第に親方との対立が表明されるようになった。一八〇五年ニューヨークの靴職人組合は、規約前文に「低い賃金に引き下げようとする雇用主の策略と陰謀に立ち向かう」という使命を掲げた。フィラデルフィア靴職人協会も親方の団体を「職人の賃金を切り下げるための団体」だとして非難した。他方、親方職人を中心とする同業者団体は高い入会金と会費を課し、雇い主以外の者を排除するようになった。

初期の労働組合は地方的なものであり、メンバーは少なく、単一職種の雇われ職人に限られていた。メンバーになると、例えば入会金五〇セントと月会費六～十セントを支払うこと、月例会に出席すること、また秩序正しく振るまうことが要求された。理由なく例会に欠席すると罰金が課せられた。さらに組合は頻繁な酩酊、不道徳行為に対して罰則を定めた。しかし初期の職人組合は不安定で長続きしなかった。

またこれらは労働組合というよりも相互扶助団体であり、病気または失業した組合員を助けること、組合員の死亡の際に寡婦に給付金を提供すること、困窮した組合員に資金を貸与すること、読書のために共同の蔵書を備えること、そして高い職能水準を維持すること、組合員間の紛争を解決することに関心を寄せた。しかしまた職人組合は賃金労働者としての現実的な経済的要求を掲げた。彼らは最低賃金を定めてそれ以下では働かないと主張し、親方に対して組合員だけを雇用するよう強制した。

共謀罪裁判

初期の職人組合がぶつかった問題の一つに、組合が法的に認められないという問題があった。親方が職人の組合を違法な「共謀」（コンスピラシー）として裁判にかけることがあったのである。一八〇六年フィラデルフィアの靴職人たちが賃金の引き上げを要求して、ストに入ると、製靴業者たちはこれが「賃金を引き上げるための結合および共謀」であり、イギリス伝来のコモン・ロウ（判例法）の下での非合法な取引制限にあたるとして八人の靴職人を裁判所に訴え、職人たちは逮捕された。裁判官によれば、個々の職人は賃金が安いと思えば、働くことを拒絶する権利があるが、二人以上が共同で行動するならば、不法な取引制限であり、処罰されるというのである。

これ以降、いくつもの都市で職人たちは一九世紀前半のうちに二〇数回にわたって裁判にかけられた。しかし処罰は比較的軽微だった。そしてこの問題については一八四二年にマサチューセッツ州最高裁判所がいわば最終的判決を下した。ボストンの靴職人のストに対して、ストは違法ではないと判決し、組合の存在に法的承認を与えたのである。このように法的制約はあったが、アメリカが特に厳しかったわけではない。いくつものヨーロッパ諸国にも団結禁止法があったのである。

一八二〇年代の労働組合運動

次第に力をつけつつあった組合の成長は、一八一九～二〇年の不況で突如として停止した。組合財政は破綻し、組合員はどんな条件でも雇用を見つけようとしたので、組合はすべて崩壊した。これ以降、アメリカの労働組合は景気変動の波に揉まれ、深刻な不況の到来とともに衰退、消滅、そして再生を繰り返していくことになる。不況があけた一八二〇年代には経済成長に促されて、労働組合運動には二回目の開花期、というよりも初めての本格的な開花期が訪れた。工業化が進展し、繁栄による労働力需要の増大を背景に、多様な職種の職人たちが労働組合を結成したのである。

（2）勤労者党――世界最初の労働者階級政党の誕生

フィラデルフィアとニューヨークでの始まり

一八二〇年代末から一八三〇年代初頭にかけて、アメリカの労働運動は注目すべき展開を見せた。一八二〇年代には北部の大部分の州では白人成人男性市民の普通選挙権が広く承認され、地域によっては労働者は無視できない政治勢力を構成した。そして世界最初の労働者階級政党である「勤労者党」（ワーキングメンズ・パーティ）が各地に誕生した。日本のアメリカ史研究者の間では「勤労者党」と言い慣わしてきたので、本書もそれにならおう。フィラデルフィアがその嚆矢《こうし》となった。

一八二七年フィラデルフィアでは一〇時間労働の確立を求める大工職人のストライキを契機に職人組合連合が結成され、翌一八二八年この組織の集会は「労働者階級の利益を支持する」州議会議員、市議会議員の候補者を指名した。こうして「フィラデルフィア市勤労者の共和政治協会」、すなわち勤労者党が成立した。一八二八年は選挙の年であり、アンドルー・ジャクソンの大統領当選によってアメリカの政党政治が一挙に変化した年である。指名された候補者中八名が勤労者党独自の候補であり、他は勤労者の利益を守ると誓ったフェデラリスト派かジャクソン派だった。純粋の「勤労者党」候補はすべて落選したが、勤労者党が推したすべての候補者は多量の票を獲得した。

しかし、全国的に盛り上がる勤労者党運動の中心となったのはニューヨーク市だった。ニューヨーク市の場合は、一八二九年労働時間短縮のために職人たちの集会が開かれ、ニューヨーク市勤労者党が起こった。五〇人委員会が組織され、幾度も大衆集会が開催され、現存の社会秩序を攻撃する政治綱領が採択された。そして州議会議員候補に印刷工、機械工、大工、ペンキ工を含む十一名の候補を推すことが決定された。十一月の州議会選挙では勤労者党は市内の二八％の票を獲得し、大工のエベネザー・フォードが当選した。

勤労者党運動の広がり

勤労者党運動は広がった。一八二八～三四年の間に少なくとも一二の州で勤労者党は六一の都市に出現した。「ワーキングメンズ・パーティ」、「ワーキングメンズ・リパブリカン・アソシエーション」、「メカニックス・アンド・アザー・ワーキングメン」など名称は様々だったが、労働者のグループが独自の政治的候補を指名し、ある場合には当選させた。時として彼らは地方政治において二大政党間の勢力を均衡させる力を握った。マサチューセッツでは一八三二年に「ニューイングランド農民・職人・労働者協会」が結成されたが、一時的なものに終わった。

勤労者党を支持した新聞は五〇紙を数えた。それらのうちのかなりの新聞が勤労者党の機関紙といってよいものだった。その中でもニューヨーク市のジョージ・ヘンリー・エヴァンス編集の『ワーキングメンズ・アドヴォケート』が最もよく知られている。これらの勤労者党の要求項目は驚くほど似ていた。工場立法の制定、無料公立学校教育、負債のための投獄廃止、強制的州軍徴兵への反対、独占的特許への反対、労働者への賃金支払いの保障、税制改革、労働時間短縮、労働条件の改善、死刑の廃止などである。

世界最初の労働者階級政党

それらは世界最初の労働者階級政党だった。アメリカ建国の段階で沿岸諸都市のアーティザンは重要な投票ブロックを構成しており、初めは保護関税を唱えるフェデラリスト党を支持したが、やがて平等主義的なジェファソン派のリパブリカン党を支持するようになった。そしてヨーロッパ諸国と異なり、一八二〇年代にはロードアイランド州を除く北東部の諸州では、土地その他の財産を所有しなくても白人成年男性ならば投票する権利が与えられるようになったし、西部の諸州は最初から白人男性市民の普通選挙権を保障した。このような状況を背景に都市の労働民衆が政治的な自己主張を行うようになったのである。

勤労者党の階級的性格をめぐって一時は歴史家の間で論争が盛んだったが、今日それは基本的に労働者の党だったと見なされている。勤労者党は労働組合を母体として生まれ、その指導層の大部分は熟練職人だった。ニューヨーク市勤労者党の場合、一八三〇年の総執行委員会委員七〇名のうち一人を除いてすべてが「ワーキングメン」であり、大工、鍛冶工、石工、ペンキ工、ピアノ製造職人などなどだった。

（３）勤労者党とラディカリズム

トマス・スキドモアの労働ラディカリズム

勤労者党運動にはラディカルな資本主義批判が含まれていた。ニューヨーク市勤労者党の創始者とも言うべきトマス・スキドモアは機械工であり、独学の労働者として、財産権の根底を疑問視するラディカルな思想を発展させた。一八二九年彼は『財産に対する人間の権利』と題する著書を著し、次のように書いた。「現在の世界を眺める者は誰でも、それが二つの明確な階級に分かれているのを見るだろう。財産所有者と無財産所有者、世界を所有する者とその一部分をも所有しない者の二つである。さらに我々がこれら二つの階級をもっと間近に見るならば、財産所有者の大部分も名目的に所有者であるにすぎないことがわかるだろう。彼らは余りにもわずかしか所有していないから、真理を厳密に見るならば、彼らは無財産所有者の中に分類されねばならない」。

つまり彼によれば、当時のアメリカ社会はほんの一握りの大金持ちと事実上財産を所有しない大勢の貧者に分かれていた。そこで彼は憲法改正による財産の平等な分割を主張し、分割できない諸施設については人民による共同所有を主張したのである。彼は次のように扇動した。「蒸気機関を握りしめて自らのものとする以外に貧者は何をなすべきなのだろうか。同様に綿製品工場、羊毛製品工場、鋳鉄工場、圧延工場、住宅、教会、船舶、蒸気船、農業用地などを彼らに占有させようではないか」と。

一八三〇年イギリス人トマス・ハミルトンは、ニューヨーク市の勤労者党がブルジョアジーの反対を押し切ってフランスの七月革命を祝うパレードを挙行したのを目撃し、さらにその党が二年前に私有財産の没収、均等再配分を掲げて選挙戦に乗り出し、市内で二八％を得票したことを知り、アメリカにおける社会革命の前兆と考えた。彼の書物『アメリカにおける人々とマナー』（一八三二年刊）はドイツ語に翻訳され、マルクスがそれを読み、彼の社会主義思想の形成に影響を与えることになった。この間の事情については安武秀岳が実証的に明らかにしている。

勤労者党と労働ラディカリズム

ニューヨークの党にはロバート・デール・オーウェンとフランセス・ライトが参加した。ロバート・デール・オーウェンはロバート・オーウェンの息子で、インディアナ州ニュー・ハーモニーの共産村からニューヨークに移ってきて、力強い演説を行い、また大量の文章を執筆した。彼は子供を親から切り離しての国家による無料の平等主義公教育を強調した。

フランセス・ライトはスコットランド生まれの女性の自由思想家であり、女性の権利の唱導者だった。背が高く細身で、勤労者聴衆を魅了した。少年時代に大工の父親によって彼女の集会につれて行かれたウォルト・ホイットマンは後に書いた。「僕にとって彼女は甘美な記録の中でいつも最も甘美な想い出だった。僕たちすべてが彼女を愛した。彼女の前にひれ伏した。彼女の美貌、優雅で鹿のような彼女の前に僕たちは奴隷になったかに思われた。彼女は体躯《たいく》も魂も美しかった」と。彼女もニュー・ハーモニーからやってきたのだった。

当時の労働運動指導者たちが抱いたのは労働価値説だった。彼らはイギリスの経済学、初期社会主義の著作からも学び、労働者には労働生産物の販売から得られる全収益を手にする権利があると主張した。そして自らは汗を流すことなく、他人の労働のおかげで贅沢に暮らしている者たちに対する非難は労働者の間に広がっていた。

しかしラディカリズムの存在は党内に激しい対立を生み出した。ニューヨーク市の場合、財産の均分を唱えるスキドモアの指導権に反対する動きが高まり、勤労者党は「財産を配分する願望も意図ももたない」という決議を採択した。党は三つに分裂し、一八三〇年の選挙では三つの党派がそれぞれ候補を立てて争い、勤労者党運動は分解した。

アメリカ政党史の中で眺めると

アメリカ各地に勤労者党が一斉に誕生し、また短期間で消滅していったのはなぜだったのだろうか。当時はちょうどアメリカの政党政治の端境期だった。共和国初期の二大政党、フェデラリスト党とリパブリカン党の対立は一八一〇年代に解消し、フェデラリスト党は衰退し、リパブリカン党は内部分裂した。そして次の段階の二大政党制度はまだ形成されていなかった。しかも北部諸州では成年男性普通選挙権が成立していた。

この段階で各地の労働者勢力が地方政治に乗り出したのである。これはアメリカ特有の状況だった。議会政治の母国とされるイギリスでも、一八三一年の選挙法改正は中産階級、すなわちブルジョアジーに選挙権を与えたにすぎず、一八六七年の選挙法改正で熟練労働者がやっと選挙権を獲得したのだった。

一八三〇年代に新しく形成されるアメリカの二大政党政治は、アンドルー・ジャクソンを支持する民主党、および彼に反対するホイッグ党から構成されることになった。ジャクソン反対派はジャクソン大統領があまりにも強大な権勢を振るいすぎるとして、彼を「キング・アンドルー」と呼び、その権力を抑制しようとして、自らをイギリスの王権抑制政党に因んで「ホイッグ」と自称したのだった。

新しい政党は、選挙権をもつ新しい階級である労働者の支持を確保せねばならなかった。彼らをひきつけたのはまずジャクソンの党だった。それまでの大統領が南部および東部の貴族的名門の出だったのに対して、テネシー州のジャクソンは「丸太小屋からホワイトハウスへ」という夢を体現した最初の政治家であり、民衆の味方としての政治姿勢を明確に打ち出したから、労働者が彼に親近感を感じたのは当然であった。

他方、ホイッグ党は民主党に比べると金持ちの党だったが、この党も自らを「コモン・マン」（二六頁参照）の党であると自称した。一八四〇年の大統領選挙ではこの党は、その候補者ウィリアム・ヘンリー・ハリソンが丸太小屋の生まれだと偽って選挙戦を行い、丸太小屋を山車に載せてパレードし、農民の飲み物だったリンゴ酒を振るまい、ハリソンの政策は「農民、職人、労働者」の立場に立つものだと囃《はや》し立てて、ハリソンを当選させた。二大政党のいずれも、有権者である労働者および農民の支持を求めて言い寄らねばならなくなったのである。

ロコフォコ党

このような政治状況の中で、階級政党としての勤労者党は解体し、二大政党の中に吸収されていった。しかししばらくの間、彼らは民主党の内部で独自の勢力を構成した。ニューヨーク市では彼らは「平等権党」（イコール・ライツ・パーティ）として知られる党内の党派を形成し、州選挙のために独自候補を立てた。民主党が大会議場のガス灯を消して、会議を続けようとする勤労者派の会議を妨げようとした時、「勤労者」派は「ロコフォコ・マッチ」と呼ばれたマッチで蠟燭《ろうそく》に点火し、会議を続けた。ここから「ロコフォコ党」という彼らのニックネームが生まれた。ニューヨーク市の労働組合運動と政治とを結びつけたのが市の中央労働組合連盟を率いたエリー・ムアであり、彼は一八三四年と一八三六年に連邦議会に当選した。そして一八四〇年マーティン・ヴァン・ビューレン大統領はロコフォコ党の主張を受け入れて、連邦公務員の一日の労働時間を十時間に制限する行政命令を出したのである。

(4) 労働組合運動の本格化——一八三〇年代

はずみがついた組合組織化の波　勤労者党運動が崩壊した後、労働者は経済的な労働組合運動に立ち戻った。経済成長に促され、運動は一八三四年から弾みがつき、一八三七年まで盛り上がった。一八三六年ニューヨーク市には五〇以上の労働組合があった。フィラデルフィアでも同様であり、労働組合運動は大西洋沿岸から内陸の新しい諸都市へと広がった。

労働組合の都市ごとの連合体が形成された。一八三三年ニューヨーク市では九つの職能別組合がニューヨーク市中央労働組合を設立した。翌三四年にはフィラデルフィアの労働組合連合が組織され、十時間労働要求のゼネストを行った。一八三四年までにボストン、ルイヴィル、シンシナティを含む一二の都市で同様な連合体が結成された。

早くも労働組合の全国的連合の試みも行われた。一八三四年ボルティモアにおいて、アメリカ最初の全国的連合として「全国労働組合連盟」(ナショナル・トレーズ・ユニオン)が設立会議を催し、一八三五年および三六年にも大会を催した。その最初の会長となったのが前述のエリー・ムアだった。印刷工として労働運動に入った彼は有能な組合組織者(オーガナイザー)だった。背が高くてハンサムで、黒髪をなびかせた姿で、服装も良く、鳴り響くような雄弁で語ったという。そして連邦議会で労働者の利益の代弁者として名声を博したのである。

低熟練労働者の組織化　一八三〇年代には労働組合は低熟練労働者(レイバラー)をも含むようになった。ニューヨーク市では荷役人夫、沖仲士、水夫、建設労働者などのストライキが起こり、警官、さらに州軍が出動したことがあった。フィラデルフィアの労働組合連合は、日雇い労働者をもその陣営に加えることを決定した。さらに工場労働者や女性労働者が組合を結成し始めた。このようにジャクソン期の労働運動は熟練、性別、地域を横断する運動を樹立する方向に動きだした。運動を主導したのは熟練職人たちだったが、運動は階級運動としての広範な連帯を実現しようとしたのである。

この時期には、運河や鉄道のアイルランド系建設労働者の間でも、組合組織化やストライキが起こった。彼らは絶望的な貧困状態にあり、故国ではイギリス人の支配に対する地下抵抗の長い伝統をもっていた。アメリカにおいても彼らの運動はしばしば秘密結社の形をとり、暴力による脅迫、報復を含むことがあった。よく知られているのが、一八三四年メリランド州のチェサピーク・アンド・オハイオ運河の建設におけるアイルランド系移民労働者の騒擾事件である。幾人もの死者が出て、ジャクソン大統領はこれを鎮圧するために連邦軍を派遣した。南北戦争以前にストライキに連邦軍が出動した唯一の事例である。

（5）一八三七年不況の余波——一八四〇年代

一八三七年恐慌とその後　一八三七年には厳しい経済不況がアメリカを襲い、無数の企業が倒産した。一八三八年初めには国の労働者の三分の一は失業していた。賃金は著しく低下した。不況は一八四三年まで続き、一八四〇年代半ばになってやっと回復した。この不況は南北戦争以前の最も深刻な不況であり、労働運動に大打撃を与えた。労働者はどんな賃金でも仕事を求めたので、ストライキは力を失った。ほとんどすべての組合は崩壊した。経済的窮乏に刺激されて、労働者階級内部の民族的・人種的・宗教的対立が深まった。後述するように、一八三〇年代から大量の移民がヨーロッパから押し寄せて、アメリカの労働者階級に加わっていたのである。また現実的改善が困難となったので、資本主義体制そのものに対する批判が高まり、コミュニタリアニズムをはじめとする様々な改革運動が盛んになったのも一八四〇年代の特徴だった。

十時間労働を求める運動が再び高まった。ただし一八四〇年代の運動は組合運動としてではなく、州立法によって私企業の労働時間を制限しようとする形をとった。マサチューセッツが運動の中心となり、運動は全国に広がり、いくつもの州で十時間労働法が成立した。しかしほとんどの場合、「特別の契約」という免除条項がついていた。経営者が労働者と個別の契約を結べば、十時間以上の労働が認められたのである。

資本主義的賃金制度への批判

この深刻な不況を挟んだ一八三〇年代末から四〇年代にかけては、資本主義的階級制度に対する真剣な批判が高まったのが特徴だった。ボストンの思想家オレステス・ブラウンソンは「富と労働との関係についての危機」と題して、社会的抗争の源泉は「賃金労働の制度」にある、アメリカが平等に基礎づけられた社会であるべきだとすれば、単なる賃金労働者として「一生を宿命づけられるような人間の階級があってはならない」と書いた。賃金労働制度の拡大を阻止し、自由で独立した生活を取り戻すべきとして、社会の根本的変革を待望する思潮が広がったのである。

北部の諸都市では、生産協同組合によって問題の解決を図ろうとする動きが起こった。リンの靴工もボストンの仕立工もクリーブランドのドイツ系女性仕立工も、生産協同組合を樹立した。時としてそれはストライキ中の生活を支えるためという一時的手段だったが、多くは利潤追求を目的とする資本主義に代わるものとして構想されていた。ボストンの労働者組織は「産業の指揮と利潤は生産者の手中に置かれねばならない。労働者は彼ら自身の仕事場と工場を所有せねばならない。彼らは働き、彼ら自身の商品を売り、彼ら自身の労苦の結果を享受すべきである」と声明した。そこには私的な収奪のない新しい社会秩序という未来が展望されていた。

土地改革主義

労働者への公有地譲渡によって労働者の状況を改善しようとする運動も高まった。多くの労働者が経済的自立の理想を家族所有の小農場に求めた。運動の中心となったジョージ・ヘンリー・エヴァンスによれば、人が平等であることの基礎は光、空気、水および土地の自由な分有にあるのに、資本主義の展開によって人は土地から切り離され、不平等が拡大し、資本による労働者支配と労働者の貧困が生じた。したがって土地無き者に土地を与えることこそ、平等で自由な社会の再建の出発点でなければならないというのである。労働者に公有地を一六〇エーカー（六五ヘクタール）ずつ無償交付せよという運動を彼は開始し、賛同者たちは「ナショナル・リフォーマー」と称して、活発な運動に突入した。『ニューヨーク・トリビューン』紙のホーレス・グリーリーも運動を支援した。「若者よ西部に行け」という彼の有名なスローガンは多くの人々の心を捉えた。そしてこの運動の高まりに対応して、リンカンの共和党は一八六〇年選挙の政治綱領の一つにホームステッド法（自営農地法）制定を加えた。そして南北戦争中の一八六二年にホームステッド法が制定され、一六〇エーカー（六四ヘクタール）の公有地を五年間の居住・開墾の後に無償（手数料十ドル）で取得できることを定めたのだった。

（6）コミュニタリアニズム――アメリカで実践された空想的社会主義

ユートピアの実験

財産の集合的所有に立脚し、協力と調和に基づく新しいコミュニティを建設しようとする動きが、盛り上がるのも一八四〇年代だった。世俗的な小規模理想社会構築の構想はヨーロッパ史において「空想的社会主義」として知られるものであるが、アメリカでは土地の余裕があったから、空想ではなく社会実験として実践されたのである。宗教的コミュニティまで含めると、一八二五～五〇年の二五年間にアメリカで九三の実験的コミュニティが設立された。

ロバート・オーウェンが一八二四年に渡米し、ワシントン市の国会議事堂で講演した時には、ジョン・クインジー・アダムズ大統領、ジェームズ・モンロー前大統領をはじめとする政界の名士たちが聞き入ったのだった。オーウェンはかなりの関心を引きつけたのである。彼がインディアナ州にあったラップ派のハーモニー共産村の跡を購入し、一八二五年にニュー・ハーモニーを樹立したことはよく知られている。ここには多様なアメリカ人が参加したが、オーウェン自身は早々に帰国してしまい、残った者たちの間で議論百出し、結局わずか二年で解散してしまった。オーウェン主義に立脚した共産村は他に一八村が建設されたが、いずれも短命に終わった。一八二〇年代のアメリカには条件がまだ熟していなかったということもあった。

ユートピアの季節としての一八四〇年代

一八四〇年代にはフーリエ主義に立脚した三〇余りのコミュニティ（ファランクス）が建設された。フランス人シャルル・フーリエは、生産および消費を共同にする八〇〇人からなるファランクスを単位として、全世界が多数のファランクスの相互連関によって組織されるべきと唱えたのだったが、アルバート・ブリスベーンというアメリカ人がヨーロッパに留学し、フーリエの下で研究し、一八三四年に帰国し、一八四〇年に『人間の社会的運命』という著書を刊行すると、みるみるうちにフーリエ主義への関心がアメリカ中に広がった。ホーレス・グリーリーの『ニューヨーク・トリビューン』紙も大きな関心を寄せて、フーリエ主義の宣伝活動に協力した。

マーガレット・フラー、ジョージ・リプリー、ナサニエル・ホーソン、ヘンリー・ジェームズ、ブロンソン・オルコットなど当時の錚々《そうそう》たる知識人がフーリエ主義を信奉するようになった。当時の文学界の中心人物だったラルフ・ウォルド・エマーソン自身はその実験に加わることはなかったが、彼の周りの様々な人々がそれに熱中した。エマーソンは書いた。「私たちはすべて社会改革の無数の計画に夢中になっています。ポケットに新しい社会の草案をもっていない読書人はおりません」。

一八四二～四六年というわずか五年間に二五を下らないファランクスが設立された。有名なのはブルック・ファームである。一八四一年にボストン近郊のウエスト・ロクスベリーにジョージ・リプリーらの哲学者、文学者たちによって設立された理想主義的農場であり、『緋文字』で有名なナサニエル・ホーソンもその参加者だった。しかし一八四六年火災のために中心の建物が焼失し、結局解散した。

その他、色々な社会的実験が企てられたが、注目すべきは、ジョン・ハンフリー・ノイズが一八四八年にニューヨーク州西部に建設したオナイダ・コミュニティである。経済的にも繁栄したこのコミュニティは、共同体的所有という観念を婚姻関係や育児にまで拡大したのが特徴で、しかも三〇年以上も存続した。このコミュニティは宗教的色彩が強く、また性関係を一夫一婦に限定しない「コンプレクス・マリッジ」と呼ばれる集団的婚姻・育児制度が実践された。

コミュニタリアニズムと労働者

コミュニタリアニズムはかなり労働者の関心をひきつけたようである。ショーン・ウィレンツによれば、ブルック・ファームは教養ある読者層を魅了したが、その他の実験的な共同体では金持ちたちは直接には参加せず、資金だけを提供し、実際にそれらの事業の成功は「豊かとは言い難い都市の職人たちの労働にほぼ全面的にかかっていた」という。またシドニー・レンズによれば、一八四二年にロチェスター・フーリエ研究会が発行したパンフレット『労働の誤りと労働の救済策』は多くの労働者の共感を得た。そして一八四五年のニューイングランド労働者連合の大会では討論はフーリエ主義に終始したという。

エンゲルスはアメリカにおけるコミュニタリアニズムの実験を高く評価した。社会主義など夢物語であり、実現の可能性などないという議論に対して、彼は書いた。「共産主義、すなわち財産を共有する社会的な生活と活動は、実現可能であるばかりでなく、アメリカの多くの集落やイギリスのある場所ではすでに実施されており、しかもものの見事に成功しているのだから」と。アメリカは「社会主義揺籃《ようらん》の地」だったのである。

(7) 経済回復の中での全国組合の成立——一八五〇年代

経済の回復と労働組合運動の広がり　一八四〇年代後半、経済は回復した。一八四〇～六〇年の間に賃金労働者の数は三倍以上になり、一八六〇年には三五〇万人に達した。この二〇年間に北東部で都市住民の占める割合は二倍になり、国の鉱工業生産額は四・五倍以上に増大した。繊維工業では一企業あたり平均して一二七〇人の労働者を雇っていた。一四万七〇〇〇人は炭鉱と金属鉱山で働き、三万五〇〇〇人以上が鉄道で働いていた。一八六〇年代には北部の人口の一五％近くが賃金労働者として分類され、マサチューセッツ州で人口の二一％が賃金労働者だった。重要なことは移民流入が労働者人口を増加させたことだった。一八六〇年には外国生まれ人口はニューヨーク市人口の四八％、シカゴとピッツバーグで五〇％、セントルイスで六〇％を占めたのである。

一八五〇年代には熟練労働者が指導して活発な労働組合運動が展開された。組合は都市ごとに連合体を形成し、「産業会議」（インダストリアル・コングレス）と呼ばれた。また一八五〇年代は全国的な職能別組合の形成期だった。全国的な運輸網の形成がそれを刺激し、工業製品の市場は全国化した。労働運動も組織の全国化へと動いたのである。

シルヴィスと全国鋳鉄工組合の成立　重要だったのは、鋳鉄工の全国組合を樹立したウィリアム・H・シルヴィスが登場したことだった。シルヴィスは一八二八年ペンシルヴェニア州に生まれ、父のワゴンショップで働いたが、一八三七年不況で父の事業が失敗し、鋳鉄工場に徒弟として働きに出た。その後、フィラデルフィアの鋳鉄工組合の書記長に選出されたシルヴィスは、国中の鋳鉄工組合の結びつきを強化する仕事に没頭した。その結果、一八五九年にフィラデルフィアにおいて全国組織として全国鋳鉄工組合が結成された。シルヴィスはその後、アメリカ労働運動において重要な役割を果たすことになる。

一八五七年には恐慌が起こり、多くの組合が崩壊したが、それでも鋳鉄工組合、機械工・鍛冶工組合、印刷工組合、帽子工組合、石工組合の全国組織は生き残った。このような状況の下でアメリカの産業労働者は南北戦争の勃発を迎えるのである。

3　工業化過程の中の労働者の生活と文化

(1)　工業化の社会経済的局面

前工業的労働習慣の残存

ハーバート・ガットマンが強調したように、雇われて働く近代的労働者階級の形成とは単に経済的な雇用形態の変化だけでなく、生活、労働、文化の全体にわたる、苦痛に満ちた過程だった。その中で前工業的な労働習慣と文化的伝統が、労働者の間に長期にわたって存続し、作業の効率化を要求する企業家との間に絶えざる緊張と争いが生じた。とりわけアメリカでは後から後から移民として渡航してきた、またアメリカ農村からやって来る新しい労働者が加わったから、この傾向は長く継続したのである。

最初労働者は、工業労働に適合しない様々な前工業的な労働習慣を、仕事場や工場の中に持ち込んだ。初期の工場では飲酒、賭博、その他の遊興、遅刻、欠勤、規則への反抗などが、効率志向的な企業家を悩ませた。前工業的文化の中で育った者にとって、朝工場に出かけて決まった時間に仕事を始め、規則正しく勤務に精励し、決まった時間に仕事をやめて帰宅するということ自体が新しい生活であり、慣れるのには苦痛を伴った。ある製鉄工場では、労働者が狩猟、収穫、結婚式のパーティ、時として幾日も続く「浮かれ騒ぎ」で頻繁に欠勤し、工場経営者の頭痛の種だったという。

靴工業の町、リンの場合

靴工業都市、マサチューセッツ州リンの職人的労働者の間では、職場で朝から酒を飲むという「有害な習慣」が普及していた。毎日午前十一時と午後四時には少年が酒瓶をもってラム・ショップに使いに出された。このような「前工業的」習慣を廃止させ、工業社会に適合した生活様式を形成するための運動が展開された。一八二六年「勤勉・質素・節酒促進協会」が設立された。運動の主体は企業家や牧師、弁護士などだったが、幾人もの熟練労働者も含まれていた。飲酒は貧困、怠惰、犯罪などの害悪に導くものとされ、ついに一八三五年にリンでは酒類販売禁止となった。禁酒運動は全国的に広がったのであり、一八二六年にはアメリカ節酒協会が結成され、全面的な禁酒を理想に掲げた。一八五〇年代にはメイン州を皮切りに一一の州で酒類制限法が成立したのである。

旧来の救貧方式の変化　前述したように、かつては「貧者はどこにでもいる」と考えられていたが、「勤勉・質素・節酒促進協会」にとっては貧困はあってはならないもの、つまり「罪悪」であり、撲滅されるべきものであった。リンにおける救貧方式は変化した。院外給付の援助物資は制限され、院内の貧者と市民との接触は制限された。被救済貧民になることは犯罪者になることと同じような恥辱として扱われるようになった。リンの新聞は書いた。「多くの者は貧民院に入るよりも牢屋に入ったほうがよいと思うだろう」と。それまで職人たちは五〇歳か五五歳まで働いて、引退後の生活のために十分な金を貯め、引退してからは働かなくてよいと考えられた。しかし新しい制度の下では、被救済民にならないために、人間は死ぬまで労働せねばならないものとされたのである。

(2)　都市民衆の生活と文化

一九世紀前期の都市　都市の成長は爆発的だった。一八二〇年アメリカ人口の七％だけが「都市」(人口二五〇〇人以上)に居住したのに、一八六〇年には人口のほぼ二〇％が都市に居住していた。特にニューヨーク市の人口増加は桁外れであり、一八〇〇年に六万人になった人口は、一八六〇年には一〇〇万人を超えた。

一九世紀初期の都市では富者も貧者も隣り合って暮らしたが、富裕者は市議会に議席を持ち、大きな権威をもって都市の秩序を守っていた。騒擾が起こると市の役人が現れて、彼らの権威で暴徒を解散させた。しかしこのような統治方法はうまく機能しなくなった。「敬服」(デフェレンス)の関係は崩れていったのである。

一九世紀初めの都市には市営の水道、下水、ゴミ収集がなかった。人々は井戸から水を汲み、戸外の便所を用い、炊事の後の生ゴミをドアの外に放り投げ、それを豚が食べた。農村では問題なかったとしても、都市ではそれは病気のもとになった。一七九三年のフィラデルフィアでは黄熱病で四〇〇〇人が死亡し、一ヶ月以上にわたって外界とのビジネスが停止した。対策として市は一八〇一年に水道システムを設置したが、使用者は設置費を払わねばならず、初めは金持ちだけが利用した。ニューヨークにもボストンにも一八四〇年代まで公共の水道網はなかったのである。

二つの階級文化の対立

都市が大きくなるにつれて、富者と貧者は居住地域が分かれてきた。一八五〇年代になると乗合馬車による交通改善で中産階級の間には郊外に移住する者が増えた。他方、貧民はスラムに群がった。ニューヨークの最悪のスラムは市役所のすぐ近くのファイヴ・ポイント、ボストンではノース・エンドがそのような場所であり、住民の多くがアイルランド系移民だった。コレラその他の疫病が流行ったのもこのような地区だった。

労働民衆の増大に伴い、また仕事場におけるレジャーの排除のために、商業的娯楽が栄え始めた。ニューヨーク市のバワリーのような街は労働者の溜り場となり、深夜まで賑わった。居酒屋（サルーン）は近隣地区の労働者の付き合いの場になった。中産階級が快適で暖かい家庭生活を理想としたのに対して、男性労働者の生活は街路における、また居酒屋、消防団、スポーツ・イベントにおける仲間付き合いに集中した。これら二つの文化の間で際立った違いは酒に対する態度だった。飲酒は作業能率を低下させ、家庭を壊し、貧困者をさらに貧困にすると主張された。しかし飲酒は職人文化の構成要素だった。この伝統を守りたいという心情が労働者の間で強く、彼らは居酒屋での付き合いを好んだ。しかし節酒という中産階級的規範を採用して、自分の地位を向上させたいと願う労働者もいた。

都市における治安の乱れ

人口の急増と労働者階級の台頭による治安の乱れは、支配層にとって深刻な問題となった。かつて治安は有力市民の指導の下に、消防団や地区警察やその他の自治組織によって維持されていた。しかし上層市民はそのような自治活動から手を引くようになった。代わって各地区の街頭では若い顔役がチンピラどもを引き連れて群雄割拠して、それぞれの「島」を取り仕切るようになった。その上、民族集団間の対立が抗争を高めた。

大晦日《おおみそか》には下層民衆が太鼓、トランペット、口笛、その他で騒音を立てながら街路をパレードするという浮かれ騒ぎはニューヨーク市の伝統だったが、一八二八年の大晦日には四〇〇〇人の若者集団が物すごい騒音を立てながら行進し、

コラム2　アスタープレース劇場の惨劇

中産階級と労働者階級との間にははっきりと区分線が引かれるようになった。一八四九年ニューヨーク市では演劇をめぐって両文化は激突した。森脇由美子が説明しているが、エリートたちはイギリス人俳優ウィリアム・マックレディのイギリス的演技を好んだ。労働民衆は愛国的で民主的なアメリカ人俳優エドウィン・フォーレストを好んだ。アスタープレース劇場でマックレディが『マクベス』を演じた時、大混乱が生じた。「貴族はくたばれ！」と叫びながら群衆は手当たり次第に物を投げて、公演は不可能となった。

エリート層の要望により公演のやり直しが、二〇〇人の警官と三〇〇人の州兵の護衛の下に再演されることになった。この時、劇場の外には反対派の大群衆が集まり、「貴族どもの忌々しい巣を焼け！」という弁舌に煽られて、石を劇場に向かって投げ、ドアを打ち破ろうとした。州軍の指揮官は「騒乱防止令」を読み上げ、群集に立ち去るように命令したが、群衆は一向に立ち去らず、ついに警官と州軍が発砲し、二二人が射殺され、一四〇人以上の負傷者が出た。

労働民衆の抗議集会で、群集は「貴族階級」を激しく攻撃し、市民は「あらゆる娯楽の場で、その娯楽の承認、不承認を決定する不可侵の権利」をもつと決議した。しかし以後、ニューヨークの劇場は富裕者用と下層階級用とに分裂した。ニューヨーク市の経済は大発展を遂げたが、はっきりと異なる二つの階級を生み出したのである。

ニューヨークでは「危険な階級」に対する上中流階級の恐れが高まり、警察による保護が必要とされ、警察機構の集権化が始まった。すでに一八四五年、市は恒久的な職業的警察機構を作り出していた。そのような職業的警察は個人的自由の侵害であるとの抗議も起こったが、もう都市の平穏は職業的警察力なしには維持できなくなっていたのである。

途中で馬車をひっくり返し、金持ちの家や黒人教会の窓を破り、紳士淑女の交通を邪魔した。このような大晦日のパレードは市当局によって禁止されていった。

4　移民の流入と民族対立

(1)　移民大流入のヨーロッパ的背景

近代化による人口の増加　アメリカの初期工業化においてはアメリカ自生の労働者が主軸だったが、一八三〇年代以降、ヨーロッパから移民が大流入し、アメリカ労働民衆の民族構成に大きな変化が生じた。世界人口は一六五〇年に三億人だったのが、一七五〇年には七億人となり、一八五〇年には十一億人になったのだという。この人口爆発はまずヨーロッパで起こった。近代化が最初に始まったからである。ヨーロッパの人口は一八〇〇年から一九一〇年までの間に一億八七〇〇万人から四億五〇〇〇万人へと増加した。

人口の圧倒的多数は農村に住んでいたが、人口増加に対応する余分の農地はなく、先祖伝来の土地や職業を継承できなくなった人々が移動を開始した。イギリスの移民史家モルドウィン・ジョーンズは、一九世紀ヨーロッパを「移動する大陸」と呼んだ。人々は農村から都市へと向かった。しかし都市の初期工業化では人口増加を十分に吸収できず、また近代化によって生活が悪化する都市労働者も多かった。人々の流れは国境を越える移動となり、さらに多くの人々が大西洋を渡った。この動きは世界資本主義の展開によるインパクトを最初に受けた西欧・北欧から始動し、一九世紀末期になって東欧・南欧に及ぶのである。

ヨーロッパの政治的変化も移民の増加を促した。フランス革命とナポレオン戦争、自由主義の拡大はヨーロッパに新しい時代を切り開いた。西欧諸国は出移民の自由化に踏み切った。重商主義時代の「植民」とは異なり、「移民」は海外の独立国への自由な個人の移住となった。合衆国のほうも国内に五年以上居住した「自由な白人」に帰化権を与え、移民統計を取るだけで、ほとんど制限的措置を講じなかった。そしてアメリカ居住五年ともなれば、移民は市民権を申請できた。

大西洋越え

大西洋横断はまだ帆船の時代であり、また大部分の移民は貨物船を利用した。農業国家アメリカは農産物をヨーロッパに輸出し、工業製品を輸入した。農産物は工業製品に比べてかさばったから、アメリカに向かう船には余裕があり、船会社は船客として移民を歓迎した。それでも渡航は厳しい試練だった。帆船による渡航は最低一ヶ月半を要した。逆風の場合には三ヶ月かかることもあった。船は元来貨物船であり、旅客の運輸には適していなかった。移民たちは通風の悪い、不衛生な大部屋にぎっしりと詰め込まれ、長い航海で衰弱し、頻繁に疫病が広がった。それでもアメリカ熱がヨーロッパに広がったのである。

アメリカ政府は一八二一年から移民統計を取り始めた。十年ごとの移民の合計数は一八二〇年代（一八二一〜三〇年）の十五万人から一八五〇年代（一八五一〜六〇年）の二六〇万へと増加した。当時の合衆国人口は少なかったから、移民流入は人口構成の大変化を意味した。総人口に対する外国生まれ人口の割合は、一八二〇年の一・六％から一八六〇年の一一・二％へと上昇した。また移民は黒人奴隷制との競争を避けて南部にはあまり行かなかったから、北部にとってはこれは洪水のような大波だった。

(2) 移民、労働者になる

アメリカ産業の労働力へ

アメリカは大別して二つの機会を移民に提供した。一つは西部に赴いて自営農民になる機会である。故国との気候・土地条件の違いを克服し、多くの移民がアメリカで農民になった。それはプロレタリアートへの転落を避けようとする努力だった。

アメリカが用意したもう一つの機会は、労働力不足に悩むアメリカの産業だった。工業化が進むにつれて、産業労働力需要が移民吸収力において支配的となり、移民数はアメリカの景気変動に応じて増減するようになる。移民は故国で育ってから渡米したから、アメリカは労働力育成のコストを大幅に節約できたが、同時に移民の中には機械制工場になじまない者も多く、彼らは前工業的な習慣や生活様式を持ち込んだ。したがってアメリカの産業は、前工業的社会の中で育った労働者を近代的な労働者に作り変えるという長期の課題に直面したし、また移民の多くは英語がわからず、言語障壁は生産を阻害し、経営者を悩ませた。もちろん工業労働に従事する移民の周りには、その家族があり、彼らに奉仕する多様な職業の人々が、都市における移民の社会を形成したのである。

一八四〇～六〇年の時期に入国に際して職業を報告した移民のうち、十人中二人は熟練労働者、三人は農民、四人は不熟練労働者だった。アメリカの産業労働力における移民の比率は高くなった。一八四〇年フィラデルフィアでは労働者の四〇％は外国生まれだったという。その移民労働者の三分の一はアイルランド人で、その約四〇％は港で荷物の揚げ下ろしを行う人夫、荷馬車夫、煉瓦《れんが》職人、石工の下働きといった不定期労働に従事し、さらに約二〇％が繊維工業に、残りは製靴、仕立の不熟練工程に吸収された。ドイツ人は移民労働力の五分の二を占め、その三分の二は製靴、仕立、家具製造、精肉業などの熟練工程に従事した。

移民コミュニティとそれへの反発　言葉の通じないアメリカにおける移民の生活は苦しかった。移民は家族、親戚、知人、友人のネットワークを張り巡らせ、エスニック・コミュニティを形成した。同じ言語、同じ宗教、同じ習慣、同じ記憶をもつ者同士が結びつきたいという自然の感情から、またアメリカという異郷での生活を守るために、また敵意を向ける旧来からのアメリカ人に対抗して、彼らはエスニックな連帯感情を強めた。

エスニックごとに移民が就く職種に特徴がある場合があった。ウェールズ系は炭鉱業とブリキ工業、スコットランド系は炭鉱業、イングランド系は鉄、銅、繊維、そして言うまでもなくビール醸造業はドイツ系のものだった。ドイツ人のパン焼き工、葉巻工、家具製造工が職種別組合を組織し、会合する時、彼らはドイツ語で話し合った。組合活動家は労働者階級の連帯を語ったが、組合はエスニックごとに分断されていることが多かった。時としてアメリカ人は移民に対して反発し、移民排撃の運動を起こした。この動きを「ネイティヴィズム」という。「ネイティヴ（アメリカ生まれ者）中心主義」という意味である。移民排撃の第一の対象となったのは、後述するように、カトリックで生活水準の低いアイルランド系移民だった。

（3）主要移民集団と民族対立

イギリス系移民　イギリス系移民は工業的職業の者が多かった。一八三一年の統計ではイギリスからの入国者は農民二五％、日雇い労働者一〇％に対して工業部門が五一％を占めた。故郷における経済的変動が移民の海外への移住を余儀なくさせた。ジョン・フォード監督の映画『わが谷は緑なりき』（一九四一年）は、ウェールズの炭鉱夫の息子たちがアメリカやカナダに移住していく背景を見事に描いた名作である。

イギリス人は南北戦争後も流入を続けた。多くのイギリス人が農民になった。一八九〇年合衆国におけるイングランド生まれの者の二〇％は農業に従事していた。しかしやはり工業的職種の者が多かった。ウェールズの炭鉱夫や錬鉄工、ランカスターの繊維労働者、マンチェスターやシェフィールドの鉄鋼労働者など多くの労働者がアメリカ各地に定住した。彼らは言語も慣習も宗教的伝統もアメリカとほぼ同じだったから、アメリカへの適応は比較的に容易であり、「見えない移民」と呼ばれて、特有のエスニックな文化をあまり発展させず、急速にアメリカ社会に吸収されていった。

しかしアメリカ工業が急成長を遂げた一九世紀末になると、彼らの熟練はもう必要でなくなり、経営者はイギリス人労働者を敬遠するようになった。彼らは高賃金に固執し、労働運動に熱心だったし、故国の伝統的な技能に固執しようとしたからである。

ドイツ系移民　一九世紀に最大の数の移民をアメリカに送り込んだのはドイツだった。ドイツ系移民は中西部の農民になる者も多かったが、また多数が都市居住者となった。一八六〇年ニューヨークには十万人のドイツ人がいた。ドイツ人地区にはドイツ系の教会、居酒屋、ビヤホール、相互扶助団体、消防団、合唱団、討論・政治クラブ、体育協会、ドイツ語での学校、ドイツ語劇団、ドイツ語の新聞があった。セントルイス、シンシナティ、ミルウォーキーは特にドイツ的色彩の都市として知られた。ドイツ系移民はアメリカに大きな影響を及ぼした。飲食面でのビール、ハンバーグ、デリカテッセン、フランクファーター（フランクフルト・ソーセージ）などのドイツ語系英語の単語を思い出せばよい。またピューリタン的アメリカでは元来日曜日は祈りの日であり、静寂のうちに過ごすべき日だったが、ドイツ系移民は「コンティネンタル・サンデー」という日曜の過ごし方を伝えた。「コンティネンタル」とはイギリス以外の大陸ヨーロッパという意味である。日曜日はピクニックや友人への訪問、ビア・ガーデンに出かける日となったのである。

都市のドイツ系移民は様々な職業に従事した。商人やビジネスマン、専門職者も多かったが、多数が大工、石工、ペンキ工、鍛冶工、仕立工、靴工、鞍工、そしてビール醸造工などの熟練職人だった。特にセントルイスとミルウォーキーのビール醸造業は完全にドイツ系が支配するところとなった。ドイツ系は様々な職能別組合を組織して、アメリカ労働運動に力を加えた。

アイルランド系移民

イングランド人地主に収奪されて窮乏の極みにあったアイルランド農民は、ジャガイモ栽培で糊口《ここう》をしのいでいたが、一八四〇年代半ばにジャガイモが伝染病によって壊滅状態になると、飢饉《ききん》が広がり、アメリカへの移民は怒濤《どとう》のような勢いになった。一八四六年からの一〇年間に二〇〇万人以上がアイルランドを去った。イングランドへの移住者も多かったが、アメリカ移住の波はすさまじく、その後も長く継続した。一八二〇年から一九〇〇年までの間に、四〇〇万のアイルランド人が合衆国に移住し、アイルランドの人口は激減した。なにしろ今日のアメリカでは約四〇〇〇万人がアイルランド系であり、アイルランド本国人口の一〇倍に及ぶのである。ケネディ大統領やレーガン大統領がアイルランド系であったことは多くの日本人が知っていよう。

彼らは後進的農業国からの貧困なカトリック移民として、アメリカへの適応も緩慢であり、差別と迫害を受けた。「アイルランド人、応募するに及ばず」とはっきり述べる求人広告も多かった。彼らには西部に赴いて農地を開拓するだけの資力がなく、東部の都市に住みつき、低熟練労働に従事して生計を稼いだ。これには彼らが故国の村で頻繁に訪れあう集村生活に慣れていたという事情もあった。土地が広くて散村形態のアメリカの農村ではそんな生活はできなかったのである。

アイルランド系の増大はアメリカの労働民衆の間に摩擦を引き起こした。宗教が違い、生活水準が違った。旧来のアメリカ人労働者からすれば、アイルランド系は低賃金で喜んで働き、他の労働者の賃金を引き下げ、労働運動を妨害する存在に見えたのである。

アイルランド系は一八五〇年にはニューヨーク市の人口の約三分の一、ボストンの人口の約四分の一を占めた。工業上の熟練を欠く彼らはアメリカ産業社会の底辺に入り込み、建設労働者、日雇いの雑役夫、低熟練工場労働者になった。彼らは劣悪なスラムの住民になった。しかし彼らは英語を使用できた。故国で古来のゲール語は主要言語の地位を英語に譲り渡すようになっていたのである。この点で彼らは他の国々からの移民に比べて有利だった。彼らは徐々にではあるが、都市社会の中で地歩を固め、熟練工を中心とする社会層へと上昇していき、第二世代の中には事務職や専門職につく者が出てきた。また注目されるのは、一八八〇年ごろになると彼らが都市政治を支配する場合が出てきたことである。警察や消防など、そして都市の行政と関係の深い建設業界などにも彼らは進出した。

その他に、西欧の多様な地域から、そして北欧諸国から、またカナダからも移民が押し寄せ、アメリカに産業労働力を供給し、それぞれの独自の文化的伝統を貢献した。イタリアやポーランドなど南欧・東欧からの移民は一九世紀末から二〇世紀初頭に大挙して押し寄せることになる。彼らについては後述しよう。

民族的に分裂した労働民衆の内部で、階級的連帯の樹立はなかなか困難だった。不況が到来すると対立はさらに深まった。一八四〇年代のアメリカ労働者の動きの特徴の一つは改革主義の盛り上がりだったが、他方では人種的・民族的な対立の深まりであり、衝突だった。

ケンシントン暴動　一八四四年フィラデルフィアでアメリカ生まれのプロテスタント労働者がアイルランド系労働者地区を襲撃して多くの死傷者を出したケンシントン暴動は、アメリカ労働者の民族的異質性が階級的連帯を阻害することを示した典型的事件である。一八四四年五月六日、ケンシントン地区で約三〇〇〇人の聴衆を集めて移民排撃主義の集会が開かれた。するとアイルランド人が大規模な反撃に乗り出し、銃を乱射し、死者一名、負傷者三人が出た。すると移民排撃側の群集が押し寄せて、家屋打壊しの攻勢をかけた。翌七日には移民排撃側の集会には二〇〇〇人近くが参加し、群集がケンシントンに向かって行進した。銃撃戦の結果、移民排撃側に四人の死者と一一人の負傷者が出た。そこに州軍が到着した。八日には移民排撃側の数千の群集が押し寄せて、アイルランド人地区に放火し、教会も炎上した。結局このケンシントン暴動では、少なくとも六人の死者と五〇人以上の負傷者が出た。七月にもフィラデルフィアではカトリック教会の周辺で暴動が発生し、州軍が出動し、多数の死傷者が出た。合計すると総計二〇人以上の死者と一〇〇名を超える負傷者が出たのであり、こうしてフィラデルフィアでは階級的統一は崩壊したのである。

ノー・ナッシング党　アイルランド系カトリック排撃の機運は全国的に盛り上がり、政治的大運動となった。いくつもの団体が生まれた。そのうちの一つ、星条旗団が一八五〇年代には「アメリカ党」、いわゆる「ノー・ナッシング」党に発展した。党員たちが党について聞かれると、「何も知らない」（「ノー・ナッシング」）と答えたので、この名が起こった。この党はカトリック系アイルランド人を公職から排除すること、帰化に必要なアメリカ居住期間を二一年に延長することなどを唱え、一八五五年には六州で知事を当選させるという大躍進を見せた。しかしこの運動は一八五〇年代後半には沈静化した。アメリカはもっと重大な対立、すなわち南部黒人奴隷制度をめぐる政治対立の波に飲み込まれていったからである。

5　家庭の外に働きに出た女性労働者と農業労働者

（1）働く女性たち

女性労働者の増加　一九世紀の前半、自給的な家庭内製造業は衰えたが、家庭の外との関係で働く女性は増えた。ニューイングランド農村の場合、工場生産される布地が購入されるようになり、家庭での紡ぎと織布は衰退したが、他方では商人が持ち込む問屋制度の下での棕櫚《しゅろ》葉帽子製造などに携わる女性が多くなった。

また農家の若い未婚の女性たちが家庭の外に働きに出るようになった。一つは家事使用人として他家に出ることだった。家事使用人には二つの形態があった。一つは主として農村や小さな町に見られた「ヘルプ」（お手伝い）であり、主婦と仕事を共有し、また家族と食事のテーブルをともにした。第二の形態は「ドメスティック・サーヴァント」（家庭内奉公人）であり、女主人によって監督され、明らかに劣った身分として雇われ、召使部屋に閉じこめられた。そして「ヘルプ」から「ドメスティック・サーヴァント」への変化が起こり、移民や黒人の雇用の増大に伴い、女主人と召使との社会的距離は拡大した。

また公立学校制度の普及に伴い、小学校教師になる場合も多かった。また彼女たちは各地に設立された木綿工場の女工になった。すでに一八一六年連邦議会の委員会は木綿工業では女性が六六％を占めていると報告した。「産業革命」の時期の幾多の国における と同様に、基軸となった繊維工業で大半の労働力を提供したのは女性だったのである。他の多くの製造業も女性労働に依拠した。一八五〇年女性労働者の間では、家事使用人が三三万人、教師が五万五〇〇〇人、製造業で二二万人におよび、女性は製造業に携わる全労働者の二四％を構成した。

ローウェルの女工たち

一九世紀前半のアメリカ女性労働者の中で最もよく知られているのがローウェルの女工たちである。ローウェルのようなマサチューセッツ州の代表的な木綿工業都市では、ニューイングランド農村出身の未婚の女性を大量に募集し、寮に住まわせて働かせた。その女工たちの状態はエンゲルスが『イギリス労働者階級の状態』で描いたイギリス産業革命における女工たちの姿とも、日本の製糸工業における「女工哀史」ともかなり違っていた。多くの人々がローウェルに注目した。大統領となったジョン・クインジー・アダムズはそれを「貧者の宮殿」と呼び、イギリス人文学者アンソニー・トロロープは「博愛的製造業大学」と呼んだ。ジャクソン大統領もチャールズ・ディケンズもこの工場町を訪れた。

彼女たちの賃金は男性労働者の賃金よりもはるかに低く、一八三〇年に一週間二・ドル五〇セントほどだったが、寮への居住と賄いがついていた。一日の労働はほぼ一四時間で、日の出の直後に始まり、日没まで続いた。この間に朝食に半時間、昼食に半時間が割かれた。ローウェルでは女性労働者のほうが圧倒的に多く、しかも男女は働く場所が違っていたから、彼女たちの働く場所は「女の園」だった。一八三六年の統計ではローウェルの労働者の八五％が女性であり、しかも女工の八〇％以上が十五～三〇歳であり、その九六％以上がアメリカ生まれで、大部分がニューイングランド農村の出身だった。このような同質性の上に濃密な女性の共同体が発展した。

工場の中で女工たちは助け合って働いた。女工たちは大部分が会社の寮に住み、工場での仕事が済むと、彼女たちは寮で食事し、休息し、語らい、縫い、手紙を書き、本や雑誌を読んだ。一部屋に幾人もが住んだ。日曜日には彼女たちは仲間と一緒に店、講演会、教会、その他のイベントに出かけた。女工たちは図書館で本を借り、雑誌を講読した。女工たちの間に文芸サークルが生まれ、会社の援助もあって月刊の文芸誌『ローウェル・オファリング』が発行された。講演に来たハーヴァード大学の講師が驚いたほど彼女たちは知識欲に燃えてもいた。

女性労働者のストライキ

女性労働者たちも労働運動に参加した。一八三〇年代になると繊維工場における女工たちのストライキはいくらか頻繁に起こったが、やはりローウェルの女工たちの場合がよく知られている。ローウェルでは一八三四年二月、約八〇〇名の女工が会社側の賃下げ発表に抗議するためにストライキに突入した。ストは短期間で終わったが、女工たちが発した宣言文は「統一こそ力なのです」と声明した後、次のように仲間に呼びかけた。「愛国派の父祖たちの精神を受け継ぐすべての者の署名を獲得しようと望んで、私たちはこの文書を回すのです。貪欲な抑圧の手が私たちを奴隷にしようとしています」。

アメリカ独立革命を戦った父祖たちの精神を引継ぎながら、ニューイングランド・ヤンキーの誇り高き自由人の娘たちは、資本の「貪欲な手」に対抗して「自由人の娘」として留まるとの決意を表明したのである。それは彼女たちに息づいていた共和主義の精神を示すものであった。そして彼女たちは一八三六年にも二回目のストライキを起こした。今度は一五〇〇人が参加した。

一八四〇年代には彼女たちの運動は政治化し、十時間労働を求めて州議会への請願運動が展開された。一八四五年にはローウェル女性労働改革協会がサラ・バグレーを指導者として組織された。そして労働週刊紙『ヴォイス・オブ・インダストリー』が発刊され、全面的に女工たちが編集権を掌握した。また彼女たちはニューイングランド勤労者協会に加盟し、男性労働者と連帯した。しかし一九世紀半ばになると、アイルランド系の男性移民がニューイングランドの木綿工場に大量に流入し、ローウェルを典型とするニューイングランド農村出身の女工たちの世界は終わってしまうのである。

(2) 北部の農業労働者

農業労働者についても触れておこう。一九世紀のアメリカ農民は土地を所有する独立生産者という地位に誇りを抱いたが、土地をもたない農業従事者が北部にもいたのである。一九世紀前半の農業労働者には二つの形態があった。一つは臨時的な日雇い労働者であり、他はもっと長期間、月決めで雇われる労働者である。月雇いの賃金は日雇いの場合よりも低く、農家に賄いつきで住み込む場合が多かった。加えて彼らは付加的な、しばしば明記されない報酬を受け取った。洗濯とか衣服の繕い、馬の使用などである。これらは「パークス」(付加給付、心づけ)と呼ばれた。これに対して典型的な日雇い農業労働者は若くて独身で、地域社会出身の住民だった。彼らの多くは何らかの小作制を経て、いずれは自営農民になる途上にある若者だと考えられていた。アメリカ経済史において農業的ラダー(階梯)と呼ばれるものである。他方、月雇い農業労働者は典型的にはもっと年長であり、結婚していることも多かった。彼らは自分自身の農場を獲得できなかった者たちであり、賃金労働の中に閉じ込められていたのである。

第3章　黒人奴隷制度と労働民衆

1　黒人奴隷制度と北部労働民衆

（1）「自由な植民地」と黒人奴隷制

アメリカ史上最大の事件としての南北戦争

一八六一～六五年に戦われた南北戦争では、戦病死を含めて北軍の戦死者は三五万九五〇〇人、南軍の戦死者は二五万八〇〇〇人、合計すると六一万七五〇〇人に及んだ。一八六〇年の合衆国人口は三一四四万人だったから、戦死者の比率は男性では四％になる。子供と老人を除くと、男性の十人に一人以上が死んだことになる。まさに南北戦争はアメリカ史上、最大の事件だった。またこの戦争は、一九世紀初頭のナポレオン戦争から二〇世紀初頭の第一次世界大戦までの一世紀間の世界における最大の戦争だった。いかに黒人奴隷制度がアメリカ社会における重大な制度だったかを、理解することができよう。

「自由な植民地」における不自由労働

一九世紀前半、南部では黒人奴隷制度が全盛期に入っていた。なぜ自由の国アメリカで奴隷労働制度が成立したのだろうか。これには根深い人種主義その他の複雑な要因が絡んでおり、植民地時代にまで遡《さかのぼ》って、また世界史的構造論を踏まえて説明すべき重大なテーマであるが、ここでは植民地白人の自由労働と対比させて図式的に説明してみよう。前述したように、アメリカはヨーロッパ系白人の「自由な植民地」として発足した。しかし工業化以前のアメリカでは人が自由で、安価な土地が豊富に存在したから、人は雇用されて従属的地位に陥ることを避けて、土地獲得に努力し、自営農地を開こうとした。したがって資本所有者にとっては雇用労働力の入手は困難だったのである。

マルクスが『資本論』第一巻の中の「近代植民理論」の章で引用しているが、イギリスの植民地経営の理論家エドワード・ウェイクフィールドは『イングランドとアメリカ――両国民の社会的・政治的状態の比較』（一八三三年刊）において次のような観察をしている。「人口が少ない地方で土地が豊かであれば、土地所有者になりたい者は誰でも土地所有者になれる。そして土地が安いということが賃労働が少ない原因である。土地が非常に安く、人が皆自由であり、望むなら誰でも土地を手に入れることができるところでは、労働は非常に高い。そればかりかどんなに値段を弾んでも雇用労働は得にくくなる」。

マルクスは奴隷解放以前のアメリカを「自由な移民によって拓殖される処女地」として捉えて、興味深い議論を展開しているが、アメリカにおける自由と不自由の同時存在を考える時に、非常に参考になる。「自由な植民地」においては資本所有者は雇用労働力を獲得しにくい。自由労働者を連れてきても、彼らは数年後には土地所有者になり、雇用、すなわち従属を拒むからである。温暖な南部植民地では冷涼なヨーロッパでは栽培できない農産物（タバコ、サトウキビ、米、染料の藍、そして綿）を栽培してヨーロッパに輸出し、大きな利潤を上げることができるのに、自由労働力の確保が困難だったから、アフリカから奴隷を輸入したのである。封建的束縛から自由だったアメリカ植民地が、一方で自由な白人自営農民を生みながら、他方で奴隷制度を発展させたのは、このような「自由な植民地」の構造的特質が絡んでいたと筆者は見るのである。白人が自由だったから、不自由労働者が必要とされたのである。

奴隷主国家アメリカ

自由と不自由の関係はアメリカの歴史に絡んでずっと展開した。南北戦争までの歴代のアメリカの大統領を並べてみると、二期八年間の奴隷主大統領ジョージ・ワシントンに始まった後、一期四年間勤務したマサチューセッツ州出身のジョン・アダムズ（非奴隷所有者）を除いて、トマス・ジェファソン、ジェームズ・マディソン、ジェームズ・モンローと各二期八年間の合計三二年間、ヴァージニア奴隷主の大統領の施政が続いたのだった。

その後ジョン・アダムズの息子、ジョン・クインジー・アダムズ（非奴隷所有者）が一期務めた後、アンドルー・

ジャクソンが二期大統領を務めたが、彼はテネシー州の奴隷制プランテーションの経営者だった。その後にもジョン・タイラー、ジェームズ・ポーク、ザカリー・テーラーの三人は奴隷主階級出身の大統領だった。一八五〇年にテーラー大統領が病没するまでの六一年間のうち四九年間は大統領は奴隷主階級出身だったのであり、安武秀岳が指摘したように、アメリカは「奴隷主国家」だった。この強力な奴隷主国家体制を転覆したのが南北戦争だったのである。よくもまあ、リンカンは多大の犠牲を伴う戦争に踏み切ったものだと、筆者はその豪胆さに驚嘆するのである。

南部の黒人奴隷たちについては社会史的調査が進み、ここでは説明を省くが、奴隷身分にありながらも独自の文化や社会組織を発展させていたことが明らかにされている。そしてその伝統が音楽をはじめとして今日の豊かなアメリカ大衆文化に受け継がれてきていることは誰でも知っていよう。

(2)　自由黒人

アメリカ白人の人種意識　では北部の労働者は南部の黒人奴隷制に対してどんな態度をとったのだろうか。アメリカ白人社会における根深い人種差別主義の普及は否定しがたい歴史的事実である。アメリカは多様な人種・民族集団から構成されており、各集団がそれぞれ自己のコミュニティを形成・維持しようとするから、必然的に他集団を排斥しようとする傾向が生じる。しかも黒人は白人とは人種が違っている。しかしながら奴隷制度はアメリカ白人の共和主義的理念に反する制度である。したがって黒人奴隷制度に対する白人民衆の態度の実態は、非常にわかりにくい問題なのである。

北部における自由黒人とその状態　まず、北部において白人労働者が自由黒人に対してとった態度を考えてみよう。一八六〇年の合衆国には約五〇万の自由黒人がおり、黒人総人口の約一一％を構成しており、その半分以上が北部に、それも大部分は都市に居住していた。フィラデルフィアには二万二〇〇〇人、ニューヨークには一万二五〇〇人の黒人がいた。

北部都市の自由黒人の状態は劣悪を極めた。一八五〇年代のボストンで一人当たりの平均年収は白人の間で最も貧しいアイルランド系が一三一ドルだったのに対して、自由黒人は九一ドルだった。また彼らは居住地区、職業、そして市民的権利についての厳しい制限に服していた。黒人は都市暴力の標的となった。一八二九年シンシナティの暴動では一〇〇〇人の黒人がカナダに逃れた。一八三一年プロヴィデンスでは三日間に及ぶ暴動で黒人地区は破壊された。一八三四年ニューヨークの暴動では教会、学校、そして何十という家屋が破壊された。フィラデルフィアは繰り返し反黒人暴動で揺れた。

（3）デイヴィッド・ローディガーの「ホワイトネス」論

近年アメリカ史研究において注目されるようになっているものに、デイヴィッド・ローディガーの「ホワイトネス」をめぐる議論がある。白人労働者の間における反黒人感情が最も激しかったのはアイルランド系の場合だった。アイルランド系移民の多くは都市で最下層の労働者に属し、他の白人労働者とは区別される存在だった。なぜアイルランド系が仲間の賃金労働者である黒人労働者に対して激しい反感を抱いたのだろうか。

当時のアメリカ社会で賃金労働は広く軽蔑されていた。収入が乏しいだけでなく、他者に雇われて従属した存在であることは、独立した自由な市民という共和国アメリカの理想に反するものであり、貧困の極致で働くアイルランド系労働者は奴隷に近い存在だと考えられた。アイルランド系は北部都市のスラムに密集して居住し、初め黒人と隣り合って暮らすことも多く、黒人と近所付き合いをしていた。彼らの暮らしぶりは当時のアメリカ社会の「白人」の規範から外れていた。過度の飲酒癖、不衛生な生活、勤勉節約の労働倫理の欠如――それらにより彼らは黒人に近い存在と見なされ、通常の「白人」としては扱われなかったのである。

このような貧苦にあえぐアイルランド系移民たちは、アメリカ社会が特権をもつ「白人」と特権を認められない非白人（黒人および先住民）との二種類の人々に分けられた社会であることを学び知り、「白さ」が社会的地位、市民的権利と結びついていることを知った。そこで彼らは黒人を積極的に差別することによって、自分たちが「白人」としてアメリカ社会の中で認められていく道を選んだ。彼らは黒人と自分たちとの区別を強調し、アメリカ社会における地位の上昇を願った。だから彼らは反黒人の態度を最も激しく表明したのだとローディガーは主張したのである。

アイルランド系を主とする反黒人の暴動は、一八三〇年代から五〇年代にかけて頻発した。それは単なる労働市場での黒人との競争の結果であるばかりでなく、黒人との境界があいまいだったアイルランド系が、黒人を「劣等」の境界内に閉じ込めることによって彼らとの差異を強調し、自分たちが「白人」の側に立つことをアピールする態度の表明でもあったというのである。アメリカ労働民衆の歴史には働く者同士の連帯を求めようとする動きがある一方、自分たちとは異なる集団を差別し、犠牲にして自分たちの地位の上昇を図ろうとする営みに満ちている。その区分線のうち最も重大だったのが、人種の区分線だったのである。

（4）黒人奴隷制度に対する北部労働者の態度

北部労働者と奴隷制度反対

人種主義はアメリカ労働者の間に浸透していた。彼らの多くは黒人を軽蔑していた。しかし他方には、奴隷制度に反対する労働者の姿があった。奴隷制度は北部白人の共和主義的理念に反する制度だった。一八三〇年に奴隷制反対協会が結成されてからの数年間、連邦議会には奴隷制廃止の請願書が殺到した。南部の議員たちの圧力で議会はそのような請願を取り上げないことを決めたが、それでも請願は届き続けた。誰がこれらの請願に署名したのか。ある調査によれば、一八二九～三九年にニューヨーク市から届いた請願書の署名の約四割は熟練職人であり、三割は小親方だった。

諸々の勤労者党の綱領には黒人奴隷制の廃止の要求が含まれていた。ニューイングランドでは奴隷制反対の声は「説教壇や大学におけるよりも工場や靴仕事場において」ずっと強かったという。またローウェルの女工たちは女性奴隷制反対協会を組織し、奴隷制廃止の請願書への署名を集めた。

しかし労働運動とアボリショニスト（奴隷制即時廃止論者）との関係は必ずしも友好的ではなかった。多くのアボリショニストは生まれも良くて資産家であり、資本主義を熱心に支持し、労働運動を敵視した。アボリショニズムの中心人物、ウィリアム・ロイド・ギャリソンは機関誌『リベレーター』の創刊号において、労働組合運動を「金持ちに反対して労働者階級を憤激させようとする組織的陰謀」として非難した。「労働組合は最悪の犯罪的」組織であると彼は言明した。

「フリー・ソイル」の要求

ところでアメリカは連邦国家（ユナイテッド・ステーツ）であり、南北戦争以前は「国家連合」という性格が強かったから、北部でどんなに奴隷制反対の声を挙げても、奴隷制度は南部諸州の法律によって定められ、非奴隷所有者を含めて白人州民によって支持されていたから、南部の奴隷制度について北部人は干渉できなかった。

事態を打開したのは西方領土との関連だった。北部の自由農業も南部の奴隷制農業も急速に西部へと拡大しつつあった。そして西部のそれぞれの地域が自由州と奴隷州のいずれとして連邦に加入するかは連邦議会の決定事項だった。一八四六年メキシコとの戦争が始まった時、下院議員デイヴィッド・ウィルモットは、メキシコから獲得される領土から奴隷制を排除するよう提案した。提案は下院を通過したが、上院でつぶされた。しかしこれを契機に西部への奴隷制拡大反対の動きが連邦政治の前面に出てきた。そして北部の多くの労働者は西部の土地が奴隷制プランターのものになることを望まなかったのである。

ここから「フリー・ソイル」（自由土地）運動が起こった。西部の土地を自由（フリー）〔同時に無料を意味する〕にして、東部の労働者に取得しやすくして労働問題の解決を図ると同時に、奴隷制度の拡大を阻止しようとする運動である。ジョージ・ヘンリー・エヴァンスが指導権を発揮し、一八四八年には奴隷制度の西方への拡大に反対する政治家と労働運動の指導者たちが連合して、自由土地（フリー・ソイル）党を結成し、「フリー・ソイル、フリー・レイバー・フリー・マン」の合言葉の下に、大統領候補に元大統領のマーティン・ヴァン・ビューレンを立てて、約三〇万票、自由州における投票総数の七分の一近くを獲得した。

(5)　共和党・民主党と労働者

リンカンと労働者

一八五四年にカンザス・ネブラスカ法が制定され、これら二つの準州については奴隷制を認めるかどうかは白人住民の投票によって決定することになった。この法律は州に昇格していない西部全域に奴隷制度を広げる可能性を開くものとして激しい反対が北部に広がり、ホイッグ党は解体し、奴隷制拡大に反対する党として共和党が結成された。共和党はその中心的理念として「自由労働」を掲げ、労働者を引きつけようと努力した。

共和党指導者の一人リンカンは次のように演説した。「労働は資本に先行するものであり、資本からは独立しています。事実、資本は労働の成果なのであり、最初に労働が存在していなければ存在することができないものです。労働は資本なしに存在することができますが、資本は労働なしには存在することができません。したがって労働は資本よりも優れたもの、はるかに優れたものであります」。この「自由労働」という思想において共和党と労働運動とは共通していた。

そしてリンカンはストライキ支援を語った。一八六〇年三月、彼は次のように演説した。「私は、労働者がストライキしたいと思う時にはストライキできるような労働制度がニューイングランドに普及することを望むものです。私は、人が仕事をやめたい時にやめることができるような制度が好きですし、それがあらゆるところに普及することを望むものです。私が奴隷制度に反対する理由の一つは、まさにここにあります」。

彼はまた次のように演説した。「家族関係を除けば、人間的同情の最も深い絆《きずな》は民族や言語や人種の如何を問わず、すべての労働者を一つに結ぶ絆でなければなりません」。そして「労働組合を害する一切のものはアメリカに対する反逆です。労働組合とアメリカの二つを分ける線を引くことなどできません。諸君に向かってアメリカは愛するが、労働組合は憎むという者があるとすれば、その男は嘘《うそ》つきなのですし、アメリカは信じるが、労働組合は恐れるという者がいるとすれば、その男は馬鹿者なのです」。

共和党と労働運動との違い

しかし彼は述べた。「私たちの間には、雇われ労働者という恒久的な階級は存在しません」。「二五年前私は雇われ労働者でした。昨日の雇われ労働者は今日は自分自身の計算で労働し、明日は自分のために働く他人を雇うことになるでしょう」。つまり彼は恒久的労働者の階級は北部には存在しないと主張したのである。こうして共和党は労働者の利害と資本家の利害は同一であると主張し、南部プランターに対抗する労資（そして農民）の連合戦線を形成しようとしたのである。

農村的で小タウン的な地域では、北部社会についてのリンカンの言辞はかなり実状に近かった。しかし一八五〇年代ともなると、社会全体の現実として恒久的な労働者階級の広範な存在が冷厳な事実だった。そして共和党が形成しようとした政治的連合戦線の右側は産業資本家層が占めており、彼らが戦後には連邦権力を掌握することになる。共和党の労働運動支持には自ずと限界があったのである。

労働運動の政治的立場と一八六〇年の選挙戦

他方、共和党に対する労働者の対応も多様だった。イギリス系、スカンディナヴィア系、そしてドイツ系労働者の間には共和党支持が増大した。しかし労働者の間ではジャクソン時代以来民主党支持の傾向が強かった。移民排撃勢力はホイッグ党と結びついており、共和党はホイッグ党を継承した党だったのである。ところが民主党は移民系労働者に対して好意的だったが、南部の奴隷主勢力をもその基盤としていたのだった。多様な労働者、特にアイルランド系は民主党を支持したと考えられている。

一八六〇年の大統領選挙で民主党は北部民主党、南部民主党、さらに奴隷制問題を回避した穏健派の三つに分裂し、それぞれ大統領候補を立てたので、共和党のリンカンが得票率三九・九%にすぎなかったのに当選したのである。そしてこの年、北部労働者の支持は二つに分かれた。多くの労働者が共和党を支持した。共和党は「自由労働」の党として、労働者の票をひきつけるために精一杯の努力をした。共和党は労働者が土地所有農民になる道を開くためにホームステッド法の制定に賛成した。そして先述したリンカンの言辞は労働者票を共和党に引き付けることを狙ったものだった。

どれだけの労働者がリンカンに投票したのかは、なかなか分かり難い問題である。かなりの労働者票をリンカンは獲得したであろう。他方、北部民主党のスティーヴン・ダグラス候補も労働者階級の間から支持された。鋳鉄工組合のウィリアム・H・シルヴィスはかつてホイッグ党支持だったが、ホイッグ党が解体すると民主党支持に変わり、ダグラスに投票した。多くの移民労働者が民主党を支持した。共和党支持を拒絶した労働者の中には、共和党は労働者を搾取する資本家と結んでいると考えて反発する者たちもいた。

2　南北戦争とその後の南部黒人の変化

(1)　戦争と北部労働者——徴兵法暴動

戦争に対する北部労働者の態度　リンカンが当選し、サウス・カロライナが連邦を離脱する中で、南北の和解を図ろうとして、ケンタッキー州選出の上院議員ジョン・クリッテンデンによるクリッテンデン妥協案が提出された。この時点で南北の妥協による戦争回避が労働運動家たちの願望であった。一八六〇年十二月ケンタッキー州ルイヴィルで鋳鉄工組合主催による労働者集会が開かれ、シルヴィスたちは南北の分裂を回避し、労働者に失業をもたらさないようにせよという決議を採択した。一八六一年二月には八州からの労働組合活動家たちがフィラデルフィアに集まり、シルヴィスが議長を務め、「内戦を引き起こすいかなる措置」にも反対し、クリッテンデン妥協案を支持する決議が採択された。

しかし一八六一年四月、南部側による連邦のサムター要塞砲撃がすべてを変えた。北部の労働者は連邦支持に結集した。シルヴィスは述べた。「戦争の直接の原因に関する我々の見解がどうであろうとも、我々は奴隷制度が最大の原因であったことに同意できる。そして最初の砲撃がなされたその日から、奴隷制度が終息しない限り戦争は終わるべきではないというのが私の強い願望であった」。

戦争は多くの労働民衆に犠牲を強いた。その第一は人命の損失だった。前述したように大量の戦死者が出たのだった。経済的な犠牲も大きかった。戦争の初期にはいくつもの産業が苦境に陥ったが、やがて戦争の進展とともに、工場は武器、軍需品、毛布、衣服、靴、その他大量の物財を生産した。資本家にはボロ儲《もう》けの機会が訪れたが、他方では著しいインフレが労働者を苦しめた。戦争の四年間で北部民衆は八〇％のインフレに苦しんだ。しかし賃金はそれに見合うようには上がらず、労働者の生活は苦しくなった。ストライキが頻発し、多くの労働者が連邦政府に助けを求めたが、政府はストライキに介入し、しばしば軍事力を行使してストライキを鎮圧した。

それでも戦争は労働組合の成長を刺激した。炭鉱夫、漆喰《しっくい》工、採石夫、船大工、葉巻工、塗装工、仕立工、煉瓦積み工などの全国組合が結成された。企業家は激しく組合に反対し、ストライキ破りを雇い、組合組織化を阻止しようとした。労働者の間には資本家と結んだ共和党政権に対する反対感情が醸成されていった。

徴兵法暴動

戦争中に労働者を巻き込んだ大事件は徴兵法暴動だった。志願兵だけでは足りなくなり、一八六三年三月に徴兵法が制定された。徴兵法は徴兵はクジ引きで公平に選抜されると定めたが、政府に三〇〇ドル支払って免除されるか、代理人を出すことが認められた。三〇〇ドルは労働者の年収にほぼ等しい金額であり、徴兵法とは労働者を戦場に送り、企業家は金儲けに専念できるようにするものだとして労働者の反感を買った。この戦争は金持ちたちのための戦争なのだとして戦争を非難する態度が生まれた。徴兵法への反対は各地で一斉に火を噴き、憤激は徴兵法が発効する七月に頂点に達した。

ニューヨーク市では一八六三年三月、全市にまたがる労働者会議（ワーキングメンズ・コングレス）が開催され、代議員たちは共和党政権を職人・労働者の権利と利益に干渉しようとする抑圧機関と見ることで一致した。そして七月中旬、最悪の徴兵反対暴動が爆発した。暴力と略奪が広がった。ほぼ一週間近くにわたり反乱者たちはマンハッタンを完全に孤立させて、一種の「解放区」を創り出したのである。

長田豊臣の『南北戦争と国家』（二〇〇〇年刊）は詳細な分析を通じて、「工業労働者」と「日雇い労働者」とを区別して議論する。「工業労働者」は共和党連邦政府との対決という姿勢を貫き、暴動の目標を共和党政権およびブルジョアジーに向けた。彼らは共和党政治家の邸宅を襲い、ブルジョア文化を代表している贅沢な家具を徹底的に破壊した。

他方、アイルランド系が多い日雇い労働者を中心とする貧民たちは、市内を徘徊《はいかい》し、少なくとも一二人の黒人をリンチし、黒人孤児院を襲撃し、焼き払った。彼らは彼らが軽蔑する黒人の解放のために徴兵などされたくなかったのである。彼らの暴動は全くの略奪行為になった。最後には連邦軍が前線から駆けつけて射撃によって暴動を鎮圧した。そして暴動が終わった時、一〇〇人以上のニューヨーク人が死んでいた。

このことに関してアメリカのある歴史家は言う。ニューヨークの徴兵反対暴動は北部の労働者階級の南北戦争に対する支持の欠如を示すものではなかった。労働者は戦時中の共和党のプログラムに反発し、徴兵法が共和党のエリート的共謀であると信じた。それでもニューヨーク市の熟練労働者と彼らの組合は一致して、市内で暴動を起こした者たちを非難した。そしてアイルランド系の消防団が火を消したこと、アイルランド系からなる連邦軍が前線から駆けつけて暴動を抑えたことを指摘する。アイルランド系の全体が暴徒になったのではなかったのである。

一八六五年一月、連邦議会は合衆国内の全地域における奴隷制度を廃止する憲法修正第一三条を通過させた。やがて南軍は総崩れとなり、四月九日、南軍は降伏し、四年に及ぶ内戦は終わった。首都が祝賀に沸くなかで四月一四日、リンカンは狂信的な南部人ジョン・ウィルクス・ブースの凶弾に倒れた。

(2) 戦中および戦後の南部と黒人の変化

戦時中の南部白人民衆の苦しみ　戦争中、南部でも徴兵法が制定されたが、北部と同様に代理人を雇うことが許され、また二〇人以上の奴隷を所有する者は兵役を免除された。それは奴隷制度を守るために奴隷を所有しない農民・労働者が戦って死ぬことを意味した。

都市民衆には飢えの苦しみが襲った。南部連合の首都だったリッチモンドでは一八六三年四月、労働者の妻たちからなる女性グループが知事の邸宅まで行進し、食糧を要求した。この抗議は暴動へと発展し、ジェファソン・デイヴィス大統領は軍隊を動員して、これを抑えた。南部の都市労働民衆を特に苦しめたのは、第一に人的損害であり、第二に紙幣乱発による驚くべきインフレだった。一八六一年四月に一ドルしたものが、一八六四年一月には南部連合政府の紙幣で二七ドルに上昇した。そして食糧不足が民衆を襲った。

南部再建の挫折

南部は敗北し、奴隷制度は廃止され、連邦軍が南部に駐留し、戦後十二年にわたって「南部再建」（リコンストラクション）と呼ばれる複雑な政治過程が進行した。そのプロセスの詳細にはここでは立ち入らないことにする。黒人は奴隷制度から解放され、黒人男性には選挙権が与えられ、一時は黒人の驚くべき政治進出が見られた。しかし根強い白人優越主義にたつ南部白人は各州の民主党に結集して反撃を開始し、元奴隷がのさばるのは許せないという南部白人の決意が勝利した。一八七七年には南部から連邦軍が撤退し、民主党に結集した南部白人が南部の支配権を取り戻したのである。

行き詰まった賃金労働制度

奴隷身分から解放された黒人たちの間には、「四〇エーカーの土地と一頭の騾馬《らば》」が与えられるという強い期待が広まった。北部の共和党急進派の中からも、プランターの土地を没収し、四〇エーカーずつ黒人に無償分配し、残りは売却するという土地改革法案が提出された。しかし私有財産権を神聖視する共和党はその提案を拒絶し、解放黒人は無一物で放り出されたのだった。

農業的南部においては元奴隷たちにはプランテーションで働く以外に道はなかった。最初は賃金労働制度が採用された。黒人を年雇用契約で働かせ、家屋や食料を提供し、監督の下で集団労働させ、収穫期に賃金（または現物）で支払うというものだった。

しかしこの制度は長く続かなかった。黒人は元の奴隷小屋での生活、監督の下での集団労働など、かつての奴隷労働と似ていることを嫌った。自分の土地をもてないとしても、せめて形の上だけでも自分に割当てられた土地の上で自主的に働きたかったのである。

シェアクロッピング制度の成立

こうして賃労働制度は行き詰まり、一種の分益小作制度としてのシェアクロッピング制度が普及することになった。この制度ではプランターは土地を分割し、耕作をシェアクロッパーと呼ばれる「分益小作人」に委ねるが、同時に住居、種子、農具、家畜などの農耕必需品を提供し、シェアクロッパーは自分と家族の労働力でその耕作を請合う。収穫は半分かそれ以上をプランターに差し出すという制度である。

しかしシェアクロッパーの経営的自主性はきわめて低かった。ほとんど一切の生産手段を地主に依存しただけでなく、貸与される土地に何をどのように栽培するかについて、ほとんど全面的にプランターの指図に従った。シェアクロッパーには小作人というよりも隷属的農業労働者という側面が強かったのである。

そして生活苦に苦しむ黒人たちは、栽培する作物を担保に借金をし、債務奴隷のような状態に陥った。そして一九世紀末から二〇世紀初頭に南部諸州では複雑な政治過程を経て、黒人男性は選挙権を剝奪《はくだつ》され、南部全域を通じて州法と地方条例が積み重ねられ、あらゆる部門において黒人を差別する法律が次々に制定され、隔離による厳しい差別（セグリゲーション）が成立するのである。

第4章　金ぴか時代の労働民衆——一九世紀後期

1　世界第一の工業国家への変貌の始まりと労働運動

（1）金ぴか時代（メッキ時代）

的中したリンカンの危惧

一八六四年十一月二一日、リンカンはシカゴの友人ウィリアム・P・エルキンに宛てて書いた。「我が国の安全を憂えさせるような危機が近い将来に迫っていることを私は認識しています。戦争の結果として会社が王座を占め、高位にある者たちの腐敗の時代が来るでしょう。金権勢力はあらゆる富をわずかな者の手中に集中させ、共和国を破壊してしまうまで、その統治を引き延ばそうと努めるでしょう。この時にあたり、私はかつてなかったほど我が国を憂えています。私の疑いが根拠のないものであることを神に願うのみです」。

予言は的中した。南北戦争が終わってから一八九〇年過ぎまでの約三〇年間は、「金ぴか時代」（ギルデッド・エイジ）と呼ばれる。「メッキ時代」という訳語を用いる場合もある。「ギルド」というのはメッキという意味であり、この時代の世相を風刺したマーク・トウェインとチャールズ・ウォーナーの共著小説『ザ・ギルデット・エイジ』（一八七三年刊）に由来する名称である。表面はぴかぴかだが、実はメッキだというのである。資本主義の急速な成長の下であくどい利潤追求、けばけばしい物質主義、政治腐敗、富の誇示が横行し、アメリカ史上最も露骨な金権政治の時代だったと説明されてきた。

産業資本の連邦権力掌握　戦争で南部プランターは敗北し、代わって北部の資本家が権力を握った。国家体制は転換し、共和党は資本家の党になった。実業界は共和党を味方に持ち、国家の厚い保護を受けた。レッセフェール（自由放任）の理論が絶対視され、政府による実業規制は不必要、不正だとされた。他方で政府は国家権力を発動して実業界を援助し、高率の保護関税政策をとり、鉄道をはじめとする企業への自然資源の大盤振るまいを行った。

産業資本の疾風怒濤のような発展がもたらされ、農業国アメリカは世界第一の工業国へと急上昇した。社会ダーウィン主義が唱えられた。ダーウィンの生物進化論を社会に適用して、この考えは次のように唱えた。競争が自由に展開されることで適者は報われ、不適者は脱落する。百万長者は自然淘汰の産物であり、能力と努力の当然の結果を享受しているのだ。貧者は無能力で怠惰なのであり、責任は本人が負うべきであって、社会に責任はない。競争によって社会の進歩が保障されるのであって、弱者のための国家の介入は進歩を妨げる。このように社会ダーウィン主義は主張し、資本主義批判を封じ込めた。

（2）　世界最大の工業国家への急成長

沸き立つばかりの経済成長　あらゆる面で急膨張が生じた。移民が大流入し、総人口は一八六〇～一九〇〇年のわずか四〇年間に三一〇〇万人から七六〇〇万人へと二・四倍に増えた。経済の急成長の中で沸き立つような人々のエネルギーが燃え立った。合衆国の工業生産高は一九億ドルから一一〇億ドルへ膨張した。西部開拓によって農業人口も増大したが、その比率は一八六〇年の五九％から一九〇〇年の三六％へと低下した。一八六〇年のアメリカは工業生産高においてイギリス、フランス、ドイツよりも遅れていたが、一八七〇年にはドイツ、フランスを抜いて第二位となり、一八八〇年代半ばにはイギリスを追い越して世界第一となった。

時代のヒーローは産業資本家だった。何十万という人々が事業活動の中に跳び込んだ。すさまじい競争が生じた。そして実業界の巨人が多数出現した。鉄鋼のアンドルー・カーネギー、石油のジョン・D・ロックフェラー、金融のJ・P・モーガン、鉄道のコーネリアス・ヴァンダービルト、ジェイ・グールド、E・H・ハリマン、食肉加工のグスターヴァス・スウィフト、フィリップ・アーマー、煙草産業のジェームズ・デューク、農機具のサイラス・マッコーミック、ミシンのアイザック・シンガーなどなどである。

急増した都市人口

総人口に占める都市（人口二五〇〇人以上）人口の比率は一八六〇年の二〇％が一九〇〇年には四〇％となった。一八八〇～一九〇〇年の二〇年間にシカゴの人口は三倍以上となって一五〇万になり、ニューヨーク市は二〇〇万から三五〇万へと増えた。

都市は工業都市という性格を強めた。前述したように、一九世紀前期の工業には農村的性格が強かった。しかし蒸気機関の普及、石炭燃料の利用、運輸改善などにより工業は都市に集中するようになった。都市の面積は膨張し、都市と郊外には各階層ごとの居住地区が形成された。乗合馬車、鉄道、市街電車が都市交通の革命をもたらした。料金を出せる上流・中流階級は混雑した都心部を離れて住んだ。都市中心部には摩天楼が林立するようになった。収入の少ない労働者階級にとってはまだ運賃が高く、乗合馬車や電車で通勤できなかった。だから都市の華やかな中心部のすぐ近くに貧しい労働者たち、それも外国から来たばかりの移民が集中するスラムができた。彼らは歩いて職場に通ったのである。

（3）「全国労働組合」（ナショナル・レイバー・ユニオン）

本格的な全国労働組合連合の成立

戦争終了の翌一八六六年、ボルティモアにおいてウィリアム・H・シルヴィスの呼びかけで、十三州の六万人の労働者を代表する七七名の代議員が出席し、アメリカ最初の本格的な全国労働組合連合、「全国労働組合」（NLU：ナショナル・レイバー・ユニオン）が成立した。

海の向こうのロンドンでマルクスは書いた。「ボルティモアで開かれたアメリカ労働者の大会は、私に非常な喜びをもたらしました。資本に対する労働の組織化がここでのスローガンでした。そして不思議なことに、私がジュネーヴ（インターナショナル大会）のために提出した要求の大部分が、労働者の正しい本能からそこでもまた提出されたのです」。

「全国労働組合」は後のアメリカ労働総同盟（AFL：アメリカン・フェデレーション・オブ・レイバー）のように「パンとバター」の問題に専念したのではなかった。この団体は多様な問題、すなわち八時間労働、低熟練労働者の組織化、土地改革、貨幣制度改革、労働者の国際的連帯、そして労働者の独立的政治行動に取り組んだ。「全国労働組合」は人種差別を否定し、黒人労働者にも呼びかけた。また女性労働者のために同一労働・同一賃金を要求した。

一八六六年「全国労働組合」は、すべての州で八時間を正常な一日の労働時間とする法律を制定すべきであると決議した。運動は各州に広がり、一八六〇年代には幾多の州、幾多の都市で公務員の八時間労働法が制定された。一八六八年には連邦議会が連邦公務員に対する八時間労働法を成立させた。

「賃金奴隷制度」廃止の要求

新労働史家デイヴィッド・モンゴメリーは、一九世紀後期のアメリカ労働運動の思想について、ある時、次のように主張した。「一八六〇～九〇年の労働運動のスポークスマンは誰一人として資本主義を望ましい、または恒久的な生活の事実とは見なさなかった。この時代の労働運動の指導者の演説や著述においては、労働運動の目標はいつでも賃金制度からの解放として述べられたのであり、このことは労働騎士団、社会労働党、第一インターナショナル、アナキスト（無政府主義者）の場合と同様に、初期のAFLにも当てはまる」。

もちろんこのことは「全国労働組合」（NLU）にも当てはまった。一九世紀のアメリカ労働運動はしばしば「賃金奴隷制の廃止」を唱えた。低賃金で生活が惨めで、奴隷に似ているというだけでなく、賃金労働それ自体を彼らは「奴隷労働」として捉えたのである。初期共和国のアメリカ人にとって「自由」とは、誰にも従属せず、毎日の生活を自己決定できることだった。それが可能なのは人が独立小生産者として土地その他の生産手段を所有していたからだった。「自由な植民地」として出発したアメリカにあっては、小規模の財産（土地）を獲得して農業を営みさえすれば、誰にも従属することなく、生活できた。自由は独立と結びつき、独立は小財産所有と結びついていた。人が独立自営の地位を喪失し、他者に雇われた賃金労働者になることは、自由の喪失と考えられ、奴隷と同じだと考えられたのだった。

シルヴィスも労働問題の根源が「賃金奴隷制」にあると信じ、労働問題についての恒久的解決を求めた。労働者階級解放の道は「賃金制度の廃止」にあり、そのためには労働者は雇い主のために働くのではなく、労働者が労働者自身のために集合的に生産手段を所有し、運営する制度、すなわち生産協同組合を樹立せねばならないと考えた。生産協同組合は労働者をして「資本主義的雇い主から独立」させ、普遍的友愛に基づく社会が出現するだろうと期待されたのだった。問題は資金の欠如だった。そこで彼らは貨幣制度改革運動を展開した。シルヴィスは主張した。「貨幣はずいぶん長い間我々を支配してきた。今度は我々が貨幣を支配することができるかどうか、しばらくやってみようではないか」。

独立的政治行動

「全国労働組合」は、労働者階級の独立的政治運動に乗り出そうとした。シルヴィスは全国的な政治改革に関心を寄せ、一八六八年の「全国労働組合」の大会には女性運動家のスーザン・B・アンソニーやエリザベス・スタントンなどをも招待した。そしてワシントンに労働ロビーを置き、様々な労働・福祉改革を促進しようとして、「全国労働組合」の事業を政治部門と産業部門の二つの部分に分けた。そして一八七二年「全国労働組合」の第一回の政治大会がコランバスで開催された。一四州から一〇〇名の代議員が出席し、労働改革党（レイバー・リフォーム・パーティ）という名称を決定し、実際に大統領選挙にまで手を出したが、もちろん最初のことでこれは失敗した。

また一八六九年「全国労働組合」はアンドルー・C・キャメロンをスイスのバーゼルでのインターナショナル大会に派遣した。そこでキャメロンはヨーロッパ諸国からの代議員たちに向かって、新世界の労働者たちが全世界の労働者との共通の利害を認識して統一戦線を張る日が近づいていると信じていると演説した。アメリカの労働運動はヨーロッパと基本的に同じ路線を歩んでいたのである。

困難だった黒人労働者との統合

「全国労働組合」は人種の違いに関係なく労働者を組織すべきことを唱えた。そして一八六九年には黒人労働者の九団体が「全国労働組合」への加盟を申請した。大会は九人の黒人代議員に議席を与え、全国的な黒人労働者の組織の結成を促した。しかし両者の統合は容易には進まなかった。重大だったのは両者の間に支持政党をめぐる大きな対立があることだった。「全国労働組合」は共和党を批判し、労働者の階級政党を樹立しようとしていた。ところが黒人労働者は南部において共和党が彼らに自由を与えたことに感激し、熱烈な共和党支持者になっていたのである。

結局、南部の黒人労働者は一八六九年末に「全国黒人労働組合」（ナショナル・カラード・レイバー・ユニオン）を結成した。「全国労働組合」は代表者を「全国黒人労働組合」の大会に派遣し、両団体の協力関係の樹立を図った。しかし一八七〇年に「全国労働組合」が独立の労働者政党樹立の方針を打ち出すと、「全国黒人労働組合」は直ちに「全国労働組合」との関係を断絶し、共和党に対する黒人労働者の忠誠を表明した。

「全国黒人労働組合」は階級問題については保守的であり、一八七二年の大会で指導者のアイザック・マイヤーズは、「労働と資本の間には自然的な対立は存在しない。両者の関係と利益は相互的なものである」と述べた。これ以後も黒人労働運動は中産階級的な黒人指導者と結び、政党政治においては共和党への忠誠を継続するのである。

「全国労働組合」にとって一八六九年にシルヴィスが突然に死亡したことは大きな打撃だった。強力なリーダーシップがなくなり、政治問題をめぐる内部対立が深まった。そこに一八七三年の厳しい経済不況が襲い、失業が広がると、財政的に苦しかった大部分の組合は破綻し、組合は資本からの攻撃にさらされ、「全国労働組合」は崩壊した。

（4）　深刻な一八七三年不況の到来

金ぴか時代の労働者についての旧来の歴史観

かつて金ぴか時代の労働者については、歴史家たちは次のようなイメージで語ることが多かった。富の追求に狂奔する当時の時代風潮は産業家に絶対的に有利に作用し、彼らは警察や軍隊を用いて労働者の抵抗を蹴散らかし、しかもそのような行動は社会的に支持された。このような敵対的環境の中で、労働者は犠牲者でしかなく、組合は弱く、時に秘密結社として組織された。労働急進主義は孤立した外国人の極小グループにすぎなかったと。しかしこのような説明は正しいのだろうか。実はこの激しい経済的膨張の時代は、資本と労働との間の激しい抗争の時代でもあったのである。

労資抗争の爆発

南北戦争から継続した経済ブームは、一八七三年の恐慌によって突如として停止した。未曾有《みぞう》の不況が一八七八年まで五年間にわたって続いたのである。鉄道建設、ビルの建設が停止し、溶鉱炉の火の半分は消えた。一八七四年には一〇〇万人が失業していた。若干の都市では失業は労働力の二五%に近づいた。工場が閉鎖し、労働者が職を失うにつれて、労働運動は弱まった。「全国労働組合」が消滅し、各職種の全国組合の多くも消滅した。一八七三年に三〇万人ほどいた組合員は、一八七八年には約五万人へと減少した。しかしこの時期は実は激しい労資抗争が爆発した時期だったのである。

一八七四年一月一三日にニューヨーク市で失業救済のための公共事業を要求しようとした労働者集会を市警察が暴力的に鎮圧したトンプキンス広場事件、ペンシルヴェニア州北東部の炭鉱地帯でアイルランド系労働者の秘密結社（モリー・マガイヤーズ）に潜り込んだピンカートン探偵社の探偵が、二〇人の労働者を提訴させて一八七七年に絞首台に送ったモリー・マガイヤー事件などがあるが、長くなるのでここでは省略しよう。しかし略することのできない大事件は一大騒乱だった一八七七年の鉄道大ストライキである。

（5）一八七七年の鉄道大ストライキ

巨大ストライキの発端

鉄道大ストライキの直接の原因は不況が深刻化する中で、鉄道会社が賃下げと労働強化と解雇を強行したことにあった。七月十六日、ウェスト・ヴァージニア州マーティンスバーグ駅で家畜列車の乗務員がストライキに突入すると、州軍が出動した。列車の発進を防ごうとしてピストルを放った労働者を州兵が射殺すると、州軍はこれ以上の衝突を避けようとして退去した。そこで知事は連邦軍の派遣を大統領に要請した。ストライキ鎮圧のために連邦軍が出動するのは、一八三四年のジャクソン大統領の時から数えて四三年ぶりのことだった。ストライキはたちまちのうちに全米に広がり、各地に州軍と連邦軍が出動した。騒擾《そうじょう》は鉄道労働者だけでなく、それ以外の広範な労働民衆を巻き込んだのである。

州軍を圧倒したピッツバーグの労働民衆

ピッツバーグでは七月十九日、鉄道労働者がストに突入した。群集が次々に集まり、貨物列車の出発を阻止し、二〇〇〇台の貨車と機関車が止まった。鉄道会社は市長に警官隊の出動を要請した。しかし市長は市内の労働者の票で当選しているということもあって、わずかの警官しか派遣しなかった。市内の労働者はストライキへの熱烈な同情と支援を表明した。州は初め市内で州兵を召集した。しかし一部分しか召集に応じなかった。ある将校は説明した。「ここでは兵士たちの父、兄弟、親戚が暴動を起こしている群集の中に混じっている。民衆の同情、軍隊の同情、そして私自身の同情はスト工の側にある。我々はすべてこれらの労働者が十分な賃金を得ていないと感じている」。群集は駅構内を支配したが、指揮官は銃で群集を排除することを拒否した。

そこで知事は遠くのフィラデルフィアから六〇〇名の州軍を派遣した。すると六〇〇〇人の群集が駅に集結した。州軍は銃剣で群集の排除を開始し、群集はこれに抵抗し、石、煉瓦《れんが》、石炭を投げ、さらにピストルを発射した。州軍は一斉に発射し、二〇人を射殺した。ピッツバーグ市全体が憤激して蜂起した。労働者は帰宅してピストル、小銃、ナイフで武装し、近隣の町の労働者は隊伍をなしてピッツバーグに向かった。ある場合には群集は武装集団をなし、太鼓を打ち鳴らして行進した。群集は機関車庫に立てこもる州軍を攻撃し、焼き討ちにかかった。機関車庫には火がついた。街路を敗走する軍隊にむかって群集は銃火を浴びせた。群集は完全に軍隊を圧倒した。翌朝、何千という群集が貨車の荷物を分配し、焼き討ちを続行した。一〇四台の機関車、二〇〇〇台以上の車両、七四の建物が焼けた。穀物倉庫も焼失した。

ストの全国的広がり

同様なパターンが各地に広がった。七月二〇日ボルティモアでは数千の群集が軍隊を包囲し、軍隊による射撃が始まり、一一人の市民が殺された。七月二三日ニューヨークとシカゴをつなぐ幹線、ニューヨーク・セントラル鉄道は止まった。二四日セントルイスはゼネストで麻痺した。余りに多くの群集が集まったので三つの演壇を設けたという勤労者党の大集会で、一人の演説者は、「たとえ血を流すことになろうとも、労働者は自分たちの権利を主張する。労働者はいかなる時でも武器をとる用意ができている」と叫んだ。シカゴでは市規模のゼネストとなり、公然たる階級戦争となった。怒った群集が街路を行進し、工場から出てくるように労働者に呼びかけた。市長は警察に向かってスト工に発砲するように命令し、二五日の夕方には軍隊と群集が衝突した。撃ち合いは翌日まで続き、一八人が死んだ。

怒りの爆発が通り過ぎると、ストライキと騒擾は終わった。結局ストライキは二週間続き、十一州にわたり、国内の鉄道の三分の二が影響を受けた。ストの絶頂期にはアメリカ全土の半分以上の貨物列車が走行を停止した。八万人の鉄道労働者、それに他の職業の労働者五〇万人が参加し、無数の失業者が直接行動に駆り立てられた。終了するまでに一〇〇人以上が殺され、一〇〇〇人が投獄された。

独占的巨大企業の鉄道と共和党政権への怒り　この民衆爆発は、独占的巨大企業の代表だった鉄道会社に対する反感が、鉄道ストライキに対する支援となって広範な暴動へと発展したのだった。多様な労働民衆がストライキを支援し、鉄道会社に対する怒りを表明した。それは農民、労働者、零細事業者を押しつぶしながら膨張していく資本主義企業という怪物に対する恐れと怒りの表明だった。そして群衆は州軍・連邦軍と対決した。鉄道の背後にあったのは共和党政権だった。自由労働対奴隷労働という対立が終わった時、アメリカは本格的な労資対立の時代に入ったのである。

2　金ぴか時代の労働運動——労働騎士団とAFL

(1)　秘密結社として始まった労働騎士団

団長スティーヴンズの願望　金ぴか時代に労働者の全国的組織として、まず大きく立ち現れるのが労働騎士団（ナイツ・オブ・レイバー）だった。一八六九年フィラデルフィアの衣服仕立工組合が解散した時、ユライア・スティーヴンズをはじめとする九人の仕立工が完全な解散を望まず、神秘的儀式をもつ秘密結社として「神聖で高貴な労働の騎士たちの団体」、略して労働騎士団を発足させた。労働騎士団は当時人気のあった友愛団体の儀式と秘密性を模倣した小さな職能別組合に起源したのである。

一八二一年から一八七九年までの十年間、「グランド・マスター・ワークマン」として騎士団長だったスティーヴンズは、一八二一年にニュージャージー州に生まれ、牧師になるための教育を受け、強い宗教的感情をもっていた。やがて彼はフィラデルフィアで仕立工として働くようになり、また広く旅行して見聞を広めた。彼は秘密結社のフリーメイソンやオッド・フェロー、そしてピシアス騎士団に属した。そして「労働は神聖かつ高貴」であること、労働者が「額に汗して食物を食え」という神の命令に背かずに生活していること、「資本が労働者の人間としての希望を打ち砕き、貧しい人々を塵《ちり》の中に踏みにじっている」ことを認識し、生産者全体を「賃金奴隷制度」から解放したいと念願したのだった。

秘密結社だった最初の十年間

スティーヴンズが団長だった最初の十年間、暗い秘密が騎士団を包んでいた。南北戦争後のアメリカは秘密友愛団体の花盛りの時代を迎えた。ピシアス騎士団、名誉の騎士団、マカビー騎士団、旧統一勤労者団など多数の友愛団体が出現し、生命保険などの提供、相互援助、パレード、夜の会合での付き合いなど、多様な機能を果たした。全国組織に属していると、知らぬ都市に出かけてもすぐに知人を得ることができ、商売や政治にも役立った。資本主義の急成長で人間関係が疎遠になっていくのに対して、友愛団体は親密な結合感情を提供したのである。

労働騎士団の新規加入の候補者は前もって「労働者の向上」についての意見を尋ねられ、入会させたいと思うと、なんらかの口実に基づいて会合場所に連れてこられた。すると黒いガウンと黒いマスクをつけた男がやってきて、次のような質問をした。「君はすべてのものの創造主にして父である神を信じるか。君は額に汗してパンを得るか」。そして厳粛な宣誓を行わされ、秘密保持を約束させられた。

秘密保持のために騎士団はその名称を使用せず、「五つの星」とか「五つの☆」として知られた。集会は壁や歩道にチョークで書かれた神秘的なシンボルによって召集され、メンバーは特殊な握手方法や合言葉で合図しあった。そして騎士団の役職につく者たちには「グランド・マスター・ワークマン」（荘厳な親方職人）、「グランド・ワージー・ワークマン」（荘厳な尊ぶべき職人）、「グランド・セクレタリー」（荘厳な幹事）、「ヴェネラブル・セイジ」（尊敬すべき賢者）などのいかめしい名称が授けられた。

働く者たちの「サンクチュアリ」（聖域）

このようなやり方は企業側の攻撃から労働者が身を守るという保護色でもあったが、同時に外界から隔離され、秘密に守られた儀式によって心理的避難所の中で仲間意識を高めるためでもあった。騎士団は労働者にとって秘密の「サンクチュアリ」（聖域）のようなものだった。スティーヴンズは働く者の連帯を強調した。資本の力に対抗するために職能別組合の狭隘《きょうあい》さが非難された。さらに彼は騎士団の主要な目的は「賃金制度の奴隷状態からの富の生産者の完全な解放」であると信じていた。

騎士団の成長は初めは緩慢だった。しかし不況の中で多くの労働組合が崩壊したのに、騎士団は部分的にはその秘密性のゆえに生き残った。そして一八七七年の鉄道大ストライキ以降、労働者が続々と騎士団に加入するようになり、景気の回復とともに騎士団はメンバーを増やしていった。各地に支部ができ、一八七八年ペンシルヴェニア州レディングでの大会で長時間の討議の末に、労働騎士団は全国組織としての正式の規約を起草した。そして翌一八七九年、スティーヴンズは団長を辞任し、テレンス・V・パウダリー（八四頁のコラム3参照）が団長に選出された。スティーヴンズにとっては組織が大きくなりすぎたのである。

（2）一八八〇年代の労働騎士団

パウダリーの下での公開組織化と急成長

騎士団は一八八一年のデトロイト大会で秘密を捨てて公開の組織となり、秘密の儀式も廃止された。「高貴で神聖な」という形容詞も用いられなくなった。この転換の基本的理由は騎士団を取り巻く経済状況が明るくなったことだった。経営者との団体交渉が盛んになり、秘密結社のままだと交渉の妨げになったのである。また騎士団はアイルランド系カトリックの間に拡大していった。パウダリーもカトリックだった。ところがカトリック教会が秘密結社に強く反対していたという事情もあった。

秘密を捨てた騎士団は労働組合の強力な全国的連合として立ち現れた。経済の急成長に支えられ、騎士団は精力的な組織化に乗り出し、メンバー数は一八七八年の九〇〇〇人余りから、一八八五年の十一万人へと増加した。そして一八八六年には洪水のような労働者の加入で一挙に七三万人になったのである。

この飛躍的拡大の背後には、一八八六年に頂点を迎える労働運動の大高揚（「グレート・アップヒーヴァル」）があった。多様な労働者が組織を求めた時、そこに全国組織としての騎士団があり、労働者は奔流のように騎士団になだれこんだのである。その直接の契機は一八八五年、騎士団の支部が鉄道王ジェイ・グールドのミズーリ・パシフィック鉄道に対して勝利を収めたことにあった。巨大資本家の代表だったグールドが降伏したことで、労働騎士団の声望は一挙に高まったのである。

労働者の包括的組織をめざして　騎士団の特徴の第一はその包括性にあった。騎士団は職種、熟練、人種、民族、性の違いを乗り越えて広く労働民衆を組織しようとした。「一人に対する危害はすべての者の関心事である」というのがそのモットーだった。騎士団は「生産的産業の全部門」の組織化をうたい、組織は生産的労働に従事する者すべてに開かれた。ただし銀行家、弁護士、医者、酒類販売業者、賭博師、そして株式仲買人は「非生産者」として排除された。自営業者、小製造業者、農民も、労働者と同じ働く者とされたが、賃金労働者以外のメンバーはほとんどいなかった。そして騎士団は特定職種の熟練工だけを組織しようとする職能別組合の狭隘さを批判し、熟練工と低熟練工を結集して全労働者の団結を図ったのである。

多様な組織の実態　騎士団の最小の単位は少なくとも十人のメンバーからなるローカル・アセンブリーだった。その上にローカル・アセンブリーの代表からなるディストリクト（地域）・アセンブリーがあった。そして全国組織としてのゼネラル・アセンブリーは騎士団の年次大会であり、騎士団における最高決定機関だった。組織の実態はきわめて多様だった。単一の地区で職能別組合を組織するのに十分な数の職能労働者がいる時には職能ローカルが組織された。しかし一つの地区の職種、企業、熟練を異にする多様な労働者を混合ローカルに組織する場合が多かった。騎士団は熟練・不熟練の区別なく労働者を組織したから、ローカル・アセンブリーは一つの産業内の多様な労働者を包摂した産業別組合のこともあった。また職能労働者が続々と騎士団に入ってきたので、全国職能別組合が騎士団のアセンブリーとして編入されていることもあった。

フィラデルフィアで騎士団が創設された時の事情が示すように、元来騎士団を構成したのは、古い型の熟練職人だった。しかし一八八〇年代に入ってからの労働運動の「大高揚」に伴う異常なまでの膨張には、低熟練労働者の流入が大きかった。職能別組合の多くが低熟練労働者を組織から排除していたので、彼らはあらゆる労働者の連帯を説く騎士団に入ってきたのである。

黒人労働者をも包摂　労働騎士団は黒人労働者をも組織するよう努力した。一八八六年騎士団の全国大会が南部のヴァージニア州リッチモンドで二週間にわたって開催された時、騎士団は人種問題についてのその原則を守った。ニューヨークの黒人代議員フランク・ファレルがホテルへの宿泊を拒絶されると、仲間の白人代議員たちは黒人家庭に宿泊し、人種差別に抗議した。さらに大会開会にあたっては、ファレルが知事の前でパウダリーを紹介する挨拶をした。そしてリッチモンドの黒人たちはパレードを挙行し、騎士団を歓迎したのだった。

（3）　労働騎士団が掲げた究極目標

騎士団は賃金・労働条件の改善などの「直接要求」だけでなく、多様な要求項目を掲げた。実際の定住者への公有地の留保、八時間労働制、児童労働の禁止、男女平等賃金、労働統計局の設置、累進所得税、通貨・銀行改革、そして電信や鉄道の政府所有制なども含まれていた。騎士団は「大資本家および株式会社の驚くべき発展と攻撃性」に注意を喚起し、それらが「抑制されない限り、大衆の貧窮化と絶望的な低下がもたらされるだろう」と警告した。騎士団は資本の支配に対する決然たる反対の態度を表明した。しかしこれらは労働者の盲目的な行動によってではなく、労働者に対する教育活動によって実現されねばならないと騎士団は唱えた。騎士団は雇い主が「平等な基盤で会う」気持ちがある時はいつでもストライキを仲裁で代置することを唱えた。

図4-1　ファレルによるパウダリーの紹介

1886年リッチモンドでの年次大会で，労働騎士団員の黒人ファレルが団長パウダリーを紹介した。その後，パウダリーが来賓のヴァージニア州知事を紹介した。

出典：The U.S. Department of Labor, *A Brief History of the American Labor Movement*（Bureau of Labor Statistics, 1964）, p. 12.

生産協同組合による社会変革の願望

騎士団の究極目標は「生産および分配の協同組合的制度」の樹立にあるとされた。一八八四年の総会は次のように決議した。「我が団体は現存の産業制度の根本的な変革を考え、そしてその変革をもたらすことに努める。現存の産業制度に対する我が団体の態度は必然的に闘いの態度である」。騎士団が究極目標として掲げたのは、生産協同組合の網の目を樹立すること

コラム3　雄弁な理想主義者　テレンス・V・パウダリー

一八七九～九三年の間、労働騎士団の団長だったテレンス・V・パウダリーは、一八四九年ペンシルヴェニア州に生まれたアイルランド系カトリックで、職業は機械工。一八七一年に機械工・鍛冶工組合支部に加入し、一八七四年に騎士団に加入し、一八七九年に三〇歳の若さで労働騎士団の団長（グランド・マスター・ワークマン）に選出された。

同時に彼は一八七八年にグリーンバック党からペンシルヴェニア州スクラントンの市長に当選し、一八八四年までその地位にあった。また彼はアイルランド系土地連盟（アイリッシュ・ランド・リーグ）で活動し、一八八三年にはその第二副会長だった。一八八〇年彼はグリーンバック労働党の全国大会に代議員として出席した。一八八二年彼はスクラントンで義兄の茶・コーヒー事業に投資し、義兄が死んだので、その事業を八三年まで継続した。労働騎士団の団長でありながら、彼は多くの仕事に手を染めすぎていた。

彼は理想主義的で、調和と協同に基づく新しい時代の夢を語った。彼は機械工としては賃金労働者だったが、同時に中産階級、プチブルだった。それは彼の風貌に現れていた。彼は背が低く、ほっそりしており、眼鏡の下に温和な青い目をしていた。大会で彼を取り囲んでいたのは大柄でたくましい労働者仲間たちだった。労働史家ノーマン・ウェアは次のように表現した。「彼は民主党全国大会におけるヴィクトリア女王のように振舞った」。彼の力は彼の弁舌にあった。アレン・オースティンは彼を、「問題をあざやかに一般化して、聞き手である労働者の心をゆさぶり感動させる雄弁な弁士」だったとし、労働者大衆は絶えず集会の席に彼が出席することを要求したと説明している。しかし彼は行政的な能力には欠けていた。

彼は労働組合の戦闘的活動には反対し、労資協調を説き、一八九三年には団長の職から追われた。一八九六年には共和党の大統領選挙を支持し、合衆国移民局長に任命され、以後数年間、労働省に勤務し、一九二四年に没した。著書に『労働の三〇年』、『私が歩んだ道』がある。

によって、資本主義的賃金制度に取って代えることであった。パウダリーは「騎士団の目的は各人を自分自身の雇い主たらしめることである」と述べた。労働者は労働者が運営する工場、鉄道、鉱山を樹立し、賃金制度から逃れねばならないというのである。

後述するが、当時の生産段階では労働者は生産的労働を遂行し管理する組織的能力をもっていたから、ボスを排除した職場を作ればよいと考えられたのだった。全部で騎士団は二〇〇以上の生産・消費協同組合を設立した。しかしそれらの成功は限られていた。資金も足りず、私企業と競争できなかった。彼らは資金を必要とした。このことから国家が資金を貸与するべきだという提案がなされた。だから労働騎士団は貨幣改革を提唱し、農民を中核としたグリーンバック（緑背紙幣増発）運動と結びついたのである。

（4）サミュエル・ゴンパーズの登場とAFLの成立

AFLの前身FOTUL　しかし、一八八〇年代半ばの労働運動の大高揚は労働騎士団の外部でも展開した。その流れがその後のアメリカ労働運動の方向を決定していくのである。労働運動の「大高揚」の年としての一八八六年は、アメリカ労働総同盟（AFL：アメリカン・フェデレーション・オブ・レイバー）が創設され、アメリカ労働運動の主導権を労働騎士団から奪い始めた年だった。一八八〇年代のアメリカの労働運動では二つの動きが並立していたのである。AFLは一八八一年に組織された「組織職能・労働組合連盟」（FOTLU：フェデレーション・オブ・オーガナイズド・トレーズ・アンド・レーバー・ユニオンズ）がその母体となった。一八七〇年代の不況に際して多くの職能別労働組合は崩壊したが、景気が回復するにつれて職能別組合も大きく成長しつつあったのである。

英語で「トレード・ユニオン」というように、労働組合はそもそもトレード＝「職能」を同じくする者たちの団体、つまり職能別組合（クラフト・ユニオン）であり、職能別組合は企業に対する熟練労働力の供給を規制し、労働者の交渉力を強化して、熟練労働者の状態の改善を図ろうとした。それは労働騎士団の包括的性格とは違っていた。しかし諸職能別組合の全国的連合組織が存在しなかったために、職能別組合はある場合には労働騎士団の中にトレード・アセンブリーとして編入されていた。また他の場合には騎士団の外に独立した組合組織として存在していた。それらを糾合して一八八一年にＦＯＴＬＵが形成され、それがＡＦＬ（アメリカ労働総同盟）として再組織されていくのである。

若き日のゴンパーズ

その中心人物サミュエル・ゴンパーズは、一八五〇年ロンドンのイースト・エンドに貧しいユダヤ系労働者の子として生まれ、南北戦争中の一八六三年に十三歳の時に父母に連れられてアメリカに移住し、ニューヨークで父の職業を継いで葉巻工となった。

自伝『七〇年の生涯と労働』の中で、彼はかつての葉巻工場での労働生活について「芸術的な喜び」を味わったこと、仲間との付き合いが本当に楽しかったことを述べている。そこでは仕事とレジャーは結びついていた。職場が歌合戦の場になることもあった。彼らは仕事をしながら、活発な討論を行い、多様な国の出身の者から新知識を吸収した。

仕事場で仲間の一人が雇い主から不当な扱いを受けた時、ゴンパーズは立ち上がって抗議した。そのような「男らしさ」（マンリネス）が彼の一つの特徴だった（九六頁参照）。「マンリネス」は当時の労働者の間で最も人気のある言葉だったという。それは労働指導者として必要な資質だった。

一八六四年、一四歳で彼は葉巻工組合の支部に加入した。彼は組合集会によく出席し、また組合の規約をよく守った。一六歳の時、彼は職場の職人たちに頼まれて代表となり、彼らの要求を工場主に提出し、その要求を貫徹させた。彼が属した葉巻工組合はその規約に、「我々は全労働者の共通の敵である資本家に対して、一致して行動する労働者階級の連帯を確認する」と定め、その階級的立場を明確にした。労働者と資本家はその所属する階級が異なり、利害も本質的に異なるというのがゴンパーズの立場だったのである。

マルクス主義から学ぶ

彼の自伝によれば、彼が住んだニューヨークは「底知れぬ深所をもった国際色豊かな都市」であり、あらゆる種類の亡命者がひしめいていた。彼は社会主義者、アナキスト、ラッサール主義者、マルクス主義者、純粋単純組合主義者など、誰とでも話し合った。多様な思想の渦巻きの中で、彼がまず影響を受けたのはマルクス主義だった。

一八七三年にゴンパーズが職を得たデイヴィッド・ヒルシュ社にはドイツからの多くの亡命社会主義者が葉巻工とし

て働いており、その中にフェルディナンド・ラウレルがいた。国際労働者協会（第一インターナショナル、一〇七頁参照）のデンマーク・ノルウェー・スウェーデン支部書記だったこともある彼は、ゴンパーズにマルクス主義の基本を伝授した。ラウレルは「共産党宣言」を一行ずつ英訳して教えた。ゴンパーズはドイツ語の習得に努力し、マルクス、エンゲルス、ラッサール、その他色々とドイツ語文献を読んだ。しかしラウレルは第一インターナショナルには加入しないように諫《いさ》め、同時に組合員カードが示す道を歩むようにと助言した。

当時のアメリカのドイツ系社会主義運動の内部では、マルクス派とラッサール派が対立していた。ラッサール派が政権掌握、国家による生産協同組合設立援助を通じての社会主義建設を唱え、組合活動を軽視したのに対して、マルクス派は運動の経済的基盤としての労働組合活動を重視した。ラウレルは、労働組合に結集した労働者の利害を軸にして判断すべきことをゴンパーズに教えたのである。ゴンパーズはマルクス主義を「労働組合社会主義」として捉えたのだった。

「もっと多くを」の思想

その経過は省くが、結局ゴンパーズは社会主義者にならなかった。一八九九年彼は連邦議会の産業委員会で次のように証言した。「どのような制度が賃金制度に取って代わるようになるかについて、私には述べる用意がありません。私は様々な経済学者、労働組合運動家、社会主義者、アナキスト、単税論者、協同組合主義者の著作を読みましたが、彼らの提案のいずれが論理的、科学的であるかを述べる用意がありません。私たちは賃金制度の下で生活しているのであり、この制度が続く限り、労働者にとって絶えず増大する分け前を確保することが私たちの目的なのです」。彼は賃上げ、労働時間短縮、労働条件の改善によって雇い主階級から「もっと多く」をもぎとる労働運動の樹立をその目標としたのである。

組合とは労働者のビジネス組織

この立場から「究極目標」の放棄が生じた。一八九六年ＡＦＬ大会で彼は述べた。「労働組合は賃金労働者のビジネス組織なのです。真面目で誠実な労働組合活動家は必然的にセンチメンタリストであり、理論的なのですが、賃金労働者の最上の利益を増進するためには、時としてそれらの気持ちを抑制せねばなりません」。

葉巻工組合でともに闘った同志、アドルフ・ストラッサーも同じ考えであり、一八八三年連邦議会上院の教育・労働委員会に喚問された時に述べた次の言葉が有名である。「私は私が代表している職種を第一に考えます。私は葉巻のことを、その利害を代表するように私を雇っている人々の利益を第一に考えます。私たちは究極目標をもっていません。私たちは毎日毎日進んでいくのです。私たちは直接的目的、数年内に実現できるような目的のためにだけ闘います。私たちはすべて実際的な人間なのです」。

ここに表明された立場が「純粋単純組合主義」（ピュア・アンド・シンプル・ユニオニズム）であり、また「ビジネス・ユニオニズム」と呼ばれるものである。この立場は産業資本主義の受け入れを前提としており、労働騎士団とは違っていた。野心的なゴンパーズは組合の中で上昇するにつれて、社会主義から遠ざかった。組合内の社会主義者と対決しながら、彼は究極目標を放棄し、労働運動それ自体を自分の目的としたのである。

効率的組合の樹立

ゴンパーズやストラッサーは組合費の安い「チープ・ユニオニズム」を排して、安定した組合運動の基礎として高額組合費による財政力強化を強調した。そして無秩序なストライキ突入を禁止し、ストライキは組合全国本部の承認の下でだけ行われるべきこと、つまり中央統制の強化を強調した。また組合員に対して多様な給付措置（ベネフィット）を提供することを定めた。これらはイギリス労働組合会議（TUC：トレード・ユニオン・コングレス）の「ニュー・モデル」組合主義に倣ったものだった。ゴンパーズはこのような新方式をアメリカ労働組合運動全体に拡大することを望んだのである。

AFLの成立

一八八一年に労働騎士団指導部の方針に不満を抱く騎士団活動家や職能別組合指導者がピッツバーグに集まり、「組織職能・労働組合連盟」（FOTLU）を結成した。その中心人物の一人がゴンパーズだった。しかしその後、毎年開かれたFOTLUの大会には出席者は少なく、連盟はただの年次大会にすぎず、組織としての実質を欠いていた。そして多くの分野で職能別組合と騎士団との縄張り争いが起こった。

そこで一八八六年、職能別組合主義者たちは全国職能別組合の会合を召集することを決定した。彼らはオハイオ州コランバスにおいて会合を催し、二五の労働組合から四二名の代表が集まった。合計のメンバー数は約一五万人だった。

こうしてAFL（アメリカ労働総同盟）が誕生し、ゴンパーズが会長に選出されたのである。

発足時のAFLは困難を極めた。規約の発足が一八八七年三月からとされていたので、それまではゴンパーズは無報酬だった。新しく発足したAFLの全国本部のオフィスは全くの小部屋で、扉と窓が一つ、床は煉瓦で、食卓を机に、空箱を椅子にした。トマトの空箱が書類整理箱となった。インクや紙がなくなると近所の学校で借りた。次男が事務を手伝った。しかしAFLはゆっくりとではあるが、成長し始めた。一八九二年までにAFL加盟の全国労働組合の数は一三から四〇へと増加していた。

（5）八時間労働運動とヘイマーケット事件

八時間労働運動の高まり

南北戦争以前、アメリカの労働運動は一日十時間労働の実現を目標としたが、南北戦争後には八時間労働制の実現が目標となった。マルクスは『資本論』の中で述べた。「奴隷制の死とともにたちまち一つの新しく若返った生命が発芽した。南北戦争の第一の成果は、機関車という一歩七マイルの長靴で大西洋から太平洋までを、ニューイングランドからカリフォルニアまでを股にかける八時間労働運動であった」と。

この運動でまず指導的役割を演じた機械工のアイラ・スチュワードは、一八六五年に八時間連盟を設立したが、「全国労働組合」（NLU）も八時間労働を要求した。同組織はまず連邦政府の官吏に対する八時間労働法の通過を連邦議会に働きかけ、一八六八年に連邦公務員に対する八時間労働法が成立した。労働運動は州議会や市議会にも働きかけ、多くの州や都市で公務員についての八時間労働法が制定された。

一八八六年、労働運動の大高揚（グレート・アップヒーヴァル）の年に、運動の中心となったのが八時間労働の要求であった。「働くことに八時間、休息することに八時間、やりたいことに八時間」がスローガンになった。公務員についての八時間労働の実現が民間企業における八時間労働に道を開くだろうという期待が実現しなかったので、八〇年代の八時間労働運動は立法によってではなく、経済闘争によって民間の八時間労働を実現しようとする方向に向かった。

主導権をとったのはFOTLUだった。この組織は一八八四年の大会で、八時間労働実現のために一八八六年五月一日にゼネストを行うと宣言し、運動を盛り上げていった。そして一八八六年五月一日、全国を通じて一万以上の事業所において、三五万人の労働者が八時間労働を要求してストライキを行った。シカゴでは四万人がストライキし、鉄道は停止し、産業の大半は麻痺状態に陥った。「工場の煙突からは煙は立たなかった。そして安息日のような外観を呈した」と新聞は報じた。各地でデモ行進が行われた。ニューヨークでは二万五〇〇〇人がブロードウェーを松明《たいまつ》行進した。デトロイトでは一万五〇〇〇人がパレードを行った。運動を指揮したのはFOTLUだったが、各地で労働騎士団の多くの支部も運動に参加した。ストライキは部分的にしか成果を収めなかったが、それでも四万五〇〇〇人が労働時間の短縮を手に入れた。

ヘイマーケット事件の流血　シカゴではアナキスト勢力が中心となって急進的な労働運動が展開されていた。五月一日は平穏に過ぎたが、五月三日シカゴのマッコーミック農機具工場の門の前でスト工とスト破り工との間の衝突が起こり、警察が介入し、二人のストライキ労働者が警官に殺害され、多数の負傷者が出た。その夜シカゴ市中に、抗議集会を翌日の五月四日にヘイマーケット広場で催すと呼びかけるビラが配布された。それにはこう書かれていた。「主人たちは血に飢えた猟犬である警察を送りだした。彼らは今日の午後、マッコーミック工場の君たちの兄弟六人を殺した。ボスの意思に従わない勇気をもっていたがゆえに、警察は彼らを殺したのだ。武器を取れ。我らは君らに呼びかける。武器を取れ」。

抗議集会には約三〇〇〇人が集まったとされ、アナキストの指導者たちが燃えるような演説を行った。しかしそれは平和的な集会だった。市長自身がやって来て、平静なので安心して去った。そして雨が降り出し、群集は散り始めた。三〇〇名近くが残っていた。するとそこに一八〇人の警官隊が出てきて、解散するよう命令した。これは平和的集会だと演説者が抗議した。その時、突然大音響が響いた。何者かが警官隊に向かって爆弾を投げたのだった。警官隊は直ちに射撃を開始し、労働者の側からもピストルが放たれた。この衝突で七人の警官が死に、四人の労働者が死に、五〇人以上が負傷した。

絞首刑になった
四人のアナキスト

ヒステリックな恐慌状態が広がり、犯人の処罰を求める叫びが広がった。新聞はアナキストの責任を書きたてた。警察は市中を隈なく容疑者を捜した。八人のアナキスト指導者が逮捕された。爆弾を投げた犯人は判明しなかったが、高まるヒステリー状況の中で、八人のアナキストは有罪となり、五人が絞首刑、三人が禁固十五年となった。死刑のうち一人は獄中で自殺した。そして四人（アウグスト・スピース、アルバート・パーソンズ、ジョージ・エンゲル、アドルフ・フィッシャー）が翌年の十一月に絞首刑になった。獄中に残っていた三人は六年後に、彼らは公正な裁判を受けなかったという理由に基づいて親労働派のイリノイ州知事ジョン・ピーター・アルトゲルドによって恩赦された。

ヘイマーケット事件は「全国的規模の最初の赤色恐怖」を生み出した。労働組合運動をアナーキー（無政府、無秩序）と結びつけ、アナキズムを殺人と結びつける雰囲気が起こった。ヘイマーケット事件はアメリカのアナキスト運動に大打撃を与えた。

ヘンリー・ジョージの
ニューヨーク市長選

ヘイマーケット事件で打撃を受けながらも、労働運動は盛り上りを続けた。ベストセラー『進歩と貧困』（一八七九年刊）を出してアメリカ社会の貧困、不平等を鋭く批判して、労働民衆のヒーローになっていたヘンリー・ジョージは、一八八六年のニューヨーク市長選挙において労働騎士団、ニューヨーク中央労働組合から市長候補に推されて、熱狂的な選挙戦を展開した。ジョージは敗北したが、七〇万票を得た。これは総投票数の三分の一に当たり、未来の大統領セオドア・ローズヴェルトの得票数をはるかに超えていた。

ニューヨークだけではなかった。騎士団のアセンブリーが組織されている多くの都市で労働者は政治的声を上げた。二〇〇近くの地区において「ユニオン・レイバー」党とか「ユナイテッド・レイバー」党が起こり、市長や市議会議員を当選させた。

メーデーの起源

一八八八年AFLは五月一日を八時間労働獲得のための日として運動を継続することを決定した。そして毎年、一業種を選んで八時間労働を樹立していくという方針を立てて、第一年目の一八九〇年には大工・指物師組合がその任にあたるという戦術を立てた。同組合は見事な快打を放ち、建築業において八時間労働がかなり普及することになった。運動が次々に成功したのではなかったが、ゴンパーズは八時間労働について精力的な講演旅行をして全国を回った。彼の自叙伝は三〇歳台の彼の頑張りようを詳細に伝えている。

ゴンパーズはまた国際的支援を求めた。一八八九年七月十四日のフランス革命百周年記念日にパリで第二インターナショナルの創設大会が開かれると、AFLはこれに代表を派遣し、八時間労働運動への支援を呼びかけた。そしてこのパリ大会はアメリカの労働者にならって翌一八九〇年五月一日を八時間労働の実現および労働者階級の諸要求を実現するための国際的統一行動の日とすることを決定した。こうして国際的労働運動の日、五月一日のメーデーが始まったのである。

3　金ぴか時代の労働民衆の諸相——仕事・思想・生活

(1)　移行期だった金ぴか時代

労資対立と地域社会

一八七七年の鉄道大ストライキ、そして一八八六年の「大高揚」が示したように、金ぴか時代は労資対立が激しい時代だった。全国組合の指導部に焦点を当てた旧労働史学から離れて、地域社会に目を向けたハーバート・ガットマンが気づいたのは、強大な資本を前にして孤立無援と思われていた労働者が、全国各地で地域住民の支持を得て、しばしば勝利しているという事実だった。ここから彼は次のように考えるようになった。金ぴか時代は資本主義の成熟期への移行期であり、産業資本はまだ完全に地域社会を支配しておらず、伝統的な価値と秩序を擁護しようとする地域住民および労働者と敵対関係にあった。ストライキ鎮圧のための軍隊の派遣は、地域社会において資本が権力を掌握していたからではなく、逆に支配権を獲得していないために、地域社会の外部の権力に軍隊の出動を要請したのだというのである。

コラム4　レイバー・デーの始まり

アメリカでは五月一日のメーデーはあまり定着しなかったが、今日、アメリカで全国的な法定休日となっている九月最初の月曜日の「レイバー・デー」の起源も、一八八〇年代の労働運動の高揚にあった。一八八二年九月最初の月曜日、ニューヨーク市の中央労働組合が労働騎士団の大会に合わせてピクニック付きのパレードを計画し、ブロードウェーからユニオン・スクエアまで、一万人以上が「労働がこの国を作る」、「労働者は連帯すべきだ」、「労働がすべてを作った」、「政府は鉄道と電信を所有すべきだ」などのスローガンを掲げ、またヨーロッパ中世のギルドの伝統にまで遡って、各組合がそれぞれの職業の象徴を掲げてパレードし、それを見るために二五万人が出てきたという。パレードの後、五万人近くが公園に集まり、ゲーム、ダンス、歌、そして飲食の夕べを過ごした。

それ以降、労働運動の高揚の中で、同様な催しが全国各地で行われるようになり、労働運動はレイバー・デーを祝日にすべく、都市や州へ働きかけ、一八九四年までに二四州で承認され、連邦議会も一八九四年ワシントン市と準州で九月最初の月曜日を祝日としたのだった。

初め企業家たちの間で反対も多く、初めの二〇年間、レイバー・デーは労働者の抗議行動の日であり、労働者による一日のゼネストという様相を帯びていた。しかし労働者側は公衆による支持を求めて、赤旗などが姿を消し、歌も労働運動の歌である『ラ・マルセーエーズ』から『星条旗よ永遠なれ』などに変わった。レイバー・デーは次第に階級的色彩が薄れ、「祝日」という性格を強め、夏の終わりの日、新学年の始まる前日、そして後には土曜日が休みとなったので、土・日・月の三連休の日として家族全員でピクニックに出かける日、都市がパレードを催す日、つまり国民的祝日になったのである。

自由の砦としての中小都市

ただし大都市と中小都市では状況は違っていた。大都市では顔見知りの関係は失われ、階級間の距離が広がり、上流・中流階級は労働者に同情を寄せず、社会環境は労働者にとって敵対的だった。しかし中小都市では社会的接触が直接的で、コミュニティ感情が強く、労働者は地域社会との強い絆を有し、消費者として、また投票者として力をもち、地域社会から同情と支援を受けていた。商人、専門職業家、牧師も隣人、顧客たる労働者を支持した。他方、企業家の行為は地域住民から反発されることが多かった。こうしてガットマンによれば、多くの中小都市が、経済的・社会的正義を求める労働者にとって自由の砦《とりで》だったのだというのである。

(2)　工場を取り仕切っていた熟練工

工場は熟練職人の仕事場の集合体

労働者は仕事の場でも、かなりの力を発揮していた。旧来は企業家の専制的支配の下で労働者は無力だったとする見方が多かった。確かにそのような場合も多かった。しかし労務管理史の研究が進捗《しんちょく》し、工場の内部における多様な労働の実態が明らかにされるようになってきた。一つは工場の内部において伝統的な職人的な仕事のあり方が色々と残存していたことである（九八頁のコラム5参照）。

また大工場も実態は仕事場の寄せ集めだった。労働史家ダニエル・ネルソンによれば、繊維工業の場合を除き、一八八〇年ごろまでの工場は「一個の統合されたプラントというよりは、むしろ熟練職人の仕事場の集合体」だったのであり、工場主は財務問題に没頭しており、工場内部の日々の作業の大部分は第一線監督者と熟練工に委ねられていた。熟練労働者は工場における生産労働の中核だった。繊維工場をモデルに当時の工場を考えてはならないというのである。

オハイオ州コランバスの鉄圧延工場

新労働史家の代表でもあったデイヴィッド・モンゴメリーはオハイオ州コランバスの鉄圧延工場における驚くべき事例を紹介している。一八七四年のこと、会社がレール鉄の圧延を契約した時、労働組合代表は工場監督と会い、トン当たり一ドル一三セントで働くという労資協約を結んだ。組合の集会が開かれ、長期の不況の最中なので組合員たちは喜んでそれを受け入れ、そのトン当たりの賃金率をどのように分けるかを議論した。労働者たちはそれぞれの職種ごとの取り分を言い立てた。その合計は一ドル十三セントをいくらか上回ったので、会議で調整がなされ、各職種ごとの賃金率が決まった。つまり各人の賃金受け取り額は会社によってではなく、労働者の討議によって決められたのである。

超過勤務、特別作業割当ても組合によって割り振られた。つまり彼らは集団として作業全体を会社から請け負ったのである。同社はその企てるどんな作業についても組合の委員会と協議した。労働者は組合集会において、一日の作業の限度を圧延六ラウンドに固定し、超過勤務や特別作業の割当ても決定した。

鉄の圧延は高度の調整を要する集団的作業であり、大きな機械を用いて、熱と火花の中で災害を避けるために密接に協力して働かねばならなかった。圧延工が大きな権威をもって指揮した。労働者の採用や昇進も圧延工がコントロールしていた。組合の重要メンバーである圧延工が率いるチームは会社とは対抗関係にあった。会社は労働コストをできるだけ低く抑えようとした。労働者は団結して、会社側と交渉して仕事を請け負った。彼らが工場を動かした。工場主は原料を購入し、完成品を売り、労働者の労働に対する合計賃金額を組合代表との交渉を通じて定めた。それがすべてだったというのである。こうして金ぴか時代の労働者は工場の内部でかなり大きな力量を発揮していたのであり、経営側の支配が強大化する時代はその後に訪れるのである。この工場での組合員だったウィリアム・マーティンは後に合同鉄鋼労組の全国書記長になるのである。

内部請負制と自律的労働者

進捗する労務管理史研究において注目されるようになったのが、内部請負制である。この制度では、熟練工が工場主との間に一定量の生産を契約する。内部請負人は工場主に雇われた労働者であるが、しかし彼は請負作業に必要な労働者を雇い、監督し、日給のほかに請負利潤を得る。したがって彼は被雇用者と雇用者という二重の性格をもっていたのである。

また多様な産業における「自律的労働者」の存在が注目されるようになった。その自律性（オートノミー）とは「企業から黙認されて決定を行う労働者の権限」であり、具体的には「仕事の計画や割り振り、採用と解雇、配置転換、人事の規律、昇進、その他の労働条件などについての労働者による強い統制」を含んでいた。自律的熟練工の職種としては圧延工、鋳鉄工、鍛冶工、機械工、ガラス吹き工、印刷工、製靴工、炭鉱夫、葉巻工、仕立工、帽子工、煉瓦積工、大工、機関士、車掌などが挙げられている。

ボスの前では働くな！

採炭機の導入以前の炭鉱夫が典型だった。請負制の下で炭鉱夫は職長が一日一回以上訪れることの稀な採炭切羽《きりは》で、自分の助手（レイバラー）を伴って自分のやり方とペースで仕事をした。若干の炭鉱では鉱夫は帰りたい時に帰るという権利を行使した。ハンガリー生まれの移民がアメリカで初めて炭鉱で働いた日のこと、鉱夫のレイバラーとしてショベルをもって働いていると、職長がやってきた。鉱夫はその移民に「座れ」と命令した。職長の前でこそ懸命に働いている様子を見せねばならないのにと思って、恐ろしそうに職長に目を移しながら、彼は座った。仕事についての打ち合わせの後、職長が出て行くと、鉱夫は彼に「ボスが来ている時には、働いたらいかんぞ」と言ったというのである。

スティントとマンリネス

生産工程におけるこのような熟練工の力の基礎にあったのは、集団として彼らがもっていた経営者よりも優れた技能的知識だった。それは労働者の間の言い伝えと経験を通じて身につけたものだった。管理者よりも現場の労働者のほうが、作業について熟知していたのである。多くの職種には労働者たち自身が決めた作業量の制限、いわゆる「スティント」（割当て仕事量）があった。スティントを無視してがむしゃらに働き、でき高払いを稼ぎまくる者は、裏切り者として罵声を浴びせられ、仲間外れにされた。しかしスティントは「怠け」ではなかった。ニュージャージー州の鉄パドル工たちは、週五日半（一一回）の勤務、一勤務当たり三回の加熱処理、一回当たりの鉄の量は四五〇ポンドとすると、自分たちで決めていた。それは非常な重労働だった。パドル工や圧延工は夏には時々作業を中断して、ブーツを脱ぎ、汗を流し出さねばならなかった。

労働者は相互主義的倫理を発展させた。それはどちらが工場の中で支配すべきかをめぐっての雇い主との対立をはらむものだった。ここから労働者の間では「男らしい態度」（マンリネス）がもてはやされた。この言葉には気前のよさと自己犠牲、尊厳、平等、そして家父長制的な男性優位主義が含蓄されており、「男らしい」労働者はスティントをしっかりと守り、仲間の不利益になることは断固として拒絶し、経営者による彼らの権利の侵害には抗議した。女性の排除をも意味したが、このマンリネスという資質は労働指導者に要求される資質であった。

熟練工と不熟練工

熟練工たちは彼らの熟練に誇りをもち、自らを生産の担い手として考えた。しかし彼らのほかに不熟練工がいた。単純化して説明すれば、一九世紀の工場労働は熟練工と不熟練の雑役工（レイバラー）という二重構造をとっており、「生産」労働、つまり「仕事」を行ったのは熟練工だった。しかし誰かが原料を運びこみ、完成品を運び出し、誰にでもできる単純労働をせねばならなかった。それが不熟練工の仕事だった。不熟練工は職能を習得中の「未熟練工」ではなかった。アンドレア・グラジオシという労働史研究者によれば、熟練工は「ワーク」する「ワーカー」だった。彼の仕事は訓練、経験、器用さのほかに、生産に関する「判断」を必要とした。それに対して不熟練工の仕事は「純粋の労苦（トイル）」以上のものではなかった。「熟練工と不熟練工とは二つの別々の世界に住んでいた」というのである。

この二つの世界を架橋することはなかなか困難だった。しかし機械化の進展、企業の大規模化に伴って、不熟練工は増大しつつあった。彼らが大挙して労働騎士団の中になだれこんだのである。他方、熟練工の職能別組合は不熟練工を組織の中に編入しようとはしなかった。なぜなら職能の水準を維持するために、また組合の要求する賃金率を守るためには、貧弱な訓練しか受けていない者たち、職能の一部分しか行えない者たちは組合員から排除せねばならなかったからである。

（3）　コオペラティヴ・コモンウェルス（協同共和国）の夢

長らくアメリカの労働者の思想の原点は独立自営の小生産者にあった。しかし労働者は独立性を失い、雇われる従属的身分に転落した。彼らはその地位を「奴隷」に似た状況として屈辱を感じた。したがって「賃金奴隷制の廃止」が絶えず労働運動のスローガンとなったのである。では賃金奴隷制度、つまり資本主義に代わるどのような制度を彼らは考えたのだろうか。共通する合言葉は「協同共和国」（コオペラティヴ・コモンウェルス）だった。

コラム5　伝統的労働様式の残存――樽工場の場合

伝統的な仕事のあり方が残っていた例を示そう。ガットマンが紹介しているが、ある樽工場の場合、土曜日になると午前中のまだ早いうちにビール樽を載せた大きな馬車がやってきた。樽職人たちは金を出し合ってビールを買い、みんなで楽しい時を過ごした。しばしば一杯機嫌の連中は、逆さにした樽の周りに座り込んで、ポーカーをやった。土曜の午後の仕事ははかどらなかった。

そして土曜の夜は、彼らにとって「ビッグ・ナイト」だった。それは一週間の重労働の後、町をぶらつき、行きつけの居酒屋で友達と会い、愉快な時間を過ごすことを意味した。通常、その愉快な時間は日曜日まで続いたから、月曜日には彼らは一日の労働に取り掛かるのに最上の状態にはなかった。多くの樽工は月曜日を道具を研いだり、材料を運びこんだり、今話題のことを話したり、明日の大仕事のために物を整えることに費やした。「ブルー・マンデー」である。しかし明るい火曜日の早朝、彼らは大張り切りで、威勢よく音を立てながら、樽作りに励んだ。

このような伝統的な労働習慣、「労働者が彼らの労働をコントロールするところではどこにでもあるような、強度の労働と怠惰との交互の繰り返し」という職人的労働習慣が、金ぴか時代にも残存する場合があったのである。労働者は労働者のペースで働こうとしたのであり、ここから工場主との間に絶えず緊張と抗争が生じたのである。

ガットマンが指摘したように、南北戦争の後に起こった激しい経済的変化にもかかわらず、金ぴか時代の職人たちは、昔ながらの根強い労働習慣を簡単には捨てなかった。そしてこのような労働様式は企業家を憤慨させ、生活様式と労働様式をめぐる争いが頻繁に起こったのである。

生産協同組合

前述したように、金ぴか時代の熟練工は工場の中での生産労働を自ら担い、かなりの程度まで「ワーカーズ・コントロール」（労働者による統制）を実践していたのだから、彼らは「賃金奴隷制」からの解放を生産協同組合の樹立に求めたのだった。彼らは自分たちの仕事をいかに行うかを彼らに告げるボスを必要としなかった。しかし個人的な自営業によって「セルフ・エンプロイド」（自営）の地位を達成することはもう不可能だったから、彼らは集団的に「セルフ・エンプロイド」の地位を達成しようとしたのである。

「全国労働組合」（NLU）も労働騎士団も生産協同組合からなる社会という理想を掲げた。かつての旧労働史学は生産協同組合を前工業的な個人的生産様式に復帰しようとする時代逆行的な保守的願望として解釈した。機械に脅かされた職人たちが、彼ら自身の小さな仕事場を開くことによって再び企業家になろうとして起こした愚劣な試みだったというのである。しかし一九世紀後期の工場労働の実態が明らかになった今日、生産協同組合主義は「ワーカーズ・コントロール」の延長線上にある労働者の解放思想だったとして位置づけられるようになった。

マルクスによる高い評価

そして筆者にはマルクスが生産協同組合に当てた積極的評価が思い出されるのである。一八六四年「国際労働者協会（第一インターナショナル）創立宣言」において彼は生産協同組合運動について書いた。「この偉大な社会的実験の価値はいくら大きく評価しても評価しすぎるということはない」。それは「近代科学の要請に応じて大規模に営まれる生産が、働き手の階級を雇用する階級がいなくてもやっていけるということ」を示すものであり、「やがては自発的な手、いそいそとした精神、喜びに満ちた心で勤労に従う結合労働」が実現するだろうことを示すものであると彼は書いた。

（4）労働者の経済生活は？

厳しかった労働者の生活

急激な経済成長がなされる中で、労働者の生活はどうだったのだろうか。「ありし良き時代」として過去をロマン化する立場を拒否し、「金ぴか時代」のアメリカがきわめてひどい時代だったという立場を明確に打ち出したのが、オットー・ベットマンの著書『目で見る金ぴか時代の民衆生活——古き時代の悲惨な事情』（原著一九七四年、邦訳一九九九年刊）である。彼は言う。「古き時代が本当によかったのは、ほんの一握りの特権を手にする人たちにとってのことだった。農民にとっても労働者にとっても、あるいはささやかながらも商売を営む者にとっても、生きていくこと、ただそれだけで耐え難い辛苦の連続だった」と。金ぴか時代の実質賃金は二〇世紀半ばの四分の一ほどだったから、確かに民衆の生活が今日と比べて「悲惨な事情」にあったことは否定できないだろう。しかし二〇世紀の基準をそのまま十九世紀に適用する議論は非歴史的であると言わねばならない。どんなに貧しい時代にあっても、労働民衆の生活には辛さだけでなく喜びと笑いも伴っていたと見るべきだろう。そして所得の分配が悪くても、経済成長の恩恵は労働民衆にも及んだのである。

賃金動向の概観

労働史家メルヴィン・デュボフスキーは一八六五〜一九二〇年の時期に関して、アメリカは相対的高賃金の社会だったし、労働者階級の生活は持続的前進の物語だったと述べている。賃金、そして生活水準の緩慢ながらも着実な上昇があったというのである。忘れてならないのは一九世紀後期は大デフレ時代だったということである。一八六〇年を一〇〇とした価格指標は、一八七〇年の一四一から一八九〇年の九八へと低下した。通常は価格の下落は需要の縮小、経済的停滞を意味するが、当時の合衆国では工業の大拡大がデフレと一緒に進行したのである。当時の労働者の生活を考える際、物価が下がり、生計費が低下していったことが重要である。

クラレンス・ロングの調査によれば、製造業における日賃金と年収は一八六〇〜一八九〇年の三〇年間に約五〇%上昇した。南北戦争中にはインフレにより価格が急上昇したので、実質賃金はひどく低下した。しかしそれ以降はデフレのおかげで生計費は一貫して低下した。製造業における日賃金は一ドル強から一・五ドルへ、年収は三〇〇ドルから四二五ドル以上へと上昇した。金ぴか時代における工業発展＝生産性向上は労働者に物質的恩恵をもたらしたのである。

『アメリカ経済史百科事典』（一九八〇年刊）で「価格と賃金」という項目を担当したドナルド・アダムズは、一八世紀末から一九七〇年までの一年ごとの賃金統計、また実質賃金率を表にしている。これによれば一九一〇〜一四年を一〇〇とした場合、実質賃金は一八〇〇年の二四から一八五〇年の五三へと上昇し、一九〇〇年には八八となった。つまり一世紀かかって三・六倍上昇したことになる。一九世紀後半について言えば、一八五〇年代には五〇台だったのが、南北戦争中には四〇台に低下し、戦後は上昇し、一八六九年から六〇台となり、一八八二年から七〇台になり、一八九〇年代後半から八〇台に上昇したというのである。

大きかった賃金格差

ただし職業間の賃金格差は大きかった。一八八〇年低熟練工（レイバラー）が平均して一日一・三二ドルを得ていた時に、鍛冶工は二・三一ドル、機関士は二・一五ドル、機械工は三・四五ドルを受け取っていた。経済成長による恩恵は不平等だったのである。

一八九〇年代にはアメリカの産業労働者の約四五％は一年に五〇〇ドルの貧困線以上を稼いでいた。しかし見苦しくない生活をするには約六〇〇ドルを必要とするとされた。機械工、公務員、印刷工、事務員、そして西部の鉱夫は平均以上を稼いだ。一年に七〇〇～九〇〇ドルの収入のある熟練工もかなりいた。このような「労働貴族」の息子や娘たちはハイスクールに入学し始め、卒業するとホワイトカラー職に雇われるようになった。他方、農業労働者、不熟練の工場労働者、近着移民は辛うじて生計を維持していたのだった。

賃金について注目されるのは、ピッツバーグとイギリスの鉄鋼都市バーミンガムを比較したピーター・シャーゴールドの調査である。彼によれば、アメリカの特徴は熟練労働者と不熟練労働者との間の著しい不平等だった。イギリスのバーミンガムの労働者の間では格差は比較的に小さかったのに、ピッツバーグの熟練工はバーミンガムの熟練工の二倍近くの賃金を稼いだ。それに対してピッツバーグの不熟練工の生活水準は、バーミンガムの不熟練工に比べてさほど高くはなかったというのである。ピッツバーグにおける熟練工と不熟練工の生活水準の鋭い対照は、エスニックの違いを反映していた。低賃金の雑役工はイタリアやポーランド、ハンガリーなどから来た新移民だった。

労働時間と職の不安定性

労働時間は長かった。八時間労働運動にもかかわらず、一八九〇年になっても製造業の平均労働時間は十時間であり、人々は週六日働いた。もちろん産業による違いは大きかった。建築業における熟練職人の一日の労働時間は一八六〇年の十時間から一八九〇年の平均九・五時間へと減った。南部の繊維工場では一八九〇年においても一日一二～一四時間の労働がありふれていた。鉄鋼労働者は週六六時間以上働いた。それでも週労働は週五日の九時間労働、プラス土曜日の午前中の五時間労働へと動いていった。

職の不安定性が労働者を苦しめた。一年中のフルタイム雇用を当てにできるブルーカラー労働者は少なかった。不熟練の移民労働者は特に不安定だった。一八九〇年、労働者の五人に一人は少なくとも年に一ヶ月は失業した。景気後退が失業を増大させた。賃金切り下げ、一時解雇、不規則な雇用が底辺労働者を飢餓の淵へと追いやった。失業した家族は困窮した。乞食が街路をうろつき、「ホーボー」とか「トランプ」と呼ばれた浮浪労働者は、貨物列車の上にただ乗りし、町から町へと移動した。不況になると、多くの低熟練労働者は最初に解雇され、最後に雇用された。衣服産業では季節ごとに労働需要が変動し、労働者は季節的失業に苦しむ一方、仕事がたてこむ時には一日一八時間も労働した。

ライフサイクルと所得

労働者にとって苦しかったのは子供を育てる時期だった。父親の収入だけでは食料を供給するのがやっとだった。その後、子供たちが成長し、働きに出て、家族の収入の合計が増え始めた。未婚の息子と娘だけでなく、もっと小さな子供たちも家計に貢献した。多くの労働者家族が児童労働を必要としたのである。大部分の男性賃金労働者の労働生活にはサイクルがあった。彼らが最初の職についた十歳台後期には、彼らは低熟練の「レイバラー」と同じ賃金を受け取った。しかし一般に労働者は年月が経過するうちに熟練水準を上昇させた。そして四〇歳台になるとかなり多くを稼ぐようになっていた。そして男の子が稼ぐようになると家計も楽になった。

貧民救済

しかし老齢が労働民衆の経済的苦しみを高めた。当時は年金制度などなかった。彼らを扶養してくれる子供がいる場合はよかった。働くのに年齢をとりすぎた男女は個人的貯蓄がどうしても必要だった。そして都市化、移民の大流入の中で、貧民問題は深刻となった。とりわけ深刻な不況が襲った時には、問題は重大だった。貧民は多様だった。病気や老齢で稼ぎのない者たち、障害者、寡婦、ホームレス、身寄りのない子供たち。しかし連邦政府は手を出さなかった。ドイツでビスマルクが福祉政策を開始させたのとは対照的に、アメリカでは連邦憲法がそれを禁止していた。合衆国憲法修正第十条は、「憲法によって合衆国に委ねられていない、また憲法によって諸州に禁止されていない諸権限はそれぞれ諸州または人民に留保される」と規定しており、救貧は連邦に委ねられた権限ではなかった。それでも救貧はなされねばならず、大都市には貧民院があり、院外救済による物品・金銭の配布があり、また私人による慈善事業が行われた。しかしそれらは惨めなものであり、真面目に働いてきた者たちにとって屈辱的なものであった。時代の風潮は自由放任主義を正しいものと見なしていたから、多くの貧者は公的政府によっては放置されたのである。

イリノイ州における労働者生活の事例

一八八四年イリノイ州労働局の年次報告はシカゴのあるドイツ系室内装飾工の生活を次のように叙述した。家族員五名。父親、母親、そして三人の子供。彼らが住む家屋には居心地のよい四つの部屋がある。すべては綺麗なカーペットが敷かれている。家族は比較的に健康である。妻はなかなか知的であり、子供たちは小奇麗な服装をしている。父親は労働組合に所属しており、生命保険に入っている。朝食に彼らは通常はコーヒー、肉、パンとバターを、夕食にはコーヒー、パン、ジャガイモ、肉を食べる。家族の年間予算には組合費と生命保険料に加えて、本、新聞などのための費用が含まれていると。

他方、低熟練労働者の生活は困苦を極めた。見苦しくない生活を維持することはできなかった。一八八三年イリノイ州の鉄道ブレーキマンの大家族は主としてパン、糖蜜、ジャガイモを食べた。家族の衣服はぼろぼろであり、子供たちは「半分裸で汚い」と調査者は記した。

アメリカ労働者の食物

不況時のスラムには飢餓が広がった。移民労働者家族にとって、「欲しいだけ食べられるのはずっと後になってから」のことだった。しかしヨーロッパの貧困生活を経験している移民にとっては、アメリカ生活は食事の量が嬉しい特徴であった。著名な歴史家アーサー・M・シュレジンガー（一世）は、ヨーロッパから来た移民は「アメリカ人が生まれながらの権利だと思っている食事の豊富さと種類の多さを見て驚いた」と書いている。それでも失業したりすると、食べ物の不足に苦しむことも多かった。しかし農業大国アメリカでは食料は安かったし、価格は低下していった。食物の質も良くなっていった。鉄道の発達で遠くから新鮮な食料品が運ばれてきた。二〇世紀の初め、ドイツの経済学者ウェルナー・ゾンバルトは『なぜアメリカに社会主義はないのか』と題した著作において、アメリカの労働者がドイツの労働者のほとんど三倍のパンと肉、四倍の砂糖を消費していることを挙げ、「ローストビーフとアップルパイの浅瀬のために、すべての社会主義的ユートピアの船は座礁してしまう」と述べたことは有名である。

すさまじかった 産業災害率

アメリカの職場を特徴づけたのは労働がきつかったこと、そしてヨーロッパ諸国に比べて驚くほど頻繁だった産業事故だった。毎年何度もセンセーショナルな災害、爆発、落盤、火災が起こった。一八八〇～一九〇〇年の間、三万五〇〇〇人の労働者が産業事故で死亡し、五三万六〇〇〇人が負傷した。鉄道が最も危険だった。産業災害で障害者になっても保険はなく、雇い主から名目的な金銭的援助を受け取るだけだった。自由放任政策のために労働者保護立法は阻止された。

こうして一九世紀のアメリカは強烈なコントラストの国だった。金持ちたちは巨富を蓄積した。一八九〇年にアメリカの世帯の一〇％が国の富の七三％を所有していた。底辺には近着移民、特に不熟練労働者が辛うじて生計を維持していた。黒人労働者の状態はさらに悪かった。しかし一八九〇年代にはアメリカの産業労働者の約四五％は一年に五〇〇ドル以上を稼いでいた。どうやら暮らしていける生活を築きながら、大部分の労働者はアメリカで生活を向上させるために、努力を重ねていたのである。

（5）労働者と政治——ボス政治が果たした機能

活発な選挙戦

金ぴか時代の労働者はどの政党を支持したのだろうか。これも難しい問題である。第三政党に投票する者もいたが、大部分は民主・共和両党のどちらかを支持した。しかも彼らはかなり熱心に投票したらしい。当時のアメリカ人の選挙参加は非常に活発で、大統領選挙での投票率は常に八〇％前後を記録した。横山良が紹介しているが、北部の中小の都市では、秋の選挙が近づくと、二大政党の選挙クラブや軍服風の制服を着た行進隊がパレードを繰り返し、集会も頻繁に開かれ、人々は選挙演説に興奮し、ブラスバンドや歌を楽しんだり、無料の食事を振る舞われた。選挙は国民的リクリエーションでもあったのである。

都市におけるボス政治の支配

当時の大都市は腐敗したボス政治で悪名高い。爆発するような膨張の中で都市政治は泥沼の状態に陥った。市長や市議会は予算の配分、街路の舗装、公園の設営、公益事業などなどについて多様な決定を行い、土建業者と契約し、公益事業に独占権を認可した。権限を握った者たちには利得と腐敗の絶好の機会があった。ボス政治には収賄と詐欺が伴ったが、なぜ都市民衆はボスを権力の座につけたのだろうか。ボスは市の諸事業についての契約、許認可、警官や消防の職の配分をコントロールできた。官職を求める者、契約する業者も、賭博、売春、違法な酒類業者などもボスへの上納金を支払った。

しかし民主政治であるから民衆が投票してくれなければ、ボスは権力を維持できない。ボス・マシーン（ボス機構）は民衆的基盤に依拠していたのである。ボス・マシーンは近隣居住区から直接権力を引き出す小マシーンの連合体であり、ピラミッド型の構造をもっていた。民主政治の経験のない貧しい移民が、市民権を得て選挙権を持ち、ボス政治の格好の餌食になった。

ボス政治の社会的機能

しかしなぜ彼らはボス・マシーンを支持したのだろうか。この自由放任の時代にあっては、政府は制度的には彼らのために何もしてくれなかった。これに対して、ボスは彼らが必要とするものをいくらか提供してくれたのである。ボスとその手先は移民系コミュニティの出身であり、移民集団の団結感情を分かちもっていた。移民たちはボスとその子分を困った時に頼みに行ける男として知っていた。移民の投票と引き換えに、ボスとその配下は移民に職を世話し、帰化手続きを早めてやり、困窮した者に食料を提供し、誰かが法律に触れた時には警察や裁判所と話をつけ、留置場から出してやった。ニューヨークのあるボスは配下に言った。「君の地区を掌握するのにものをいうのは、貧しい家族のところにまっすぐに下りて行って、彼らが助力を必要としているやり方で、彼らを助けることだ。これは博愛だ。しかしそれは政治でもある。まったくよい政治というものだ。貧しい者は世界で最も感謝の心の厚い連中なのだ」。

アイルランド系政治家が特にこの術《すべ》に長けていた。彼らはプロテスタント的アメリカにおいてカトリックとして差別され、社会の底辺の地位を経験してきた。そして英語ができ、アメリカ生活に慣れており、新しく流入する移民有権者たちの先輩格として、移民と都市政治をつなぐ役割を果たしたのである。そして彼らによる個人化されたサービスがボス機構に対する大衆の愛着を培った。失業保険も社会福祉制度もなかったこの「自由放任」の時代において、国家が困窮者に対してこのような世話をすることはなかった。ボスは公的機関がやらなかったサービスを代行したのである。

二大政党と都市民衆　民主党も共和党もきわめて複雑な支持基盤をもっていた。北部の大都市では強力な民主党のボス・マシーンが移民を基盤にして勢力を振るった。民主党は反中央集権、「個人的自由」を打ち出し、宗教的信条や生活習慣への国家の干渉に反対する人々、特にカトリック教徒を引きつけた。また全体的にはアメリカ社会が資本主義的方向に急速に進んでいくことによって被害を被った人々に民主党は訴えたのである。特に南部で民主党は支配的であった。

他方、共和党はアメリカが進行していく資本主義的方向を促す勢力を代弁していた。産業資本の発展によって恩恵を被る多様な人々、専門職業者、ホワイトカラー、色々な中産階級が共和党を支持した。共和党は繁栄と経済成長の党として、多くの都市市民にアピールした。共和党は連邦の統一と奴隷解放を成し遂げた党としての業績を誇った。福音主義的なプロテスタント、したがってアメリカ生まれの市民の大多数は社会の倫理的浄化を政府に期待して「改革」の党である共和党に結集した。

労働者の票をひきつけるために、二大政党は労働立法を支持したり、労働者に同情的な候補を立てたりした。いくつもの州が労働省や労働局、労働統計局を設置した。連邦議会も一八八四年に労働局を創設した。

（6）労働ラディカリズム――社会主義とアナキズム

第三政党　「全国労働組合」や労働騎士団の場合に見たように、当時の労働団体は政治運動を試み、労働者政党を支持して善戦することがあった。しかし二大政党の壁は厚く、一八九〇年代の人民党（ピープルズ・パーティ）の場合を除けば、第三政党は地方での短期的なものに限られた。アメリカではあらゆるレベルの選挙において完全な小選挙区制度だったために、二大政党のどちらかが議席を獲得し、第三政党には出る幕がなかったのである。

それでも労働者の第三政党が地方的に伸びることがあった。例えば農民のグリーンバック運動と結んでグリーンバック労働党が形成され、グリーンバック系の諸政党は一八七八年の選挙では約八五万票を得た。「グリーンバック」とは南北戦争中に連邦政府が発行した裏が緑色（グリーンバック）の不換紙幣のことであり、これの増発によって農産物価格の引き上げなどを実現しようとする農民運動から起こった。労働運動の中にも農民の運動と連携しようとする動きが起こり、グリーンバック労働党が結成され、一八七七年と七八年にペンシルヴァニア州東部の無煙炭地帯の二二八のタウンで票の半分を占め、ピッツバーグ、アレゲニー・シティの票の約三分の一を獲得した。またこの党は一八七八年に労働騎士団のテレンス・V・パウダリーをスクラントンの市長に当選させたのである。

社会主義的労働運動の始まり
「四八年の人々」――

アメリカにおける社会主義的政治運動の始祖となったのは、一八四八年のドイツの三月革命の夢に破れてアメリカに亡命してきた「四八年の人々」、いわゆる「フォーティエイターズ」の中の左派だった。その中にはヨーゼフ・ワイデマイヤーとかフリードリヒ・ゾルゲのようなマルクス主義の正統的な代弁者も含まれていた。そして一八五七年にはニューヨークのマルクス派によって共産主義者クラブが結成され、他方ではラッサール派の運動が一八六五年にニューヨークの「全ドイツ人労働組合」として生まれた。マルクス派は社会主義運動の経済的基盤として労働組合運動を重視したのに対して、ラッサール派は労働組合による賃金引上げ闘争は効果が薄いとし、労働者は選挙運動によって政治権力を掌握し、政府の手を借りて生産協同組合からなる社会を形成すればよいと考え、政治行動を重視したのだった。

第一インターナショナル

一八六四年ロンドンで国際労働者協会（第一インターナショナル）が設立され、有名なスローガン「万国の労働者よ、団結せよ」が掲げられた。アメリカにも支部が作られた。一八七二年ごろには第一インターはニューヨーク市、シカゴ、サンフランシスコ、ワシントン市、ニューオーリンズなどに約三〇の支部をもち、五〇〇〇人以上の会員をもった。第一インターナショナルはかなりの影響をアメリカ労働運動に及ぼした。ゴンパーズは自伝『七〇年の生涯と労働』において若かりし日を思い出し、「疑いもなく一八七〇年代の初めにはインターナショナルはニューヨーク市の労働運動を支配していた」と書いている。

ヨーロッパでは一八七二年の第一インターナショナルのハーグ大会でマルクス派とバクーニン派の対立が激化し、バクーニン派は追放された。しかしバクーニン派の勢力を恐れた総務委員会は本部をロンドンからニューヨークに移すことを決定し、総評議会の運営をゾルゲに委ねた。それは事実上、第一インターナショナルの解散であった。そしてその四年後の一八七六年、インターナショナルのアメリカ支部の代議員たちがフィラデルフィアに会合し、第一インターナショナルを正式に解散させたのだった。

社会労働党

第一インターナショナルの解散を受けて、アメリカの社会主義者たちは「合衆国労働者党」（ワーキングメンズ・パーティ・オブ・ザ・ユナイテッド・ステーツ）を組織し、翌七七年、社会労働党（ソーシャリスト・レイバー・パーティ）と改称した。この党はマルクス派とラッサール派との合同によって成立した。マルクス派が労働組合活動を重視し、ラッサール派が政治行動を重視するという対立を抱えながらも、党はかなり活発な運動を展開し、一八七八年の選挙ではシカゴでは四名の市議会議員、一人の州上院議員、三人の州下院議員を当選させ、セントルイスでは三人を州議会に当選させた。

ところが党は一八八〇年代には勢力を伸ばせず、二つの方向に分裂した。一つは労働組合中心主義に向かう流れである。彼らは右へと揺れて、政治とは関係のないタイプの労働組合主義を唱導し始め、ゴンパーズらとともにＡＦＬ創出に向かうのである。

もう一つはアナキズムに向かう動きである。戦闘的労働者たちが過激化し、しばしば労働者の武装、そして「行為による宣伝」を唱えるようになった。一八七八年のドイツの社会主義鎮圧法のために、ドイツのラディカル派がアメリカに亡命してきたことでも、この動きは促進された。こうして一八八六年の労働運動の大高揚の中で社会労働党は孤立していた。エンゲルスは一八八七年、『イギリス労働者階級の状態』のアメリカ版序文において、社会労働党のあり方を批判し、党員が英語を学んで、徹頭徹尾アメリカ人となるべきことを強調し、「少数者であり移民である彼らが、圧倒的多数者である土着のアメリカ人に接近していかねばならない」と力説したのだった。

アナキズム（無政府主義）

アメリカにもベンジャミン・タッカー、スティーヴン・パール・アンドリューズ、ライサンダー・スプーナーなどの土着の個人主義的アナキストがいたが、労働運動に直接に関係したのは、ドイツ系移民によってもたらされた集合主義的アナキズムだった。ニューヨーク市とシカゴを中心に各地に「社会革命クラブ」が結成された。一八八一年ロンドンで国際社会革命会議が催され、アメリカからも代議員が出席し、国際労働人民協会

（インターナショナル・ワーキング・ピープルズ・アソシエーション）が結成された。一八八二年にはドイツ人アナキストのヨハン・モストがニューヨークに到着し、燃えるような弁舌で遊説を開始し、社会革命派による全国会議が一八八三年にピッツバーグで催され、ピッツバーグ宣言が採択された。この宣言は、国家は有産階級の手段にすぎないから選挙など役立たず、労働者階級解放のための手段は暴力革命しかないと主張した。

運動には二つの中心があった。ニューヨークを中心とする東部では、モストに指導された、いわば純粋のアナキストの勢力が強かった。他方、シカゴを中心とする中西部ではアルバート・パーソンズやアウグスト・スピースなどが労働組合運動とアナキズムを結びつける理論を構築した。両方ともドイツ系が中心だったが、アルバート・パーソンズは生粋のアメリカ人だった。そしてヘイマーケット事件の後、アナキスト勢力は壊滅状態になり、孤立した個人やサークルの活動になっていくのである。

（7）一般労働者の思想――資本主義への嫌悪と妥協

「ボロから富への神話の現実」

金ぴか時代の一般労働者について言えば、急速な経済成長の時代だったから、富を求める風潮が影響を及ぼしたのは当然だった。ガットマンは典型的工業都市パターソンの場合について調査し、工場主たちがかつて熟練工として出発し、後に上昇して工場を設立した者たちだったことを明らかにして、「ボロから富へ」は単なる神話ではなかったことを実証した。工業技術を身につけた熟練工の間には、急激に拡大する経済の中で職長や自営業者、さらには工場主などへの上昇の機会がある程度開かれており、真面目に努力すれば、成功するという「成功神話」が強く支持されていた。

反資本主義的感情を支えたキリスト教的伝統

しかしまたガットマンは当時の労働者の中に、濃厚な反資本主義的感情が表明されたことに注目した。多くの労働者が資本主義を正しいものとは見なさなかった。彼らはその批判を子供のうちから教え込まれた価値観によって正当化した。資本主義の現実は彼らの「心」（マインド）に根ざした価値観にそぐわないものだったのである。

かつて、労働者の教会加盟率の低下から当時の労働者は宗教的関心を低下させたと考えられていたが、ガットマンは大量の労働新聞やパンフレットを調査し、当時の労働者が絶えず宗教的言葉を語っていたことを明らかにした。労働者の主張によれば、「神の言葉はほとんど忘れられ、強大なドルが世界を支配」していた。そして「現在の労働制度は邪悪なもの、地獄に生まれた制度」であり、「人間の善のために神によって設立された制度に反するもの」であった。そしてすべての者の平等を死を賭して説いた「扇動者」キリストが、労働者の苦難の戦いを鼓舞していると彼らは見た。福音主義的プロテスタンティズムの伝統の中で育ったアメリカ労働者は、産業資本主義社会をキリスト教原理に反する制度として批判し、またそれに挑戦する原点としてキリスト教に依拠したというのである。

共和主義の伝統

もう一つはアメリカの共和主義的伝統だった。アメリカ労働民衆は共和国の市民であることを誇りにし、独立記念日の七月四日はアメリカ労働民衆の最大の祝賀の日だった。『ナショナル・レイバー・トリビューン』紙は次のように言明した。「アメリカにおいて我々は少なくとも形式において共和主義政府の理想を実現した。アメリカは政治的にはベツレヘムの星であり、ヨーロッパの政治的失政の暗黒の闇の中に明るく輝いていた。旧世界の大衆はその星を彼らの避難所として眺めた」。アメリカにおいては「何人も彼らの主人になることもできなければ、またなるべきでもなかった」。しかるに「その夢は実現していない」。資本がかつての絶対王政と同様に過酷な支配を我々に対して行っているではないかと。また労働活動家ジョージ・マクニールは著書『労働運動――今日の問題』（一八八七年刊）において、「極度の富と極度の貧困が政府の存在を脅かしている。これらの事実に照らして我々は、賃金労働制度と共和主義的政治形態との間には不可避的に抗しがたい対立が存在する」と主張した。

アコモデーション（適応）

こうして多くの労働者は資本主義的な産業的秩序に抵抗し、それを克服する道を求めた。しかしまた多くの労働者は時代に適応する道をも求めた。労働民衆は毎日の生活の糧を稼ぎ、家族を扶養せねばならない。ガットマンが指摘したように、「近代のあらゆる従属的集団の内部には、従属と不平等に対処するための個人主義的・功利主義的方法と、集合的・相互主義的方法との間に中心的緊張関係が存在していた」のである。実際の生活において彼らはこの世界の資本主義的現実と妥協しながら毎日を送らねばならない。したがって抵抗と適合（アコモデーション）の微妙な結合が実際の労働者の生活と運動の実態だったと言うことができよう。

（8）都市生活と労働者

劣悪な都市環境とスラム

一九世紀後期の労働者を取り巻く都市の環境は劣悪だった。自由放任の時代のことゆえ都市は無計画に膨張した。都市人口の急激な増大に対処すべき市政府は多くの場合、腐敗したボス政治の下にあり、公益事業は私的利潤の追求のために操業された。時代を象徴したのは林立する工場の煙突の煤煙だった。産業排水、ゴミが河川に放出され、詰まった下水道からは汚水が溢れた。公害は二〇世紀になってからの現象ではなかったのである。

大都市の労働者地区の住居の典型的形態はテネメントと呼ばれる共同賃貸住宅だった。それには多様な形態があったが、多かったのは五～六階の建物で、各戸に水道と流しの設備はあるが、各階の廊下で便所が共同で使用されるという形態だった。各階は四つのアパートメント（街路に面して二つ、裏に面して二つ）に分けられ、真ん中に廊下があった。住民は高い家賃の重圧を下宿人を置くことによって軽減しようとしたから、ひどい混雑が生じた。通風が悪い上に、熱源は石炭ストーブで、夏の蒸し暑さは耐え難く、住民はもだえ苦しんだ。

「吐き気を催す」、「むかつく」、「悪臭」、「むさ苦しい」。これらがスラム地区についての観察者たちの言葉だった。貧困、過労、過密で不潔な住居、それに衛生知識の欠如。スラムには病気を蔓延させる条件が揃っていた。犯罪も厄介な問題だった。一八八〇年代に全国の殺人率は三倍に増えた。フロンティア地方における無法状態もあったが、増加の多くは都市で起こった。街路には若者の街頭ギャングがたむろしていた。

スラムについては二つの見方がある。一つはスラムが住民の生活態度をむしばみ、無気力にしていくという悲観的な見方である。他はスラムが都市生活への適応と生活向上への契機として機能するという楽観的見方であり、このような二様のスラム観があるのは、実際にそのような二つの種類のスラムがあったからだと言われる。当時のアメリカの移民のスラムは全体的に言って「絶望のスラム」ではなかった。

スラムの効用

職住の近接がスラムの最大の利点だった。ニューヨークの人口過密現象の分析によれば、労働者が職場の近くに群がって居住すること、その傾向は労働時間に比例し、労働時間が長ければ長いほど過密の度が高いこと、またその傾向は賃金額に逆比例し、最低の賃金を稼ぐ者ほど過密に居住していたことが判明した。低賃金で長時間働く労働者にとっては通勤費はまだ重い負担であり、大部分の労働者は職場まで歩いて通ったのである。またスラムの街路は職についての情報の場だった。親戚、友人、同郷者で職の世話をしあったから、過密でも同じ地区に住むことが必要だったのである。

そしてアメリカ滞在期間が長引くにつれて、スラムの住民たちも収入が増加し、地位も少しずつ上昇していき、英語も話せるようになった。そして多くがスラムを脱出して、もっとマシな居住地区へと移っていった。そして新しく入国してきた移民たちが代わってスラムに入るようになるのである。なお都市における労働者の居住形態とその変化については、竹田有による精緻《せいち》を極めたいくつもの論文があることを記しておこう。

都市労働者の娯楽と文化

劣悪な居住環境に悩みながらも、労働者は徐々に生活を向上させていった。わずかな時間の短縮でも、労働者にとっては娯楽のための時間がわずかでも増えることを意味した。長時間労働の後、労働者は気晴らしを求めた。彼らは街路に群がり、居酒屋の客になり、ピクニックと祭日の祝賀に参加した。夕方、男女は賑わう街角にたむろし、行商人が叫ぶのを眺め、小銭を出して彼らは色々な食品や飲み物を買った。

家族はピクニックに出かけた。移民の男の子は野球に興じることでアメリカ人として育っていった。それぞれのエスニック集団がスポーツ・クラブを結成した。また金銭を払って見る娯楽が出てきたのが一九世紀後期の特徴だった。「スペクテーター・スポーツ」である。初め野球は宗教的安息日である日曜日には行われず、労働者は見にいけなかったが、次第に日曜日にも行われるようになった。

居酒屋文化

労働者階級地区には居酒屋（サルーン）があった。一八八四年のシカゴには三五〇〇軒、一九〇〇年のニューヨーク市には約一万軒の居酒屋があったとさえ言われた。居酒屋には色々と否定的な面があった。アルコール依存症を培い、労働者の健康を害し、窮乏の原因となった。飲酒に関係した家庭内暴力も起こった。売春と犯罪と居酒屋が結びついていることもあった。しかし居酒屋は積極的な社会的機能をも果たしていた。労働者が新聞を読める居酒屋もあった。職の手がかりを得、仲間付き合いをすることができた。奢りあいの慣行が仲間付き合いを、そして労働者同士の連帯を盛り上げた。多くの政治家が居酒屋を非公式の場として利用した。居酒屋の主人が政治マシーンの子分であることも多かった。居酒屋の主人が労働者の小切手を現金化し、時には金を貸した。エスニックな近隣居住区における集合場所として居酒屋は民衆政治の中心にもなったのである。

マスメディアと教育

一九世紀後期にはマスメディアが目覚しく発達した。日刊新聞は急増し、また「ダイム・ノベル」（十セント小説）と呼ばれた安物の小説が盛んに読まれた。労働民衆の間には知識への真面目な探求も広がった。都市の労働者地区において夜の講演は頻繁だった。テレビもラジオもなかったこの時代には、講演が人々の文化的水準を引き上げるのに大きな役割を果たしたし、また娯楽でもあった。公立学校制度が拡大した。非識字率は一八七〇年の二〇％から一九〇〇年の一〇％へと下がった。労働者家庭の子供でハイスクールに進学する者が増えた。

上中流階級は労働者階級文化を軽蔑し、彼ら自身の価値観を労働者に押し付けようとした。居酒屋反対運動など、労働者階級文化に対する攻撃の典型だった。しかし長期的に見て永続したのは、移民と労働者大衆の文化だった。みすぼらしいボードヴィル劇場は映画館になった。ニューヨーク市郊外のコニー・アイランドのような遊び場はディズニーランドの先駆者だった。そして初期のプロ野球やボクシングは後のテレビのスポーツ放送となった。一九世紀後期の労働者階級文化は、二〇世紀のアメリカ大衆文化の肥沃な温床だったのである。

第5章　巨大企業の社会へ——一八九〇年代

1　ビッグ・ビジネスの時代における巨大ストライキ

(1)　奢りたかぶる大富豪たち

独占または寡占資本の時代への変貌

一九世紀末のアメリカ社会には大きな変化が生じた。金ぴか時代における弱肉強食の企業間競争で多くの企業が倒産し、早くも一八七三年不況は独占あるいは寡占形成へ向かって進行する契機となった。さらに一八九三年に始まる厳しい不況の中で多くの企業が倒産し、その後に集中合併の波が押し寄せた。一八九八〜一九〇四年という、まさに世紀転換の時期に企業統合の波は絶頂に達した。単一の巨大企業がそびえたつ場合が独占であり、複数の巨大企業がそびえる場合が寡占である。

大富豪たちの歓楽

社会の最上層には新興成金たちの奢りたかぶる姿が目立つようになった。彼らは異常なほど金持だった。彼らは宮殿のような邸宅を建造し、大勢の召使を雇い、王侯のような暮らしをした。彼らが避暑地のロードアイランド州ニューポートに建てた豪壮なサマーハウスなどは今日では観光の対象になっている。彼らの行為は新聞種になり、庶民の憤激を買った。一八九七年冬、ブラッドレー・マーティンがニューヨークで催した舞踏会には三七万ドルの費用がかけられた。なんと労働者の平均年収四五〇ドルの八二〇人分（！）である。

大富豪たちはアメリカは自分たちのものだと豪語した。ブラッドレーの弟のフレデリック・マーティンは言った。「我々は金持ちである。我々がアメリカを所有しているのだ。いかにして我々がアメリカを獲得したかは神のみぞ知る。

できることなら我々はアメリカを所有し続けたい。我々の影響力、我々の金、我々の政治的コネ、我々が買収した上院議員、我々が抱えている金に飢えた下院議員、我々が抱えている演説上手な扇動家たちを総動員して、我々の利益を脅かすどんな立法、政治綱領、大統領選挙戦も潰したいものだ」。

「盗賊男爵」たちへの怒り

すでに一八八八年クリーブランド大統領は、議会宛て教書の中で述べた。「資本集積の結果を調べてみると、我々はそこにトラストや企業結合や独占の存在を発見する。市民たちは遠くのほうで力なくこれと闘っているか、さもなければ鉄の踵の下で踏み殺されているのだ。株式会社は法律によって注意深く規制され、人民に奉仕すべきものであるのに、今や急速に人民の主人になろうとしている」。これは自由主義的資本主義を擁護する立場からの批判だったが、一般庶民の間には新興成金たちに対する怒りが燃え上がっていた。中世ヨーロッパで領内を通行する旅人から金品を巻き上げた追いはぎ貴族になぞらえて、彼らは「盗賊男爵」（ロバー・バロン）と綽名《あだな》された。

中小の企業も増大

一八九〇年代は巨大企業の時代となった。しかしこの時代にも中小の企業の実数が大企業をはるかに超えて増加しつつあったという事実にも目を向けねばならない。アメリカ工業の生産単位（仕事場や工場の数）は一八六〇年の一四万強から一九〇〇年の五二万以上にまで増えた。一九世紀後期は、多数の中小企業で働く労働者も増えた時代だったのである。

(2)　ホームステッド・ストライキ――労資対決の激化

カーネギー製鋼と合同鉄鋼労組

一八九〇年代に入ると、労資対立は新しい段階に入った。巨大化した資本と強大化した労働組合とが決戦を交えたのである。一八九二年にピッツバーグ郊外にあるカーネギー製鋼会社のホームステッド工場に勃発したストライキが、一つの頂点となった。

合同鉄鋼労組はアメリカにおける最も強力な職能別組合だった。三八〇〇人を雇用するホームステッド工場では、合同鉄鋼労組が職場の隅々までコントロールし、工場長の権限を制限していた。前述した一九七四年のオハイオ州コランバスの鉄圧延工場の場合を思い出していただきたい。そこにいた労働者ウィリアム・マーティンが一八九〇年まで同全国労組の会長になっていたのだった。一八九〇年代に入ったカーネギーの製鋼工場においても、仕事の配分、交替時間の規制、機械の変更などが合同鉄鋼労組によって左右されていた。カーネギーと工場長ヘンリー・フリックはこの組合の力を打ち破ることを決意した。決戦は一八九二年に来た。フリックは最新の労働節約機械を導入し、組合との協約の期限が切れた後には組合を認めないと宣言した。

モノンガヒラ川での銃撃戦を経て

フリックは工場の周りに高さ十二フィート、全長三マイルに及ぶ大防塁を作り、要塞化した上で、労働組合鎮圧を業とするピンカートン探偵社に武装した三〇〇名の派遣を要請した。六月、ストライキが始まると、七月六日早朝、武装スト工たちはモノンガヒラ川の岸辺に集まり、やってくるピンカートン側の二隻の船との間で銃撃戦が開始された。スト工側は四〇人が撃たれ、九人が死亡した。ピンカートン側では二〇人が撃たれ、七人が死亡した。ピンカートン側は降参し、労働者は工場を占拠した。しかしフリックの要請を受けて、知事は八〇〇〇名の州兵を派遣した。そして州軍の保護の下でストライキ破り工が仕事についた。フリックは組合側の妥協の提案を一切拒絶した。この傲慢な態度のために、世論の同情はスト工の側に集まった。カーネギーも困惑し、譲歩をも考えた。

アナキストの銃弾が招いた組合側の敗北

ところが七月二三日、ロシア生まれのユダヤ人アナキストのアレクサンダー・バークマンがフリックのオフィスに赴き、ピストルで彼を撃ち、さらに繰り返し刺した。フリックは負傷しただけだったが、世論は急速にストライキ反対の方向に転換し、妥協の可能性は終わった。ストライキはその後四ヶ月間持ちこたえたが、十一月ストライキの中止が宣言された。労働者は各自作業に戻ったが、指導者はブラックリストに載せられ、どの企業にも雇用されなくなった。それはホームステッドにおける鉄鋼労組の終わりを意味した。

このストライキの後、かつて強力だった合同鉄鋼労組は鉄鋼産業から締め出されていった。そしてカーネギー製鋼を吸収したUSスティール社に対する一九〇一年のストライキで同組合は破壊された。鉄鋼産業は実質的な「無組合」時代に入った。それは巨大企業の時代における大量生産産業における職能別組合の敗北を示すものであった。

一八九〇年代には激烈なストライキが次々に起こり、スト破りを保護するための州軍派遣はありふれたものになった。労働史家デュボフスキーは、「ホームステッド・ストライキに関して最も興味深いのはそのユニークな性質にあるのではなく、それが一九世紀末期の産業抗争のパターンに完全に合致しているということである」と述べている。巨大企業を前にして労組は負け戦になったのである。

一八九三年の大不況　一八九三年二月、空前の経済不況が訪れた。一八九三年のうちに一万五〇〇〇の会社が倒産した。不況は一八九七年まで五年間にわたって継続した。一八九四年半ばには失業者は三〇〇万と推定された。失業者たちは群れをなして国中を放浪した。各地で大衆デモが市役所や州議会に押し寄せて、仕事を要求した。一八九四年には五〇万以上の労働者を巻き込んで一四〇〇件のストライキが起こった。

自由放任主義に立つ連邦政府は何の対策もとらなかったから、オハイオ州マシロンの実業家、ジェイコブ・S・コクシーは連邦議会に対して、失業救済のために巨大な道路建設プログラムを立案するよう提案した。そしてこのプログラムを劇的に示すために一八九四年、彼は七〇〇マイル離れたワシントンまでの失業者の行進を計画した。間もなくアメリカ各地から「コクシーの軍隊」が首都に向かって出発した。しかし実際に一緒に首都に到着したのは五〇〇名にすぎず、コクシーらは逮捕され、その企画は敗北に終わった。

(3) プルマン・ストライキ――国家権力と労資対立

モデル・タウンで始まったストライキ　一八九四年にはプルマン・ストライキが勃発した。ジョージ・プルマンのプルマン寝台車会社は優雅な寝台車、食堂車を製造し、その車両を鉄道会社にリースする事業で大成功を収めていた。彼はシカゴ市郊外にプルマンという名の工場町を建設し、彼の労働者はこの町に住まわされた。そこには煉瓦造りの住宅、美しい公園と遊び場、銀行、劇場が入ったビル、下水処理施設があった。しかし労働者はプルマンの厳格な家父長制支配の下に置かれ、高い家賃を取り立てられた。

不況でプルマン車両に対する注文が激減すると、プルマンは労働者の三分の一を解雇し、残りの労働者の賃金を三〇

％カットした。一八九四年五月、プルマンの労働者はストライキに突入し、新しく結成されたアメリカ鉄道組合に助けを求めた。

アメリカ鉄道組合

鉄道は巨大事業であり、しかも全国につながっていた。これに対して鉄道労働者の主要組織は機関士友愛会、機関車火夫友愛会、列車乗務員友愛会、車掌友愛会の四つに分かれ、友愛会（ブラザーフッド）という名称に示されるように労使協調をうたっていた。鉄道労働は災害が非常に多かったので相互扶助団体という性格が強く、ＡＦＬにも加盟していなかったのである。これに対して職能ごとの分裂を克服し、産業別労働組合としてのアメリカ鉄道組合を作ったのがユージン・Ｖ・デブスだった。彼は一つの組合の中にすべての鉄道労働者を包含する組合として「アメリカ鉄道組合」（アメリカン・レイルウェー・ユニオン）を一八九三年に組織したのだった。設立されたばかりだったが、一五万人のメンバーを擁しており、当時のアメリカにおける最大の労働組合であった。

プルマン・ボイコットとその敗北

ちょうどその時、プルマンの労働者が支援を求めてきたのだった。デブスは調停を望んだが、プルマンは一切の交渉を拒絶した。大会の代議員たちは労働者連帯の表明として、プルマン車両をつないでいる列車をボイコットすることを票決した。ボイコットが開始され、鉄道会社側が交渉を拒絶し、解雇の挙に出たため、ついに全列車乗務員のストライキになった。七月半ばまでにシカゴ以西の鉄道が止まった。穀物と家畜は市場に届かず、石炭不足のために多くの工場は閉鎖され、アメリカ経済は危機に瀕した。

大統領グローヴァー・クリーヴランドは発表した。「たとえ葉書を配達するために国庫のあらゆるドル、国内のあらゆる兵士が必要だとしても、その葉書は配達されねばならない」。合衆国憲法によって郵便事業は連邦政府の事業と定められており、郵便物の輸送停止は政府の事業を妨害するものだというのである。かつて鉄道の顧問弁護士だった司法長官のリチャード・オルニーは、シカゴの連邦地方裁判所を動かしてストライキ禁止命令（インジャンクション）を発布させた。

イリノイ州知事ジョン・アルトゲルドの抗議にもかかわらず、大統領は連邦軍を派遣した。軍隊がシカゴに到着すると、一週間にわたってシカゴ駅周辺は戦場のような状態となった。スト工ではなくして、憤激した群集が軍隊と衝突し、七〇〇台の貨車が焼かれ、四三人の死者が出た。最後に一万四〇〇〇人の連邦軍と州軍が秩序を回復し、ストライキは押しつぶされた。アメリカ鉄道組合は崩壊した。デブスらは六ヶ月間投獄された。そしてデブスは獄中で社会主義思想に傾き、二〇世紀初期のアメリカ社会主義運動の最高指導者への道を歩むのである。

2　労働運動の二つの方向——ビジネス・ユニオニズムと社会主義

(1)　AFLの成長と賃金労働制度の受け入れ

職能別組合主義によるAFLの生き残り

一八九〇年代、AFLは存続のために苦闘した。一八九二年までに加盟している全国組合の数は一三から四〇へと増加したが、大部分は小さく、ひどい財政状態にあった。次いで襲った不況の中で加盟組合は危機に次ぐ危機で動揺した。AFLはそれらの弱体な労働組合のゆるやかな連盟だった。ゴンパーズ自身、それを「砂の紐《ひも》」と呼んだ。

しかしAFLは生き残った。強大化する資本の攻勢を受けて、AFLは生き残るための戦術として職能別組合主義を固持した。ゴンパーズは安全な領域に労働運動を囲いこんだのである。熟練工が重要な位置を占める中小の企業領域の内部で組合の力を固めたのである。巨大企業の支配する領域で労働者を組織しようとする努力は放棄された。

AFLは熟練工がその技能に応じて団結する職能別組合こそ労働運動にとって最も効果的な形態であると考えた。熟練工は低熟練工と違って、企業は簡単に解雇することはできないから、地位は比較的に安定しており、彼らが組合に加入し、賃上げを要求し、ストライキすると脅した時、工場主は耳を傾けねばならなかった。組合が安定した地位を保持するためには熟練工に依拠していることが必要だとする立場である。企業の大規模化、機械化の進展につれて増えていく低熟練工の組織化にAFLは熱心ではなかった。働く者全体の大同団結という労働騎士団の路線とは違う道をAFLは進んだのである。

しかしともかくもAFLは一八九〇年代の深刻な経済不況を生き残った。そして不況が去った世紀転換の時期には、

ＡＦＬ加盟組合は強くなり、ＡＦＬのメンバー数は一八九七年の四四万七〇〇〇人から、一九〇〇年には一〇〇万を超え、一九〇四年には二〇七万三〇〇〇人となったのだった。

労働騎士団の衰退

他方、労働騎士団は急速に衰退していった。メンバー数は一八八七年には二五万人、一八九〇年には一〇万人、そして一八九三年には七万五〇〇〇人と減少していった。この急速な衰退をもたらしたものは強大化した企業による激しい反対であった。騎士団はそれに対抗できなかったのである。労働騎士団に欠けていたのは有能な指導部だった。労働組合は労働者の生活を現実的に向上させることが第一の任務であり、その第一の武器はストライキだったのに、テレンス・Ｖ・パウダリーはストライキを好まず、ストライキ闘争を抑制した。彼は「ストライキはその効果たるやまことに悲しむべきもので、労働騎士団の最上の利益に反するものだ」と語った。騎士団は八時間労働に強く賛成していたけれども、彼は八時間労働を求めるゼネストの呼びかけに騎士団員が応じるのに反対した。

職能別組合は騎士団から離れていった。そして一八九三年にグランド・マスター・ワークマンの地位はパウダリーからジェームズ・ソヴリンに代わった。ソヴリンはウィスコンシン州の農家に生まれ、後に石工となり、一八八一年に騎士団に入った。農民運動との連携が彼の活動の特徴だった。しかし彼はパウダリーに比べて騎士団を指導する能力が劣っていたようである。ソヴリンは後に述べる社会労働党のダニエル・デレオンとの関係が悪化したことが契機になって、騎士団内の社会主義者と争い、社会主義者は騎士団を去った。騎士団の団長は一八九七年ヘンリー・ヒックスに代わったが、二〇世紀に入った時、騎士団に残されたものはわずかだった。

労働運動の思想の変化

ＡＦＬのビジネス・ユニオニズムの背後にあったのは、賃金労働の受け入れだった。この受け入れはずっと以前から進んでいたのだったが、それはアメリカ労働運動中枢部に生じた根底的な思想の変化だった。この問題をローレンス・グリックマンの「生活賃金」論に主として拠りながら説明してみよう。日本では常松洋が紹介している問題である。一九世紀を通じてアメリカで進行した労働史の大きな流れは、独立自営の労働生活から雇われての賃金労働への変化だった。「賃金奴隷制」に対する長らくの嫌悪にもかかわらず、労働民衆の実態は雇われて賃金を稼ぐ賃金労働者になっていた。機械制工業が支配的になり、労働者の間には雇われ労働者として一生を生きねばならないのだという観念が強くなり、賃金制度を恒久的で正統的なものとして受け入れ、その上で賃金増加を図るというのが、労働運動主流の目標になった。

正しい賃金とは単に労働者家族の肉体的生存を可能にするだけでなく、人間らしく、アメリカ市民らしく生きることを可能ならしめる賃金でなければならないとされた。ＡＦＬのためにパンフレットを書いたジョージ・ガントンは言明した。「賃金は奴隷制度のバッジではなく、社会進歩の必要な部分である」と。問題とされたのは、人が賃金のために働くかどうかではなく、人が受け取る賃金の額になった。

消費者意識と「生活賃金」論

グリックマンは労働者の間に生じた消費主義の役割を強調する。彼によれば南北戦争以後、労働者は自らを「生産者」としてではなく、「消費者」として考え始め、消費者としてのよい生活を保障する「生活賃金」を要求するようになった。「生活賃金」とは労働者がよい住居、たっぷりの食事、自尊心を維持し、国家の市民生活への参加を保障するような賃金だった。

「生活賃金」と並んで労働運動のキーワードとなったのが、「アメリカ的生活水準」だった。労働者が共和国における完全な市民として生活するには、高いレベルの消費水準が必要であり、したがって賃金は引き上げられねばならないというのである。統一炭鉱夫組合（ＵＭＷ）の会長ジョン・ミッチェルは述べた。「生活賃金はアメリカ的生活水準を意味する」。ミッチェルによれば、アメリカの労働者は「少なくとも六部屋のある快適な家屋」を買うことができねばならない。そこにはバスルーム、衛生的な配管設備、客室、食堂、台所、寝室、絨緞、絵画、本、家具がそろっていなければならないと。

不可能となった生産協同組合

それまでアメリカの労働運動は「賃金奴隷制度」からの解放を唱え、労働運動の究極目標を「協同共和国」（コオペラティヴ・コモンウェルス）と呼び、生産協同組合の網の目からなる社会を考えた。しかしその解放路線は困難になった。巨大企業の時代においては、労働者が彼ら自身の企業すなわち生産協同組合を形成し、それを運営することは資金的に困難になった。技術的に見ても巨大企業の工場の内部における生産を現場の労働者だけで組織することは不可能になった。企業は経営の実務にあたる多数の管理事務員および技術者を抱えるようになっており、労働組合員である工場の内部の生産労働者だけで企業を動かすことなどできなくなったのである。ここから二つの方向が出てきた。一つは究極目標の放棄であり、ゴンパーズを中心にＡＦＬ指導部がその道を歩むことになった。もう一つは生産手段の「社会的所有」、つまり社会主義である。

（2）社会主義と産業別組合主義の台頭

社会主義思想の広がり　一八九〇年代の注目すべき現象は社会主義思想の広がりだった。ＡＦＬの内部でも、ゴンパーズらの「ビジネス・ユニオニズム」の唱導者は絶えず社会主義勢力によって挑戦された。歴史家ジョン・ラスレットが明らかにしたように、一九世紀末〜二〇世紀初頭のアメリカ労働運動には社会主義勢力が伸張した。統一醸造業組合、製靴組合、国際機械工組合、統一炭鉱夫組合、西部鉱夫連盟などが代表的であった。

ＡＦＬ内の論争　注目すべきは、社会主義者がＡＦＬの内部でＡＦＬ全体の方向転換を図る可能性を開く寸前まで行ったことである。一八九三年シカゴの機械工で社会主義者のトマス・モーガンは、労働者・農民の独立的政党の支持および社会的・政治的改革の一〇項目のプログラムをＡＦＬの一八九三年のＡＦＬ大会に提起した。その中には市電・ガス・電気の都市所有制、電信・電話・鉄道・鉱山の国有化、そして「あらゆる生産・分配手段の人民による集合的所有」の要求が含まれていた。それはＡＦＬを明確に社会主義にコミットさせようとするものだった。炭鉱夫、仕立工、醸造工、ペンキ工、電気工、機械工、その他多くの労働組合代表たちがこれに賛成し、それぞれの各加盟組合でこの問題についてさらに討議することが決議された。そして翌一八九四年のデンヴァーにおけるＡＦＬ大会では、二日間にわたり白熱の議論が展開された。ゴンパーズ執行部は強く反撃に乗り出し、生産手段の社会的所有や「独立的政治行動」の条項については批准拒否に成功した。

社会主義者たちは報復し、ＡＦＬ会長としてのゴンパーズの再選を妨げた。ゴンパーズは一年間、会長職を統一炭鉱夫組合のジョン・マクブライドに譲るのである。マクブライドはイギリス人移民の子としてオハイオ州に生まれ、炭鉱夫の組合運動で活躍したが、政治的にも熱心で、民主党に所属し、オハイオ州下院議員やオハイオ州労働統計局長などを歴任し、一八九二年に統一炭鉱夫組合の会長になった。ＡＦＬ会長としての一年間、彼は労働・ポピュリスト同盟を拡大するために努めたが、九五年の会長選挙でゴンパーズに小差で敗れたのだった。それ以後も、社会主義勢力はＡＦＬの内部において三分の一ほどの勢力を占め、ゴンパーズ指導部に対する有力な批判勢力を構成し続けるのである。

一八九〇年代の社会労働党

このように労働運動の内部で社会主義に向かう傾向が強まる一方で、社会労働党も新しい動きを見せた。一八八〇年代の社会労働党は党勢が衰え、大部分ドイツ系に限られていたが、一八九〇年にダニエル・デレオンが入党し、党は勢いを取り戻した。彼はオランダ領西インドのキュラソー島に軍医の子として生まれ、ヨーロッパ留学を経て渡米し、コロンビア大学法学部を優等で卒業した後、一八八三～八九年同大学の国際法講師を務めた典型的知識人だったが、ヘンリー・ジョージのニューヨーク市長選を機に実践運動に入った。そしてエドワード・ベラミーを読んで、社会主義に目覚め、マルクス主義に転じ、一八九〇年に社会労働党に入った。入党するや、彼はその卓越した知的能力をもって党員を魅了し、党の機関紙『ピープル』紙の編集者となり、党の最高指導者としての実力を獲得し、党は政治的・経済的に活発になったのである。

彼は社会主義のアメリカ化の必要性を強調し、アメリカ民衆の社会主義的啓蒙のために大統領選挙をはじめとする選挙戦に積極的に参加すべきことを力説し、こうして一八九二年から同党は大統領選挙戦に候補を立てるようになった。さらに彼は社会主義の労働者階級基盤を確立するために、労働組合への働きかけに乗り出した。

しかしここでインテリ・ラディカルとしての彼の独善主義が露呈した。彼はまずＡＦＬに働きかけたが、ゴンパーズによって阻止されると、ＡＦＬ指導部を「資本家階級の労働副官」として痛罵し、次に彼は衰退しつつある労働騎士団に働きかけたが、これも失敗した。すると彼は両労働団体の外部に、純粋に社会主義的階級意識に裏打ちされた労働組合運動の樹立という性急なセクト主義路線をとり、一八九五年には党の指導に厳格に従う組合組織として「社会主義職業労働同盟」（ＳＴＬＡ：ソーシャリスト・トレード・アンド・レイバー・アライアンス）を独断的に創設したのだった。このような措置は社会労働党をアメリカの労働運動組織から孤立させることになるのである。

社会主義運動が労働者を基盤にして成長するためには、デレオンの性急な独善主義から脱却することが必要であった。デレオン反対派の動きが党内で活発化し、モリス・ヒルキットに率いられて一八九九年同党から脱退し、その勢力が西部に形成されたユージン・V・デブスらの社会民主党と結んで一九〇一年にアメリカ社会党が結成されるのである。

産業別組合主義の台頭

社会主義の興隆と並んで重要だったのは、産業別組合主義（インダストリアル・ユニオニズム）の台頭だった。産業の機械化により半・不熟練労働者が増大する中で、彼らをも組合の内部に組織しようとする動きがAFLの内と外に誕生した。デブスのアメリカ鉄道組合は崩壊したけれども、一八八四年に組織された統一醸造業労働組合は醸造工だけでなく、醸造所の内部および周辺で働くすべての労働者を加入させた。統一炭鉱夫組合（UMW：ユナイテッド・マイン・ワーカーズ）は一八九〇年に結成され、炭鉱の内部および周辺で働くすべての労働者の結集をめざし、AFL内最大の組合となった。労働運動の中心地域から遠くはなれたロッキー山脈以西では西部鉱夫連盟（WFM：ウェスタン・フェデレーション・オブ・マイナーズ）が起こり、鉱夫だけでなく金属鉱山の内部および周辺で働くすべての労働者を包含し、AFLから脱退し、やがてIWW（後出）創設の中核組織になっていくのである。

AFLの内部においても産業別組合主義はかなりの浸透を見せ、AFL内部で組織形態をめぐる議論が展開された。論争は一九〇一年スクラントンにおけるAFL大会で「スクラントン宣言」という形で収拾された。それは職能別のオートノミーを原則とし、稀な産業の場合にのみ産業別組合を容認するとして、具体的にはUMWの産業別形態を認めた。しかしこの問題の決着は一九三〇年代のCIOの成立を待たねばならないのである。

（3）人民党（ポピュリズム）——労農同盟は成立せず

農民運動の政治的盛り上がり

一八九〇年代、政治の世界では農民を主軸とする人民党運動が盛り上がった。南北戦争後、アメリカ農業は機械化と商業化が著しくなっただけでなく、その農産物はヨーロッパ市場をめがけてカナダ、アルゼンチン、オーストラリアなど新開地農業との競争に入り、農産物価格の低下により世界的農業不況に苦しむようになった。その他にも銀行への負債、共和党政権のデフレ政策、鉄道による収奪が農民を苦しめた。一九〇〇年アメリカの農場の三分の一は借地経営だった。プロレタリア化を避けることをめざして成立していった西部農民の世界も急速に資本主義の支配下に陥ったのである。農民運動が高まり、一八九二年ネブラスカ州オマハに一三〇〇名余りの代議員が集まり、人民党が結成された。人民党は英語では「ピープルズ・パーティ」であり、その主義を「ポピュリズム」、その支持者を「ポピュリスト」という。今日用いられる「大衆迎合主義」とはまったく別である。

人民党はアメリカの国家権力が金権勢力によって掌握されているという認識に立ち、その国家権力を人民の手に奪回せねばならないと主張した。「人民」とは「生産者階級」であり、額に汗して働き、富を創造する人々の総称である。彼らは産業労働者に共感を示し、労働者をも政治構造変革の運動に動員しようとしたのだった。

一八九二年の大統領選挙戦において人民党は改革運動のベテラン、ジェームズ・ウィーヴァーを候補に指名し、一〇三万票（八％以上）を得た。人民党はカンザスとノース・ダコタで知事を当選させ、一〇名の連邦下院議員、五名の連邦上院議員を当選させ、約一五〇〇名の州議会議員を当選させた。いくつかの州では上下両院を制した。人民党は都市労働者階級に対して共同闘争を呼びかけた。労働民衆の二大階級である農民と産業労働者が提携すれば、アメリカの政治は巨大な革新を実現する可能性が開かれるはずであった。

ＡＦＬの対応

多くの労働騎士団員が人民党運動に加わった。しかしＡＦＬ指導部は人民党からの呼びかけに応えなかった。ゴンパーズのビジネス・ユニオニズムは労働組合の第三政党参加に対して否定的だった。さらにゴンパーズは人民党が労働者の利害を顧慮しない「雇う側の農民によって主に構成されている」と主張し、人民党の呼びかけをはねつけた。また人民党が通貨増発によるインフレを要求していたことも問題だった。農民の苦境が農産物価格の下落によって生じていたことから、人民党は銀貨自由鋳造（フリー・シルヴァー）を要求し、貨幣の量を増やし、農産物価格の上昇を図ろうとした。ところが労働者の立場からすれば、インフレは実質賃金の低下を招くという重大な利害の対立があった。したがってＡＦＬ指導部は人民党との同盟を拒絶した。こうしてアメリカ労働民衆の政治にとって労農同盟を結成する貴重な機会が失われたのである。

一八九六年の大統領選挙戦においては人民党勢力の吸収を図る民主党が、銀貨自由鋳造論を取り入れ、ウィリアム・

ジェニングス・ブライアンを大統領候補に立てると、人民党も彼を支持し、党の候補にした。選挙戦はかつてない激烈さを極めたが、都市労働者の票は十分に得られず、ブライアンは敗北した。人民党はこの選挙戦の後、壊滅状態に陥り、運動は消滅に向かった。しかし二〇世紀に入ると、都市を中心に改革の機運が盛り上がり、アメリカは革新主義（プログレッシヴィズム）の時代に入るのである。

（4）　革新の気運が高まった世紀末

市政改革の動き　改革の動きは一九世紀末のアメリカ社会の中で大きな勢いとなった。政治的には市政改革の動きが注目される。アメリカの都市政治は腐敗で悪名高かったが、改革者たちはボスと結ぶ悪徳政治家の排除に努め、公益事業の規制を強化し、公務員制度を改革した。公衆衛生を改善するために専門の医師を雇い、公園や道路を改善するために都市計画家を雇うなど、訓練された専門家の知識を動員し、市民の福祉の改善を図った。またガス、水道、電気、運輸などを市有・市営にする試みが始まった。

多くの市長が改革によって名声を得た。例えば一八九七年から一九〇四年にオハイオ州トリードの市長になったサミュエル・ジョーンズは石油産業で成功した実業家だったが、「人からして欲しいと思うことは、人にもその通りにせよ」というイエス・キリストの山上の垂訓の一節、いわゆる「黄金律」を標語とし、自分の工場で八時間労働、有給休暇などの改善を導入し、「黄金律のジョーンズ」と言われた。彼は労働運動を支持し、州によるトラストの所有を唱えた。そして一八九七年市長に当選すると、市職員の八時間労働、無料の幼稚園の設立、遊園地や夜間学校の設立など様々な改革を実現した。

社会的改革のための諸運動　都市貧困層の救済にあたるセツルメント活動が起こった。高等教育を受けた者たちがスラム地区に住み込んで、救済や教育にあたるのである。日本では隣保館運動とも称された。産業革命史研究で有名だったアーノルド・トインビーを開祖にしてイギリスに起こったこの運動を、アメリカに導入した第一人者が、ジェーン・アダムズだった。彼女は一八八九年シカゴの移民地区、サウス・ハルステッド通りにハル・ハウスと呼ばれる施設

コラム6　ベストセラーとなった『進歩と貧困』と『顧みれば』

ヘンリー・ジョージの『進歩と貧困』（一八七九年刊）はアメリカの出版史上の十大ベストセラーの一つに数えられている。「進歩と貧困との結びつきが我々の時代の大きな謎である」とジョージは書いた。彼は土地が地主に専有された社会では、社会進歩に伴う富の増大は地主に専有されるから、平等を回復するには地主に集中する不労所得、すなわち地代をすべて租税として国家が徴収し、他の租税を全廃することによって、富が均分化し、増えた歳入を貧民救済にあてればよいと唱えた。この「単税論」の主張は、今日から見れば馬鹿げて見えようが、しかしこの本は時代に衝撃を与えた。あくどい利潤追求と貧富の格差の拡大に対する道徳的憤激が、安易な進歩への期待に冷水を浴びせかけ、世人の胸を打ったからである。この本は驚くべき数の男女の社会的良心を揺り動かした。そして前述したように、彼はニューヨーク統一労働党からニューヨーク市長選挙戦に担ぎ出され、惜敗するのである。

一八八八年にはエドワード・ベラミーの小説『顧みれば――二〇〇〇年～一八八七年』が出版されてベストセラーになった。ジョージが私有財産を認めたのに対して、ベラミーは社会主義社会を夢見た。小説の主人公ジュリアン・ウェストはボストンの富裕な青年で、特殊な催眠術を受けて一八八七年眠りに落ち、二〇〇〇年に目覚める。彼がみたボストンは貧困、貪欲、犯罪が一切存在しない社会主義的ユートピアだった。政府がすべての生産手段を所有し、社会には完全な調和が支配し、市民は豊かな物質的・精神的生活を享受している。競争ではなく協同が社会の基本になっているからである。各地にベラミー・クラブが生まれた。そして一八八八年から一九〇〇年の時期は「ユートピア小説の黄金時代」となり、約一六〇冊のユートピア小説が出版された。新しい時代を待望する気運が高まったのである。

を設立し、貧民の厚生と文化向上の拠点とした。彼女はその活動を世界平和運動にまで拡大し、一九三一年にノーベル平和賞を受賞した。

当時の社会に批判的な学者たちは、人間社会も進化し発展していくと考える点で進化論を受け継ぎながら、人間は他の動物と異なり、環境を変えていく能力をもっているのだと主張した。リチャード・T・イリーをはじめとする経済学者たちは、イギリス古典学派を批判する視角をドイツの歴史学派から学び、一八八五年アメリカ経済学会を結成し、国家の積極的介入と倫理的経済のあり方を探求した。

プロテスタント教会の中にも、資本主義の弊害に取り組む牧師や神学者が現れた。「社会的福音」（ソーシャル・ゴスペル）の運動である。キリスト者は個人の魂を救うだけでなく、貧困、不平等、犯罪、人種差別などの広く社会問題の是正に取り組むべきだと説き、実践運動にも飛び込む牧師たちが出現した。このような運動の指導的神学者としては、ワシントン・グラッデンやウォルター・ラウシェンブッシュが名高い。そしてその左派にはウィリアム・D・P・ブリスのようなキリスト教社会主義者の運動が生まれた。資本主義批判が澎湃《ほうはい》として起こりつつあったのである。このような思想界の変化はヘンリー・ジョージの『進歩と貧困』、エドワード・ベラミーの『顧みれば』がベストセラーになったことに象徴されていた（前頁のコラム6参照）。

第6章　多様な労働民衆——一九世紀後期～二〇世紀初頭

1　東欧・南欧系の新しい移民の大流入

(1)　モザイクのような国家への変貌

蒸気船による大西洋渡航の増加

アメリカは労働力供給の大きな部分を外国生まれの人口に依拠した点で、きわめて特異な労働力形成がなされたのだった。その他、農牧労働者、女性労働者、ホワイトカラー労働者などについても触れておこう。これらについては一九世紀と二〇世紀に分けて論じるのは難しいので、一九世紀後期から第一次大戦ごろまでの時期をまとめて説明することにしよう。まずは移民流入の問題である。

一九世紀後期には蒸気船の出現で渡航は帆船時代に比べて大変に楽になった。渡航日数は一八七〇年代にイギリスからは十日間、ナポリからは十四日間となった。渡航費用も大幅に下がった。急増する移民受け入れのために連邦政府は一八九一年ニューヨークにエリス島を開設した。これは大規模な施設で、防疫、税関、伝染病検査、登録係官の面接などが行われ、多い時には一日に一万五〇〇〇人の移民の手続きを行うこともできたという。

総人口の中の移民の比率

南北戦争のために一八六〇年代には移民入国者はいくらか減少したが、移民は一八七〇年代には二八〇万を超え、一八八〇年代には五二五万へと二倍近くに増加した。一八九〇年代には九三年不況のために三六九万人へと減少するが、一九〇〇年代には八八〇万弱となった。最高は一九〇七年で一年間に一二八万五〇〇〇人である。そして第一次大戦勃発前の一〇年間には移民流入は一〇一〇万を越えた。一九一〇年の総人口が九二〇〇

図6－1　20世紀初頭ニューヨーク市の移民街

屋台がいっぱい，右側も左側も移民労働者の住宅が並んでいた。

出典：International Ladies' Germent Workers' Union, *Signature of 450,000*（New York, 1965）, p.21.

万だったところに十年間に一〇〇〇万を超える移民が入ったのである。

合衆国人口における外国生まれ人口の比率は一八五〇年の九・七%から一八六〇年の一三・二%に上昇した。それ以来、人口の移民比率は一九二〇年までの間、一三〜一四%台にほぼ固定していた。移民の大流入にもかかわらず、総人口の急速な増大のために移民比率の上昇はなかったのである。ただし移民二世の人口比は上昇した。アメリカに生まれた移民二世は子供の時、家庭で親の言語で育つのであり、外国的性格を色濃く残していたから、統計的に「外国系」（フォーリン・ストック）の中に含めるのである。一九〇〇年の合衆国総人口の構成は生粋アメリカ白人五三・九%、外国生まれ白人一三・四%、移民二世白人二〇・六%、黒人一一・六%、先住民その他〇・五%となっており、三世代以上の生粋アメリカ白人は人口の半数をかろうじて超えるにすぎず、それ以外の四七%は「マイノリティ」だったのである。

東欧・南欧からの「新移民」の大流入

一九世紀末には移民の中心的出身地域は西欧・北欧から南欧・東欧へと変わった。一八八一〜一九二〇年の四〇年間にイタリアは四一二万人、オーストリア・ハンガリーは三九九万人、ロシア帝国は三二四万人の移民をアメリカに送り込んだ。西欧・北欧からの移民を「旧移民」、南欧・東欧からの移民を「新移民」と呼んで区別するようになるが、到着する移民のうち、南欧・東欧からの「新移民」は一八九〇年代には移民全体の五二%を占め、一九〇〇年代には七一%に達した。後進的な南欧・東欧においても近代化による農村社会の変化が訪れ、親代々の農地を相続できない農民が増えていったのである。さらにアメリカ、カナダ、アルゼンチン、オーストラリアなどの新開農業地域からの安価な農産物が大量にヨーロッパ市場に輸出されるようになって、ヨーロッパ農業は圧迫され、貧困が広がったということもあった。他方、西欧・北欧の社会では工業化が進展し、生活の向上を見たために、移民を送り出す力が弱まったのである。

「新移民」の性格

「新移民」は民族的に著しく雑多であり、例えばロシア帝国からの移民にはロシア人、ベラルーシ人、ウクライナ人、フィンランド人、リトアニア人、エストニア人、ラトヴィア人、ポーランド人、アルメニア人、ユダヤ人などが含まれていた。この中で最も多かったのはユダヤ人であった。さらにシリア人、トルコ人など中東諸国からの移民、そしてフランス系カナダ人、メキシコ人などの移民も増えた。日系移民もやって来た。実に多様なエスニック集団が来住するようになり、アメリカはエスニックの万華鏡のような国になっていったのである。

「新移民」のアメリカへの同化は西欧・北欧からの「旧移民」に比べて容易ではなかった。アメリカとは風俗習慣、言語が違い、宗教的にはカトリック、ギリシア正教、ユダヤ教だった。彼らは英語を話せなかった。西欧・北欧系に比べて同化が困難と見なされて、彼らは「新移民」と称されたのだった。また重要だったのは世界最大の工業国家に成長したアメリカ社会と彼らとの間の大きな違いだった。後進的農業国から到着した「新移民」は、貧困で生活水準が低く、識字率が低く、工業上の熟練に欠けていた。

彼らがアメリカで西部に赴いて自営農民になることは困難だった。フロンティアの開拓は終了しつつあったし、貧困な彼らには農地取得が困難だったから、彼らの大部分はアメリカの工業における不熟練の下層労働者になったのである。そしてアメリカで金を稼いでから故国に帰るという出稼ぎ型の移民が多かったのだった。特に南イタリアからの移民は「渡り鳥移民」として大西洋を幾度も往復したことはよく知られている。多くの移住者にとってアメリカは彼らの目標ではなく、真の目的は故郷における状態の改善にあった。アメリカで金を稼いで、帰国して故郷で土地を買う場合が多かったのである。

産業労働力の中での移民

「新移民」は安価な黒人労働力が存在する南部へは向かわず、工業州に集中した。一八九〇年を例にとると、州人口に占める外国生まれ白人の比率は代表的な工業州の場合、マサチューセッツ二九・四%、ニューヨーク州二六・二%、ミシガン二六・〇%、イリノイ二二・〇%だった。また彼らは都市に集中した。一八九〇年の都市における外国生まれ人口の比率はニューヨーク市三八・八％、シカゴ四一・〇％、ボストン三五・三％、デトロイト三九・七％、サンフランシスコ四二・二％だったが、移民二世を加えた「外国系」人口の比率はニューヨーク市七七・二％、シカゴ七八・四％、ボストン六七・八％、デトロイト七七・五％、サンフランシスコ六九・八％といった具合だった。アメリカの都市は圧倒的に「移民都市」だったのであり、渡来してから三世代以上たった「生粋アメリカ白人」は大都市では決定的な少数派に属したのである。

こうして当時のアメリカ資本主義は必要とする膨大な労働力、とりわけ低熟練労働力を東欧・南欧からの「新移民」に大きく依存することになった。移民の間では男性の比率が高く、さらに生産労働に適する年齢層の割合が高かったのである。

（2）「新移民」が作ったエスニックの世界

移民居住区の外貌　「新移民」たちはアメリカの工業都市の中で、故郷とは全く異なる環境の中に置かれ、劣悪な状況の下で厳しい収奪の下に置かれた。言葉が通じない社会で暮らすことは苦しいことであった。アメリカの都市には混雑した移民の居住区が成立した。移民は民族ごとに集まって住む傾向が強かった。彼らの居住区は旧来からのアメリカ人にとって、まことに異様な世界だった。一八九〇年に著書『他の半分はいかに住むか』においてニューヨークの貧民たちの生活を描いたジャーナリストのジェイコブ・リースは、ロワー・イーストサイドのユダヤ人地区について次のように書いている。

バワリーを通り、チャイナタウンとイタリア人地区からユダヤ人地区に入ると、テネメントは高さを増し、その間隔は小さくなる。古着商の果てしない列と、大勢の客引きのたむろするバクスター街、シナゴーグと群集に満ちたベイヤード街は、いよいよ中心部に近づいたことを感じさせる。我々がどこにいるかを問う必要はない。通りでの訳のわからない言葉と歩道の看板、人々のマナーと服装、彼らのまがうことなき人相は、歩むごとに彼らの人種を明らかにする。ロシア系ユダヤ人の奇妙な縁なし帽、堂々たる髯《ひげ》、外国風の長袖服の男たちが、美醜様々な女たちをかきわけて進む。

なにしろ東欧系ユダヤ人の言語、イディッシュ語は文字が違った。ローマ字ではないのである。しかもアラビア語の場合と同様に、右から左へと横書きなのである。ヨーロッパ系白人とはいえ、きわめて異質的な存在であり、しかもニューヨークにおけるユダヤ人人口は一九二〇年には約二〇〇万人、市人口の二九%に及んだのである。

相互援助の網の目

移民たちは故国から持ち込んだ伝統の上に彼ら自身の世界を作り上げていった。「アメリカに来給え。僕が世話をしてあげるし、仕事も探してあげよう。できる限り君を助けるつもりだ」。シカゴのあるイタリア移民は故国の義弟にこのような手紙を書いた。移民はアメリカに着くと、親戚や友人を頼って、そこにまず身を寄せた。言葉も通じない異郷の地で、どのように生きたらよいのか、同じ言葉を話す同国人たちが教え合った。その結果、アメリカの都市はエスニック・コミュニティのモザイクのようになったのである。

家族を最小単位として、移民たちは同郷者集団の網の目を打ちたて、驚くべき数と種類の組織を作り出した。教会、慈善団体、相互扶助組織、教育機関、労働団体の網の目が張りめぐらされた。多様な組織が不運な者を保護し、困窮者の世話をした。エスニックな居住区には移民労働者の需要に応じる多種多様な商店や多数の専門職業者が存在した。そして屋台や行商人が街路で物品を売り、街路は雑踏し、活気に満ちていた。

（3）移民とアメリカ産業労働力の特徴

移民労働力の統計的調査

大量の移民を受け入れて、アメリカの産業労働力における「外国系」（移民とアメリカで生まれたその第二世代の合計）の比重は大きなものとなった。一九〇七年連邦議会によって設置された合衆国移民委員会は三〇〇人のスタッフ、一〇〇万ドルの費用、三年の歳月をかけて大規模な調査に乗り出し、一九一〇年に四二巻の報告書を提出した。二一の産業における五〇万以上の産業労働者についての調査結果は、生粋アメリカ白人二〇・一

図6－2　東欧系ユダヤ人の新聞

英語名はForward。20世紀初頭にはニューヨーク市における最大のユダヤ語（イディッシュ語）の新聞。文字はローマ字とは違うのである。

出典：Forward, July 8, 1973. ニューヨークにて筆者購入。

％、黒人五・〇％、移民二世一七・〇％、外国生まれ五七・九％だった。これはよく知られた数値であるが、移民が多い地域を中心に調査しており、包括的な数字ではない。

　そこで一九〇〇年の国勢調査に基づく男女有業者について計算してみると、次のような数値が得られる。男女有業者全体の構成は生粋アメリカ白人四七・六％、外国系白人三七・八％（外国生まれ一九・六％、移民二世一八・一％）、黒人など一四・五％。これは有業者であり、農民も商人も経営者も専門職業家も含めた数字であるから、次に各産業ごとの数字を掲げよう。これも経営者まで含まれた数字であるが、その大部分は「労働者」である。特に移民の比率が高いのは鉱業四三・七％、鉄鋼三五・九％、繊維四〇・八％である。移民と移民二世を合計した「外国系」の比率は鉱業六〇・六％、鉄鋼六二・九％、繊維六三・六％、建築四七％、雑役四二％である。階層的に最も低い雑役夫になる比率は、黒人に次いで外国移民が高かった。

　他方、農業においては生粋アメリカ白人が六〇・一％で、外国生まれ白人一〇・九％、事務職では生粋アメリカ白人五七・九％、外国生まれ白人一二・九％、専門職では生粋アメリカ白人六四・一％、外国生まれ白人十四・二％となっており、これらの分野では生粋アメリカ人の比率が高かったのである。

　こうして工場の内部はモザイク模様を呈する場合が多かった。例えば移民委員会の調査では羊毛鉱業都市、マサチューセッツ州ローレンスの一万八〇〇〇人の羊毛工業労働者は、外国生まれ七三％、移民二世二〇％、生粋アメリカ白人七％に分類され、さらに外国生まれ者は約三五〇〇人のイタリア系を筆頭に、三八民族からなり、移民二世はアイルランド系を筆頭に一九民族から構成されていた。

エスニックな
二重労働市場

アメリカにおける労働者階級はエスニックな二重構造をとることになった。熟練工のほとんどはアメリカ生まれ白人やドイツ系・イギリス系などの旧移民系に占められた。彼らは賃金が高く、労働条件のよい、熟練度の高い職を占めた。これに対して「新移民」は低熟練で、不規則な雇用、劣悪な労働条件の下層労働者を構成した。アプトン・シンクレアが小説『ジャングル』（一九〇六年刊）において精細な筆致で描いたシカゴの精肉産業で働くリトアニア系移民の悲惨な労働生活は、この第二次労働市場の有様だったのである。

しかし「新移民」もアメリカ滞在が長引くにつれて、徐々に生活は向上した。白人移民は白人社会の最底辺に入り、営々たる努力、英語の習得、産業への適応が進むにつれて、徐々に賃金も上がり、地位も上昇した。移民は後から後から流入し、最底辺（しかし黒人よりも上）に入ったから、先に来た移民の地位は押し上げられた。アメリカは移民にとってやはり「夢の国」だったのである。

また旧来の労働者の場合、機械化も旧来の熟練工の地位を必ずしも切り下げなかった。熟練工比率は低下しながらも、産業が拡大していったから、熟練工需要は減少しない場合が多かったし、また多くの者が不熟練工を監督する職種につくようになった。

それでも移民流入によって労働者階級の内部には摩擦が起こらざるを得なかった。産業の機械化とあいまって、熟練工たちは低賃金で働く新移民労働者が彼らの職を奪い、賃金を切り下げると主張した。職をめぐる競争は激しいものがあったのである。

エスニシティ
による賃金格差

エスニシティに関連したヒエラルヒーが労働者階級の間に形成された。それは賃金格差に明確に現れた。移民委員会の調査によれば、大都市における平均年収は生粋アメリカ白人五九五ドル、移民二世五二六ドルに対して、外国生まれは三八五ドルだった。外国生まれの間でも旧移民に属するスウェーデン系の六九二ドル、ドイツ系の六一三ドルに対して、新移民の南イタリア系は三六八ドル、ポーランド系は三六五ドルだった。この違いは主として従事する職種の差に由来していたのである。

（4）　労働運動への反映

アメリカ労働運動にとって階級的連帯を樹立することは困難な課題となった。腕に技能をもつ労働者の組織だった職能別組合の指導者たちは、「新移民」系労働者が労働組合運動を理解せず、組織化が困難だと主張した。こうして機械化の進展によって増大する低熟練労働者は未組織のまま放置され、鉄鋼をはじめとする大規模な基幹産業において、組合勢力はきわめて弱体なものとなってしまうのである。

ＡＦＬはすでに一八九〇年代から識字テストによる移民制限を唱えた。一九〇二年にゴンパーズは識字テストは「イギリス、アイルランド、ドイツ、フランス、あるいはスカンディナヴィアに生まれた者をほとんど排除しないであろう。それはかなりの数の南イタリア人、スラブ人などと同様、あるいはそれよりも望ましからざる、そして危険な者たちを排除するであろう」と主張した。

しかし「新移民」系労働者は組織化が不可能なのではなかった。統一炭坑夫組合（ＵＭＷ）は彼らを大量に組織して、ＡＦＬ内の最大の組合へと成長したし、二〇世紀に入って衣服産業における東欧系ユダヤ人労働者は国際女性服労組（ＩＬＧＷＵ：インターナショナル・レイディーズ・ガーメント・ワーカーズ・ユニオン）などの有力組合を作り上げた。しかし大部分が不熟練工からなる彼らを組織するには産業別組合方式が必要だった。一九〇五年に結成された世界産業労働者組合（ＩＷＷ：インダストリアル・ワーカーズ・オブ・ザ・ワールド）という組織は産業別組合主義によってこの問題に取り組んだ。ＩＷＷについては後述するが、その果敢な努力にもかかわらず、大きな成果をあげることはできなかった。

（5）　排斥された中国人移民

中国人の到来とその労働

アメリカの白人はアジア系移民に対しては敵意を向けることが多かった。白人の国としてのアメリカを守ろうとする人種意識も強かったのである。中国人のアメリカへの到来はカリフォルニアのゴールドラッシュを契機に始まった。一八四八年カリフォルニアで砂金が発見されてことをきっかけに一攫千金を夢見て、多くの人々がカリフォルニアに殺到したが、中国からもこのゴールドラッシュに加わる者たちがいたのである。彼らのアメリカ移住は一八五三年から一八八二年までの三〇年間に三四万人に及んだ。彼らは渡航費用を前借りして、四年間の労働を契約し、年季後の自由を約束されて渡来することが多かった。

一八八〇年カリフォルニアにおいては総人口八六万人のうち、彼らは七万三〇〇〇人、つまり人口の八・五％を占めた。かなりの比率である。セントラル・パシフィック鉄道はその一万人の建設労働者のうち、九割は中国人だった。彼らは低賃金で過酷な労働に駆り立てられた。その後、多数の中国人がサンフランシスコなどの都市に向かった。彼らは過酷な労働に従事し、質素に暮らし、小銭を貯めた。しかし排斥運動が広がった。低賃金で働く中国人は雇い主には好まれたが、白人労働者にとっては脅威だった。中国人は白人労働者によるストライキを破るために利用された。それに中国人は中国服を着、辮髪《べんぱつ》をつけたままであり、食事も異なり、アメリカに同化しない存在であると考えられた。

中国人移民排斥運動から禁止法へ　中国人移民排撃の暴動が各地で起こった。ワイオミングの炭鉱町ロックスプリングでは一八七五年、ストライキが起こると、会社はスト破りとして中国人労働者を連れて来る一方、ストライキ参加者を解雇し、一五〇人の中国人と五〇人の白人炭鉱夫で採炭を再開した。その後中国人は三三一人に増えた。白人炭鉱夫は中国人にもストライキに加わるよう要請したが、中国人側はこれを拒否した。白人労働者はついにチャイナタウンを襲撃して火を放った。騒乱の中で中国人炭鉱夫二八人が死に、一五人が負傷した。

中国人が集中したサンフランシスコが排斥運動の中心となった。中国人はアイルランド系を中心とする不熟練の白人移民下層労働者と職をめぐる激しい競争関係にあった。一八七〇年代の不況の中で失業が広がると、サンフランシスコでは中国人反対の集会が催され、扇動者デニス・カーニーに指導されてカリフォルニア勤労者党が結成された。この党は短命に終わったが、全国的に中国人移民排撃運動を高めたのだった。

連邦議会でも中国移民反対論が高まり、一八八二年連邦議会はついにアメリカ史上最初の移民制限法である中国人移民排斥法を制定し、中国人の入国を禁止し、また中国人移民にアメリカ市民権を与えることを禁止した。この法律は一〇年間の時限立法だったが、その後に更新され、一九〇四年には中国人移民禁止を継続することが決められた。中国人移民排撃の問題については貴堂嘉之による著書が広く深い分析をしている。

（6）日本人移民も排斥対象に

日本人移民の始まりと増加　入国を禁止された中国人移民に代わって増えていったのが日本人移民である。アメリカ移民史においては、アメリカ本土への日本人移民が増加するのは一八九〇年ごろからとされるが、実はその前にハワイへの移民が始まっていたのである。一八八五年ハワイ王国と日本政府との間に契約労働者に関する協定が結ばれ、協定終了の一八九四年までに約三万人がハワイ王国に渡り、サトウキビ栽培などの労働者になったのである。

アメリカ本土への日本人移民入国者数は、一八八〇年代に二二七〇人にすぎなかったが、一八九〇年代には二万六〇〇〇人、一九〇〇年代約一三万人へと増えた。しかし一九一〇年代には八万四〇〇〇人、一九二〇年代には三万三〇〇〇人へと減少した。そして一九二四年の移民制限法、日本でいういわゆる「排日移民法」のために移民としての入国は禁止されたのである。

日系人の労働生活　日本からアメリカに渡ったのは主として農民であり、半数以上が二五歳以下だった。当時のアメリカ人の個人所得は日本の約十倍とされており、日本人移民たちの念願は一〇〇〇ドル、当時の為替レートで二〇〇〇円を貯金し、帰国して故郷に錦を飾り、農地を買うことだった。

半数以上がカリフォルニアに居住したが、彼らは低賃金で長時間の労働、厳しい待遇に耐えた。家庭の召使や料理店の雇人となる者もあったが、言葉が通じなくても仕事ができるような肉体的単純労働に従事する者が多かった。彼らの多くが出稼ぎだったから、悪条件でも良く働いたのである。しかしやがて借地農民、さらに土地所有農民へと上昇する者が増えた。日本人は誰も見向きもしないような荒地を肥沃な農地に変えた。特にイチゴ、セロリ、トマトなど「腰を屈める作業」が必要な農産物で成功したのである。

やがて日本人に対しても激しい排斥運動が盛り上がってきた。日露戦争後、日本が急激に強大化したため、黄禍（イエロウ・ペリル）論が叫ばれたのも特徴だった。一九〇六年のサンフランシスコ学童隔離問題などがあり、一九〇七〜〇八年に日米両国政府間に「紳士協約」が結ばれ、日本政府は日本人労働者のアメリカ向け旅券の発給停止に同意した。「労働者や職人」の渡航は禁止され、日本人移民の渡航は減った。そしてカリフォルニア州では外国人排斥土地法が制定され、やがて連邦議会が制定した一九二四年移民法によって日本人移民は途絶することになるのである。

なお日米間の労働運動の交流に関連して言えば、AFLは日系移民反対の態度をとったが、AFL会長ゴンパーズは渡米していた日本人、高野房太郎に労働運動について色々教え、高野は帰国後、労働組合期成会を創設し、日本労働運動の創始者となったこと、そして彼の運動はやはりゴンパーズ流の穏健な労働組合主義であったことを付言しておこう。

2　女性労働者の進出

(1)　多様な女性労働者——家事使用人、女工、タイピスト、店員

労働者家庭の主婦

工業都市の労働者家庭の主婦たちは工場での賃金稼ぎに出ないのが普通だった。夫と妻の両方が週六〇時間も工場で重労働したら、まともな家族生活などできなかったからである。ただし家庭に留まるといっても、炊事、洗濯、掃除、買い物。当時の家事は長時間の、果てしなく続く労働だった。大部分の労働者家族は家族員の収入を合わせてやっと生計を維持した。また多くの主婦は下宿人を置いて食事を提供し、部屋の掃除をすることで一家の収入を増やした。大都市の労働者地区では半分近くの世帯が下宿人を置いていた。移民集団の間では単身男性が多かったからである。

女性労働者の増加

それでも一九世紀の後期、家庭の外で働く女性の数は増えていった。女性労働者の数は一八七〇年の一八三万から一九〇〇年の五三〇万へと増えた。職業的には家事使用人などが三九%、製造業が二五%、農業が一八%、商業運輸が九%、教師・看護婦などの専門職が八%という分布になっていた。

典型的な女性家事使用人は中産階級家庭に住み込んだ。その仕事は若い女性に対して家庭の主婦となる準備として、また移民の若い女性に対しては英語、そしてアメリカ的生活様式を習得するという点で役立ったかもしれない。また低賃金だったが、部屋代と賄いが無料だったから、金を貯めることのできる女性もいた。

南部では奴隷制度の遺産として安い賃金で働く黒人女性が沢山いたから、「主婦（白人）のユートピア」だとされた。

黒人女性は結婚後も雇われ続けた。ただし彼女たちは白人主婦たちの願いに反して住み込みを拒否し、「通い」が多かった。夜は家に帰ることで、彼女たちはわずかながらも自分の家族と過ごす時間をもったのである。

製造業に従事する女性労働者

しかし通常、女性労働者としてイメージされるのは製造業で働く女性、いわゆる「女工」である。一九〇〇年女性労働者の中で二五％が製造業に従事したが、製造業労働者の中での女性の比率は一八五〇年の二四％から一九〇〇年の一九％へと低下した。工業化の初期において木綿工場の女工が象徴的存在だったのに、一九世紀後期には重工業で働く男性が労働者を代表するようになっていたのである。

女性労働者は製造業の中でも少数の産業に集中していた。目立ったのは、家庭における女性の伝統的仕事に関連している産業、すなわち衣服製造や繊維産業だった。女工たちは低賃金・低熟練労働者だった。熟練を要する高賃金の仕事は男性が独占した。例えばビスケット工場ではビスケットを焼くのは男性であり、包装作業は女性が行った。

製造業における女性労働と女性解放との関係をめぐっては学者たちの間で論争があった。一方には女性の産業労働の解放的効果を賞賛する見解があった。それを真っ向から否定したのがレスリー・テントラーの『女性賃金労働者——合衆国における産業労働と家族生活』（一九七九年刊）だった。一九〇〇〜一九二〇年に工業的仕事に従事した女性たちを大量に調査したテントラーによれば、若い女性たちの労働条件は劣悪で、低賃金、長時間労働、単純作業の繰り返しが特徴であり、女性は仕事に喜びを感じることなどなかったというのである。通常、彼女たちは若くて未婚であり、親の家庭に住み、稼ぎの大部分を親に渡した。女工たちには結婚の申し込みがあった場合に仕事に留まる理由などなかった。職場での女工同士の話題はロマンスと結婚に集中した。職場に比べれば、家庭で主婦はいくらかの権威をもち、行動もいくらか自由だったからである。

もちろんテントラーの主張に対する批判は起こった。もっと望ましい労働環境もあったのではないか、そして労働闘争に立ち上がる女性労働者もいたではないかというのである。それはその通りだった。しかしテントラーの著書はかなり説得的である。女工たちの仕事はそれほど解放的だったとは言えないからである。

女性の事務職への進出　企業規模の拡大、市場の全国化に関連して事務部門の拡大が生じ、オフィス労働者、すなわち簿記係、レジ係、会計、事務員、速記者、タイピストなどの数は、一九世紀の最後の三〇年間に七万人以下から六〇万人以上へと増えた。その増加の三分の一は女性の参入によって説明された。連邦政府は南北戦争中に発行する大量の紙幣を数えるために、一八六一年に初めて女性事務員を雇った。初任給は一年六〇〇ドルであり、連邦公務員だから色々と恵まれていた。これが一つの先例を作った。以後、女性事務員が増加し始めたが、女性が本格的に事務労働力に入り込むのは一八八〇年代になってからだった。一八八〇年事務労働力における女性の比率は四％だったが、一八九〇年には二一％に上昇した。

女性の事務職進出にあたってはタイプライターが重要な役割を果たした。企業が大量にタイプライターを使い始めるのは一八八〇年代になってからだった。タイプライティングは「女性の仕事」となった。また彼女たちは秘書、簿記係になった。速記者とタイピストは一八九〇年に三万三〇〇〇人、一九〇〇年には一三万四〇〇〇人、一九一〇年には三八万七〇〇〇人となった。よい教育を受けたアメリカ生まれの白人女性が、事務労働力の隊列を満たし始めた。一九〇〇年には女性はすべての事務職員のうちの二五％を占めた。

ただし女性事務員の地位は高いものではなかった。オフィスには家父長制的関係が持ち込まれ、女性事務員は男性上司に直属していた。しかし事務労働には貧困女性がもたないレベルの教育を必要としたので、アメリカ生まれ白人女性が求められた。製造業に比べて賃金は相対的に高く、比較的高いステータスを認められた。彼女たちは中産階級に近接した意識を抱いた。また販売労働力における女性の割合は一八七〇年の四％から一九一〇年の二五％へと上昇した。

女性専門職――教職と看護婦　専門職における女性といえば、なんといっても教師だった。都市と農村で色々違ったが、教師は若い女性にとって魅力的職業だった。それは地位と安全を提供し、結婚と両立した。給料は男性教師よりも低かったが、教えることは着実な収入以上のものを含んでいた。教職においては女性が多数派になるという「女性化」が起こった。一八八八年全国の教師の六三％は女性であり、都市部では九〇％に達した。

教師と並んで看護婦は女性の職業ヒエラルヒーのトップにあった。看護は一九世紀後期以来、訓練を受けた看護婦の手に移っていた。看護婦は病院学校での徒弟プログラムの中に編入されている間は低廉労働者として使用されたが、卒業すると、大部分は私的ナーシングに入った。ここでは個人の家かまたは病院でサービス料金ベースで患者を看護し、そして患者によって直接に支払われた。これらの看護婦は「熟練した男性のクラフツマン（技能職人）」に似たやり方で独立的な仕事のスタイルを発展させた。その後、私的サービスの看護婦は減少し、看護婦は病院・医院労働者になっていくのである。

女性労働と年齢・賃金

一八八八年に連邦政府が行った二二都市の約一万七〇〇〇人の労働女性（家事使用人および繊維工場労働者を除く）についての調査では、最も多いのは十八歳であり、労働開始年齢は十五歳、仕事についている平均的期間は五年弱だった。このうち八八％は独身、六％は寡婦で、四％が結婚していた。また労働女性の八六％は自分の家に住み、賃金の全部または一部を家に入れていた。そして結婚すれば仕事を辞めるというのが普通だったのである。

未婚の白人女性の中には親元を離れて都市で働く女性労働者がいた。その数はかなりの数になり、一九〇〇年には女性賃金労働者の五分の一にも上った。「ウーマン・アドリフト」（家を離れて働く女性）である。ある研究によれば、シカゴのウーマン・アドリフトの半分以上はアメリカ生まれであり、農村地域から移住してきた。移民は半分以下だった。彼女たちは下宿人または間借り人として生活した。大部分は若い独身者だったが、年長の女性もかなりいた。低賃金のため生活は苦しかったが、彼女たちの中には解放（リベレーション）の先駆者として新しい生活スタイルを築く者たちもいたのである。

働く女性のすべてが若いとは限らなかった。一九〇〇年の国勢調査では、五五～六四歳の十八万人以上の労働女性がおり、その年齢層の全女性の一二％に及んでいた。重要な少数派として黒人が含まれていたけれども、これらの女性の三分の二は白人だった。かなりの割合の黒人女性が年齢や結婚の如何にかかわらず働き続けた。一九〇〇年四四～五四歳の年齢層については、アメリカ生まれ白人女性の一二％だけが労働していたのに対して、その年齢層の黒人女性の四二％が働いていた。

どの職業をとっても女性の平均賃金は男性よりも低かった。さらに女性は家事使用や繊維工業のような最低の賃金の職種に集中していた。一八八八年の調査における女性の平均年収は二七二ドルであり、男性の平均賃金の半分だった。一八歳以下の若い未婚の女性が労働女性の大多数を占めており、彼女たちは必ずしも定職を必要とせず、多数が自分の家庭に住んでいたことも低賃金の理由とされた。

（2）女性労働者と労働組合

女性労働者は不熟練だったとする一般論には色々と例外があった。ニューヨークの衣服産業におけるユダヤ系女工の中には、故郷のユダヤ人居住地区で身につけた縫製技能を誇りにし、「二万人の立ち上がり」という名で知られる一九〇九～一〇年のストライキで活発な役割を果たした女工たちがいた。ストの指導者となった女工たちは熟練工であり、相対的に高い賃金を得ていた。

また電話交換手たちも活発な労働運動を展開した。松田裕之が説明しているが、交換手たちは標準的な英語の話し方が要求されたため、アメリカ生まれかイギリス系、またはアイルランド系を主力として構成され、ハイスクール程度の学歴を要求され、中上流階級を顧客としていた点など、ホワイトカラーと共通した性格をもっていた。

しかし大部分の職能別組合は女性を排除した。組合の男性労働者は「家族賃金」を求めて闘ったのだったから、女性は家庭にいるべきものと考えられたのである。したがってＡＦＬは女性労働者に強い関心を寄せなかった。それでも一九二〇年には労働組合の中の女性の比率は六・六％になっていた。

女性労働者の組合組織化を支援するために結成された団体が女性労働組合連盟（ＷＴＵＬ：ウイメンズ・トレード・ユニオン・リーグ）である。この組織はフェミニスト的な改革派の中産階級女性と労働者階級女性との間に結成された連合組織で、一九〇三年に組織され、いくつもの都市に広がった。期待されたほどの成果を挙げることはできなかったが、貴重な組織であった。

女性労働保護立法

二〇世紀初めには改革的機運の高まりの中で、立法を通じて女性労働者の労働条件を改善する努力が起こった。例えば女性活動家フローレンス・ケリーの努力で、オレゴン州で女性労働者の労働時間を一日十時間以下に制限する法律が州議会を通過した。反対派がこの法律を裁判にかけ、一九〇八年のミューラー対オレゴン州裁判事件が起こった時、革新派弁護士のルイス・ブランダイスが綿密な調査に基づいて、「男女は肉体的な強さ、長時間労働についての能力が異なる」がゆえに保護立法を受け入れるように主張し、連邦最高裁もこの法律の合憲性を承認した。この理論はその後何十年にもわたって、労働女性にとって勝利を意味すると考えられてきた。しかし一九六〇年代以降、そのような女性保護立法は女性の能力を蔑視したものであるとして廃止されるようになるのである。

（3）女性参政権運動の展開と女性労働者

ここで女性参政権運動の略史についても付言しておこう。アメリカにおける女性参政権運動は、一八四八年ニューヨーク州のセネカ・フォールズ会議に始まるが、成果はなかなか挙がらず、南北戦争後の南部において共和党による急進的再建が展開された時期に、黒人男性の参政権が憲法によって認可されたが、女性の選挙権は実現しなかった。この時期には女性たちは州においても敗北した。一八六九年にワイオミングが、七〇年にユタが女性に選挙権を認めた。しかしそれだけだった。

女性参政権運動は一八六九年に分裂し、一八九〇年にやっと合同し、全米女性参政権協会となったが、運動は少数の上層中産階級女性に限られ、停滞した。運動家たちの努力にもかかわらず、一九世紀末に女性に選挙権を与えていたのは西部の四州だけだった。

しかし二〇世紀に入ると、深刻化した社会問題を解決するために、女性は投票権をもたねばならないということが力説されるようになった。運動家たちは広範な社会的政策との関連で女性参政権を正当化した。女性参政権は正しい社会を実現するために、市民生活の質を向上させるために、スラム問題を解決するために、政治の腐敗を除去するために必

コラム７　六人の急進的女性活動家

この時代には労働運動と関連して女性解放運動の先駆者たちが色々と現れた。ヴィクトリア・ウッドハルは貧しい生まれだったが、美貌に恵まれ、鉄道王コーネリアス・ヴァンダービルトをパトロンに女性株式仲買人として活動する一方、社会的急進派として活動し、第一インターナショナルで活動し、また一八七二年には自ら大統領選挙戦に出馬した。女性には投票権はないとしても、得票権は否定されていないというのである。

シャーロット・パーキンス・ギルマンは『女性と経済』（一八九八年刊）を著し、女性の従属の根源は男性への経済的依存にあるとして、女性の経済的自立を唱えた。そのためには家事育児からの解放が必要と考え、家事育児の社会化を唱えた。彼女の『女性と経済』は日本語を含む七ヶ国語に翻訳された。

フローレンス・ケリーはヨーロッパに留学して社会主義者となって帰国。ハル・ハウスで活動した後、立法による女性の労働条件の改善に努力し、オレゴン州で女性の労働時間を十時間に制限する法の制定に成功した。

エマ・ゴールドマンはリトアニア生まれのユダヤ系で、衣服産業で働きながらアナキストとなり、精力的な活動を展開し、『マザー・アース』を発行し、女性解放を論じた。一九二〇年にはロシアに追放されたが、ボルシェヴィキの支配に幻滅し、ヨーロッパ各地を回り、フェミニスト・アナキストとして活発な活動を展開した。

産児制限運動の母、マーガレット・サンガーはニューヨーク市の移民居住地区で、避妊に関する情報を広めた。その活動は弾圧され、一時国外に逃亡したが、一九二一年アメリカ産児制限連盟を結成した。一九二〇年代には日本をも訪れた。彼女は社会党員であり、またＩＷＷ運動にも参加した。

ジョセフィン・コンガーは社会主義とフェミニズムを本格的に結合させた数少ない女性の一人である。彼女は日本人社会主義者、金子喜一と結婚し、二人の事業として『ソーシャリスト・ウーマン』（社会主義女性）という月刊誌を発行した。二人については綿密な考証による大橋秀子の著書が刊行された。

要なのだと、主張されるようになったのである。

女性参政権運動は新しい活気を得た。それとともに運動には新しい指導者と新しい戦術が生まれた。ハリエット・スタントン・ブラッチやアリス・ポールなどは大規模な街頭デモを組織するなどして、運動の大衆的基盤を求めていった。運動は女性労働者と積極的に結ぶようになった。例えば一九〇九年以降、ニューヨーク市で二万人のブラウス製造女工たちのストライキが勃発すると、中産階級、富裕階級に属する多くの女性参政権運動家たちがストの支援に駆けつけた。そして一九一七年にアメリカが第一次大戦に参戦し、女性の戦争協力が必要だったという事情も手伝って議論が進み、一九一九年連邦議会は女性参政権を保証した憲法修正第一九条を可決し、翌一九二〇年には批准が完了したのである。

3　その他の多様な労働者

(1)　ホワイトカラー労働者

旧中産階級と新中産階級

一九世紀後期から比率を高めてきたのがホワイトカラー労働者だった。彼らはしばしば「中産階級」(ミドル・クラス)として言及されてきたが、ホワイトカラーについて画期的だったのは有名な社会学者、C・ライト・ミルズの著書『ホワイトカラー』(原著一九五一年刊、邦訳一九五七年)だった。彼は多様な中産階級を「旧中産階級」と「新中産階級」とに区分した。一九世紀の中産階級の中心だったのは「旧中産階級」、すなわち独立自営農民、独立した親方職人、中小の商人、さらに弁護士や医者などの専門職の人々であった。彼らの大部分は雇われ人ではなかった。

ところが都市的・工業的社会が高度に発展し、また企業形態が高度化するにつれて、自営業に従事する者の比率は一九世紀初頭の五分の四から一八七〇年の三分の一へと低下した。それに代わって商店の店員、企業の事務職員、官吏、教師など、雇われ人の「新中産階級」が増加してきた。この「新中産階級」は生産手段を所有しない点では「労働者」であるが、労働の質が通常の「労働者」とは違い、彼らは非肉体労働者だった。そして非肉体労働に従事する者が社会的に上位にあるとされ、肉体労働に従事する労働者が「労働者」、非肉体労働者が「中産階級」という言葉の用法が生じたのである。

オフィス労働者の増加　オフィス労働者はすでに一八世紀末に保険会社、銀行、株式取引所などに導入され、南北戦争以前には大きな運輸企業、新聞社、若干の製造企業に雇用された。しかし大部分のオフィスは小さくて、数人の事務員しかおらず、しかも事業家として修練を積む男性の若者にとっての徒弟制度のようなもので、事務機能と経営機能との区分線もはっきりと引かれていなかった。しかし一九世紀後期、さらに一九世紀末になると、工場の規模が拡大し、事務労働の場は肉体労働の場とはっきり区別されるようになった。一八八〇年には五〇万五〇〇〇人のオフィス労働者がおり、労働力の三％を構成するようになった。そして一八九〇年にはオフィス労働者は七五万人になったとされる。この増加の三分の一は女性の参入によって説明されるけれども、男性の事務員も増えたのである。オフィスで机に向かって仕事をしている職員の白いワイシャツ姿から、彼らは「ホワイトカラー」と呼ばれるようになったのである。カラーとは「襟」のことである。

(2)　カウボーイの世界

一九世紀の西部の農牧業の展開において色彩豊かな賃金労働者の世界が生まれた。カウボーイたちの世界である。農民が進出する前に大平原の公有地でまず栄えたのは牛の放牧だった。牛の放牧が一大産業として発展するには東部工業社会の発展により肉牛の市場が拡大すること、遠く離れた消費地とを結合する鉄道が伸びることが必要だった。最大級の牧場主は何十万頭もの牛を所有した。カウボーイの数は二万人ほどになった。

カウボーイは伝説化され、神話化された。荒々しく粗野で、冒険に満ちた男たち。西部劇や大衆小説がそのようなヒーロー像を作り上げた。しかしここでは二つの点を指摘しておこう。第一にカウボーイは牧畜労働者、しかも熟練労働者だったことである。彼らは馬乗り、ロープさばき、焼印押しの熟練をもつ労働者だった。彼らが自分たちの鞍のことを「ワークベンチ」と呼んでいたことは興味深い。労働は日の出から日没まで続いた。ロングドライブやラウンドアップでは労働は一日一八時間に及んだ。カウボーイの生活は単調で孤独だった。事故や病気で死ぬ者も多かったという。労働者として行動するカウボーイというのは、通常のイメージに合わないが、数は多くはないにせよ、幾度もストライキを起こしているのである。一八八三年のテキサスのパンハンドル地方の、また一八八六年のワイオミングでのストライキは大規模だった。第二にカウボーイがすべてアングロサクソン的白人だったというイメージも誤解である。ある部分的統計では白人六三％、黒人二五％、メキシコ人十二％だった。

隆盛を極めた牛の王国は短期間で終わった。決定的だったのは農民による開拓が進み、有刺鉄線で農地を囲い込むようになったことだった。公有地での放牧は困難になった。その後、大平原における牧牛は有刺鉄線に囲まれた私有の牧場で、牧草を育てながら牛を飼う現代的牧場へと変化していくのである。

(3)　農業労働者

北東部の農業労働者　南北戦争以降、北東部農業においても賃金労働者がかなりの比重を占めるようになった。マサチューセッツ州の場合、一八七五年農業従事者総数七万一〇〇〇人のうち、農場労働者は三万五〇〇〇人、つまり約半分を占めていた。そしてアメリカ生まれに代わって移民が重要な供給源になっていた。同州の農場労働者のエスニシティについては、アメリカ生まれ二〇％、アイルランド系五〇％、フレンチ・カナディアン一五％、ドイツ系五％、カナダのノバスコティア系一〇％といった推計がある。さらにもっと後には農業労働に従事する移民が「旧移民」から「新移民」へと変わっていったことも報告された。

西部の大農場の発展　一九世紀後期の農業の基本的形態は自営農だったが、西部においては小麦の「ボナンザ・ファーム」と呼ばれる大規模農場が出現した。ある二万エーカーの農場では三五〇〜四〇〇人の労働者が雇われた。またカリフォルニアの農場は大規模経営が特徴であり、収穫期には多数の賃金労働者を雇用した。

また西部の小麦地帯では一般の自営農民による農場も、収穫期には多数の臨時労働者を必要とし、ここに収穫期の地域的違いを追って移動する季節労働者が大量に出現することになった。彼らの移動のルートは大別して二つに分かれた。

一つは中西部西半の小麦栽培地帯であり、五月末のテキサスの小麦収穫に始まり、オクラホマ、カンザス、ネブラスカ、南北ダコタを北上し、さらにカナダにいたるものである。第二は太平洋沿岸地域で、カリフォルニア州南部の早生青物栽培から同州北部の果実地帯、さらにオレゴン、ワシントン、アイダホ、モンタナの小麦地帯へと北上するものである。他にも色々のルートがあったが、これらの農業労働が林業や建設、鉱業などと混合しており、労働力の移動性が西部産業の重要な特徴を構成していた。移動は貨物列車にただ乗りすることが多かった。

（4）南部の工業労働者と人種差別

南部の工業化と木綿工業　南北戦争に敗北して南部は経済的困窮に苦しんだが、一八七〇年代に雑誌編集者ヘンリー・グラディらのグループが工業化による南部の再生を唱えた。南部は石炭、鉄、綿、煙草、材木といった資源が豊富だったし、労働力は安く、労働組合の力は弱かった。ジェームズ・デュークがシガレット製造機械を設置して、煙草産業に革命を起こしたのは一八八五年のことだった。煙草産業では労働者の多くは黒人だった。しかしそれは例外だった。ここでは木綿工業の場合を説明しよう。

南部の木綿工業は一八八〇年代に急速に拡大した。州議会から優遇措置を与えられ、北部資本の導入が図られ、アパラチア山脈の東に沿って広がるピードモント地域に水力を利用して木綿工場が起こった。南部の木綿工場の数は一八八〇年の一六一から一九〇〇年の約四〇〇へと増えた。国の繊維生産高に占める南部の比率は一九〇〇年には二三％になった。労働者の四〇％は女性であり、二五％は十六歳以下の児童だった。工場では家族全員が働く場合が多かったのである。

木綿工業の町は「会社町」だった。町は工場主によって丸ごと所有された。典型的な工場町には会社が建てた労働者住宅、教会、会社所有の店舗、監督の家があった。監督は工場を運営するだけでなく、町内を歩き回り、労働者家族の生活を規制した。労働時間は一日一二時間が標準だった。工場町は孤立した農村地域にあり、住民は貧しさを分かち合い、互いに助け合って生活していた。労働者はそのコミュニティに異質な存在を受け入れるのを拒んだ。黒人はもちろん、言葉や習慣の異なる移民も受け入れられなかった。日雇い労働者や掃除などにあたる用務員としてなら別だったが、工場主が黒人を工場内で働く労働者として雇用しようとすれば、彼らはストライキで対抗した。

南部白人労働者と黒人との関係

南部における労働を特徴づけた第一の特質は黒人に対する強度の差別だった。黒人労働者は低賃金であり、低賃金への反対は低賃金で働く黒人に対する反対になった。白人の労働組合はセグリゲーション（人種隔離）政策を守り、その職業から黒人を排除しようとした。雇い主も人種対立を巧妙に利用した。彼らは白人がストライキすると、黒人を雇うぞと脅した。黒人は職を獲得しようとしてストライキ破りに動員された。

しかし南部における白人労働者と黒人労働者の関係を新しい角度から調査した新労働史学者たちが見出したのは、両者の関係が従来想定されていたよりも複雑だったこと、人種の相違を超えた階級的連帯の諸事例が存在したことであった。

労働騎士団が人種差別に対して否定的態度をとったことはよく知られているが、ＡＦＬの場合でも人種間の融和の事例があったのである。ＡＦＬの中で最大の組合だったＵＭＷ（統一炭鉱夫組合）は両人種の利害の同一性を説いた。一九〇〇年の九万一〇〇〇人のＵＭＷのメンバーのうち二万人は黒人であり、その多くは南部諸州にいた。そして一八九六年にはＵＭＷの全国執行委員の一人に黒人のリチャード・デイヴィスが選ばれた。一八九四年アラバマ州の炭鉱においては黒人と白人の炭鉱夫は同じ組合に属し、協力してストライキを展開した。ＵＭＷは州内最大の組合であり、その人種統合政策はアラバマ州労働連盟の政策となった。このように一九世紀末の南部で、白人と黒人の労働者の間で、人種差別を乗り越えて共通の利害のために協力し合おうとする動きがあったのである。

しかし一九世紀末～二〇世紀初頭の南部では複雑な政治状況の展開があって、人種隔離主義（セグリゲーション）が法的制度として確立していき、南部はかつての南アフリカのアパルトヘイトに似た社会へと変わっていき、黒人差別問題が深刻化していくのである。

（5）児童労働者

一九世紀の児童労働

工業化以前の社会においては家庭が、そして自分の家の農地が生産の場であり、子供も六～七歳になると両親の手伝いをするのはごく普通のことであった。工業化が始まり、生産の場が家庭から工場などに移っても、子供は家族の補助的収入を得るための働き手として重要な存在であった。児童労働の統計は一八七〇年から開始された。雇用労働者の年齢別の統計が始まったのである。一八七〇年十～十五歳の児童労働者数は七三万九〇〇〇人だった。この数字はその年齢の児童総数の一三％に当たっていた。しかもそれには家族の農場や店舗などを手伝う児童は含まれていなかった。以後四〇年間、急速な工業化とともに、児童労働者は増加した。その数は一九〇〇年には一七五万人となり、その年齢層の一八％に相当した。それは家族構成員のうち働くのは父親だけであるべきだという中産階級的な家族観念に抵触するものであった。児童労働問題は深刻な問題となり、働く子供たちの惨めな状態が報道されるようになった。

児童労働者の減少

しかしこのような状況と並行して、児童労働の減少へと向かう傾向が出てきた。マサチューセッツ州の場合、州内の児童労働者数は一八七〇年の一万四〇〇〇人から一九〇〇年の一万二〇〇〇人へ、全労働者に占める児童労働者の比率は五・一％から二・八％へと低下した。もう一つ留意すべきは、子供たちの労働が必ずしも悲惨きわまるものばかりではなかったということである。デイヴィッド・ナソーの研究がこの点を明らかにしている。お店の使い走り、街頭での物売り、靴磨き、電報配達、新聞売り、新聞配達など、いたるところで子供たちが働く姿が見られた。これらによって小銭を稼ぐ子供たちに

図6-3　ノース・カロライナの木綿工場で働く少女労働者

有名な写真家，ルイス・ハインの撮影。ハインはこのような写真を公開することで，人々の良心に訴えた。

出典：John M Faragher, and others, *Out of Many : Histroy of the American People* （Upper Saddle River N. J., 1997）, p.654.

とって、仕事は児童を破滅させる地獄とはほど遠かった。放課後、多くの子供たちがパートタイムで小遣い銭を稼いだのである。

児童労働の規制へ

児童労働についての規制は南北戦争以前から開始された。例えば、すでに一八三六年マサチューセッツ州の法律は労働する児童は幾らかの学校教育を受けるべきことを要求した。一九〇〇年までに二八州が児童労働者についてのなんらかの保護的措置を制定していた。連邦議会でも一九一六年にキーティング・オーウェン児童労働法の制定にこぎつけたが、しかし当時の合衆国憲法の解釈では児童労働保護は州の権限に属するとされ、これは違憲判決を受けた。結局、連邦法による児童労働規制は一九三八年の公正労働基準法の制定を待たねばならないのである。

第Ⅱ部　二〇・二一世紀の労働民衆

第7章　革新主義時代の労働者——一九〇〇〜一九一〇年代

1　二〇世紀初頭の社会と労働運動

(1)　巨富と貧困

大統領暗殺に始まった二〇世紀の幕開き　一九世紀末から二〇世紀初期にかけてもアメリカの発展は目覚しく、一八九〇年に六三〇〇万だった総人口は、一九〇〇年に七六〇〇万弱、そして一九二〇年には一億を超えた。国勢調査報告は一八九〇年におけるフロンティア・ラインの消滅を報告した。そして一九二〇年には「都市」居住者が人口の半分を超えた。大都市には摩天楼が林立するようになった。

ところがアメリカが二〇世紀に入った一九〇一年、衝撃的事件が起こった。一九〇〇年に再選を果たした共和党のウィリアム・マッキンリー大統領は、一九〇一年九月、バッファロで開催中の博覧会に出かけた折りに、ポーランド系移民でアナキストのレオン・ツォルゴシュという人物によって暗殺された。国家元首が資本主義体制の転覆をめざす人物によって暗殺されたことは、アメリカの社会的対立の深刻化を象徴していた。

モーガンとロックフェラーの二大金融帝国　経済の頂点にはモーガン・グループとロックフェラー・グループの二大金融帝国がそびえていた。アルセーン・ピュージョを委員長とする連邦議会下院のマネー・トラスト調査委員会が一九一三年に出した報告書では、両グループの何れかに属する人物は銀行、保険、運輸、製造、貿易、公益事業の重要な一一二社に三四一名の重役の地位を保持していた。銀行は預金を支配していたし、巨大生産会社はその下に多くの経済活動を支配していたから、二大資本結合が支配した金額は、南部一三州のすべての財産の評価額の三倍以上、ミシシッピ川以西の二二州の全財産の評価額以上に及ぶものであった。

この驚くべき事実を明らかにするためにピュージョ委員会は多くの調査を行い、多くの人々を議会に喚問した。モーガン財閥の主、ジョン・ピアポント・モーガンも長時間にわたり辛辣《しんらつ》な質問に耐えねばならなかった。モーガンは一九一三年三月に七五歳で死亡した。世人は彼の死を早めたのがピュージョ委員会の調査であると信じた。それが事実だったか否かにかかわらず、巨大資本に対する攻撃はこのころ頂点に達していたのである。

貧困の広がり　社会の底辺には著しい貧困の広がりが見られた。ロバート・ハンター著『貧困』（一九〇四年刊）が世人の注目を引いた。ハンターは貧困を厳密に定義して、「最善の努力を払っても肉体的能力を維持するのに十分な必需品を獲得できない」ような状態と定義した上で、合衆国には少なくとも一〇〇〇万人の貧困者がおり、そのうち四〇〇万人は「ポーパー」（自活不能の貧窮民）であると計算した。そして失業、老齢、疾病、その他で、アメリカの工業諸州において人口の五分の一以上が貧困生活をしていること、貧困がアメリカの経済と社会の制度の所産であるとし、人々の社会的良心を目覚めさせたのである。

（2）　革新主義の訪れとＡＦＬ

セオドア・ローズヴェルトと無煙炭ストライキ　国家元首が資本主義体制の転覆をめざす人物によって暗殺されるという事態は政治の刷新の必要性を告げていた。一九世紀の自由放任的な経済政策はもう時代にそぐわないと考える人々が増えた。副大統領セオドア・ローズヴェルトが大統領に昇格し、アメリカは革新の時代に入った。彼は巨大企業の形成は逆行できない時代の趨勢であると認識した上で、強大な国家権力で社会を規制していくべきだと考えた。それはまたアメリカの帝国主義的拡張を志す彼の基本的姿勢とも調和していた。ほぼ二期にわたるセオドア・ローズヴェルト政権、それを継承した共和党のウィリアム・タフト政権、そして民主党のウッドロウ・ウィルソンの二期にわたる政権。二〇世紀初頭のアメリカは革新主義（プログレッシヴィズム）の時代だった。改革の機運が盛り上がり、人々は進歩（プログレス）を信じた。

セオドア・ローズヴェルト大統領は労働問題についても新しい態度をとった。一九〇二年、ジョン・ミッチェル率いる統一炭鉱夫組合（UMW）の一四万の無煙炭鉱夫が、八時間労働、賃上げ、組合の承認を求めてストライキを起こした。労働側の秩序正しい行動、調停を受け入れるとの態度のために、世論は労働側に好意的だった。一方経営側の態度は傲慢を極め、頑なに交渉を拒絶し、公衆の憤激を買った。ストは長引いた。

大統領は、炭鉱経営者たちとミッチェルをホワイトハウスに招いた。ミッチェルは仲裁に服すると申し出た。しかし経営側はミッチェルと話し合おうとはせず、大統領に対して、軍隊を動員してでもストを中止させるよう要求した。ローズヴェルトは立腹し、政府が炭鉱を一時接収することもできるのだと脅した。結局、経営側は妥協を受け入れ、大統領によって任命された調停委員会が一〇％の賃上げと労働時間の短縮を認めた。ローズヴェルトは労使双方をホワイトハウスに招いて調停した最初の大統領だった。

後でローズヴェルトは、石炭ストに際しての自分の目的は労資双方に「公正な扱い」（スクエアー・ディール）を与えることだったと説明した。彼は述べた。「私は炭鉱経営者と大資本家のすべてを救いたかったのだ。もしも私が動かなかったら、彼らは彼ら自身の愚行が招いた手痛い懲罰に苦しまねばならなくなっただろう」。彼は一部資本家の傲慢と大衆抑圧が労働者や下層民衆の不満を高め、社会的動乱が起こることを恐れたのだった。

組織労働の勢力伸張

組合運動は前進を続けた。以前には不況が襲うと組合はほとんど消滅した。ところが一八九三～九七年の不況では、アメリカ史上初めて労働組合は組織を維持することができた。組合員数は半減したが、直ちに元に戻り、さらに急速な増加へと移っていった。一八九七年に四五万だった組合員数は一九〇八年には二一二万人へと増加した。AFLのメンバー数は一八九七年の二六万五〇〇〇人から一九〇八年の一五八万七〇〇〇人へと増加し、第一次大戦期にはさらに増加して、一九一九年には三二六万になり、組織労働全体は約五〇〇万になるのである。組合財政が豊かになるにつれて、新しい組合本部が建てられた。AFLは一八九六年にワシントンに全国本部の新しいビルを建てた。会長のサミュエル・ゴンパーズは頻繁に社交的・政治的な集まりや宴会に出席した。彼は全国的な名士になったのである。

AFL指導部の性格

労働運動の指導者たちは組織労働がアメリカの支配的勢力によって是認され、体制の一部として編入されることを願った。組合幹部は一九世紀の労働運動が内包していた理想主義の多くを捨て、組合員のために高い価格で労働力を売買する「ビジネスマン」となり、組合の内部にマシーン（支配機構）を作り上げて権力を固めた。組合の会長は何期もその役職を保持するようになった。組合指導における寡頭制的傾向が強まった。一九一三年ゴンパーズは連邦議会の一委員会で次のように語った。「私たちが生きている社会の内部で労働者として生涯を生きること、その社会の没落、破壊、転覆のために働かないこと、その最も十分な発展と進化のために働くことが私たちの義務であります」。

企業の側にも組合の存在を認める風潮が出てきた。特に一八九七〜一九〇四年は「労資の蜜月期」と呼ばれた。一八九八年には全国市民連盟（ナショナル・シヴィック・フェデレーション）という組織が結成された。有力企業家、組合指導者、それに公益代表から構成され、労資協調が唱えられ、企業側代表は温和な組合運動を受け入れて、産業上の平和を実現したいと述べた。

ＡＦＬは、アメリカ経済の新しい支配的セクター、特に鉄鋼、食肉、自動車、ゴム、電機製品のような大量生産産業には進出しなかった。全国市民連盟の職能別組合主義は一九世紀の諸条件への対応だったし、伝統的な熟練職能をもつ労働者にとっては役立ったけれども、基幹産業における膨大な低熟練労働者を包摂しなかった。鉱山業などを除けば、ＡＦＬの加盟組合はその縄張りをおなじみの領域、旧来の熟練がものをいう職種に限定した。

保守勢力も強かった

アメリカの保守勢力はまだまだ強力であり、革新の動きが社会を覆ったのではなかった。労働運動の成長を抑止しようとする勢力も強かった。ローズヴェルトが大統領であっても、議会では保守派が強力であり、また特に裁判所は保守的だった。全国市民連盟に現れたような、労働運動に対する大企業の温和な姿勢は公的イメージを狙ったものであり、ＵＳスティール社の場合のように、企業は自分の企業の内部では組合を承認しようとはしなかった。「労資の蜜月期」は短くして終わった。一九〇四年ごろには経営側は労働組合を排除する動きを強めた。全国製造業者連盟（NAM：ナショナル・アソシエーション・オブ・マニュファクチャラーズ）は労働組合反対のキャンペーンを精力的に展開した。

（3）巨大企業の下の労働

工場労働の新しい構造　多くの労働者が巨大企業の支配下に入った。ある超巨大企業の社長は昔を思い出して語った。「昔は私は全部の労働者を知っていた。私は労働者を名前で呼び、握手することができた。事務室のドアはいつも開いていた。しかし私が経営の実務を離れた時、約三万人の従業員がいた」。大企業の内部にはピラミッド型の官僚制的な階層秩序が形成され、直接的な生産労働に従事しない管理・事務労働者が増加した。工場の内部では生産工程に采配を振るっていた高度の熟練工たちは必要性を減じた。代わって機械を操作する新しい種類の労働者が増えた。半熟練工として分類される「マシーン・テンダー」である。

もちろん熟練工は残った。細分化された特定の複雑な作業を遂行するための熟練工、まだ機械化されていない特別の生産工程のための熟練工が必要だった。しかし熟練工の中心的機能は機械の設置、維持、補修にあった。かつては熟練工が生産工程の中心に位置し、集合的に必要な技能のすべてを所有し、自分の判断力を発揮していたのに、新しい生産工程では熟練工は周辺に位置づけられた。労働者の誰もが生産工程をコントロールできる地位を喪失した。熟練工は「ただの労働者」になった。ある機械工は不平を述べた。一〇年前には機械工は自分が普通の労働者よりも少し上にある人間と思っていたのに、今では只の「レイバラー」と同じになったと。

細分化された労働は綿密な監督の下に置かれた。労働者は自分の判断に基づいて行動するのではなく、与えられた命令を遂行するだけになった。かつて熟練工が提供していた生産工程の調整・管理の機能は職長に集中し、職長は生産工程のすべてにわたって責任を負うようになった。「駆り立て方式」（ドライブ・システム）が支配的となり、労働者の発言権がなくなり、スピードアップが労働者を苦しめた。

テーラー・システム（科学的管理法）　機械化された生産工程をいかに能率的に稼動させるかが大きな問題となった。一九世紀後期から機械技師を中心に能率増進運動が展開された。産業ごとに進行は様々だったが、すべては同じ方向を指し示していた。フレデリック・テーラーの「科学的管理」運動は当時の企業がめざしていたことの自覚的表明だった。テーラーは一八歳で機械工場の徒弟となり、努力の末、製鉄所の技師長になった。現場での経験をもとに作業の動作研究、時間研究に取り組み、それを一つの理論体系にまとめ、一九一一年に『科学的管理法の原理』を著した。彼は従来の経験や勘による管理を排して、企業が時間測定や動作改善によって各労働者の標準作業量（課業）を定め、それに基づいて生産を計画的に進行させ、そのために必要な計画部門や専門化された現場管理組織を設定し、課業の達成を刺激する賃金制度を考案した。テーラーは作業の一切を経営側が決定する方式を実現しようとしたのである。

フォード・システム　アメリカ産業が突入した大量生産の時代を代表したのがヘンリー・フォードだった。彼が開発した有名なT型モデル車の革新性は、まず部品の互換性、そして徹底した標準化にあった。一九〇九年フォードはデトロイト地区のハイランドパークに大工場を建てた。さらに一九一三年、一切の無駄を省き、生産時間を短縮するために、彼はこの工場にコンベヤー組み立てラインによる大量生産方式を導入した。それまでシンガー・ミシンやコルト拳銃の製作などにも使われていたコンベヤーは、特定の作業終了まで一時停止したが、フォード社ではベルトを停止させることなく、連続的に流し続けたのである。

一九一四年、フォードは労働者に対して一日八時間労働で五ドルの賃金を支払うと発表した。これは当時の平均日給の二倍に等しかった。労働者はフォード社に殺到した。しかし一日五ドルを額面通りに受け取ってはならない。総額五ドルに達する資格を得るには、彼らは職場において、また家庭生活においてある標準に合格せねばならなかった。労働者の日常生活を調査・管理するために「ソーシャル・デパートメント」と呼ばれる監察部局が設置された。職場の内と外において労働者の生活は徹底的に統制された。

大幅な生産性向上でフォードT型車の値段は一九〇八年の八六〇ドルから一九二四年の二九〇ドルにまで下がった。しかし単純労働による精神的苦痛に労働者は苦しんだ。労働者は次々に辞めていった。一九一二年、フォードは一万三六〇〇〇人の労働力を維持するために五万二〇〇〇人の労働者を採用せねばならなかった。高い離職率はアメリカ産業の大部分を悩ませた。労働は賃金以外には何の意味もなかったからである。ハイランドパークの工場を見学したチャップリンは、後に『モダンタイムズ』（一九三六年）という名作の映画において、フォーディズムを痛烈に批判した。毎日ネジを回す労働に追われて、主人公チャーリーは気が狂ってしまうのである。

またフォードは狭量で疑い深く、労働組合を強く嫌悪した。不満を抱く労働者との対立を処理するために、ボクサーの労務屋ハリー・ベネットを雇い入れ、「ソーシャル・デパートメント」の責任者にし、労働者に対する恐怖による支配を組織させた。

（4）裁判所に苦しめられた労働組合

裁判所の反労働者的態度　当時の裁判所は保守の牙城だった。裁判所は一九〇五年のロクナー対ニューヨーク州裁判事件で、製パン業の労働時間を一日十時間、週六〇時間に制限した州の法律が違憲だと判決し、さらに連邦最高裁は契約の自由を強調し、州が労働者保護のために介入することは許されないと判決した。

連邦議会はプルマン・ストライキの後、一八九八年にエアドマン法を制定し、州際鉄道に対して組合加入を理由として労働者を差別することを禁じたが、一九〇八年連邦最高裁はこの条項は個人の自由および財産権への侵害であり、違憲であると判決した。一九一五年には、使用者が雇用の条件として組合に加入しないことを労働者に約束させる「黄犬契約」を禁止しようとしたカンザス州の法律が、やはり憲法違反として無効とされた。

あわやゴンパーズも投獄の危険　裁判所は組合による製品ボイコットに反対した。AFLは団体交渉を促進するために、企業に圧力をかけようとして組合ラベルを貼っていない商品をボイコットするように組合員を説得した。製品が売れなくなることを恐れて多くの経営者が組合承認へと動いたが、この問題をめぐる二つの裁判事件で、AFLは決定的敗北を喫した。一九〇二年統一帽子工組合はコネティカット州ダンバリーのD・E・ロウ社の帽子に対する全国的不買運動を宣言した。同社は直ちに組合をシャーマン法違反の咎で提訴した。裁判は連邦最高裁にまで行き、最高裁は組合のボイコット活動はシャーマン法の言う「州際取引・通商を制限する契約、結合、または共謀」に該当すると判断し、損害賠償を命じた。

また一九〇六年セントルイスのバック・ストーブ＆レンジ社に雇われた金属研磨工が九時間労働を求めてストライキに入り、ＡＦＬの援助を求めた時、ＡＦＬは機関紙上で組合員に対して同社の製品を買わないように助言した。同社は直ちに裁判所からスト禁止命令を確保し、また裁判所は同社の製品に対するボイコットを禁止した。ＡＦＬは同社の製品をボイコットのリストから外したが、ゴンパーズは同社の製品を買うよう組合員に強制することはできないと述べ続けた。そこで彼は法廷侮辱罪に問われ、一年間の投獄を判決された。裁判は継続し、ゴンパーズが実際に投獄されることはなかったが、それでもＡＦＬ会長自身に対する有罪判決は衝撃を与えたのである。

「汝の友に報い、汝の敵を罰せよ」

このような状況の中でＡＦＬは一九〇六年に「苦情目録」を作成し、連邦議会に提出して、行動を求めた。共和党がこれを冷たくあしらうと、ゴンパーズらは一九〇六年の選挙戦に参加することを決定し、選挙戦対策担当の特別委員会が任命され、ゴンパーズ自身は特に反組合的だった議員を落選させるために出かけた。「労働者の友に報い、敵を罰する」という政策である。しかしその運動は成果が上がらなかった。

一九〇八年の大統領選挙戦では共和党がＡＦＬの要望を全く無視したので、ＡＦＬは民主党のウィリアム・ジェニングス・ブライアンを支持したが、ブライアンは共和党のタフトに敗れた。しかしながら国の空気は変わり始めており、共和党自体の内部にもウィスコンシン州のロバート・Ｍ・ラフォレットを中心に強力な革新派が出現した。

タフト大統領の下でも改革が進んだ。調査勧告の機関としての合衆国産業関係委員会の設立、内閣レベルの労働省の設置などが決まった。しかしタフトは議会の保守派に接近したので、共和党内の革新派はタフト以外の大統領候補を求め、ラフォレットが病気に倒れると、セオドア・ローズヴェルトに再出馬を要請した。一九一二年の共和党大会ではタフトがローズヴェルトに勝ったので、ローズヴェルト支持派は「革新党」を結成した。新党の大会には様々な革新派が集まり、ローズヴェルトを大統領候補に指名した。

（5）ウィルソン大統領と労働者

ウィルソンの大統領当選と施策　民主党の大統領候補となったウッドロウ・ウィルソンはセオドア・ローズヴェルトと同様に金権政治を嫌い、また左翼的なラディカリズムを嫌った。しかし二人の間には一つの重要な対立点があった。ローズヴェルトの「新国民主義」が大資本の支配する体制を歴史的必然として認めた上で、強力な中央集権的政府による指導という路線を強調したのに対して、ウィルソンの唱える「新しい自由」は小企業や農民の経済的自由というアメリカの伝統を強調した。それは巨大独占資本を嫌悪すると同時に、ローズヴェルトのような政府権限による社会統制の強化には反対するものであった。そこにウィルソンの限界があった。また彼は南部出身であり、人種主義的側面もあった。

選挙結果はウィルソンが一般票で四二％だったが、共和党が分裂したために彼が当選した。またこの選挙戦では社会党のユージン・V・デブスが善戦した。彼は一般票の六％にあたる九〇万一八七三票を獲得した。改革の機運はこのころ絶頂を迎えたのである。

一九一四年に制定されたクレイトン反トラスト法は、労働組合活動の保護規定を含んでいた。同法は「人間の労働は商品ではない」と明記し、労働組合をシャーマン反トラスト法から免除しようとし、また労資紛争におけるストライキ禁止命令の発布を制限し、労働側から「労働のマグナカルタ」と呼ばれて歓迎された。そしてウィルソン大統領は新設された労働省の長官に、元統一炭鉱夫組合（UMW）指導者で、下院の労働委員長だったウィリアム・B・ウィルソンを任命した。

一九一六年の転換　元来ウィルソン大統領が唱えた「新しい自由」の目標は、巨大独占体の抑制と連邦政府の力による自由競争の回復にあり、社会的弱者への特別の援助をめざすものではなかったが、一九一六年の大統領選挙が近づくと、ローズヴェルトが共和党に復帰していたので、ウィルソンは方向転換し、労働側の支持を確保するために労働立法の推進を図った。

ウィルソンは一九一六年に鉄道ストが起ころうとした時、両陣営をホワイトハウスに招き、間もなく成立したアダムソン法は州際鉄道の従業員に一日八時間労働を規定し、また超過勤務に対しては一倍半の賃金の支給を規定した。ラフォレット船員法は船舶の安全施設と船員の労働条件や身分を保護し、また連邦公務員に対しては労働者災害補償法が制定された。キーティング・オーウェン法は一四歳以下の児童を雇う工場の製品の州際通商を禁止して、連邦最初の児童労働法となった。しかしその二年後に連邦最高裁はそれに違憲判決を下したのであるが、ともかくもそのように改革立法を推し進めたウィルソンは、一九一六年の大統領選挙で勝利を獲得した。ＡＦＬの活動家たちははっきりとウィルソンを支持した。そして第一次大戦中にＡＦＬと民主党の同盟はさらに確固たるものとなり、多くの組合役員が政府機関に登用されることになるのである。

（6）革新主義と労働者との関係

革新主義の担い手をめぐる論争　労働者階級が革新主義時代の改革の恩恵に浴したことには疑いはない。労働者を保護するいくつもの連邦法が制定された。しかしそれらは州議会による労働立法に比べると取るに足りないものだった。アメリカは連邦国家であり、労働問題は州の管轄下にあり、州の労働立法はアメリカ産業の労働条件の非常に多くの局面に及ぶようになったのである。

では当時高まった改革の機運において労働民衆はどのような役割を果たしたのだろうか。リチャード・ホフスタッターら、第二次大戦後に盛んになった新保守主義史家たちは改革の気運を、伝統的な都市中産階級が巨大資本の台頭に反感を抱いて反実業の姿勢をとったことに求め、他方で移民をはじめとする都市民衆は革新の動きを妨げたとして、民衆の保守性を指摘した。

しかしこのような解釈に対してＪ・ジョーゼフ・ハスマッカーは、ニューヨークやマサチューセッツなど移民人口の多い工業州で改革者が支持されたこと、ロバート・ワグナーやアル・スミス（後述）など、都市のボス・マシーンに所属した政治家たちが改革を支持したこと、改革立法が都市民衆の代表から一貫して支持されたことを指摘し、都市民衆も改革の推進にあたって重要だったことを主張した。ここから、やがてニューディールによって体制化される「二〇世紀アメリカ・リベラリズム」の一つの起源として、移民を含む都市の労働民衆を重視する解釈が出てきたのである。

トライアングル火災事件と工場調査委員会

ニューヨーク市のトライアングル火災事件を契機として起こった州労働立法の前進に着目してみよう。一九一一年三月二五日、トライアングル・シャーツウエイスト社の工場で火災が発生した。ブラウスを作る工場である。工場は八〜一〇階の最上の三階を占めており、そこで約五〇〇人の労働者が働いていた。大部分はユダヤ系・イタリア系の女工たちだった。八階で火災が発生し、たちまち広がり、煙が充満した。スプリンクラーはなく、出口はロックされていた。幾台も消防車が集まったが、それらの梯子は六階までしか届かなかった。全部で一四六人の死者が出た。

事件は大きな衝撃を与えた。それは工場の労働環境そのものの根本的な再検討を促すものだった。州議会には特別工場調査委員会が設けられ、州上院議長のロバート・ワグナーが委員長、州下院のアル・スミスが副委員長となった。委員会にはＡＦＬ会長ゴンパーズ、女性労働組合連盟の会長その他の多くの専門家が協力した。委員会の活動は四年間にわたり、委員たちは多くの工場の天井裏に潜り、トイレを調べ、機械の安全性、通風、照明、児童労働など、多くの問題を調査して回った。この委員会の活動からニューヨーク州における「工場立法改革の黄金時代」が訪れたのである。

都市リベラリズム

注目されるのはワグナーもスミスも、タマニー・ホールというニューヨークの都市マシーンに属する政治家として育ったということである。彼らはこれらの実地調査によってそれまでのマシーン流の個別的救済ではなく、広範な立法的救済が必要であることを認識し、改革に乗り出したのである。ワグナーは連邦議会上院議員として一九三五年のワグナー法の制定者となり、スミスはニューヨーク州知事となり、一九二八年には民主党の大統領候補となった。この都市リベラリズムの流れが広くはニューディール体制の成立に貢献するのである。

労働者と革新主義的改革との関連をめぐっては、州別、地方別の調査が進められた。この時期には州議会は広範な種類の福祉立法を制定した。大部分の工業州で、産業事故から労働者を保護するための雇用主責任制や労働者災害補償法が制定された。児童労働法が制定され、女性労働者の労働時間制限法が制定された。革新主義時代は労働問題についても革新の時代だったのである。幾多の新しい労働史家が強調したように、経済的組合活動だけによって状態の改善を図ろうとするＡＦＬ中枢部の理念が各州や都市における労働運動を支配していたのではなかった。州や地方の労働組織はかなり精力的な政治的行動を展開したのであり、労働者は政治的にもかなり重要な革新勢力を構成したのである。

改革の機運を反映した学問　学問の分野でも改革の機運が広がった。新しい学問は一九世紀の弱肉強食を是認する自由放任の保守主義を拒否しつつ、生物進化論を人間社会も絶えざる進化過程にあるというように読み替えて、進化論を改革の学問に応用しようとした。経済学においては経済的諸制度を進化論的に分析しようとする制度学派と呼ばれる学派が興った。その代表者ソースタイン・ヴェブレンは『有閑階級の理論』（一八九九年刊）において、富豪たちのこれ見よがしの誇示的消費の競争が、社会の真の進歩を担う勤労者を犠牲にしていることを批判し、『営利企業論』（一九〇四年刊）では企業家の第一の関心が金融的なものであって、技術者や労働者の生産的利益と対立していると批判した。またウィスコンシン大学のジョン・R・コモンズは労働組合という制度に労働問題研究の焦点を据え、多くの研究者を育て、アメリカ旧労働史研究の基礎を作った。

2　階級的対立の激化

（1）アメリカ社会主義の黄金時代

アメリカ社会党の勢力拡大　二〇世紀初頭にはアメリカ社会党の勢力が伸張した。この党は、社会労働党の反デレオン派と中西部に起こったユージン・V・デブスらの社会民主党の合同が中軸となり、一九〇一年に創設された。社会党は全国的に高まった革新的気運の最左翼として、活力に満ちた運動を展開した。党員数は幾何級数的に増加し、一九〇一年の約一万人に始まって一九一二年には十一万六〇〇〇人となった。党員数に関する限り、アメリカ社会党はドイツ社会民主党に次ぐ世界第二の社会主義政党だったのである。

大統領選挙における得票数と得票率は以下の通りである。一九〇〇年九万四八六四票（〇・九％）、一九〇四年四〇万二八九五票（三・三％）、一九〇八年四二万〇八九〇票（二・九％）、一九一二年九〇万一八七三票（五・九％）。一九一六年にはデブスではなく、アラン・ベンソンが候補となり、五九万〇四一五票へと減少したが、一九二〇年にはデブスが獄中から出馬し、九一万五三〇三票を得た（一八〇頁参照）。一九一二年におけるデブスの九〇万票以上の得票は、共和党のタフトの四分の一以上であり、しかも地域的に見ると、得票が一六％を超えたネヴァダやオクラホマのような州もあったのである。当選する見込みのない候補にこれほどの人々が票を投じたということは、支持者がはるかに多かったことを意味しないだろうか。そしてアメリカ労働民衆のうち大きな比重を占めた移民のうち多くはまだ市民権を取得しておらず、投票権がなかったことをも考えねばならないのである。

この時期に社会党は二人の党員を連邦議会下院に送った。ミルウォーキーのヴィクター・バーガーは一九一〇年、一九一八年、一九二二年、一九二四年、一九二六年に当選した。メイヤー・ロンドンはニューヨーク市から一九一四年、一九一六年、一九二〇年に当選した。アメリカは厳格な小選挙区制度であるために、少数政党に投じられた票は死票となる。もしも完全な比例代表制度だったら、一九一〇年には連邦議会に二六議席を獲得しただろうという計算も出てくるのである。

地方に広がった社会党の影響力

社会党の影響力はむしろ地方政治にあった。一九一二年社会党は公職に選出されている党員が総計一〇三九人いると発表した。その中には連邦議会下院議員一名、州上院議員二名、州議会下院議員十八名、市長五六名、副市長一名、市議会議員三〇五名、市議会議長六名が含まれていた。一九一七年にも社会党勢力は盛り上がった。ニューヨーク市では市長候補モリス・ヒルキットは一四万五三三二票（二一・七％）を獲得し、ニューヨーク市で社会党は一〇名の州議会議員、七名の市議会議員、そして一名の市判事を当選させた。この年の社会党の得票率はデイトン四四・〇％、トリード三七・八％、シカゴ三四・七％、レディング三二・六％、クリーブランド二二・四％、バッファロ二〇・二％だった。

多様な人々が社会党員になった。アプトン・シンクレアもジャック・ロンドンも、ウォルター・リップマンも社会党員だった。三重苦のヘレン・ケラーも党員であり、彼女は手紙の末尾に「ユアーズ・フォー・ザ・レヴォリューション」として署名したほどだった。

社会主義に対するゴンパーズらの攻撃にもかかわらず、社会主義はAFL内で約三分の一の勢力を占めた。社会党は多様な左翼的信条を代表した広範な政治組織であり、地域的な集団の連合体だった。社会党はアメリカの二大政党のパターンに従い、その内部にニューヨークの移民労働者からオクラホマのシェアクロッパーまでを含んでいた。

明治から大正にかけて日本の社会主義者で、アメリカに出かけてアメリカ社会主義の影響を受けた人々は多い。片山潜、幸徳秋水、安部磯雄、鈴木茂三郎といった名前を思い出せばよい。そして前述した社会主義フェミニスト、ジョセフィン・コンガーと結婚し、『ソーシャリスト・ウーマン』（社会主義女性）誌を共同で発行した金子喜一がいた。

ニューヨーク市の東欧ユダヤ系移民

社会党が最も安定した基盤を樹立したのは、ニューヨーク市の東欧ユダヤ系衣服労働者の場合だった。幾度もの大ストライキを経て基盤を固めた国際女性服労組、アメリカ合同衣服労組、国際帽子工労組などは有力な組合であり、社会主義的組合だった。

歴史家デイヴィッド・シャノンはその『アメリカ社会党史』（一九五五年刊）において次のように説明した。「ニューヨークの社会主義運動の基盤をなしたのは移民、大部分は東欧から来たユダヤ人労働者だった。これらの労働者にとっては、社会主義は単なる政治運動以上のものだった。それは一つの生活様式だった。若干の地区では人が成長して社会主義者となり、イディッシュ語ではエイブラハム・カーンの『フォアヴェルツ』紙（日刊新聞）、英語では『ザ・コール』紙（ニューヨーク市社会党機関紙）の読者となり、衣服労組のメンバーとなるのは、ちょうど国内の諸地方で人が成長して共和党員になり、『サタデー・イヴニング・ポスト』の読者になるのと同様に自然なことであった」。

なぜアメリカに社会主義は弱いのか?

したがってアメリカに社会主義がないというウェルナー・ゾンバルトの見解は間違っている。しかし社会主義はかなりの伸張を見せながらも、ヨーロッパ諸国に比べて発展しなかったということは、確かにその通りである。なぜなのだろうか。少数派政党に全く不利なアメリカの小選挙区制度が一つの大きな理由だった。またアメリカの物質的豊かさにも理由があった。ゾンバルトの見解については前述した。またアメリカ労働民衆の歴史的特性として、彼らが元々自由な独立生産者として出発した歴史をもち、独立と自由を理想としていたということが指摘されよう。またアメリカの労働者が多様なエスニックから構成されて、階級的統一が困難だったということもあった。

また近代アメリカ社会の政治的特質という問題もこれに関わっているであろう。初発から封建制を欠き、「政治的解放」を成就したアメリカでは、政治的問題よりも経済的問題のほうが第一義的なものになった。「約言すれば、合衆国は主として経済的社会である。第二義的にのみ、それは歴史的政治的社会である」という評言があるが、ヨーロッパ諸国と比べる時、アメリカ社会では経済が肥大化し、政治は矮小化した。これに対して政治的解放が未完了だった帝政期のドイツやロシアでは、社会の矛盾は第一に政治的なものだった。フランツ・メーリングが述べたように、ドイツの労働者は彼らの階級組織の存立の前提条件をことごとく剝奪するような政治的反動と闘わねばならず、労働運動は政治化し、政治的社会主義運動と結びついた。ところがアメリカの労働者にとっては政治運動のかかる切実な意味合いは少なかった。こうしてアメリカの労働運動は経済闘争に集中し、それがビジネス・ユニオニズム、そして資本主義容認をもたらしたのだった。

これと関連して、欧米世界における近代性の地理的配置――ロシア～ドイツ～フランス～イギリス～アメリカ――を考えてみよう。ヨーロッパでは西に進めば進むほど近代的性格が強まり、その延長線上にアメリカがあった。このような地理的配置は社会主義の配置と並行していた。ロシアにはボルシェヴィキの共産主義が、ドイツには社会民主党という有力政党が、フランスにはサンディカリズムと社会党が、イギリスには労働党が成立し、そしてアメリカには社会主義は微弱だった。二〇世紀初頭のこの配置が二〇世紀後期に米ソの対立という冷戦を引き起こしたのである。アメリカ社会主義の問題をこのような世界史の展開の中で眺める必要があるのではないかと筆者は考える。

（２）IWW（世界産業労働者組合）

IWWの創設と分裂　労働運動左派の中にはAFLの外部に別の労働組合組織を樹立しようとする動きが起こった。一九〇五年様々な左翼労働グループの代表がシカゴに集まり、世界産業労働者組合（IWW：インダストリアル・ワーカーズ・オブ・ザ・ワールド）を結成した。彼らは産業別組合の中に熟練・不熟練の両労働者を統合し、資本主

図7－1　IWWが指導したマサチューセッツ州ローレンスの羊毛工場の移民ストライキ（1912年）

兵士たちが銃剣を突き付けている。スト工たちは星条旗を掲げている。

出典：American Social History Project, *Who Built America*, Vol.2（New York, 1992）, p.195.

義に対して全面的な階級闘争を行えるような「一大組合」（ワン・ビッグ・ユニオン）を樹立することをめざし、規約前文には「労働者階級と雇い主階級との間には共通するものは何もない」とうたった。

初めＩＷＷにはかなり発展の可能性があった。西部鉱夫連盟（ＷＦＭ：ウェスタン・フェデレーション・オブ・マイナーズ）がその創設の際の中心組織だった。この組合は西部の金属鉱山地域で生じた激烈な闘争の中から生まれた有力な組合だった。その指導者ウィリアム・Ｄ・ヘイウッドはＩＷＷ創設大会で議長を務め、「労働者階級の大陸会議」の開会を宣言した。その他に創設大会には社会党のユージン・Ｖ・デブスも、社会労働党のダニエル・デレオンも参加した。

しかし最初の三年間、ＩＷＷは深刻な分派抗争に苛まれた。最も重大だったのは中心組織だった西部鉱夫連盟（ＷＦＭ）が、急進派と穏健派の対立を機に脱退してしまったことである。そして一九〇八年の大会ではデレオン派の社会労働党に対する攻撃が行われ、政治行動を拒否するサンディカリストが指導権を掌握した。ヘイウッドは政治行動の意義を否定しない「産業社会主義」を奉じていたが、一九一三年には社会党全国委員の職からリコールされて社会党を去り、ＩＷＷ活動に専念することになったのだった。

東西の下層労働者への働きかけ

ＩＷＷがまず組織化を試みたのは、ＡＦＬによって組織化が困難視されていた東部工業地帯の「新移民」系労働者だった。ＩＷＷの闘争はアメリカ中の注目を引き付け、衝撃を与えた。特に一九一二年マサチューセッツ州ローレンスの羊毛工場労働者二万三〇〇〇人を動員した巨大なストライキは、貧困に喘ぐ移民男女労働者の立ち上がりとして世論の多大な同情と支持を受け、革新主義的アメリカの社会的良心にアピールした。連邦議会は公聴会を催し、司法省、商務労働省が労働条件の調査に乗り出した。

しかし東部工業地帯での勢力拡大は一九一三年のパターソン・ストライキの敗北以来、成果を収めることに失敗することが多かった。彼らは新移民労働者をストライキに立ち上がらせることはできたが、その地域に永続的な組織基盤を樹立することはできなかった。極度に貧しく、生活が不安定な「新移民」系労働者はＩＷＷの指導下に爆発的闘争に立ち上がる場合があっても、安定した組合組織を維持することは困難だったのである。

東部での運動に挫折したＩＷＷは西部に向かい、移動農業労働者、鉱山労働者、材木労働者らの間に大きな反響を見出した。特に小麦などの収穫期を追って移動する農業労働者の組織化に大成功を収めた後、活動が広がった。ＩＷＷの活動はミネソタ州のメサビ鉄鉱山、モンタナ州とアリゾナ州の銅鉱山、太平洋沿岸北西部の森林地帯へと広がった。

経済的な直接行動主義

ＩＷＷは「直接行動」を唱えた。直接行動とは労働者が働いている作業現場における闘争のことであり、間接行動、つまり議会を中心とする政治行動を経由しない経済行動を指した。彼らによれば、闘争はまず第一に職場闘争、すなわち労働者が現在「奴隷化」されているところの「生産点」における闘争でなければならなかった。議会を経由する間接的な政治過程に階級運動を逸らすのではなく、資本家権力の中枢たる「産業的支配」そのものに攻撃を加えるべきだというのである。彼らはフランスやイタリアを中心に勢力を広げたサンディカリズムと共通するイデオロギーを発展させたのだった。

（3）産業的暴力の時代としての一九一〇年代

ロサンゼルス・タイムズ社爆破事件

一九一〇年代は労資激突の時代となった。各地で暴力が噴出し、アメリカ社会を揺さぶった。ＩＷＷの運動も社会党の運動も一九一〇年代に盛り上がった。しかしそのような左翼でない職能別組合も産業的暴力の争いに巻き込まれたのである、

ロサンゼルスでは結集した実業家たちと、ＡＦＬの市中央労働評議会との対立が激化した。前者を牛耳ったのが、『ロサンゼルス・タイムズ』の社主、ハリソン・オーティスだった。一九一〇年十月一日、『タイムズ』社屋がダイナマ

コラム8　新しい娯楽としての映画と知識人の世界

二〇世紀初頭の都市労働民衆の娯楽の王座を占め始めた映画に触れておこう。当時の映画館は「ニッケルオデオン」と呼ばれた。五セント貨の通称「ニッケル」と、ミュージック・ホールを意味した「メロディオン」を組み合わせてできた名称である。入場料金は五セントの場合が多かった。ニッケルオデオンは急速に普及した。ニューヨーク市では一九一三年に八〇〇館あったとされる。映画館は移民労働者の居住地区だったロワー・イーストサイドに特に集中していた。映画の最初の観客は大都市の貧しい移民労働者階級だったのである。

なんといっても映画は入場料が安かったし、サイレントであり、英語の字幕がつく場合も非常に簡単なものだったから、移民にも分かった。それに短編が多かった。映画の中味は風景を紹介する旅行物も多く、フィクションではメロドラマ、西部劇、聖書物、そして特にコメディが人気を博した。しかしやがてデイヴィッド・グリフィスのような名監督が現れて映画の質は向上し、二〇年代にサイレント映画の黄金時代が訪れるが、その素地を作ったのは主として移民からなる労働民衆だったのである。

ニューヨーク市の移民労働者大衆の世界と隣接した地域に花開いたのが、グリニチ・ヴィレジのラディカルな知識人たちの世界だった。ここには前衛的な作家や芸術家がたむろし、因習からの解放を叫び、生命の自由を謳歌し、あらゆる新思想を論じ、芸術と文学、モラルと社会制度の変革を追及していた。そこではマックス・イーストマンやフロイド・デル、ジョン・リードらの青年文学者たちの世界と、東欧系ユダヤ人アナキストのエマ・ゴールドマンやＩＷＷの指導者ウィリアム・Ｄ・ヘイウッドらの社会的急進派の世界が交錯していた。労働ラディカリズムの世界は知識人たちの革新的な知的営みの世界と連なっていたのである。グリニチ・ヴィレジで活動した典型的若者、ジョン・リードは後に『世界を揺るがした十日間』でロシア革命の実情をアメリカに伝えるが、リードの生涯を描いた見事な映画が、ウォーレン・ビーティの『レッズ』（一九八一年公開）である。

イトで爆破され、二〇人の死者が出るという事件が起こった。市長が雇った私立探偵によって犯人としてＡＦＬ傘下の国際橋梁・鉄骨組立工組合の会計書記長ジョン・マクナマラとその弟ジェロームが逮捕された。

果たして兄弟は真犯人なのか。ＡＦＬは兄弟の無罪釈放のキャンペーンに乗り出した。この年はロサンゼルス市長選挙の年であり、社会党候補ジョブ・ハリマンがＡＦＬ系労組の支援を受けて、当選が確実視されていた。ところが有名な弁護士、クラレンス・ダロウは兄弟が真犯人であることを見抜き、死刑を免れさせるために、有罪を認める形で検察側と妥協し、終身刑と十五年の懲役が判決された。そのためにマクナマラ兄弟の無罪を主張しながら、市長選を闘っていたハリマンは落選することになった。ＡＦＬの職能別組合の指導者でありながら、ジョン・マクナマラは暴力を信じていた。裁判の後、彼は「私は正しかった。この呪われた世界で信じられるのはダイナマイトだけである」と語ったと伝えられる。

この事件がきっかけになって、産業関係を調査するための合衆国産業関係委員会が設立された。その構成は労働・資本・公益それぞれ三名、計九名からなっていた。ウィルソン大統領はその委員長に改革派として名高い弁護士フランク・Ｐ・ウォルシュを任命した。

ラドロウ虐殺事件

委員会は多くの事件の調査にあたったが、重要な問題となったのが、ジョン・Ｄ・ロックフェラー二世が支配するコロラド州の炭鉱で起こったラドロウ虐殺事件だった。ロックフェラーは企業の外部者である労働組合が自分の企業に介入することを許しがたいことと考え、彼の所有するコロラド燃料鉄鉱会社は断固たる組合弾圧に乗り出した。一九一三年九月、一万二〇〇〇人の炭鉱夫がストライキに入ると、そのうち約九〇〇〇人の鉱夫たちは会社所有の家屋から追い出され、ラドロウ近くのテント村に移った。会社は警備員を増強し、ライフル、機関銃、サーチライトを備えて陣地を構築し、武装装甲車を用いてストの暴力的弾圧に乗り出した。鉱夫たちも武装し、激突が避けられない事態になった。

会社側の要請で派遣された州軍がテント村を攻撃し、一九一四年四月二〇日には州軍との衝突で七名の命が失われたが、悪名高い惨劇はその後に起こった。州軍はライフルと機関銃でテント村を攻撃し、そこに火を放った。そして逃げ遅れた一一人の子供と二人の女性が炎の中で焼け死んだのである。怒った鉱夫たちはコロラド全域から集まり、報復に乗り出し、十日間の内戦状態となり、四六人が死んだ。

ウィルソン大統領の命令で一六〇〇名の連邦軍が到着し、小康状態が保たれ、大統領の依頼でできた調停案を労働側は受け入れたが、ロックフェラーは拒否した。ロックフェラーは大衆の憤激の的になった。産業関係委員会の公聴会において委員長ウォルシュは激しくロックフェラーを詰問し、一切の責任はロックフェラーに代表される少数者が握る経済的権力そのものにあると断じた。その後ロックフェラーは「会社組合」の創設によって労資関係の改善に乗り出すが、それについては後述することにしよう。

その他多くの事件を委員会は調査したが、ウォルシュ委員長も加わって作成された報告書は、アメリカの労働者が国富の公正な分配に与っていないこと、国富の不公正な配分が大衆購買力を減退させ、失業率を高めていること、労働者が法の公正な保護下にないこと、労働者の団結権否定こそ騒擾の決定的要因であり、団結による以外、労働者の自由はありえないことをうたった。金ぴか時代から二〇世紀初頭までの労資間闘争について、これまで筆者は色々と説明してきたが、アメリカの労資対立が暴力をはらんでいかに激烈だったかということには驚くばかりである。暴力はとりわけ西部で激しかった。西部劇のガン・ファイトは労働史とも連なっていたのである。

3　第一次大戦とその直後の時期

(1)　第一次大戦とＡＦＬの戦争協力

参戦前の経済状況とその変化　一九一四年八月ヨーロッパで第一次大戦が始まった時、アメリカは一九一三年に始まる不況に苦しんでおり、多数の失業者がいた。しかししばらくすると連合国からの注文が増え、加えて戦争でヨーロッパからの移民が激減した。移民数は一九一四年の一〇〇万以上から一九一五年の二〇万、そして一九一八年の三万人へと激減した。労働力不足が深刻化し、労働市場は労働側に有利になった。

合衆国が参戦する方向に動き始めると、ＡＦＬに対して体制側から多様な働きかけが行われ、ゴンパーズらが待ち望んでいたチャンスが訪れた。一九一六年十月、ウィルソン大統領は全国防衛評議会の諮問委員会の労働者代表にゴンパーズを任命した。

ウィルソン政権とＡＦＬとの協調体制の成立

一九一七年四月アメリカが第一次大戦に参戦すると、ウィルソン政権は労働側の協力が不可欠であること、労働者の団結権、団体交渉権を保護することが必要なことを認識した。多くの組合役員が様々な政府機関に任命された。ゴンパーズの活躍は目覚しかった。彼はしばしばホワイトハウスを訪れてウィルソンと相談し、国家防衛評議会の労働委員会委員となり、賃金、労働時間、女性労働、情報・統計、生計費、産業的安全、衛生、職業教育、住居などの諸問題を審議する様々な下部委員会を設置させた。

ウィルソン政権も労働運動と協調する姿勢を示した。ストライキを防ぐために政府はあらゆる政府契約において労働組合基準を実施すべきことでＡＦＬと合意した。一九一七年十一月バッファロで開催されたＡＦＬ大会にはウィルソン大統領自身が出席し、「我々が自由のために戦っている間、我々はとりわけ労働が自由であるようにせねばならない」と演説した。彼はＡＦＬ大会で演説した最初の大統領だった。

ウィルソン大統領は全国戦時労働委員会を設置した。それは五人の労働代表と五人の経営側代表、公衆を代表する二人の合同議長から構成され、労働代表の一人としてのゴンパーズの存在は政府に対する強い発言権を労組に与えることになった。この委員会は企業に対して賃金と労働時間の改善を働きかけ、労働者の組合加入を許すよう圧力をかけ、労使の紛争を調停しようとした。ストライキが禁止されたのではなかったが、ＡＦＬは「ノー・ストライキ」の政策を受け入れた。その代わり、同委員会は労働者の団結権、団体交渉権を確認した。企業は組合員であるとの理由で労働者を解雇することはできないというのが、委員会の原則だった。また八時間労働制の樹立がその基本政策だった。労働者が長らく求めていたこれらの原則を政府と実業界が承認したのだった。

ＡＦＬの「ノー・ストライキ」方針にもかかわらず、大戦中にインフレが昂進すると、労働組合は賃上げ要求を強め、ストライキが勃発した。ＡＦＬの組合員は一九一六年の二〇七万から一九一七年の二三七万へ、一九一八年の二七三万

図７－２　ウィルソン政権下の政府と労働（1913年）
左からウィルソン大統領，AFL会長ゴンパーズ，労働長官ウィリアム・B・ウィルソン。

出典：Melvyn Dubofsky and Foster R. Dulles, *Labor in America*（Wheeling Ill., 1999）, p.193.

へ、そして一九一九年の三二六万へと増加した。賃金が上昇し、製造業、運輸、炭鉱業における平均年賃金は一〇〇〇ドルに達した。多くの労働者が週四八時間労働を獲得した。

（2）大戦中の左翼弾圧

寛容を忘れたアメリカ

「アメリカ国民は一度戦争に巻き込まれたら寛容など忘れてしまうだろう。戦うためには残忍で容赦ないことが必要になり、それは国民生活の髄に染みこんでしまうだろう」。ウィルソンはこう予言した。そしてウィルソン自身が寛容を忘れた。

一九一七年の防諜法（スパイ法）は敵を援助したり、徴兵を妨害したり、軍隊における不服従を惹起するような者に対して、最高二〇年の投獄と一万ドルに及ぶ罰金を定めた。一九一八年には治安法が制定され、政府、憲法、国旗に対する「軽蔑・嘲笑《ちょうしょう》」、「不忠誠で冒瀆的な言葉」が不法とされ、戦争遂行に邪魔になるようなすべての動きが弾圧された。これらの法律は社会主義者やラディカルな労働活動家などを一掃するための手段となった。社会党に対する最も有名な弾圧は、ユージン・V・デブスがオハイオ州カントンで行った演説で逮捕され、十年間の投獄を宣告された事件だった。

徹底したIWW弾圧

一九一四年に大戦が勃発すると、ＩＷＷは「我々は産業的自由の実現以外のいかなる目的のためにも闘うことを拒絶するだろう」と公式に戦争反対の決意を表明した。しかしアメリカが実際に参戦した時、書記長のウィリアム・D・ヘイウッドは戦争反対のゼネスト論を抑えた。ＩＷＷが正式に反戦を唱えれば、連邦政府によって抹殺されることが明らかだったからである。その代わりにIWWは組織の全力を投入して産業的分野における階級闘争を展開した。軍用機生産のためのスプルースと呼ばれる木材の北西部の生産地域はIWWの支配するところとなった。銅の生産で重要なアリゾナ州でも大規模なストライキが展開された。IWWはこれらのストライキが戦争妨害のためのものではなく、労働条件の改善が目的であると主張した。しかしそのような活動を連邦政府は許さなかった。

一九一七年九月、司法省官憲は全国一八都市においてIWW本部に対する一斉捜査に乗り出し、一八四名の指導者を逮捕し、シカゴ、サクラメント、ウィチタの三都市で裁判にかけた。被告たちは半年以上、獄中で過ごした後、裁判にかけられた。シカゴ裁判は一〇〇名を超える被告が一つの部屋で裁判されるというアメリカ史上最大の裁判となった。被告が余りにも多いために、一言も発言する機会も与えられない被告も多かった。裁判は一九一八年四月一日に始まり、八月三〇日に一〇一名の被告が有罪判決を受け、ヘイウッドら最高指導者一五名には最高の二〇年の懲役刑、三三名に懲役十年、三五名に懲役五年が言い渡された。サクラメントでは四六名の被告のうち三名を除く全員が一年から十年の懲役刑、ウィチタでは被告二六名が一年から九年の懲役刑を判決された。

それだけでなく、連邦政府、州政府、郡・都市、民間団体による無数の暴力事件が荒れ狂った。銅鉱山のアリゾナ州ビスビーでは、郡保安官に指揮された自警団が大掛かりなIWW狩りを展開し、一一八六人を拘束し、家畜列車でニューメキシコ州の砂漠まで運び、そこに放置した。いくつもの州が犯罪的サンディカリズム法を制定し、IWWに所属することを犯罪とした。

（3）　大戦直後の労資の激突

労資激突の一九一九年

一九一八年十一月、戦争が終わると、ウィルソンの革新主義の限界が露呈した。戦時経済を管理・規制するために設立されていた多様な政府機関をウィルソン政権は廃止した。戦時中に構築された政府、資本、労働の三者協力体制は崩壊した。ウィルソンの親労働的姿勢は終わった。企業は労働組合に対する反撃に乗り出し、労資は対決態勢に入った。

一九一九年だけでも四〇〇万人以上の労働者がストライキに加わった。一九一九年二月、シアトルでは、造船労働者のストライキに端を発して、合衆国史上初めての全市的ゼネストが起こった。ボストンでは警官までがストライキを行い、世人を驚かせた。市の警官たちは賃上げを要求して、九月九日、ストライキに入った。しかしボストンのほかの組合は警官ストの支援にはしり込みした。マサチューセッツ州知事、カルヴィン・クーリッジは州軍を派遣し、ストライキを潰し、警官たち全員が解雇された。クーリッジは言明した。「どこでも、いつでも、公共的安全に対してストライキする権利は何人にも存在しない」。その強硬な態度でクーリッジは全国的に名前が知られ、一九二〇年の共和党副大統領候補に指名されるのである。

鉄鋼大ストライキ

一九一九年の労資対決の天王山となったのは、オープンショップの牙城、鉄鋼産業の巨大ストライキだった。約三五万人を巻き込んで、中西部のいくつもの都市を中心に、ストライキは一九一九年九月から一九二〇年一月まで続いた。労働側は鉄鋼労働者組織化全国委員会を結成し、二四の全国組合がここに結集し、議長にはゴンパーズ、書記長にはウィリアム・Z・フォスターが選出された。AFLの中枢部自体が巨大産業である鉄鋼業の組織化に乗り出したのである。そしてフォスターは以前にはIWWで活動していた人物であり、また後にはアメリカ共産党の最高指導者になっていく人物である。

このストライキはそれまでのアメリカ史上最大のストライキとなった。鉄鋼資本の側はUSスティール社のエルバート・ゲイリーの下に結集し、ストライキをつぶすために徹底的な暴力を加えた。USスティール社は三万人に及ぶ黒人のスト破り工を導入した。さらにストの帰趨に決定的とも言うべき役割を演じたのは、ストライキの中心地、インディアナ州ゲイリーへの連邦軍の投入だった。一五〇〇名の連邦軍が派遣され、戒厳令が敷かれ、指導者たちは逮捕された。一九二〇年一月、ストは敗北した。

(4) ロシア革命の余波と赤狩り

急進主義の広がりと社会党の分裂　一九一七年ロシアで三月革命が勃発した時、ニューヨークでは東欧系ユダヤ人労働者たちの間で歓喜の波が広がった。憎むべき皇帝支配の崩壊、そして十一月のロシア共産党による権力掌握までの時期、ニューヨークでは東欧系ユダヤ人社会は市内における社会党選挙戦とあいまって、政治的熱狂に沸き立った。社会主義者たちはボルシェヴィキ革命を歓迎した。ジョン・リードがロシアから帰国して革命の実情を伝え、一九一九年には本の形で『世界を揺るがした十日間』が刊行された。東欧系の労働者の間には、ロシアに帰って新社会の建設に参加しようという運動が起こった。一九一七年から二〇年にかけて約二万人の「ロシア人」がアメリカを離れた。そのうちの多くがユダヤ人だった。

まるで魔法にかけられたかのように、社会党内で左派の勢力が膨張した。その中軸は党内の東欧系の諸言語連盟だった。ロシア語連盟は共産党の即時結成へと動いた。一九一九年八月シカゴで社会党大会が開催されると、左派のうちの多数派も党指導部と対立し、共産労働党を結成した。両グループともコミンテルン（共産主義インターナショナル）への加盟を希望したが、コミンテルンは両党の統合を迫り、一九二一年に合同が成立した。

共産党の初期の性格　初期のアメリカ共産主義運動では東欧系移民が主力を構成していた。一九二二年にアメリカ生まれの党員は一〇分の一にすぎなかった。このような共産党にとってウィリアム・Z・フォスターの加入の意義は大きかった。彼はマサチューセッツ州にアイルランド系労働者の子として生まれ、社会党、次いでIWWで活躍し、さらにAFLに活動の基盤を移し、一九一九年の鉄鋼大ストライキを指導した。その彼が一九二一年にモスクワに赴き、コミンテルンおよびプロフィンテルン（赤色労働組合インターナショナル）の会議に出席し、共産党に入党したのだった。フォスターは一九二〇年に労働組合教育連盟（TUEL：トレード・ユニオン・エデュケーショナル・リーグ）を設立し、AFLを内部から掘り崩し、アメリカ労働者を共産主義の路線に沿って組織するための活動を開始した。しかし一九二〇年代のアメリカではその影響はきわめて極限されたものでしかなかった。

ウィルソン政権による左翼弾圧

戦争が終わったにもかかわらず、ウィルソンは反戦活動で投獄された者たちを釈放しようとはしなかった。社会党のデブスは一九二〇年アトランタの連邦刑務所から大統領選挙に出馬し、九一万票近く以上得票したのだった。デブスを一九二一年クリスマスの日に恩赦したのは、共和党のウォーレン・ハーディング大統領だった。ＩＷＷのヘイウッドは保釈中にロシアに亡命した。そして獄中に残ったＩＷＷ活動家たちは一九二三年末までに特赦された。

ところで大戦直後には、革命切迫という感覚に動かされたアナキストその他の少数の過激分子が、政府要人や実業家に時限爆弾を送りつけたり、ウォール街で爆弾を破裂させるといった事件がいくつか起こり、それが扇情的に報道され、「赤色恐怖」（レッド・スケア）が生み出され、「赤狩り」が展開された。一九二〇年の元旦、司法長官Ａ・ミッチェル・パーマーの手下たちは全国三三都市で、約三〇〇〇人の急進的外国人を逮捕した。急進派が革命を企てて武装しているとの予想に反して、三丁のピストルが見つかっただけだったという。しかしこれにより五五六人が裁判の後に国外に追放された。

左翼弾圧は広がった。連邦議会はウィスコンシン州選出の社会党議員ヴィクター・バーガーの議員資格を認めず、再選挙となったが、選挙民は彼を再び選出した。ニューヨーク州議会は社会党員たちに議席を拒絶した。三〇州が革命を唱える者たちを処罰するための治安法を制定した。各地で自警団が社会主義者およびＩＷＷ員を攻撃した。成立したばかりの共産党も大弾圧を蒙った。ウィルソン政権の末期は保守と反動の時期だったのである。

第8章　繁栄と保守の中で——どよめく一九二〇年代

1　絶頂に達した産業資本主義の下で

(1)　世界経済の王座についたアメリカ

「どよめく二〇年代」

二〇世紀のアメリカは十年代ごとの変化が著しい。ほぼ二〇年間続いた革新主義の時代の後には一九二〇年代の繁栄と保守の時代となり、一九三〇年代は大不況とニューディールの時代となり、一九四〇年代は第二次大戦と戦争直後の時代であり、一九五〇年代は繁栄と自己満足、そして冷戦のアイゼンハワーの時代であり、一九六〇年代は荒れ狂う若者や黒人などの反逆の時代、ベトナム戦争の時代となった。七〇年代は保守主義が勝利する八〇年代のレーガン主義の時代への過渡期であり、九〇年代はクリントンの時代だった。そこで十年代ごとの動きを大体の中心にして、アメリカの労働民衆史を説明することにしよう。

第一次大戦直後のアメリカは一時、深刻な戦後不況に見舞われたが、それも一九二二年には終わり、アメリカには経済的繁栄に酔う「ローリング・トウェンティーズ」(どよめく二〇年代)が訪れた。大戦後のアメリカはイギリスに代わって世界資本主義の王座についたのである。それとともに革新主義時代の理想主義の炎はほとんど燃え尽きたかに見えた。一九二〇年の大統領選挙では、共和党の候補ウォーレン・ハーディングが「常態への復帰」をスローガンに掲げて地滑り的勝利を収めた。翌一九二一年から一二年間の共和党政権の時代が始まった。ただしこの享楽の二〇年代が禁酒法の時代でもあったということをも忘れないでおこう。

在任中に死亡したハーディングに代わって大統領に昇格し、一九二四年の大統領選挙で当選したカルヴィン・クーリッジは、「アメリカのビジネスはビジネスである」という言葉が有名である。「工場を建てる者は寺院を建てる者である。そこで働く者はそこで礼拝するのだ」とも言った。ビジネスのための政治を行い、彼の任期中は「クーリッジ景気」が続いた。一九二八年の選挙戦では共和党の大統領候補ハーバート・フーヴァーは約束した。「我々は間もなく、貧困が我が国から消え去る日を見ることだろう」。そして一九二九年、大統領就任演説で彼は言った。「私は我が国の未来に何の心配もしていない。それは希望で輝いている」。

当時アメリカに強烈な関心を寄せ、アメリカ研究の必要性を説いた室伏高信は『アメリカ――其経済と文明』（一九二九年刊）において、一九二七年の各国の自動車数と人口との割合を述べている。イギリス一〇二万台（四〇人に一台）、フランス八九万台（五〇人に一台）、ドイツ三二万台（二〇〇人に一台）、イタリア一四万台（三〇〇人に一台）、日本四万一〇〇〇台（一五〇〇人に一台）。これに対してアメリカは二二一三万台（五人に一台）。「世界人口の二〇分の一の人口でアメリカは世界自動車の八割をもつ。世界文明の八割がここにあると言ってよい」と。まさにアメリカの世紀が始まったのである。

ピークに達した産業資本主義体制

一九二〇年の国勢調査は、総人口が一億を超えたこと、そして都市人口が農村人口を上回ったことを報告した。アメリカは農業的社会から工業的・都市的社会へと本格的に変貌したのである。

一九二〇年代は著しい経済成長の時代だった。一九二三～二九年の六年間に石油は三四％、電力は六五％、化学工業は四五％、自動車は三六％と生産高が伸びた。一人当たりの実質所得は一九一九年の五四三ドル（二九年価格）から一九二九年には七一六ドルに達した。

一九二〇年代はアメリカ史上、産業労働者の比率が最大になった時期だった。鉱山業と製造業はGNPの約三分の一に達し、「産業的雇用」が有給労働者の四四％になった。「産業」資本主義がピークに達したのである。「アメリカ的生活様式」と呼ばれるものができ上がったのも二〇年代だった。都市生活を基盤にして現代的な機械文明に裏づけられた豊かな消費生活である。会社自体の性格も変質し、経営は高度に専門的になった。組織が人間に代わり、所有と経営の分離も進んだ。大量生産は大量消費を必要とし、販売や広告、サービスなどの第三次産業の発展が著しかった。ホワイトカラー労働者が増大した。そして貧富の格差は拡大した。一九二九年には三万六〇〇〇の最も富裕な家族が一二〇〇万の最も貧困な家族と同じだけの所得を受け取った。

他方、いくつもの伝統的産業が衰退過程に入った。禁酒法で醸造業はなくなった。乗用車とトラック運輸の発展で鉄道は緩慢ながらも衰退を始め、石油と電力に押されて石炭産業は斜陽化した。合成繊維に押されて木綿工業も停滞した。最も低迷したのは農業だった。第一次大戦後、ヨーロッパ農業の復興とともに、農産物は過剰となり、価格が下落した。一九二九年の一人当たりの所得は全国平均の六八一ドルに対して、農業所得は二七三ドルにすぎなかった。

（２）保守の中での革新の動き

革新政治行動会議　第一次大戦を経て、労働組合員数は一九二〇年に五〇〇〇万（総労働力の約一二％）というピークに達していた。一九二〇〜二二年には多くの産業で大きなストライキが行われたが、結局、企業側が勝利した。組合員数は一九二三年には三六〇〇万へと減少した。自動車、化学、電気機器といった大量生産産業には組合は進出できず、組合運動は熟練工および古いタイプの産業部門に限られ、弱体化したのである。

しかし中野耕太郎が注目しているように、一九二〇年代前半、政治の次元において労働運動に注目すべき動きが生じた。鉄道労組が音頭をとった。顧みれば、第一次大戦期には鉄道は合衆国鉄道庁の管理下に置かれ、政府と労働運動との間に密接な関係が築かれ、労働者の団結権や団体交渉権が承認された。ところが大戦終了とともに、政府と組織労働との協力関係は廃棄され、労働側に情勢は不利になっていった。そこで鉄道労組はもう一度、連邦政府を労働側に引き寄せることを望んだのである。イギリスにおける労働党の躍進も刺激になった。鉄道労組の顧問弁護士グレン・プラムは鉄道を国営企業体の管理下に置き、労働者、経営者、政府の代表、各五名よりなる委員会がその運営に全責任を負うことを提唱した。

鉄道労組の呼びかけにより、政治の革新のために一九二二年二月、シカゴで大会が開催され、革新政治行動会議（C

PPA：コンファレンス・フォー・プログレッシヴ・ポリティカル・アクション）が結成された。約五〇の労働組合、また社会党も加わり、シカゴ労働同盟やいくつもの州労働連盟も代表者を送った。農民運動からの参加も多岐にわたった。

一九二四年CPPAは、大統領選挙にウィスコンシン州革新派の大物政治家ロバート・M・ラフォレットを候補指名した。CPPAは私的独占の解体、自然資源の公有化、不況時の公共事業、労働者の団結権・団体交渉権、鉄道の公有化などを掲げた。CPPAは私的独占の解体、自然資源の公有化、不況時の公共事業、労働者の団結権・団体交渉権、鉄道の公有化などを掲げた。社会党もAFLもラフォレットを支持した。選挙は共和党のクーリッジが勝利したが、ラフォレットは四八三万票を得た。しかしラフォレットが反対したために、CPPAは恒久的な第三政党になることはなく、運動は選挙後に解体した。

革新主義の残存　一九二〇年代は繁栄と保守の時代とされるが、革新勢力が壊滅したのではなかった。革新主義時代に制定された法律は存続していたし、連邦議会の内部にも革新派の議員は残っていた。社会党のヴィクター・バーガーも二八年まで議会にいた。CPPAの運動は州や地方の革新派勢力によって支えられていたのである。

注目すべきは、州および地方政府の機能が拡大したことである。ハイスクール教育が普及し、学校予算は拡大した。自動車の普及、郊外居住の増大により道路建設や公共運輸の必要性が増し、行政支出は増大した。州・地方政府は連邦政府の二倍の公務員を雇用していた。三四州は一九二〇年代に労働者災害補償法を制定、または拡大した。いくつもの州で不十分ながら老齢年金、その他の福祉プログラムが開始された。

しかし革新主義勢力を支える諸勢力は分裂していた。労働民衆は農民と労働者、カトリックとプロテスタント、移民と生粋アメリカ白人、都市と農村、禁酒派と飲酒派に分かれ、対立抗争を続けた。アメリカ特有の問題としてドライ（禁酒）派とウェット（飲酒許容）派の対立は、背後に社会的・文化的な対立をはらんで深刻なものがあった。都市民衆は「ウェット」だった。民主党は東部の都市を中心とする勢力と西部・南部の農業的勢力との緊張が激化し、連邦の大政党としての機能を失った。それにしても一九二八年には敗北しながらも、ニューヨーク州知事のアル・スミスが民主党の大統領候補になったことは重要なことだった。彼はカトリックとしての最初の大統領候補だった。それは都市化の著しい進行を反映して、民主党の勢力の重心が農村から都市に移りつつあることを示すものであった。

（3）低迷した労働運動

ゴンパーズからウィリアム・グリーンへ

一九二〇年代、労働運動は停滞した。一九二四年一二月、ＡＦＬ会長サミュエル・ゴンパーズが死亡した。七四歳だった。労働運動は彼の死を悲しんだ。実業界も同様だった。新聞の論説も彼の業績と温和な政策に拍手を送った。

ＡＦＬの新会長には統一炭鉱夫組合（ＵＭＷ）の会計書記長ウィリアム・グリーンが選ばれた。彼はゴンパーズの方針を継続する旨を語った。グリーンは一八七三年にウェールズ系移民の子としてオハイオ州に生まれ、父にしたがって炭鉱に入り、ＵＭＷ内で上昇した。しかし彼にはゴンパーズのような力強さがなかった。彼は産業別組合のＵＭＷの役員だったが、ＡＦＬ会長になると、産業別組合主義の必要性を唱えることはなかった。

労働組合員数は一九二三〜二九年の間に三六六万から三四六万人へと減少した。瀝青《れきせい》炭鉱における組合員数は一九二〇年の五〇万人から一九二八年の八万人へと激減した。禁酒法のために統一醸造工組合は消滅した。ストライキの数は激減した。組合運動は自動車、ゴム、電機、石油化学のような、急速に拡大しつつある大量生産産業においてはまったく前進しなかった。これらの大量生産産業のいずれも、労働組合を受け入れようとはしなかった。労働組合は技術変化によって影響を受けていない小さな地方的企業、建築諸職や印刷業、そしてトラック運輸業のような業種でだけ拡大した。

福祉資本主義と会社組合

一九二〇年代の企業は「福祉資本主義」という顔を労働者に見せることがあった。豊かになった企業が従業員に雇用の安定、内部昇任、利潤分配、年金や保険などの福利給付を施し、従業員の意識を会社に統合しようとする動きである。産業関係は人間関係であるという産業社会学者、心理学者の助言に基づいて、諸企業は進んだ人事制度を取り入れた。大会社に設置された人事部は労働条件を改善し、離職率を低下させ、生産性を上げようとした。利潤のあがる企業は従業員に対して医療給付金、または退職給付金を提供し、特別ボーナス、または利潤シェアリング制を提供した。巨大企業が従業員を囲い込み、従業員を支配する福祉資本主義を、後にサンフォード・ジャコビーらは「会社荘園制」（「モーダン・マナー」）と名づけた。しかしそのような企業は少数であった。大部分の大企業はできる限り小さな「福祉」をもって労働組合を排除することを好んだ。

労働者の組合組織化を妨げるための重要な手段が従業員代表プラン、いわゆる「会社組合」（カンパニー・ユニオン）だった。前述したコロラド燃料鉄鋼会社でのストライキ弾圧に対して世論の批判が高まると、ロックフェラー二世は、後にカナダの首相となるマッケンジー・キングに調査と改善策の立案を委嘱した。キングは現場に赴き、暴力の責任が組合にではなく、会社側にあることを認識した。ロックフェラー自身も三週間にわたって炭鉱を視察し、ロックフェラー・プランとして知られる従業員代表制度の概要を提示した。彼は従業員を「パートナー」と呼び、労使の利害は一致するのだと述べ、従業員代表制度によって労働者はその苦情を会社側にアピールする権利を保障されるとした。

ロックフェラー・プランはその後、会社組合の多様な形態のモデルになった。会社組合は会社によって財政的に支えられ、コントロールされた。会社組合は増えて、一九二八年にはそのメンバーは一五〇万にまで増大していた。ＡＦＬのメンバー数のほぼ半分強である。

（4）繁栄の時代における労働者の状態

生活が向上した労働者たち　一九二〇年代の繁栄は非常に不均衡なものだった。確かに多くの労働者が繁栄の恩恵に浴した。建設や印刷業などの熟練職人の状態はよかった。彼らの賃金は一九二〇年代には三〇～五〇％も上昇した。自動車とか電化製品のような大量生産産業に雇われている労働者も状態が良くなった。恵まれた労働者は有給休暇、有給疾病休暇、生命保険、そして退職年金などの付加給付を獲得した。

ホワイトカラー労働者の割合が増えた。一九二九年までにすべての職の三分の一は販売、サービス、または金融にあった。これらで働く女性も増えた。大量生産は大量消費を必要とし、大量生産を支える流通、通信、販売、広告など、サービス部門の第三次産業の発展が著しくなった。ホワイトカラー労働者の中には経済的繁栄に与る者も多かった。

しかし一九二〇年代の大量生産を特徴とするアメリカ資本主義の新しい動向の中で、労働者は職場における影響力を喪失し、労働生活の疎外を経験し、それへの埋め合わせとして消費とレジャーに向かう傾向を見せた。商業的ラジオ放送は一九二〇年に始まった。二〇年代に映画は中産階級観客に対応して質的にも向上したが、それでも労働者観客は映画に、そしてスターに熱中した。喜劇ではチャールズ・チャップリン、バスター・キートン、ハロルド・ロイド、女優ではメアリー・ピックフォード、グレタ・ガルボ、男優ではダグラス・フェアバンクス。二〇年代は無声映画の黄金時代だったのである。

「不毛な時代」

ところで一九二〇年代のアメリカ労働者について最高の著作を書いたアーヴィング・バーンスタインはその本の題名を『不毛の時代』（「リーン・イヤーズ」、一九六〇年刊）と名づけ、次のように書いた。「一九二〇年代の象徴は金であった。これは金本位の時代であり、金をもっている人々は確信をもって眠った時代であり、彼らの銀行券は貴金属に兌換することができた。小さな少年は祝賀の際には金時計を受け取った」と。しかしながらそれは「アメリカ人の特権的一部分にとってだけ」そうだったのであり、労働者とその家族にとって適切な金属の象徴は「ニッケルか、銅か、おそらくはブリキ」であったと。

労働者階級の内部でも所得は非常に不均等だった。多くの労働者階級家族は一九二〇年代の繁栄に浴さなかった。炭鉱夫と綿紡績工は時間賃金が低下した。労働者階級の四〇％と推定される人々は貧困の中に留まり、高価な消費財どころか、健康な食事とか適切な住居を得るもできなかった。富の不平等な分配が二〇年代の中心的な特徴だったのであり、この時代を終わらせた経済的崩壊へと導いたのである。

2　移民制限、黒人労働者階級の形成、女性労働者

(1)　移民制限

移民制限法の制定

一九二〇年代を特徴づけたのは移民制限だった。第一次大戦の終結で移民の大増加が予想されると、連邦議会はついに徹底した移民制限へと動いた。移民制限にあたって特徴的だったのは、西欧・北欧からの「旧移民」をあまり減らさずに、南欧・東欧からの「新移民」を厳しく制限するという国別割当制度の採用だった。一九二一年の緊急移民制限法は、合衆国に一九一〇年に居住した外国生まれの人口を出生国ごとに分類して、その人口の三％に相当する数を年間移民入国許可枠として各国に割り当てた。そして一九二四年の移民制限法はその率を二％に引き下げ、基準として一八九〇年のセンサスを用いることにした。一八九〇年にはアメリカに住む東欧・南欧系移民はまだわずかだったから、「新移民」はほとんど禁止的な制限を受けたのだった。さらに植民地だったフィリピンを除き、アジアからは移民としての入国を禁止した。日本人移民も全面的に禁止されたのであり、この法律は日本では「排日移民法」と呼ばれている。他方、西半球は移民制限の枠外に置かれ、メキシコ、中南米、カナダからの移民には制限がなかった。

移民制限を許容した諸要因

合衆国に入る移民の年間平均数は戦前の一九一〇～一四年の時期の一〇三万五〇〇〇人から一九二五年～二九年の三〇万四〇〇〇人へと激減した。ではアメリカ資本主義の労働力需要の問題はどうなったのだろうか。合衆国は一九二〇年には人口規模が一億を超えた。アメリカはすでに移民労働者を十分に蓄積しており、労働力を基本的に国内で調達できるようになっていた。だから産業界も移民制限を阻止しなかったのである。

それに加えて、いくつもの要因が考えられる。一つはアセンブリー・ライン（コンベアを利用して大量生産する流れ作業方式）に代表される技術革新である。一九二〇年代に工業生産は四〇％増大したが、雇用の純増はあまりなかった。第二の要因は膨大な農村人口が本格的に都市に移住したことである。農村不況により六〇〇万の人口が農村から都市へ移

住した。また第一次大戦中の労働力不足を契機に南部から黒人の北部都市への移動が始まっていた。そして移民制限の枠外に置かれていたメキシコからかなりの量の労働力が流入したのだった。

一九二〇年代に工業労働者になった者たちは比較的に保守的であり、労働運動に立ち上がらなかった。それには彼らの出自が背景にあった。アメリカ農村の出身者は農業所得の低い水準に慣れており、彼らは低賃金に耐えた。彼らは工業的意味での熟練を欠如していた。彼らはまた仕事の中断に慣れており、雇用の不安定性を我慢した。また彼らは保守的な考え方と個人主義的な精神を持ち込み、組合への組織化が困難だった。

移民系労働者　移民およびその第二世代からなる「外国系」労働者はエスニック集団に分かれて生活しており、統一的な労働運動の推進は困難だった。リザベス・コーエンはシカゴの労働者についての優れた研究の中で、労働者たちがまだエスニック的区分に沿ってひどく分裂していた有様を生き生きと描きだしている。彼らの生活はエスニシティによって閉じ込められており、困窮すると大多数はエスニック・コミュニティの教会、相互扶助団体、銀行、保険団体、親戚、友人の助け、そして地域商店主に助けを求めた。

一九二〇年代における労働運動の衰退の背後には、労働者のエスニックな分裂状況があった。それでも移民の新規流入の減少により、大部分の移民労働者は英語を話すことを学び、またアメリカ生まれの労働者の割合が増えてきた。アメリカで生まれ育った移民二世たちは法的にアメリカ人であり、英語を話し、公立学校でアメリカ市民として生きることを学んでいた。エスニックの相違を超えたアメリカ人意識が育っていった。このことが一九三〇年代におけるニューディール期の労働運動の大高揚を用意した。しかし一九二〇年代にはまだ労働運動高揚の条件は熟していなかったのである。

(2)　黒人労働者階級の形成

大移動（グレート・マイグレーション）　二〇世紀の初め、黒人人口の約九割は南部に住み、その多くがプランテーション農業に縛りつけられていた。ところが第一次大戦時に生じた北部工業地帯の労働力不足に応じて、南部農村から北部都市への黒人の大移動（グレート・マイグレーション）が起こり、この移動は一九二〇年代にも継続した。一九一〇〜三〇年に南部から一〇〇万以上の黒人の北部への移住が生じたのである。一九二〇年代にはニューヨーク市の黒人人口は一五万二〇〇〇人から三二万八〇〇〇人へと増加した。

北部都市への移住により黒人の生活はわずかながらも向上し、またその子供たちは南部におけるよりもよい教育を受けることができた。一九二五年のペンシルヴェニアにおける調査では、同州における平均的な黒人移住者は出身州におけるよりも九一%多くを稼いだ。生計費は南部におけるよりも二三%だけ高かったが、実質賃金の増加は約七〇%に上った。

都市に移った黒人は社会的に底辺に置かれ、多くの者は塵《ちり》集め、皿洗い、掃除などの卑しいとされるサービス職に、黒人女性は家事使用職についた。しかし黒人の工業労働者も増えていった。一九三〇年ミルウォーキーでは黒人男性労働者の七五%は製造業で働いていた。隷属的小作人から工業プロレタリアートへの変化が進行したのである。

北部都市における人種差別

北部工業都市への黒人の大移動に対して、白人労働者は人種差別の態度をとり、時には人種暴動で迎えることがあった。職を得るために黒人がスト破りしたことで、人種対立は高まった。一九一九年シカゴの食肉産業において起こったストライキとそれに触発された人種暴動は激しいものであり、死者は黒人二三人、白人一五人に及んだ。

大部分の自動車工場はすべて白人だった。黒人の雇用は最も魅力のない職だけだった。ただしフォードは例外だった。一九二六年にはフォード社は約一万人の黒人従業員を雇っていた。地方牧師を通じて同社が募集する黒人労働者は異常なほど会社に忠実だった。フォードは労働組合を嫌悪していたから、このことは彼にとって重要だったのである。

北部の大都市には黒人が集まるブラック・ゲトーが成立していった。その代表がニューヨークのハーレムである。北部の都市でも黒人に対して食堂、ホテルが閉ざされていることが多かったが、他方、黒人人口の増大により、不動産、小売業、銀行、医療など黒人を相手とするビジネスが発展し、黒人の専門職業家、実業家、総じて黒人中産階級が増加したのだった。

黒人の都市居住が増大し、黒人労働者が多様な問題にぶつかると、彼らの問題の改善をめざす運動が起こった。全国都市連盟（ＮＵＬ：ナショナル・アーバン・リーグ）という組織は白人自由主義者を中核とした穏健な組織だったが、黒人労働者の生活実態調査を行い、職業教育の振興や保健衛生思想普及に務めるなど、都市に居住する黒人労働者の生活の実態に密着した活動を展開した。

マーカス・ガーヴェイの運動

北部都市の黒人労働者の間に信奉者を増やしたのがマーカス・ガーヴェイの運動だった。彼はジャマイカに生まれ、労働運動に関与して職を追われたが、「全黒人地位改善協会」を設立し、一九一六年に渡米し、ハーレムを中心に活動した。彼は黒人の誇るべき伝統を強調し、黒い皮膚の美しさを讃《たた》え、「アフリカをアフリカ人に返せ」と叫び、アフリカへ帰ろうと呼びかけた。この運動は南部農村から北部都市に移住して労働者階級化しながら、抑圧され、侮辱され、労働組合からも排除されていた都市黒人大衆に広くアピールした。

Ａ・フィリップ・ランドルフと寝台車ポーター組合

当時の黒人指導者たちの多くは黒人労働者に対して、白人主導の労働組合に入らないように、そして雇い主と良好な関係を求めるように説いた。しかし組合運動に関心を寄せる黒人も増えてきた。そして一九二五年、重要な黒人労働組合、「寝台車ポーター友愛会」が設立された。寝台車ポーターたち（寝台車を利用する旅客の世話をする人々）は黒人の間で特別な地位を占めていた。約一万五〇〇〇人がプルマン社のために働いたが、黒人に開かれた他の職に比べると収入はよかった。ポーター職に就く者の多くは有能で、意識も高く、しばしば黒人コミュニティにおけるリーダーだった。そしてポーターの小さなグループが寝台車ポーター友愛会の組織化に着手し、その指導者になるようにＡ・フィリップ・ランドルフに頼みこんだのだった。

二〇世紀アメリカ黒人労働運動を代表することになるランドルフは、一八八九年フロリダ州クレッセントに生まれ、貧しいが誇り高い黒人牧師の家で成長し、ニューヨークで市立大学で学び、社会党に入党し、左翼新聞『メッセンジャー』を発行した。彼は社会主義者として経済闘争の必要性を重視し、黒人寝台車ポーター組合の指導者になることを了承した。しかしプルマン社は同組合の承認を拒絶し、同組合の初期は困難を極めた。しかし二〇世紀の黒人労働組合運動はここに始まったのである。

（3）　新しい女性の出現

一九二〇年の憲法修正第一九条による女性参政権の確立の意義は大きかったが、期待されたほど女性の生活に直ちに大きな変化をもたらすことはなかった。それでも自由を謳歌《おうか》する若い女性たちの姿が都市に見られた。その中には、前述した「ウーマン・アドリフト」、そしてホワイトカラー女性労働者が含まれていた。

アリス・ポールの全国女性党は、法の前の男女の完全な平等を求めて、それを憲法で保障しようとする男女平等権憲法修正（ＥＲＡ：イコール・ライツ・アメンドメント）の運動を起こし、一九二三年連邦議会に上程させることに成功した。しかし他の女性諸団体は女性労働保護立法の必要性を唱えて、それに反対した。総じて一九二〇年代には女性運動は混迷状態にあった。

一九二〇年代にも女性は労働力の中に流入し続けた。一九三〇年には一〇八〇万人の女性が働いた。それは第一次大戦終了時に比べて二〇〇万以上の増加だった。女性労働者の労働の現実は低賃金、低い地位、男性への従属で特徴づけられていたが、それでも以前に比べれば、家庭の束縛は緩くなり、自由の程度は拡大したのだった。

児童労働について付言すれば、それぞれに州の児童労働法と義務教育法によって、子供たちは以前の世代よりも長く学校に通うようになった。一九三〇年には十四～十八歳の人口の半分はハイスクールに在学していた。児童労働が大幅に減少したことが、一九二〇年代の特徴だった。以前に比べて社会はいくらかでも豊かになっていたのである。

第9章　大不況下の苦しみと闘い――一九三〇年代

1　大不況の到来と労働民衆の苦しみ

（1）労働者の四分の一が失業した大不況

危機のどん底に陥ったアメリカ経済

一九二九年十月二九日、「暗黒の火曜日」、ニューヨーク株式市場の大暴落によって世界大恐慌が始まった。大恐慌がアメリカに与えた打撃は、その余波でナチスの独裁を生んだドイツの場合と同様に激しかった。一九二九年から三二年にかけての工業生産の低下はアメリカでは四七％に及んだ。不況はとめどもなく続き、一九三三年三月四日のフランクリン・D・ローズヴェルトの大統領就任のころに経済は危機のどん底に陥った。連邦労働統計局の推定では一九三三年の失業者数は一二八三万人、民間労働力の約四分の一に及んだ。アメリカ経済の中軸たる重工業地帯の失業はこのような平均値をはるかに上回っていた。一九三二年シカゴの失業率は四〇％、デトロイトでは約五〇％、ミネソタのメサビ・レンジでは鉄鉱夫の七九％が失業していた。

大恐慌の原因としての所得不平等

大恐慌の原因は国際経済的要因を含めて複雑であり、経済学者に委ねるほかないが、労働史の立場から言えば、重大な原因は所得不平等性の著しい拡大にあった。一九二〇年代の繁栄の中での富裕階級の貯蓄は膨大なものになり、遊休資金が増え、株式への投資に向かった。景気は過熱し、平均株価は一九二六年を一〇〇とすると、一九二八年には一二八、一九二九年六月には一九一にまで上がった。一年間にUSスティール社の株は二倍以上、GE社（ゼネラル・エレクトリック）の株は三倍、RCA社（ラジオ・コーポレーション・オブ・アメリカ）

の株は五倍に値上がりした。ところが大衆の購買力は伸びず、企業は生産過剰になったのである。

大金持ちの中には一夜にして貧者へと転落した者もいたが、それは例外であり、大金持ちたちは贅沢の程度をいくらか切り詰めればよかった。彼らの歓楽の生活は継続した。中産階級はひどく傷ついた。家族を支えてきた男性世帯主が突然に失業した時、心理的負担は高いものがあった。彼らはシステムよりも自分自身を責める傾向があったという。しかしホワイトカラーよりもまずはブルーカラーが解雇されたから、工業労働者の苦しみは絶望的なものがあった。

立ち遅れたアメリカの不況対策

連邦政府には、失業の増大に対して手を打つ用意が全くなかった。他の工業諸国と違い、アメリカには国家が失業対策の責任をとる伝統がなかった。当時は救済は州、地方自治体、私的慈善機関の役割とされていた。しかもそれらがもつ資金は枯渇してしまった。大統領ハーバート・フーヴァーは単純な自由放任論者ではなかったが、「強健な個人主義」という彼の言葉に示されるように、個人のイニシアティブを抑える中央の巨大な官僚統制は避けねばならないと考えていた。このためフーヴァー政権の恐慌施策は全く不十分であり、ホームレスとなった失業者が住むところは「フーヴァー村」、彼らが毛布代わりに使う新聞紙は「フーヴァー毛布」という具合に、フーヴァーは大恐慌の代名詞となったのである。

労働組合と左翼勢力の状況

労働組合には労働者を保護する力などなかった。AFLとその加盟組合は経済的逆境の時期にさらに弱体化した。一九二九年から一九三三年までの間に労働組合員数は三六二万五〇〇〇人から二八五万七〇〇〇人へと減少した。そして組合の資金は枯渇していた。

社会党も共産党も弱体だった。しかし資本主義が適切に機能していない時、何らかの種類の社会主義が注目を引き付けたのは当然だった。社会党では一九二六年に死亡したユージン・V・デブスに代わってノーマン・トマスが指導者として現れた（二一九頁参照）。彼の唱える民主的社会主義は、特に知識人をひきつけ、社会党には活気が出てきた。一九三〇年社会党はウィスコンシン州議会の議席を三から九へと増やし、ペンシルヴェニア州議会には社会党員二名が選出された。一九三二年の大統領選挙ではトマスの得票数は八八万二〇〇〇に上った。

一九三一年共産党の党員数は八〇〇〇人強だった。一九三三年ごろまでにその数は二倍になった。マルクス主義は知識人の関心を引き付けた。一九三二年共産党の大統領候補ウィリアム・Z・フォスターはジョン・ドス・パソス、セオドア・ドライザー、ラングストン・ヒューズ、シャーウッド・アンダーソン、アースキン・コールドウェルなどから支持されたが、得票は約一〇万票にすぎなかった。

(2)　苦しみの中での民衆の対応

失業者の苦しみ

仕事から投げ出され、借家から追い立てられて、多くの者が街外れにボール紙で作った小屋に群がり住んだ。多くの都市でパンの配給に並ぶ人々の列（ブレッド・ライン）、救世軍のスープ・キッチンに並ぶ人々、街角でリンゴを売る人々が増えた。外国からの移民は停止した。一九三〇年代の大きな人口移動は放浪だった。貨物列車に只乗りする者たちの姿が増えた。一九三一年ニューヨーク市では九五人が餓死したと報じられた。コロラド州での調査では学童の半分は栄養が足りないと報じられた。

多くの産業がワーク・シェアリングを採用した。例えばUSスティール社は一九二九年には二二万四九八〇人のフルタイムの従業員を抱えていたが、その数は一九三一年には五万三六一九人に、一九三二年には一万八九三八人に、そして一九三三年四月一日にはゼロになった。この日に給与支払い名簿に残ったすべての者はパートタイムであり、それも一九二九年にフルタイムだった者の半分の数にすぎなかったのである。

セルフ・ヘルプ（自助）運動

失業者たちは様々な形の「直接行動」を編み出した。失業者協議会が各地に形成された。借屋住まいの人が立退きを命じられると、失業者団体が介入し、警官や当局者との衝突が起こったり、立退きが大衆デモによって阻止されることがあった。

多くの都市で失業市民連盟がセルフ・ヘルプ（自助）を組織した。一九三一年シアトルでは失業市民連盟の世話で漁師は遊休漁船を利用させ、農民は売れない果物や野菜をとることを失業者に許した。食料・燃料と交換に女性たちは衣服を修理し、大工は家具を修理し、床屋は髪を刈り、靴屋は靴を直した。冬になって活動が困難になると、連盟は市に援助を求めた。連盟の政治力を恐れて、市議会は緊急救済支出を可決した。

セルフ・ヘルプのうち最も劇的だったのは、ペンシルヴェニア州における石炭盗掘だった。失業した炭鉱夫は白昼公然と会社所有地で石炭を掘り、トラックで近くの都市に運び、安い値段で売った。一九三四年には石炭盗掘は重要産業になっており、二万人が従事し、四〇〇〇台の車を使っていた。これは盗みであり、石炭会社は阻止に躍起となったが、地域社会の世論は盗掘者を支援した。地方官吏は見逃し、陪審員は彼らに有罪判決を下さなかった。各地で人々は警官を追い払った。石炭盗掘は過去の伝統に基づいていた。石炭産業の初期においては、炭鉱夫が家庭燃料のために石炭を掘ることは慣行だったのである。

ボーナス・アーミー

失業者の抗議運動は一九三二年夏、退役軍人たちが首都に野営するに及んで一つの最高潮に達した。一九二四年、第一次大戦の退役軍人に対して連邦議会は一種のボーナス（慰労金）を一九四五年に支払うという法律を制定していた。そこで復員兵士たちがそのボーナスをすぐに支払うよう要求したのである。

各地から復員兵士たちはワシントンに集まった。その数は次第に増え、六月ワシントン市内のアナコスティア・フラットには一万五〇〇〇人の「ボーナス・アーミー」が小屋を建て、テントを張った。議会では彼らの要求を盛り込んだ法案が上程され、下院を通過したが、上院で否決された。それでもワシントンには何千人もの元兵士たちが残っていた。

フーヴァー大統領は彼らの代表と会うのを拒絶し、帰りの旅費は貸すが、その貸し付けは一九四五年に支払われるボーナスから差し引かれるという内容の法律を制定させた上で、八月四日までに引き払うよう最後通達を出した。そして陸軍参謀長ダグラス・マッカーサーはアナコスティアに軍隊と戦車を送り、銃剣と催涙ガスでキャンプから復員兵士とその妻子を追い払い、テントと小屋を焼き払った。マッカーサーは軍隊の行動は首都を革命から救ったとの声明を発した。彼は後に日本占領軍最高司令官になるのである。

一九三二年選挙でのローズヴェルトの勝利

一九三二年秋、有権者は民主党のフランクリン・D・ローズヴェルトを地滑り的勝利で大統領に選出した。上下両院でも民主党が大勝した。所属する社会階級が投票行動を決定した。上流階級は大部分がフーヴァーに忠誠なままだった。中産階級は民主党に投票する傾向があったが、それはローズヴェルト支持というよりは、フーヴァー拒否だった。他方、労働者階級は圧倒的にローズヴェルト支持だった。彼らはローズヴェルトが危機に対する新しい解決策を提供するだろうと希望をかけたのだった。ただしその解決策がどのようなものになるかは、まだ誰にもわからなかったのである。

2　第一期ニューディール期の労働民衆

(1)　第一期ニューディールの諸政策

ニューディールとは

一九三三年三月四日、フランクリン・D・ローズヴェルトは就任演説で力強い響きで国民を励まし、動員しうる国家の全権能をもって行動しようとする決意を表明した。「ニューディール」(新規まきなおし)が開始されたのである。ニューディールとは、ローズヴェルト政権が三つのR、すなわち救済(リリーフ)、復興(リカヴァリ)、および改革(リフォーム)をもって大不況に立ち向かった諸政策である。実用主義的な性格のローズヴェルトは、そのための固定的な経済理論をもたず、政策立案に登用された「ブレイン・トラスト」の間にも様々な見解の対立があり、また法律を制定するのは議会だったから、ニューディールは実験と試行錯誤の複雑な過程として進行した。それでもローズヴェルトの行動は迅速だった。三月九日から六月十六日までの「百日議会」の間に、彼は一五の教書を議会に送り、重要諸法案の制定を促し、議会もまたこれに積極的に対応した。

失業救済の始まり

失業救済政策の第一歩は、民間資源保存団(CCC：シヴィル・コンサーヴェーション・コー)だった。青年失業者を陸軍省管轄のキャンプに収容し、月三〇ドルを与えて、植林、洪水制御その他様々な自然資源保存事業に動員するものである。一三〇〇のキャンプが生まれ、二五〇万人が加わった。彼らは樹木を植え、貯水池、排水溝を掘り、ダム、橋を建設し、歴史的な戦跡を回復し、キャンプ場を開いた。

しかし本格的救済は五月に創設された連邦緊急救済局(FERA：フェデラル・イマージェンシー・リリーフ・アドミニストレーション)によって開始された。ハリー・ホプキンズ局長の下で、州や地方自治体に補助金を交付するという方式をとったが、活動は多岐にわたった。十一月には冬の難局をのりこえるために、民間事業局（CWA：シヴィリアン・ワークス・アドミニストレーション）が設立された。これには直接に連邦が事業計画を営む権限が与えられ、三四年三月の計画終了までに四〇〇万以上の失業者を雇用し、様々な公共施設が建設された。

一九三三年六月に成立した全国産業復興法（NIRA：ナショナル・インダストリアル・リカヴァリ・アクト）によって創設された公共事業局（PWA：パブリック・ワークス・アドミニストレーション）も、政府資金による失業救済の重要な柱となった。こうして政府は生活困窮者の直接救済や公共事業を通じて民衆生活の救済体制を整えていったが、これらは政府資金の投下によって大衆の購買力を引き上げ、これがポンプの呼び水となって景気回復に資することを期待した政策でもあった。

一九三二年のノリス－ラガーディア法

労働運動に関してはすでに一九三二年、フーヴァー政権期に裁判所のインジャンクション（ストライキ禁止命令）の乱用に対する批判の高まりを受けて、連邦議会はノリス－ラガーディア法を制定していた。それはジョージ・ノリスとフィオレロ・ラガーディア両議員が提出したもので、黄犬契約（組合に加入しないことを誓約して雇用される契約）を非合法化し、例外的状況を除いてインジャンクションの発布を禁止し、労働者が雇い主による干渉なしに組合を組織する自由を保障するものであった。

全国産業復興法（NIRA）の制定

百日議会の立法活動の頂点は全国産業復興法（NIRA）の制定だった。この法律は一九二〇年代に発展していた各産業の業界団体を機軸に、業界の大規模な協力体制を樹立して過当競争を防止し、生産を規制して価格を引き上げ、企業に利潤を保障すると同時に、労働諸水準を改善して労働者の生活を保障するとともに、購買力を増進して景気の回復を図ることを目的としていた。このため各業種ごとに企業の活動条件、労働条件を規制する公正競争規約（コード）が企業、労働、公衆を代表する委員会によって作成され、政府の認可を得て、法律としての強制力をもつことになった。他方、労働者は最低労働条件の保障とともに、団結権および団体交渉権を保障する「第七条a項」を獲得した。

この施策を推進するために設立された全国復興庁（NRA：ナショナル・リカヴァリ・アドミニストレーション）は、

ヒュー・ジョンソン長官の下、青鷲をシンボルマークにして、コード作成を一大国民運動として展開した。理論的にはコードの作成は経営、労働、および公衆（消費者大衆）の利害の調和をめざしたが、実際にコードを作成したのは通常は経営者の業種連合体だった。何百というコードが成立した。それらのすべては労働者の団結権を保障し、最低賃金と最長労働時間を定めた。

利害調和の構想とその限界

このような諸政策の展開にあたって特徴的だったことは、ニューディーラーたちが経済的緊急事態を戦時下の非常事態になぞらえ、第一次大戦中の諸政策を模倣しながら、政府の計画的指導の下に、諸利害の調和を各利益集団の組織化の強化によって実現しようとしたことだった。ニューディール政権は実業界という単一利益集団の代表としてではなく、多様な利害集団間の調停者として、社会的対立を緩和しようとしたのだった。

しかし第一期ニューディールにおいては組織労働はまだ弱体であり、政府は実業界と密接な協力関係を取り結んだ。NIRAは労働組合に法的権利を与えたが、組合がコード作成に実質的に参画することは少なく、また政府はストライキに対して好意的ではなかった。様々な救済事業はなされたが、社会保障制度はまだ制定されておらず、第一期ニューディールは困窮化した労働民衆の福祉についての配慮がまだ不十分だったのである。

（2）勢いづいた労働民衆の行動

右からの批判

NIRA体制を基軸とする第一期ニューディールは激しい批判に遭遇した。実業界はなんとか危機から立ち直るや、国家の種々の統制を煩わしく思うようになった。彼らは、政府は実業界の必要に応じて救済策を講じるべきだが、それ以上の干渉をすべきでないと考えたのである。一九三四年八月、実業家たちに政治家たちが加わって、アメリカ自由連盟が結成された。彼らは伝統的な経済観念に基づいて、国家統制の拡大に反対するキャンペーンに乗り出した。

ジョン・L・ルイスの登場とUMW

労働者の動きも経済がどん底を脱した時に、勢いを増した。労働指導者たちはNIRAの第七条a項による団結権、団体交渉権の法的確認を盾にとり、「大統領は諸君の組合加入を望んでいる」と称して、大々的な組織化運動を開始した。そして組合員数も一九三三年から三四年の間に二八〇万から三四四万へと増加した。この中から労働運動の大立者として炭鉱労組（UMW）のジョン・L・ルイスが登場した。

ルイスの熱望は、未組織の大量生産諸産業、とりわけ鉄鋼、自動車、ゴムなど、AFLが従来軽視してきた諸産業の労働者を組織することだった。ルイスは一八八〇年ウェールズ系炭鉱夫の子として生まれ、炭鉱労組内で彗星のように上昇し、一九二〇年にはUMWの会長になった。威圧するような風貌、六フィート近い背丈、二〇〇ポンドの体重、濃い眉ヒゲ。彼は交渉相手の炭鉱経営者や政治家の前で物怖じすることなどなかった。ルイスは一九三三年六月に炭鉱労組の全財源を投入して組織化運動を開始し、一年以内に同労組のメンバー数を十五万から五〇万へと増やした。「大統領は諸君が組合に入ることを望んでいる」と記した旗を掲げた拡声器つきのトラックがケンタッキー、ウェスト・ヴァージニア、ペンシルヴェニア、イリノイの炭田地帯を回った。炭鉱夫たちはそれに敏感に反応した。

衣服労組の健闘

他の組合もまた注目すべき成果を挙げた。シドニー・ヒルマンの合同男性服労組（ACWA：アマルガメイテッド・クロージング・ワーカーズ・オブ・アメリカ）は、ストライキで男性服産業における賃上げと時間短縮を実現した。デイヴィッド・デュビンスキーの国際女性服労組（ILGWU：インターナショナル・レイディーズ・ガーメント・ワーカーズ・ユニオン）もメンバー数を激増させた。ACWAもILGWUも基本的に産業別組合であり、進歩的な指導者に率いられていた。ヒルマンもデュビンスキーもユダヤ系の社会主義者としてロシア・ツアーリズムによる迫害を逃れてきたのであり、彼らはローズヴェルトとニューディールを強く支持していた。

（3）一九三三〜三四年の労資の激突

「内戦の瀬戸際」か？

経営側は組合組織化の阻止を決意し、会社組合の組織化に乗り出した。一九三五年には五九三の会社組合があり、その約三分の二はNIRA通過後に設立されたものだった。会社組合のメンバー数は一九三五年には二五〇万人にのぼった。

さらに経営者たちは労働組合に暴力で反対した。企業はピストル、小銃、機関銃、催涙ガス弾など大量の武器を購入し、武装警備隊を雇った。労働スパイの網の目が張り巡らされた。実にコードの署名に続いて起こったのは、労働者の権利の承認ではなく、むしろ労働者に対する残忍な攻撃であった。各地で暴力的衝突が起こった。

一九三四年についてある歴史家は、「一時アメリカはあたかも内戦の瀬戸際にあるかのように思われた」と書いている。オハイオ州トリードの電気労働者のストライキに発する一万人のピケット（スト破り工の侵入を防ぐための見張りの守備隊）と州軍との衝突、トロツキストに率いられたミネアポリスのティームスター（トラック運転手）のストライキが起こした全市的な騒乱状態も知られているが、やはりサンフランシスコの波止場の騒乱が重大だった。

サンフランシスコの波止場での激突

一九三三年、サンフランシスコの沖仲仕の九五％が国際波止場労組（ＩＬＡ：インターナショナル・ロングショアメンズ・アソシエーション）に加入した。彼らの最大の苦情は「奴隷市場」として知られる雇用制度だった。毎朝六時、一日の仕事を求めるすべての者が陸揚げ場の周りに群れをなし、そこで監督がその日の仕事のための人員をピックアップしたのである。沖仲仕たちは安定した仕事を当てにできず、疲労困憊《こんぱい》するまで働かねば二度と雇われないのだった。

組合の中心人物となったのが、オーストラリア生まれのハリー・ブリッジスだった。一九三四年五月九日、太平洋沿岸各地で沖仲仕のストライキが始まった。サンフランシスコではトラック運転手などの間に同情ストが広がった。暴力が勃発した。ストライキの第一日に警察は五〇〇人のピケットを打ち破った。五月二八日には煉瓦《れんが》で武装したピケットは警察と闘った。警察は警棒と催涙ガスで彼らを鎮圧するのに失敗すると、ピケットに向かって直接に銃弾を撃ち込んだ。

七月三日、七〇〇人の警官が催涙ガスと銃で武装し、スト破りを乗せた幾台ものトラックが波止場に向かい、ピケットに立つ数千人と警察との間に闘いが起こり、二五人が入院した。半分は労働者で、半分は警官だった。七月四日の独立記念日の休日の後、七月五日に闘いが再開された。警察は二〇〇〇人のピケットを攻撃し、一時間半の戦いの後に彼らを解散させると、午後には五〇〇〇人の群衆が集まった。警察は銃弾を浴びせ、二人のスト工と一人の傍観者が殺された。その夜、州知事は一七〇〇人の州兵を派遣した。七月九日、殺されたスト工の大衆葬列には何万人もが集まった。

七月十二日、二一の組合がストライキを票決した。一三万人の労働者がストに突入し、市内の運輸は完全にとまった。こうしてハリー・ブリッジスに率いられた波止場労働者の組合が交渉団体として承認された。このような騒乱により、全国復興庁（NRA）がめざした協調体制は破綻に直面したのである。

（4）活発化した革新州政治

労農党出身のミネソタ州知事

ラディカルな動きは政治的広がりを示した。一九三二年にミネソタ州知事となったフロイド・オルソンは、かつて極西部で波止場人足として働き、IWWに加わったこともあったが、農民労働党から出馬し、「ミネソタははっきりと左翼州なのだ」と自慢し、三四年には「私はリベラルではない、ラディカルなのだ」と叫んだ。彼の基盤は農民、そしてミネアポリスとセントポールの労働運動にあった。彼はローズヴェルトに向かって、「もしもこのいわゆる『不況』が深まるならば、大統領よ、私は政府が国内の基幹産業を取り上げて運営すべきだとあなたに強く進言する」と述べた。残念にも彼は一九三六年に死亡した。

ウィスコンシン州でのラフォレット一族

ウィスコンシン州では、ロバートおよびフィリップのラフォレット兄弟にとって、反抗は家族的伝統であった。旧革新派の首領だった父、ロバート・M・ラフォレットは息子たちに急進的使命感を教え込んだ。一九二五年兄ロバートは共和党から上院議員となり、一九三〇年弟フィリップは共和党から知事に当選した。そしてウィスコンシン州の革新党が一九三四年に発足した。同州選出の一〇名の国会議員のうち七名は同党に所属していた。フィリップは語った。今必要なのは「搾取する反動どもを一方の陣営に、生産者と消費者を他方の陣営に」対置させるような再編成である。そして急進的州政党が諸州に広がり、「遂には地方的勢力の統合によって我々は全国的第三政党をもつことになるだろう」。

カリフォルニアではアプトン・シンクレアが

カリフォルニアでは有名な小説家で社会主義者、アプトン・シンクレアが「カリフォルニアで貧困を終わらせよう」（EPIC：エンド・ポヴァティ・イン・カリフォルニア）という運動を開始し、高率の州所得税と相続税、六〇歳以上の貧困者への年金、貧困失業者の救済、さらには州による生産協同組合の組織化というプログラムを提唱しながら、一九三四年の民主党の州知事候補の予備選に出馬し、大差で候補指名を獲得した。本選挙では共和党に敗れたが、保守派は恐怖に駆られたのだった。

その他、各地で多様な変革運動が起こったが、注目されるのは、下層民衆の間の強い不満を背景に、大胆でしばしば奇妙な「万能薬」的改革案を提示して、ニューディールを批判する大衆扇動的運動が野火のように広がったことだった。とりわけルイジアナ州知事から連邦上院議員になったヒューイ・ロングはあらゆる大財産の没収と平等な分配を唱え、ルイジアナ州で独裁政権を樹立したのだった（次頁のコラム9参照）。

3　第二期ニューディールとローズヴェルト連合の形成

（1）ローズヴェルト政権の左旋回

一九三四年選挙での国民の意思

こうして第一期ニューディールの利害調和の理想は破綻し、アメリカはニューディールをめぐって左右への亀裂を深めた。大衆の不満を鎮めない限り、ローズヴェルト政権はこれらの勢力に圧倒されてしまうという危険性が生じた。鋭敏な政治家たるローズヴェルトは、ここに政策の部分的修正、いわゆる「左旋回」に乗り出したのである。

転換への触媒は、一九三四年の中間選挙で民主党改革派が大勝利したことだった。ニューディールの救済事業の中心人物、ハリー・ホプキンズは語った。「諸君、我々の時がきた。我々は欲するすべてのものを手に入れねばならない。労働プログラム、社会保障、賃金と労働時間規制、すべてだ。今を逃せば二度と機会は来ない」。翌一九三五年一月、ローズヴェルトは年頭教書において、さる選挙での国民の意思は明らかであると言明し、民衆の福祉向上のための広範な諸立法の必要性を力説した。

第二期ニューディールへの転換

この「第二期ニューディール」の重要立法の大部分は、同年四月から八月にかけての「第二の百日間」に制定されたが、最高裁判所が同年五月、ＮＩＲＡに対して違憲判決を下したことによっても、転換の必要性は決定的となった。ＮＩＲＡが立法府の権限を過度に行政府に委譲しており、また連邦に

コラム9　三人の大衆扇動家の登場

ローズヴェルトに反対する大衆扇動家としては、まずはチャールズ・コグリン神父が挙げられる。一九二六年以来デトロイト郊外の教会から流れる彼の説教放送の聴衆は次第に増加したが、不況期に入ると彼は政治に関心を向け、国際銀行家の支配を強く攻撃した。彼によれば、「現代のシャイロックたち」(シャイロックとは「ベニスの商人」に出てくる高利貸しのこと)が恐慌を引き起こしたのであり、民衆は通貨の管理権を奪取し、政府は銀行を国有化せねばならないというのである。そして彼はニューディールを激しく攻撃し始め、イタリアのファシズムに似た政治体制を唱えて、全国社会正義同盟を組織し、九〇〇万の追随者をもつと豪語した。

カリフォルニア州ロングビーチの医師フランシス・タウンゼンドは、商取引に対する課税で調達される基金によって、六〇歳以上のすべての老人に月額二〇〇ドル以上の年金を支払うこと、老人は一切の仕事から身を引いて二〇〇ドルを一ヶ月以内に使いつくすべきであるという老齢循環年金制度を唱えた。年金の迅速な支出が需要を作り出し、失業した若者の雇用が作りだされ、景気は回復するというのである。

しかしローズヴェルトにとって最も恐るべき脅威となったのは、ルイジアナ州知事を経て一九三〇年に合衆国上院議員となったヒューイ・ロングだった。彼は大資本を攻撃して州内下層民衆の偶像的存在となり、州政に対する完全な独裁体制を樹立し、私的な突撃隊を組織し、「私が法律である」と豪語した。彼はあらゆる大財産を没収して民衆に分配し、「人をみな王様に」にすると約束し、老齢年金、公共事業の拡大、労働者保護、大々的な農民政策の必要性を論じた。そして彼は一九三六年の大統領選挙における第三党の出現について語り、「我々が国中を席巻すると思っている」と豪語した。しかしルイジアナにおける彼の政治勢力は腐敗しており、彼は一九三五年独裁者らしく暗殺者の銃弾に倒れた。

規制権限のない州内通商まで規制しようとしているというのが裁判所の意見であり、ここに第一期ニューディールの基軸としてのＮＲＡ体制は最高裁によって打ち倒されたのである。

社会保障法

ここに制定された社会保障法は、老齢年金制度および州営の失業保険制度を樹立し、また身体障害者、生活困窮老人などのための公的扶助制度を設け、これらの制度を運営するための社会保障庁を設置した。同法は多くの不備な点を残したが、従来のアメリカの伝統を打ち破って、アメリカを福祉国家への道に乗せたのである。

第一は失業保険制度だった。連邦政府の役割は基本的に資金を集めること、諸州のための基準を定めることに限定され、州がそのプログラムを運用した。適用を受けるのは八人以上の従業員をもつ企業で、政府はそのような企業に税を課した。財源は事業主単独拠出制度をとり、民間の事業主は失業保険に加入する義務があり、失業者の受給額は前職賃金の五〇％を目安とし、受給期間はほぼ半年だった。

第二は老齢年金制度だった。労働者は働いている期間に課税され、それによってもはや働けなくなった時のための年金を稼ぐのだった。雇い主もそのために課税され、六五歳に達した者が退職を条件に支給された。ただし適用されるのは、商工業の被用者で、自営業者、農業労働者、家事使用人は除外された。同法はまた老齢者以外の特別に困窮した者たちに対するいくつもの福祉プログラムを創設した。一つは母子家庭のためのものであり、他は障害者への援助だった。ローズヴェルト政権は、健康保険制度の創設に賛成だったが、医師会などの反対のために、それは不可能となった。

国家が労働組合に肩入れしたワグナー法

労働運動にとって最も重要な立法は上院議員ロバート・ワグナーの提案による全国労働関係法（ナショナル・レイバー・リレイションズ・アクト）、別名ワグナー法だった。ワグナー法は今や無効となったＮＩＲＡの第七条ａ項を継承し、労働者が組合を組織する権利、いわゆる団結権、そして労働者が自ら選んだ代表によって団体交渉を行う権利を明確に保障しただけでなく、組合活動に対する雇い主側の妨害行為のほとんどすべてを「不当労働行為」として一方的に禁止した。

そして労使関係を規制する政府機関として全国労働関係局（ＮＬＲＢ：ナショナル・レイバー・リレイションズ・ボード）が設けられ、この部局は適切な団体交渉単位の決定、労働者の秘密投票の管理、労働者代表の認定、そして不当労働行為の具体的禁止などについての広範な権限をもち、労働者の交渉権を厚く保護した。ここに政府は労資関係において労働者側に肩入れすることになり、ワグナー法はアメリカ労働運動に未曾有の機会を提供することになったのである。

ワグナー法は従業員の権利を侵害する使用者の行為を「不当労働行為」として禁止する一方、労働組合の活動は国家によって保障されたのである。企業はワグナー法の合憲性を裁判にかけたが、一九三七年、連邦最高裁は五対四で同法の合憲性を支持した。ワグナー法の制定はいよいよ革新派の時が到来したことを象徴していた。

公正労働基準法と失業対策

一九三八年には公正労働基準法（フェア・レイバー・スタンダード・アクト）が制定された。この法律は州際通商における諸産業についての最低賃金を定めた。同法はまた週労働時間を四〇時間とする規範を定めた。もっと長い労働時間は禁止されなかったが、雇い主は制限時間を超えた労働に対しては少なくとも一・五倍の賃金を支払わねばならないことになった。

失業対策については緊急救済支出法が制定され、雇用促進局（WPA：ワークス・プログレス・アドミニストレーション）が創設された。WPAは一九三五年から四一年にかけて月平均二一一万人を雇用した。ここにニューディールの失業対策は単なる応急の救済策としてではなく、公経済部門の拡張による雇用拡大、財政支出による景気刺激策としての意味を強くもつようになった。

それでもニューディールは失業を解決できなかった。ニューディールの懸命な諸政策にもかかわらず、一九三〇年代において失業率は一四％以下にはなかなか下らなかった。一九三五〜三七年には顕著な経済回復が起こり、一九三七年には工業生産は一九二九年の水準を超えたが、まだ七七〇万人が失業していた。そして一九三七〜三八年には「不況の中の不況」が起こり、失業者は一〇〇〇万を超えた。一九三九年にはいくらか改善を見たが、九五〇万人ほどが失業していたのである。

(2)　ローズヴェルト連合の形成

民衆的立場からの改革　富の広い分配を図るために、一九三五年歳入法、いわゆる「富裕税法」が制定され、所得特別付加税は最高七五％に引き上げられた。保守派から激しく反対されたが、ともかくもそれは画期的な措置だった。このように第二期ニューディールにおいては、以前の資本の利益の擁護から、一般民衆の福祉の強調へと重点が移り、政府は一般民衆と結んで実業界に立ち向かうという政治姿勢を打ち出した。したがってごく少数の実業界リベラル派を除けば、ローズヴェルト政権は実業界と対立し、第二次大戦下で両者の和解が成立するまで、実業界は連邦政府の諸提案に反対し続けたのである。

一九三六年大統領選挙戦　一九三六年の選挙戦は激烈な闘いとなった。保守派はローズヴェルトが「社会主義とファシズムという外国の思想を導入」しようとしていると非難した。これに対してローズヴェルトは「経済的王党派」は政府を彼ら自身の道具だと考えていると反論した。選挙戦の熱気の中でローズヴェルトは「組織された金による政府は組織された暴徒による政府と同様に危険である」と述べて、独占的金融勢力を激しく攻撃し、「対決の時はきた。特権階級は私に対する憎悪において一致している。そして私は彼らの憎悪を歓迎する」と演説して、聴衆を興奮させたのである。

ここに労働者、新移民系の都市民衆、農民、黒人、進歩的知識人がローズヴェルト支持に結集した。とりわけ重要だったのは組織労働者の圧倒的なローズヴェルト支持だった。そして一九三六年、ローズヴェルトは圧勝した。選挙結果は共和党のアルフレッド・ランドンの一般投票一六七〇万票、選挙人票わずか八票に対して、ローズヴェルトは二七八〇万票と選挙人票五二三票だった。驚くべき選挙結果である。ローズヴェルトの民主党政権は、民主党政権としてその支持基盤を保守的な南部と大都市の伝統的政治マシーンに残しながらも、リベラル派知識人、組織労働者と、そして「新移民」系の都市民衆、さらには農民を支持基盤として成立した「ローズヴェルト連合」に立脚するようになったのである。

「新移民」系諸集団のローズヴェルト支持

ニューディールの社会政策の恩恵に浴した新移民系諸民族集団、カトリック教徒、ユダヤ人などの都市民衆が、ローズヴェルトの下に民主党勢力の中にしっかりと編入された。またアメリカ史上初めて黒人有権者の多くが伝統的な共和党支持から民主党支持へと転換した。ニューディールの黒人問題への取り組みはきわめて不十分だったにもかかわらず、福祉政策の恩恵、そしてある程度の黒人登用策によって、ローズヴェルトは黒人の信望を集めた。ここに民主党は民衆的諸勢力を基盤に、安定した多数派勢力を樹立した。

前年九月にヒューイ・ロングが暗殺されたこともあり、ロング派、その他に支持されたユニオン党のウィリアム・レムケは八八万の一般票を得たにすぎなかった。社会党の得票は一九三二年の八八万票から十九万票へ、共産党のそれは一〇万票から八万票へと減少した。ローズヴェルトの「左旋回」の効き目が現れたのである

このような動きを一九三〇年代の諸外国と比べる時、アメリカの労働民衆は幸運だったといわねばならない。ソ連ではスターリンの専制政治が確立し、ドイツではヒトラーのナチスが政権を掌握し、イタリアではムッソリーニのファシズムが支配し続けており、スペインはフランコのファシスト政権の支配下に入った。イギリスでの恐慌対策はあまり成果が上がらなかった。そしてフランスはやがてヒトラーの軍隊によって占領されるのである。

4　盛り上がったＣＩＯと座り込みストライキ

(1)　ＣＩＯ（産業別組織会議）の設立

労働者を職能別に分割したＡＦＬ

一九三〇年代の労働運動で注目すべきは、大規模産業の労働者を産業別組合に組織化しようとする努力が成功したことだった。ＡＦＬは大量生産産業の労働者が組合を組織したいと望むと、彼らをひとまずＡＦＬに直属する連盟労組（フェデラル・ユニオン）に編入した上で、それぞれ全国職能別組合に分割しようとした。例えば一九三三年オハイオ州アクロンのゴム工場で、四五〇〇人のゴム労働者が自主的に労働組合を結成し、ＡＦＬに承認を求めると、ＡＦＬはその組合を鍛冶工、大工、エンジニア、電気工、機械工、事務員、塗装工、配管工、

トラック運転手などの一九のローカル組合に分割させ、それをそれぞれの全国組合に所属させようとしたのである。そこでそのようなことは止めて、一括して一つの組合の中に包摂すべきだという産業別組合組織化の要求が高まってきたのである。

AFL大会での決裂　この問題はAFLの内部でなかなか決着がつかなかったが、一九三五年のアトランティック・シティでの大会で劇的な決裂を見せた。ジョン・L・ルイスと彼に従う者たちは、産業別組合主義を強硬に主張した。その決議案は敗北したが、三八％の票を得た。予想されたよりも多い票数だった。

大会が終わりに近づき、産業別組合主義に立つ代議員が発言しようとした時、頑固な職能別組合主義者のウィリアム・ハッチソン大工組合長が、産業別組合の問題はすでに討議済みだと発言し、議事進行を要求した。ウィリアム・グリーン会長がこの動議を受け入れると、ルイスは立ち上がってこれに抗議し、その代議員の発言権を認めるべきだと主張した。ルイスは発言を終わるとハッチソンの席に近付いていった。二人はちょっと話し合ったが、突然ルイスは拳でハッチソンの顔を一撃した。二人は組み合って床にころんだ。この事件はルイスらの産業別組合派がAFLから決定的に分裂することになることを劇的に象徴したのだった。

CIO（産業別組織化委員会）の設立と追放　大会が終わった翌朝、ルイスはホテルで朝食会を開き、産業別組合主義の指導者たち五人を招き、非公式の会談を行った。そしてその三週間後の十一月九日に、ルイスはUMW本部で八人の労働指導者たちと会合し、AFL内部の組織として産業別組織化委員会（CIO：コミッティ・フォー・インダストリアル・オーガニゼーション）が設立された。その使命は鉄鋼や自動車のような大量生産産業における組織化だった。CIOはAFL内の特別委員会であると称し、大量生産産業の産業別組合を組織して、AFLに加入させることがその任務なのだと主張した。AFLのグリーン会長はその委員会は大会決定を経ていないのだから、すぐに解散すべきだと警告したが、ルイスらはこれを無視した。

AFLとCIOとの間で非難の応酬が行われ、一九三六年八月、AFLの執行評議会はCIOを構成する一〇の加盟組合を資格停止し、十一月のAFLの大会はCIOをAFLから追放した。産業別組織化委員会のほうも、一九三八年自らを産業別組織会議（コングレス・オブ・インダストリアル・オーガニゼーションズ）と改称し、ジョン・ルイスを会長とした。ＣＩＯに結集する労働者たちは、かつてＩＷＷの労働歌だったラルフ・チャップリンの『団結よ、永遠なれ』を歌いながら、組合の組織化とストライキ闘争に突入したのだった。

（2）　座り込みストライキの展開

アクロンの座り込みストライキ

ＣＩＯの成立とともに労働運動の英雄的ともいうべき大高揚が起こった。一九三六年から三八年にかけてシット・ダウン（座り込み）ストライキという工場占拠方式が広がったことがその象徴だった。座り込みは一九三六年アメリカのゴム生産の首都とも言うべきオハイオ州アクロンで始まった。ゴム労働者たちはストライキに入ったが、ＡＦＬ指導者たちはストライキしないように説いた。労働者たちは憤激し、密かに彼ら自身の計画を練った。

一九三六年一月二九日午前二時、ファイヤストーン社の夜勤の労働者たちがプラントの占拠を始めた。一人の労働者がマスタースウィッチのところへ行き、深く息を吸った後、重たいハンドルを引き上げた。これを合図に労働者たちは一斉に機械を離れた。通常のストライキが英語で「ウォーク・アウト」とも言うように、職場から出て行くことを意味したのに、彼らはそのまま工場に残り、工場の占拠を続けたのである。

十日以内に座り込みはグッドリッチ社とグッドイヤー社にも広がった。約一万人のアクロンのゴム労働者はＡＦＬを離れて、統一ゴム労組として再組織し、ＣＩＯに加盟した。座りこみは効果を発揮した。労働者が仕事の場所を占拠しておれば、スト破り工の導入は困難になるからである。

ＵＡＷの結成

しかし座り込みストの本格的始まりを画したのは、統一自動車労組（ＵＡＷ：ユナイテッド・オートモービル・ワーカーズ）によるミシガン州フリントの自動車工場の座り込みだった。アメリカの自動車労働者たちは、一九三五年にいくつもの小さな組合を合同させて、ＵＡＷを創設し、ＡＦＬに加盟したが、ＡＦＬはそれをいくつもの職能別組合に分割したいと考え、自動車労働者の自主的な役員選出を認めなかった。そこで結局、ＵＡ

ＷはＣＩＯと結びつき、三六年四月、ＡＦＬから離れ、新たにウォーレン・Ｈ・マーティンを組合長に選出し、全自動車労働者の組織化を進めることを決定した。ここにアメリカの一つの代表的産業別組合としてのＵＡＷが成立したのである。

ＵＡＷは自動車産業の全面的組織化を計画し、その最初の闘争をＧＭ（ゼネラル・モーターズ社）と闘うことに決定した。ＧＭは二五万人以上の労働者を雇用しており、どんな犠牲を払ってでも組合の組織化を阻止しようと決心していた。上院のラフォレット市民的自由委員会の言葉では、ＧＭは「アメリカの企業において考案された最も巨大なスパイ網」を以て労働組合の形成を抑制していた。ミシガン州フリントにおける座り込みストライキがその難局を突破することになった。

フリントの座り込みストライキ

フリントはＧＭにとって生産の心臓だった。一九三〇年、人口は一五万。その八割はＧＭでの仕事に依存していた。ＵＡＷはオーガナイザー（組織化要員）をフリントに派遣したが、組織化への障害は巨大だった。しかし三六年一二月三〇日、一〇〇〇人近くの労働者が二つのプラントを占拠した。それとともに大転換がやってきた。少数の労働者でも工場を占拠しておれば、会社はスト破りを導入するのが困難になるからである。職場放棄と違って、座り込みは大きな決断、綿密な計画、そして規律を必要とした。スト工たちは「シット・ダウン・コミュニティ」を組織した。各職場がストライキ委員会を選出し、それ自身の警備と衛生部隊を任命した。アルコールは許されなかった。スト工たちは会社の財産を破壊しないように細心の注意を払った。考えられるあらゆる目的のために委員会が組織された。食料、娯楽、衛生、教育、外部との接触。拡声器を利用して門外にいる支持者たちに向けて演説と歌が流された。スト工の家族たちからなる女性緊急連絡隊が食料を用意し、戦闘的なピケットラインを維持した。

座り込みが一ヶ月を超えて継続するにつれて、国中に支持が広がった。ＧＭ帝国における総生産は週当たり五万三〇〇〇台から一五〇〇台へと激減した。記者と組合支持者がフリントに群がった。一月十一日、スト工とその支持者たちはフリントの警察およびＧＭの警備員たちと激しく衝突した。ミシガン州知事フランク・マーフィはスト工たちに同情的で、彼らを保護するために州軍を派遣した。

一九三七年二月十一日の夕方、疲れ果てた、しかし非常に嬉しげなスト工たちが、工場から出てきた。彼らは星条旗を掲げて行進した。支持者たちの歓喜のパレードが工場の門のところで彼らを迎えた。四四日間の座り込みストライキは終わった。GMは降伏し、UAWを全部で六〇に及ぶその工場における交渉機関として承認した。フリントの勝利の中から全国的規模の自動車労働者の有力な組合、UAWが出現したのだった。

座り込みの広がりと終わり　フリントでの勝利をきっかけに座り込みストライキが広がった。一九三六年には四八件の座り込みが行われ、約九万人が参加し、三七年には約四〇万人が参加した。それは熱病のように広がった。ある座り込みスト工は言った。「我々は砦を守る兵士のようだった。それは戦争のようだった。私は子供の時に学校でデイヴィ・クロケットとアラモでの最後について読んだことを覚えている。まさにそのように感じたのさ」。スト工たちは労働者の闘争に同情的なニューディール政治家たちが官職に就いていることを認識していた。そして座り込みは広範なコミュニティの支持を必要としていた。

労働者が手にした新しい武器である座り込みストライキをめぐっては、全国的な議論が起こった。確かにそれは労働者にとって効果的な武器だった。経営者を交渉のテーブルにつかせるための「革命的」手段としてそれは称揚された。しかしAFL指導部は座り込みに反対した。座り込みは法的には重大な問題をはらんでいた。資本主義社会においては財産権は神聖なものであり、一九三九年二月、連邦最高裁は座り込みストライキが財産権の侵害であり、違法だと判決した。裁判所は次のように述べた。「そのストライキは雇い主による建物の合法的な使用を妨げるための建物の不法な奪取」であると。以後座り込みは行われなくなった。しかし短期間だったが、座り込みストライキは二〇世紀のアメリカ史における重大な事件だったのである。

(3) 鉄鋼・自動車・波止場における労資の対決

USスティール社の屈服　ジョン・ルイスにとって鉄鋼の組織化は自動車以上に重要な課題だった。彼は炭鉱労組の副会長フィリップ・マレーの下に鉄鋼労働者組織化委員会（SWOC：スティール・ワーカーズ・オーガナイジング・コミッティ）を組織させた。マレーはピッツバーグに本部を設立し、有能なスタッフを集めた。同委員会がまず取り組んだのはUSスティール社の諸工場に設立されていた会社組合をCIO側に引き入れる仕事だった。SWOCはかなりの成功を収め、USスティール社との闘争に備えた。しかし実はその背後でルイスはUSスティール社の社長、マイロン・テーラーとの間で極秘の交渉を進めていたのである。一九三七年三月二日、USスティール社はSWOCを交渉団体として承認するという協約を締結した。オープンショップの牙城だったUSスティールはあっけなく陥落した。フリントの座り込みの後、テーラーはオープンショップを続ければ必ず暴力的で長期の座り込みストライキになるとして、ルイスとの秘密交渉に応じたのだった。

この圧倒的な勝利の後、SWOCは勝利を続けた。鉄鋼産業の組織化はUAWの場合とは違っていた。UAWの「動乱のような民主主義」とは対照的に、SWOCは炭鉱労組の役員たちによって支配された。ある鉄鋼労働者は想い出して述べた。「我々の組合はトップから下へと作り出された。炭鉱労組が資金を出した。指導部とスタッフは炭鉱労組からやってきた。彼らは言った。『ここに組合があるよ。さあ、君たち、入りたまえ』と」。トップダウン方式で鉄鋼における組合主義は成立した。

メモリアル・デーの虐殺　しかし鉄鋼の組織化がすべて円滑に進捗したのではなかった。USスティール社は屈服したが、いくつもの「リトル・スティール」社は組合との交渉を拒絶した。「リトル・スティール」と言っても、それはUSスティール社に比べれば小さかったのであり、決して小企業ではなかった。ベスレヘム、リパブリカン、ヤングスタウン、ナショナル、およびインランドの五社は大企業であり、役員たちは暴力を厭わなかった。そしてCIOは重大な敗北を喫した。それを象徴したのが「メモリアル・デーの虐殺」だった。

一九三七年五月三〇日、メモリアル・デー（戦没者追悼の日）に、シカゴのリパブリカン・スティール社の工場の外側

図９-１　オーヴァーパスの闘い

UAW 指導者ウォルター・ルーサーらがフォードの手先から暴行される有様。有名な写真である。

出典：American Social History Project, *Who Built America*, Vol.2（New York, 1992), p.390.

で労働者が抗議集会を催し、そのうちの一部が工場に近づくと、二〇〇人の警官が待ち構えて、発砲し、一〇人を殺し、さらに催涙弾と警棒で集会を攻撃し、六〇人を負傷させた。上院のラフォレット市民的自由委員会はこの事件を調査し、非武装の労働者に対する虐殺を非難した。裁判が行われ、裁判所は企業側を不当労働行為のゆえに有罪としたので、四つのリトル・スティール社は結局、組合との交渉に応じた。しかし交渉は長引いた。SWOCが統一鉄鋼労組（USW：ユナイテッド・スティール・ワーカーズ）となるのはアメリカの世界大戦突入後になってからだった。

フォード社との闘い　フリントでの勝利は自動車産業に大きなインパクトを及ぼした。ハドソン、スチュードベーカー、さらに多くの部品製造会社との協約が締結された。一九三七年四月、クライスラーもストライキを受けてUAWとの交渉に応じた。一九三七年十月までにUAWのメンバー数は四〇万近くになった。

しかしヘンリー・フォードは頑固だった。そしてハリー・ベネットに率いられた労働者管理部門（「サービス・デパートメント」）は暴力部隊だった。UAWの指導者ウォルター・ルーサーらは一九三七年五月、リヴァールージュ・プラントの外側での「オーヴァーパスの闘い」でひどく殴られた。ベネットは諸工場における反組合の恐怖政治を維持し続けた。そしてヘンリー・フォードは言明した。「労働組合組織は地上を襲った最悪のものだ」。

しかしUAWはCIOの援助で一九四〇年秋に大運動を開始した。一九四一年四月リヴァールージュの巨大工場でストライキが始まった。ミシガン州知事が調停し、フォードは全国労働関係局が管轄する投票に同意し、投票はUAWの圧倒的な勝利だった。さらにUAWはフォードの一連の不当労働行為を全国労働関係局に訴え、裁判となった。ほぼすべての論点においてUAW側がフォードに勝利した。その結果は異例なものだった。賃金は同産業で最高となった。「サービス・デパートメント」は解体された。

東西で違った波止場労働者の動き

港湾労働者の場合、西海岸と東海岸では対照的な展開が見られた。西海岸では新しく国際波止場・倉庫労働組合（ILWU：インターナショナル・ロングショアメンズ・アンド・ウェアハウスメンズ・ユニオン）が組織された。一九三四年の大ストライキの騒乱を経て、同組合は経済的には戦闘的で、政治的にはラディカルだった。

指導者ハリー・ブリッジスは一九〇一年オーストラリアのメルボルンに生まれ、一九二〇年アメリカに移住し、IWWに加わり、サンフランシスコで沖仲士となった。一九三四年には前述したサンフランシスコ・ゼネストに発展する沖仲士のストライキを指揮し、一九三七年には、彼は新しいその組合をCIOに加入させた。彼は共産主義思想に惹かれたが、共産党の路線からの自由を確保しながら行動した。第二次大戦の後、彼は共産党のシンパサイザーとして非難され、彼の組合は共産主義的組合としてCIOから追放された。また彼を国外に追放しようとする司法側の試みが執拗に行われたが、頑強にそれと闘い、同組合の指導を続け、一九七九年に引退した。特筆すべき労働指導者だった。

他方、ニューヨークの波止場労働者はイタリア系とアイルランド系が支配的であり、カトリック教会の影響もあり、労働者は自分たちを彼らの移民居住区の一員と見なした。彼らの組合、国際波止場労組（ILA：インターナショナル・ロングショアメンズ・アソシエーション）は保守化し、ストライキを回避し、経営者と妥協し、異議を唱える者たちを暴力的に打ち砕き、犯罪組織とのつながりを樹立した。エリア・カザン監督、マーロン・ブランド主演の映画、『波止場』の舞台はこのような状況を背景に生まれたのである。

（4）　CIOの前進とAFLの対応

一九三七年十月CIOはその第一回大会を開き、三二の加盟組合をもつと主張した。メンバー数は三六〇万だった。それはAFLとは違った種類の組織、「新組合主義」（ニュー・ユニオニズム）に立っていた。典型的なCIO指導者はAFLの指導者たちよりも若く、戦闘的で、社会主義者や共産主義者であることも多かった。加盟組合は政治的に活発であり、民主党のローズヴェルト連合の活発な構成要素だった。

AFLのほうもCIOの挑戦に精力的に対応した。大量生産産業の労働者が組織できるということを見て、AFL加盟組合は熟練や職種にかかわらず、メンバーに入れることを開始した。大工、機械工のような旧式の職能別組合も半産業別組織へと変わった。AFL組合はCIO組合よりも古くて安定しており、経験のある多くのスタッフを抱え、かなりの財源を持ち、雇い主に対してCIOより穏健であると思われたので、AFLは多くの新メンバーをひきつけた。そして一九四〇年にはAFLは四二〇万のメンバーを誇り、CIOのメンバー数、三六〇万を上回っていた。

一九三〇年代にアメリカ労働者が得た成果は巨大なものだった。組合に組織された労働者の数は一九三三年の二八〇万五〇〇〇人から一九四一年の八四一万人へと三倍になった。組合に所属する労働者の割合は、製造業においては九%から三四%へ、鉱山業においては二一%から七二%へ、運輸においては二三%から四八%へ、建設業においては五四%から六五%へと急増した。しかし組合組織化がすべての場合に成功したのではなかった。南部における組合勢力の伸張の限界は重大だった。シドニー・ヒルマンは一九三七年に繊維労働者組織化委員会を結成して、組織化を図ったが、わずかな成功を収めたにすぎなかった。

5　共産党と社会党

(1)　共産党——人民戦線による勢力の拡大

社会ファシズム論による孤立　一九三〇年代には共産党の勢力が伸張し、マルクス主義の影響が広がった。第二次世界大戦後のアメリカで反共ヒステリーが荒れ狂ったのも、共産党が三〇年代に勢力を伸ばしたからだった。しかし不況の中でも初め党勢はなかなか伸びなかった。アメリカ合衆国共産党はコミンテルンの支部を構成しており、ソ連共産党の指令に従っていた。そして一九二〇年代末から一九三四年の時期のコミンテルンは、不況が世界を覆う中で革命的攻勢の時期が到来していると考え、革命を担うのは共産党であり、それ以外は反革命的勢力、労働者階級の敵であると考えた。リベラル派も社会民主主義もファシズムと同じ抑圧的ブルジョア国家の表現であり、ニューディールもファシズムの片割れであると酷評した。アメリカ共産党もこの考えを受け入れたのだった。

人民戦線への路線転換　ところがドイツでヒトラーが権力を掌握したことに驚いたコミンテルンは、一九三五年に路線を転換し、「人民戦線」（ポピュラー・フロント）においてすべての反ファシストと共同戦線を張るよう世界の共産党に呼びかけた。この方向転換により共産党はアメリカ社会の多様な部分に影響力を拡大した。党員数は一九三〇年の七五〇〇人から一九三八年の五万五〇〇〇人へと増大した。そして様々な団体や労働組合に多くのシンパサイザーがいたのである。党内ではアール・ブラウダーが勢力を強め、「共産主義は二〇世紀のアメリカニズムである」というスローガンが掲げられた。彼らは自分たちは一七七六年のアメリカ革命の伝統を継承するものだと主張し、自分たちの目標はファシズムの拡大を防ぎ、民主主義を守り、社会的正義を促進するために民主勢力を連合させることだと主張し、ローズヴェルトを支持した。

共産党のフロント組織　多様な分野で親共産主義的なグループが組織され、多様な雑誌が出版された。「戦争とファシズムに反対するアメリカ連盟」は共産党と連携した大きな組織で、七〇〇万のメンバーを誇った。「アメリカ作家会議」は一九三五年に開催された作家の左翼的集会で、その決議文は、「資本主義は我々の眼前で急速に崩壊しつつある」と述べ、「詩人、小説家、劇作家、批評家、短編小説家は資本主義の滅亡と労働者政府の樹立を促進するために自己の活動を通じて支持する必要性を認めねばならない」と宣言した。この文書に署名した作家の中にはジョン・ドス・パソス、セオドア・ドライザー、ジェームズ・ファレル、リチャード・ライト、アースキン・コールドウェルなどがいた。

ロシアにおけるスターリンによる「粛清」のことは知られておらず、一九三〇年代の多くのアメリカ人はソ連を多大の関心と同情をもって眺めていた。最も重要だったことは、ソ連は世界不況によって影響されず、失業者がいないことだった。そして危機に瀕したスペインの人民戦線政府をフランコのファシスト軍の攻撃から救うために、約三二〇〇人のアメリカ人がエイブラハム・リンカン連隊に参加した。ヘミングウェーの有名な『誰がために鐘は鳴る』が出版されたのは一九四〇年のことである。

労働運動と共　産　党

共産党が人民戦線を唱え、リベラルおよびラディカルな諸運動と手を結んだ時、同党は政治的・文化的孤立の長い時期を終わった。共産党は沢山の労働者から支持された。共産主義者は産業別組合主義のために尽力した。CIOの指導者たちはオーガナイザーを多数必要としていた。共産党は献身的オーガナイザーを提供した。CIOの鉄鋼労働者組織化委員会（SWOC）が採用した二〇〇名の活動員のうち六〇人が共産党員だったという。また自動車産業の組織化においても共産党員は重要な役割を果たした。

CIOのトップ指導者、ルイスとヒルマンとマレーは反共主義者だったが、共産党がCIOとニューディールを支持する限り、共産党員を利用した。ルイスは共産主義者をなぜそれほど採用したのかと聞かれて、「鳥を捕るのは誰か。猟師か。それとも犬か」と言い返したという。そのようなCIO指導部の態度があって、共産主義者、そして容共の活動家たちは、若干の組合において支配的地位に就くことができた。共産党員とその同盟者たちは統一電機労組（UE：ユナイテッド・エレクトリカル・ワーカーズ）、運輸労組、海運労組、皮革労組、鉱山精錬労組、そして国際木材労組をコントロールしていた。そして西海岸の波止場労働者の組合を率いたハリー・ブリッジスは共産主義に傾いていた。また

UAWの内部にも強力な共産党勢力があった。

黒人と共産党

共産党は特に黒人の間に勢力を広げた。アメリカの黒人問題についてコミンテルンでは、黒人＝被抑圧民族という定式化がなされ、国際共産主義運動の一環として黒人解放運動を捉える方針が樹立された。共産党は南部のブラックベルトでの黒人の自治をめざして、黒人の組織化に力を注いだが、とりわけ黒人の間に共産党に対する支持が広がったのは、スコッツボロ事件に対する共産党の救援活動のおかげだった。

事件は、一九三一年アラバマ州スコッツボロ近くで貨物列車に二人の白人紡績女工が乗っていたところ、九人の黒人少年が乗り込んできて、二人をレイプしたと嘘をついたことに発した。黒人少年たちは逮捕され、八人が死刑の判決を受けたのだった。無実の罪に問われた黒人少年たちの救援活動の中心となったのが共産党であった。裁判は延々と続き、最後の一人が釈放されたのは、事件から二〇年後の一九五〇年のことであった。黒人たちの間には、長期にわたる救援活動を担った共産党に対する支持が広がったのである。

(2) アメリカ社会党とノーマン・トマス

牧師出身のノーマン・トマス

ノーマン・トマスを党首とするアメリカ社会党も多くの支持者を、とりわけ「強い理想主義的感情をもつ教育ある人々」の間に見出した。トマスはオハイオ州に長老派の牧師の家庭に生まれ、プリンストン大学を卒業後、ユニオン神学校で学び、一九一一年に牧師に任命された。熱烈な平和主義者だった彼は社会党に加入し、デブスが一九二六年に死亡したので、彼は一九二八年に社会党の大統領候補に指名され、二〇州で二七万ばかりの票を獲得した。トマスから受ける社会党の印象はデブスの場合とは違っていた。デブスは労働運動の一つの象徴だったが、トマスの社会党には労働組合の基盤は狭くなっていた。

一九三二年、社会党大統領候補トマスは八八万四七八一票を得た。しかし社会党はニューディールが左に移行すると衰退した。一九三三年以降の社会党の衰退の物語は、ニューディールの政治的成功の物語だったのである。

社会党の衰退

一九二〇年代以降、社会党の労働者基盤は主としてニューヨーク市のユダヤ系の衣服労組に限定されてきた。しかし衣服労組は社会党支持からローズヴェルト支持に転換した。ただ衣服労組指導者たちは、民主党の基盤の一翼を構成したニューヨークの都市マシーン（タマニー）を支持したくはなかった。ニューヨーク市の民主党を拒否しながら、ローズヴェルトとニューディールを支持するために結成されたのが、アメリカ労働党（アメリカン・レイバー・パーティ）だった。アメリカ労働党の支持者は、労働党独自の候補だけでなく、ローズヴェルトおよびローズヴェルト派の民主党員を支持することができた。こうして衣服労組が社会党を離れると、社会党はほとんど労働組合の支持なしになってしまったのである。一九三六年社会党の大統領候補、トマスの得票は一八万七三四二票にすぎなかった。社会党の失敗の理由は明らかだった。それは「ローズヴェルト」だった。一九三七年党費支払い党員数は六四八八名にすぎなかった。そして一九四〇年におけるトマスの得票は九万九五五七票となった。政治勢力として社会党は衰亡したのである。

6　多様な労働者——エスニック・黒人・女性

(1)　エスニック労働者の新しい状況

移民系諸集団のアメリカへの統合

一九三〇年代には産業別組合主義の台頭、連邦政府によるニューディール政策の実施によって、それまでエスニック的に分裂していた労働者の間に、統一的な労働者階級としての自覚が強まってきた。一九世紀末〜二〇世紀初頭に渡来してきた南欧・東欧からの「新移民」系の諸集団は、一九二〇年代まではそれぞれの慈善・相互扶助団体、ローン機関、彼ら自身の銀行などに生活を依存していた。困ると彼らはエスニックな諸機関に助けを求めた。それらの機関はそれぞれのエスニック・エリートによって運営されており、移民系労働者は彼らの経済的優位者に支配されていたのである。ところが大不況はエスニックな諸機関の力を掘り崩した。不況が深まると、エスニックな諸銀行はつぶれた。人々は伝統的なセイフティネットを失うと同時に、彼らのコミュニティのエリートが

コラム10　ニューディールとエスニシティ――リザベス・コーエンの見解

一九三〇年代における労働運動、とりわけ産業別組合運動の高まり、そしてニューディールはエスニシティとどのように関係していたのだろうか。ここでリザベス・コーエンの見解を紹介しておこう。コーエンの『ニューディールの形成――シカゴの産業労働者』（一九九〇年刊）によれば、一九二〇年代までのシカゴの産業労働者の生活はエスニシティによって閉じ込められており、労働者階級としては分断されていたが、一九三〇年代になると、労働者は民主党を支持し、労働組合に加入し、社会的福祉を求めて政府と組合に目を向け、全国的な組合組織に加盟するようになった。大衆文化の台頭が彼らを文化的に共通のものにしていた。こうして「エスニックであり、かつ労働者階級であるという彼らの自己イメージ」が形成されたというのである。

さらに彼女は労働者は反資本主義的ではなかったが、改革主義的なヴィジョン、つまり「道徳的資本主義」の夢を抱いていたのだと説明した。労働者の利害に対応するものとしての政府が労働者を保護するような国家体制。それは国家という他者が労働者に与えたものではなく、労働者が創造に寄与したものだったと彼女は主張する。労働者はニューディールの形成において大きな主体的役割を演じたというのである。

いずれにせよ、移民の大部分はアメリカに留まり、最後には帰化し、アメリカ市民として投票に参加するようになった。そして移民二世は生まれながらにアメリカ市民だった。移民系の諸集団はアメリカという国を愛するようになった。彼らは一九三〇年代においてはニューディール政策によって彼らに恩恵を与えたローズヴェルトを熱烈に支持し、ＣＩＯに結集して「ローズヴェルト連合」の重要な一翼となり、第二次大戦においては「祖国アメリカ」のために熱心に戦うことになるのである。これがギャリー・ガースルの言う「労働者階級アメリカニズム」である。

もう頼りにならないことを知った。結局、ニューディールが問題の解決に寄与することになったのである。

ニューヨーク市長ラガーディア　ニューヨーク市の場合、その政治は長らくアイルランド系の民主党組織、タマニー・ホールが支配していた。しかし一九三〇年代にはニューヨーク市政は大きく転換した。市長となったのは共和党のフィオレロ・ラガーディアだった。ラガーディアは父はイタリア系、母はユダヤ系。ニューヨークで夜間の法学部で学び、法律事務所を開いた。彼はイタリア系・ユダヤ系の衣服労働組合との絆を築き、衣服労組のストライキの妥結を助けた。一九一六年、共和党から連邦下院議員に当選し、以後何回か下院議員になり、ノリス－ラガーディア法の制定を勝ち取った。彼は一九三三年にニューヨーク市長選に出馬し、当選した。ローズヴェルト大統領は政党の枠を超えてラガーディアを好んだ。ラガーディアの最初の課題は市を破産から救うことだった。彼が就任した時、十四万人以上の市教員、警官、消防夫などには給料を支払えなくなる寸前だったが、連邦政府からの援助もあって、彼はこの危機を乗り越え、タマニー勢力に対抗し、市政に良心を持ち込んだ。ローズヴェルト－ラガーディア連合が困窮する市民を救ったのである。

（2）　黒人労働者

黒人に対する不況の影響　大不況の中で黒人は低い熟練度、先任権の欠如、人種差別主義のために、「最初に解雇され、最後に雇用」された。彼らは救済の配分においても差別された。職が少なくなり、職をめぐる競争が激化し、人種関係は緊張した。

北部に移動して幾らか状態の改善を獲得していた黒人たちの状況も不況によって掘り崩された。しばしばスト破りとして導入され、雇い主に対して忠誠な労働者として行動してきたにもかかわらず、不況が来ると雇い主たちはまず黒人から先に解雇した。彼らが頼ってきた共和党は不況で力を失った。それまで彼らを助けてくれた黒人エリートに率いられた諸機関、黒人教会も黒人の銀行や保険会社も力を失った。

不況の初期においては人種主義は脅威であり、黒人たちはスケープゴート（犠牲の羊）となり、リンチが広がった。

ただしこの反動には限界があった。不況期には人種主義的攻撃がそれほど厳しくなかったことが注目されている。不況の最初の時期にはリンチは増加したけれども、リンチによって殺害された黒人の犠牲者は一九〇〇年代の五六八人、一九二〇年代の二八一人から、一九三〇年代の一一九人へと減少した。

黒人のニューディール支持

一九三二年の選挙は黒人に難しい選択を課した。南部では民主党は白人の人種主義者の党であり、北部ではローズヴェルトは黒人の間で良く知られていなかった。他方、長らく支持してきた共和党は不況の党、フーヴァーの党だった。迷いながらもかなり多くの北部黒人が民主党のローズヴェルトに票を投じた。

ニューディール政権も黒人を特に厚く保護しなかった。黒人の圧倒的多数は南部の農村地域に住んでいて、投票権を奪われていたし、農業調整法のプログラムからはシェアクロッパーは排除され、小作人組合を組織する彼らの努力に対しても保護を与えられなかった。ＴＶＡはほとんど黒人を雇わなかった。そしてローズヴェルトは反リンチ法に反対し続けた。ローズヴェルトは黒人のニーズを認識していたとしても、政治的理由から動けなかったのである。ニューディールの経済政策を推進するためには、連邦議会内の南部民主党議員の支持が必要だったからである。

ローズヴェルト夫妻と黒人

不況期の黒人の主張を直接受け止めたのは、「政治的にアクティヴな最初のファースト・レイディ」、エレノア・ローズヴェルトだった。彼女はしばしば人種的不正義に反対して語った。一九三九年彼女は「アメリカ革命の娘たち」という愛国団体から脱退した。この団体が黒人オペラ歌手のマリアン・アンダーソンがそのコンサートで歌うのを拒否した時である。国土長官ハロルド・イッキーズの支持を得て、彼女はリンカン記念堂の階段から歌う許可をアンダーソンが与えられるように取り計らった。七万五〇〇〇人の聴衆がアンダーソンの歌を聴くために集まり、人種的平等への彼らの支持を表明した。

大統領は他のやり方で人種的平等への支持を表明した。彼は南部人ウッドロウ・ウィルソン大統領の時以来実施されてきた連邦政府内における人種隔離慣行を除去した。そして彼はその政権内の重要な第二級レベルのポストに黒人を任命した。「黒人内閣」として知られるものである。一九三八年までにニューディールのプログラムは三〇％の黒人に何らかの形での援助を与えたと言われる。大部分の黒人はローズヴェルトとニューディールを賞賛し、支持した。一九三六年のローズヴェルトの第二回大統領選挙の時には、ローズヴェルトは黒人票の圧倒的多数を獲得したと言われる。

ランドルフのワシントン行進計画　寝台車ポーター友愛会には、大不況のための旅行客の減少、チップの減少、ポーター職の減少が起こり、一九三三年にはメンバー数が六五八人にまで落ち込むという「暗黒時代」が訪れたが、一九三四年のアメリカ鉄道労働法による団体交渉権の保障、CIOの支援により勢いを取り戻した。

一九四一年一月、ランドルフは軍需産業および軍隊における黒人差別禁止を要求するワシントン行進に何万人もの黒人を動員するという計画を発表し、その大会でローズヴェルト大統領に演説するように要請した。それは強烈な脅しであった。第二次大戦への参戦を間近にしてローズヴェルトは、ランドルフにその計画を止めさせるために、行政命令を発布し、軍需産業および連邦政府機関における人種差別を禁止し、その命令を実施するために公正雇用慣行委員会を創設した。重要な一歩前進だった。

産業別組合主義の台頭と黒人労働者　一九三〇年代にはCIOの産業別組合主義の広がりとともに、黒人労働者の行動に大きな転換が起こった。それまでの黒人労働者の行動で目立ったのはスト破りだった。南北戦争後に黒人労働運動が開始された時以来、黒人労働運動は共和党を支持し、黒人中産階級の指導に従い、白人労働者を敵視し、企業家に忠誠を誓う場合が多かった。それによって彼らは職を得ようとしたのである。

ところがCIOの台頭により、それまで白人労働者に向けられら黒人の闘争は資本に向けての闘争に転換した。組合が産業別に組織されれば、人種や民族を超えた労働者の結集が可能になるからである。一九三六年ナショナル・ニグロ・コングレスが階級意識的黒人を代表するために結成された。その最初の大会において議長のA・フィリップ・ランドルフは公民権運動と労働組合運動との間の結びつきを強調した。そして組合活動家たちは階級的アピールが人種、民族、性別の相違を克服できることを発見したのである。

（3）　女性労働者とその運動

一九三〇年代には女性労働は厳しい制約を受けた。家族の収入が減少したので、女性は働きに出ようとしたが、それは男性の職を奪うことになるとして反発を買った。女性は家庭にいるべきであり、家族を扶養すべき男性労働者から仕事を取り上げるべきではないという考え方が普及していた。しかし女性は一九三〇年代にも労働力に入り続けた。職が非常に少なかったから、ニューディールの立法も仕事場における既婚女性の数を制限する場合があった。例えば一九三三年の「節約法」(エコノミー・アクト)は同じ家族の中の二人は連邦政府によって雇用されないと定めた。これは夫が連邦政府の職をもっている場合にはその妻は解雇されることを意味した。一九三七年にこの法律が撤廃される以前に、連邦の地位をもつ一六〇〇人の女性が解雇された。州および地方政府もこれに倣った。企業も女性、特に既婚女性を排除した。しかし仕事に出る既婚女性の比率は一九三〇年代の間に増加し、既婚女性は女性労働者全体の三五%を占めるようになった。

女性の労働組合員数は一九三〇年代に増加した。重要だったのは、女性が組合を通じて得た新しい尊厳と自由の感覚だった。ニューディール政策と立法のすべてが女性の機会を制限したのではなかった。一九三三年にはエレノア・ローズヴェルトによって組織された「女性の緊急ニーズについてのホワイトハウス会議」が開かれ、連邦の諸機関に対して女性に教師、事務員、看護婦、食糧・衣料の生産と流通の仕事を与えるよう促した。そして忘れてならないのは、ニューディールの労働長官だったのがフランセス・パーキンズ、アメリカ史上最初の女性閣僚だったことである。

7　大不況期の日常生活

不況に合わせての生活

一九三〇年代、アメリカの労働民衆は彼らの日常生活を不況の現実に合わせて生活せねばならなかった。失業、賃金低下、家屋からの追い出し、飢えに苦しむ人々の暮らしがあった。掘立て小屋に住むホームレス、無料パンの行列に並ぶ人々が不況期を象徴する光景となった。職を求めて貨物列車にただ乗りして放浪する移動労働者が増えた。多くの者たちが生活を切り詰めた。家族所得の平均は一九二九〜三二年の間に二三〇〇ドルから一六〇〇ドルへと縮小した。働いている者も賃金の切り下げ、労働条件の悪化に苦しんだ。

しかし民衆の生活も苦しみばかりではなかった。失業が増えたといっても、失業していない者のほうが多かった。そして不況はインフレではなく、デフレをもたらしたから、物価は一般に一九二九年から三二年までの間に二〇％低下した。

失業に苦しんだのは第一にブルーカラーの労働者だった。ブルーカラーに比べるとホワイトカラーの失業は少なかった。失業して貯金がなくなると、人々はまず所有物を質に入れ、家主や八百屋にツケにしてくれるように頼み、親戚や友人から借金をした。家賃が払えなくなると、家族はもっと安い住居に移った。親戚や友人の家に転がり込み、二つ以上の家族が一つの住居に入って、家屋の混雑は増した。交代でベッドを利用する場合もあった。家賃も払えなくなると、家屋からの追いたて（エヴィクション）が頻繁に行われた。やがてホームレスになり、浮浪者になるのである。

食　料

家族が十分な食糧にありつけるように多くのアメリカ人は苦労した。飢えが最も貧しい者たちを苦しめた。色々な話が残っている。七人の子供をもつ寡婦が家族を養うために一パイントの小麦粉と少数の鶏の骨しかなかった話、家畜用の麦を食べた話、犬用の食糧とジャガイモでつくったまずい食事を食べた話、大学出の独身の四人の女性がバナナで生き延びた話などなど。

しかし統計的に見れば、アメリカ人は多様な食品を消費した。牛乳、柑橘《かんきつ》類、ジュース、ほうれんそうの一人当たり消費は一九一七～一九三六年の間に増えた。一九三五～三九年にはアメリカ人は一九二〇年代の二倍の量のフルーツジュースを消費した。これらの食事の変化は、部分的には家庭菜園によるものであり、また安い缶詰と冷凍食品の普及によるものだった。電気冷蔵庫が増えたことも不況期におけるアメリカ人の食事に大きな影響を及ぼした。電気冷蔵庫の売れ行きは一九三〇年の八〇万台から一九三七年の二三〇万台へと増えたのである。

ハリウッドの黄金時代

最も人気のあった娯楽はラジオであり、一九三九年にはアメリカの家庭の八六％がラジオを所有しており、大部分の世帯は毎日平均して四時間ラジオを聴いたという。ラジオの価格は一九二九年の一三三ドルから一九三三年の三五ドルまで下がった。小さな型は十ドルで買えた。ローズヴェルトの炉辺談話は多くの労働民衆の家庭に届いたのである。

コラム11　ダスト・ボウルとウディ・ガスリー、フォークソングの誕生

ここで民衆の歌、フォークソングについても述べておこう。一九三〇年代半ば、アメリカ西部の大平原地帯（グレート・プレインズ）は幾度もひどい旱魃《かんばつ》に見舞われ、断続的に砂嵐が襲った。もともと乾燥したこの地域に大規模な小麦栽培、自然の草の除去が続いたため、土地は乾燥して砂塵が舞った。「ダスト・ボウル」である。最悪の砂嵐は一九三五年初春に起こった。昼も夜も砂が舞った。ニューディール政権による懸命の施策にもかかわらず、多くの地域で農業は崩壊し、多くの貧農たちの土地は抵当流れとなり、大量の離農が生じ、また多様な人々の生活が成り立たなくなり、三五〇万人が移住を余儀なくされた。移住者はオクラホマの貧農が多かったので、「オーキー」と俗称された。彼らの多くは中古のフォード車に家族全員を乗せて、仕事を求めてカリフォルニアに移動した。しかしカリフォルニアで彼らを待ち構えていたのも、地獄のように過酷な低賃金労働だった。ジョン・スタインベックの小説『怒りの葡萄《ぶどう》』が彼らの苦難を余すところなく描き、後にジョン・フォード監督がヘンリー・フォンダを主演にして映画化した。

ダスト・ボウルの苦難を歌い上げたのが、ウディ・ガスリーである。また彼は不況下の労働民衆の姿を歌い上げて、民衆の支持を獲得し、特に『この国は君らの国』は国民的愛唱歌になった。彼は労働組合運動、社会主義運動と結びつき、アメリカのフォークソングの始祖として仰がれ、ピート・シーガーらと結び、歌と社会的抗議とを結びつけたアメリカ・フォークソングの伝統を造った。やがて一九六〇年代にはフォークの世界にジョーン・バエズやボブ・ディランが現れるのである。

ヨーロッパの民謡を引き継ぎ、ゴスペルなどの影響をも取り入れて、南部を中心に幾らか田舎風の「カントリー・ミュージック」が成立するのも一九三〇年代である。フォークに比べるとやや保守的であるが、後に出るロレッタ・リンはケンタッキーの炭鉱夫の娘として育ち、その代表的な歌は『炭鉱夫の娘』（コールマイナーズ・ドータ―）である。カントリーもまたアメリカ労働民衆の代表的な歌謡なのである。

また一九三〇年代はハリウッドの黄金時代だった。サイレントではなく、もうトーキーの時代に入っており、映画は陰鬱な現実からの安い逃避を提供した。平均して切符の値段は三五セントだった。そしてカラーの映画が一九三五年から現れた。映画館は一九三〇年代初期には毎週六〇〇〇万人のアメリカ人をひきつけた。そして一九三九年には週当たり八五〇〇万人だった。

次々に名作が作られた。『街の灯』（一九三一年）、『キングコング』（一九三三年）、『モダンタイムズ』（一九三六年）、『少年の町』（一九三八年）。そして特に一九三九年は映画の当たり年となった。『駅馬車』、『スミス都へ行く』、『オズの魔法使い』、『チップス先生さようなら』、『二十日鼠と人間』、『嵐が丘』、そして何といっても『風とともに去りぬ』である。

野球もまた人々をひきつけた。ベーブ・ルースのような有名選手の魅力は絶大だった。売れ行きを増やそうとしてナイトゲームが導入された。ファンは地方チームに熱狂し、スター選手を愛した。多くのファンは選手たちを駅で出迎え、見送った。メジャー・リーグの野球は一九三〇年代には人種隔離していた。黒人選手は「ニグロ・リーグ」で繁栄した。

第10章　第二次大戦とその直後——一九四〇年代

1　第二次大戦と労働運動

（1）労働運動は参戦支持へ

戦争の接近に備えて　一九三〇年代後期、世界は第二次大戦へと動いた。枢軸側の侵略が激化すると、大統領は一九三八年初め、軍備大拡張の必要を力説し、一九四一年三月、連合国に対して武器を貸与する武器貸与法が制定された。社会改革のニューディールは福祉国家の完成を前に停止した。労組指導者たちは初め多くが中立主義に立ち、アメリカの参戦に反対した。しかし一九四〇年六月、ドイツがフランスを占領すると、アメリカの労働組合の大部分は世界戦争へのアメリカの積極的関与を支持するようになった。

政府の国防政策を率先して支持した代表が合同男性服労組（ACWA）のシドニー・ヒルマンだった。彼はアメリカの参戦を道徳的に正しく、かつ労働勢力にとって有利だと考え、労働組合が政府に全面的に協力すべきだと考えた。フランクリン・D・ローズヴェルトはヒルマンを国防諮問委員会の委員に任命した。以後、ヒルマンはGM副社長のウィリアム・ニュードセンと一緒に共同局長として生産管理局に席を占め、ローズヴェルトの労働助言者となり、「労働ツアー」と呼ばれ、ローズヴェルトを後ろ盾に大きな影響力を振るうようになる。しかし戦争に備えてローズヴェルトは実業界に対して譲歩したいと思っており、組織労働の影響力には限界があったのである。

ローズヴェルトの三選出馬とジョン・ルイス　一九四〇年の大統領選挙では、ヒルマンはCIOをローズヴェルト三選支持へと結集させた。しかしジョン・L・ルイスは違っていた。大統領の三選はアメリカの政治的伝統に反していたし、彼は労働運動が政権政党とあまりにも癒着することに反対だった。ルイスは大統領選挙を前にしての十月、ラジオ演説でローズヴェルト大統領を非難し、共和党の対立候補ウェンデル・ウィルキーに投票するよう労働者に呼びかけた。そしてもしもローズヴェルトが勝利するならば、ルイスはその結果を自分への労働者の「不信任票」と考えて、CIO会長を辞任するというのである。これはルイスの全くの誤算だった。アメリカ労働者の圧倒的多数はルイスを拒絶し、大統領の三選を支持した。一九四〇年のCIO大会ではルイスに代わってUMW出身のフィリップ・マレーがCIO会長に選出された。苦々しく思いながら、ルイスはUMW会長の職へと戻っていった。

参戦直前の時期のストライキの波と政府　参戦直前、労働運動はかなりの盛り上がりを見せた。軍需雇用ブームが到来する一方、インフレが進んだからである。アメリカ参戦の一九四一年十二月までの一年半の間に二五〇万近い労働者がストライキに加わった。

連邦政府は迫り来る戦争を前にして、ストライキの波を抑制しようとした。すでに一九四一年一月ローズヴェルトは、国防準備体制を樹立するために「我々はただの一日も仕事をやめてはならない」と言明した。一九四一年三月、大統領は行政命令によって国防調停委員会を設立した。それは三名の公衆、四名の産業および四名の労働側（AFLとCIOから二名ずつ）の委員からなる三者機関であり、軍需産業における労働紛争を解決することがその使命だった。

（2）総力戦と労働者——国民総動員と戦時労働政策

フル稼働の軍需生産　一九四一年十二月七日（日本の暦では八日）の日本軍による真珠湾攻撃を受けてアメリカは参戦した。大戦中のアメリカでは連合国全体の兵器廠としてフル稼働の軍需生産が行われた。大統領の権限を強化する戦時権限法が成立し、多くの連邦機関が新設され、おそるべき軍事大国が出現した。一九四四年には国民総生産の四五％は、国防支出を中心とする連邦政府支出が占めた。

アメリカの軍需生産は膨大だった。一九四一年以降の五年間に、ほぼ三〇万台の軍用機、七万一〇〇〇隻の艦艇、四五〇〇万トンの商船、二七〇万台の機関銃、三一万五〇〇〇の大砲、十六万五〇〇〇の艦砲、八万六〇〇〇台の戦車、一万六〇〇〇台の装甲車等々が生産された。連合国の勝利をもたらしたのは、この物量だった。

全面的な戦時経済への移行によってアメリカ経済は完全に回復した。一九三五〜三九年の時期の工業生産を一年百とすると、一九四五年には二三九となった。全労働力は一九四四年には六六〇〇万人に達した。ニューディールが達成できなかった完全雇用が実現した。軍需生産は全地域を変えたが、インパクトは西部で最も大きかった。一九四四年までにロサンゼルスはデトロイトに次いで、国の第二番目に大きな製造業中心地になっていた。ある労働者は思い出して言った。ロサンゼルスは「蜂の巣のようだった。軍需工場はフルタイムで動いていた。ダウンタウンの映画館は一日二四時間営業していた」。ある女性労働者は述べた。「今や私たちは靴とドレスを買い、家賃を払い、テーブルに何らかの食事を得るためのお金があった。私たちは仕事をもてて本当に幸せだった」。南部の繊維工場もフル稼働した。陸軍だけでも五億二〇〇〇足の靴下、二三〇〇万着のズボンを必要としたのである。

労使協調による経済運営

労働運動は大戦中に規模を拡大した。国家は未曾有の規模で労使関係に介入した。真珠湾攻撃の一〇日後、ローズヴェルトは実業指導者と労働指導者の会議を召集し、戦時中の労資協力体制の基礎を樹立しようとした。会議は①戦争継続中はストライキもロックアウトも行わないこと、②あらゆる労使紛争の平和的解決、③重大な労使間紛争を取り扱う全国戦時労働委員会（NWLB：ナショナル・ウォー・レイバー・ボード）の創設に同意した。全国戦時労働委員会は労働、経営、公衆、それぞれ四名の代表から構成された。政府が創設した多くの機関に労働者代表が任命された。

労働側はこれらの機関に発言権をもつことと引き換えに、労働側の最強の武器であるストライキ権を譲り渡した。「ノー・ストライキ誓約」である。その代わり全国戦時労働委員会は「組合員維持条項」の原則を採用して、組合の地位を保障した。組合と企業との協約期間中は組合員はその組合のメンバーとして留まること、組合員の地位から離れる場合にはその労働者は解雇されることとなった。こうして企業内における労働組合の地位は保障された。軍需工場で働く膨大な数の労働者が組合に加入した。労働組合員数は一九四〇年から一九四五年までの間に、九〇〇万弱から一四九七万四〇〇〇人へと、すなわち非農業労働者の二七％からアメリカ史上のピークの三五・八％へと増大した。基幹産業では八〇％が組織されていた。

（3）戦時の労働者生活

賃金の実質的増加

労働者は戦争中の物価上昇に対応して賃上げを要求したが、「ノー・ストライキ」誓約のために、ストライキはできなかった。この問題に対処するために案出されたのが「リトル・スティール方式」だった。「リトル・スティール」諸社の組合が賃上げを求めた時、政府は生計費の一五％上昇に見合う一五％の賃上げを認可した。この「リトル・スティール方式」が賃金紛争の解決のための基本的な尺度となった。

賃金問題は複雑な経緯を辿ったが、単純化して言えば、一九三七〜一九四五年の間に実質賃金は二七％増加した。その理由は超過勤務が増え、それに対して一・五倍の賃金を支払うことが法律によって義務づけられていたからである。機械工としてロッキード社で働いたある労働者は思い出して述べた。「私の働く時間が増えたので、私の収入は急速に増えた。一九四四年になると土曜と日曜日は一日八時間。そして週の平日には一日十〜一二時間労働だった。我々には休日はなかった。一時間あたりの賃金が大きく増えなかったとしても、受け取る賃金額はすごいものになった」。それだけではなかった。労働者の不満を和らげるために、政府は付加給付を増加させた。企業ごとにバラバラだったが、有給の休暇・祝日、交代勤務、ボーナス支払い、医療給付。これらのおかげで労働者の実質賃金は大きく増加したのである。

例外的に恵まれていた国民生活

国民は一定の耐乏生活を余儀なくされた。政府は物価、賃金、家賃などの統制を行い、いくつかの物品については配給制度を実施した。しかし生産される消費物資の絶対量が少なくなったのではなかったから、食料については配給制度は廃止されていった。輸入に頼らねばならない物品の消費は減ったが、一九三〇年代の不況期に比べると、戦争中の生活は恵まれていた。不況期の一九三五年と戦時の一九四三年を比較した計算では、一人当たり一年の消費量は砂糖は四四・四キロから三六・六キロへ、コーヒーは六・一キロから五・九キロへと減ったが、肉類は五三・三キロから六六・六キロへ、卵は二八〇個から三四七個へと増えた。

アメリカ人の生活は他の交戦国では想像もできないほど恵まれていた。真珠湾攻撃はあったが、本土は攻撃されず、人々は平時とほとんど同じような生活を送ることができた。ポケットにお金があるので、映画を見たり、野球を見た。本の売れ行きは増加した。ニューディール中にすでに進行していたエスニックな統合過程は拡大した。多数の移民が市民権を獲得した。一九四一年に約五〇〇万だった外国籍の人口は、一九四五年には約四〇％減少していた。アメリカ人にとって大戦は「よい戦争」だったのである。

（4）軍産複合体の起源

財界人の登用

戦時中に組織労働は政治的にも活発だった。一九四四年の大統領選挙戦が近づくにつれて、組合指導者たちはローズヴェルト四選のために、また親労働的な議員を当選させるために運動した。

しかし組合は連邦議会における戦前の影響力を取り戻すことはできなかった。戦時中に設けられた多くの政府機関において力を増したのは、組織労働よりも実業界だった。戦争のための経済動員には、経済を支配している財界人の協力が必要だったからである。第二期ニューディール期に政府は財界の意向に対抗しながら政策を遂行したが、戦時に入ると政府は財界に協力を仰がねばならなかった。政府は企業に利潤を保障し、大規模な税の控除、反トラスト条項の適用免除などを行い、政府と財界との結合が強まった。政府機関に参加した財界人の多くが「年俸一ドル男」として任務についた。彼らは政府から名目だけの俸給を受けるにすぎず、それは国家への奉仕として賞賛されたが、実質は企業の利害関係をもったまま行政的地位に就いたことを意味し、政府に対する財界の影響力の強化をもたらしたのだった。後にドワイト・D・アイゼンハワー大統領が告別演説で危険性を強調した軍産複合体の起源がここにあったのである。

政治の保守化

戦時中、リベラル派の影響力はかげりを見せ始めた。一九四四年の大統領選挙でローズヴェルトは四選を果たした。しかし彼はヘンリー・ウォーレス副大統領の続投を望んだが、党内の保守派はウォー

図10－1　リベット工ロージー

有名な画家，ノーマン・ロックウェル画。第二次大戦中の女性労働者を象徴したイラスト。

出典：Richard B. Morris ed., *The U.S. Department of Labor Bicentennial History of the American Worker* (Washington, D. C., 1977), p.225.

レスを忌避し、中道派のハリー・S・トルーマンが指名を獲得した。そして一九四五年四月十二日、ローズヴェルトは保養先のウォーム・スプリングで死亡した。六三歳だった。四回大統領に当選し、不況のどん底にあった国民を激励し、世界大戦を勝利へと導いた偉大な政治家は死んだのである。

(5)　女性労働者の増加

戦時期における女性労働者の増加

第二次大戦中、多数の女性が賃金労働に参入し、アメリカ女性の地位はかつてないほどの変貌を遂げた。多数の男性が徴兵されて生産の場から去り、また戦争が要求する膨大な労働力需要のために女性労働力の大増加が必要となった。連邦政府は子供をもつ既婚女性を含めて、女性を労働力に動員するためのキャンペーンを開始した。女性はあらゆる種類の職種に進出するようになった。戦時中の四年間に女性労働力は五〇%以上増加して、一九四五年には一九五〇万に達した。重要なことだが、アメリカ史上初めて独身女性よりも多くの既婚女性が、そして三五歳以下よりも多くの三五歳以上の女性が家庭の外で働いたのである。

多くの女性が産業労働者になった。女性は鉱山で採掘し、飛行機のエンジンを修理し、金属板を切断・溶接し、多様な機械を操作した。「リベット工ロージー」のポスターがどこにでもあった。太平洋沿岸では飛行機および造船における全労働者の三分の一以上が女性だった。女性は仕事に誇りを感じ、公衆も彼女たちに誇りを感じた。ある女性労働者は後に、「私の解放、そして他の多くの女性の解放の種子は戦争とともに始まった」と述べた。労働力における女性の比率は二五%から三六%へと上昇した。また労働組合員の中の女性の割合は戦争が終わるまでに二〇%へと倍増した。

女性の労働参加にまつわる諸問題　議会は一九四〇年のランハム法によって保育所を設置するための連邦補助金交付を決めたが、それだけではきわめて不十分であり、大部分の労働女性は働いている時間の子供の世話を自分たち自身で手配せねばならなかった。

政府は男性と女性が同一労働に対して同一賃金が支払われるべきことを定めたが、その原則は十分には守られず、一九四五年においても製造業に雇われた女性は男性の製造業労働者が稼ぐ賃金の六五％を受け取っただけだった。そして雇い主と政府機関は、戦争が終わりさえすれば女性はその職を復員兵士や他の男性へと感謝をもって譲り渡すだろうと考えたのだった。

しかし戦時の労働経験によって自らの能力に目覚めた女性がたくさんいた。戦争の終わり近くに労働省の女性局は、工業で働いている女性の七五％が戦後も労働者として留まると期待していること、既婚女性の五七％もそうであることを発見した。しかもそれらの女性の八六％は戦時中の職業に留まることを期待していた。間もなく彼女たちは失望することになるが、女性労働の大拡大の時期がやがて再開するのである。

（6）　黒人労働者の地位の改善とヘイト・ストライキ

戦時中に黒人労働者の数は二九〇万から三八〇万へと増加し、黒人の生活はかなりの改善を見た。軍需産業における人種差別を禁じた大統領行政命令によって、黒人にも雇用の門が開かれ、多くの黒人が南部の農村から工業都市に移住した。公正雇用慣行委員会が設置され、政府との契約を結んだ企業では採用と昇進における差別は非合法化された。

戦争中に南部黒人人口のほぼ一〇％が北部都市に移住し、またほぼ同数が南部の内部で農村から都市へ移住した。産業上の職をもつ黒人の数はほぼ二倍となり、彼らの稼ぎは一九三九年白人の平均賃金の四〇％から戦後の六〇％近くへと上昇した。戦争終結時には二倍の数の黒人が熟練職に就いていた。戦争終決時までに黒人の労働組合員数は倍化して一二五万人となった。

ところが、職と住居をめぐって白人・黒人両人種が直接に接触した地域で人種間の衝突が起こった。その最も目立った現れの一つが「ヘイト（憎悪）・ストライキ」だった。それまですべて白人で占められていた職場や職業に黒人が参入した時に白人労働者が起こしたストライキである。また労働者の町であるデトロイトでは、戦時中の最悪の人種暴動が起こった。一九四三年六月二〇日の夕べ、ベル・アイル公園での喧嘩に端を発して暴力的騒擾が起こった。白人群衆は市内を徘徊し、黒人を攻撃した。黒人側も闘い返した。三六時間後には九人の白人と二五人の黒人が死に、七〇〇人以上の負傷者が出ていた。

2　第二次大戦直後の時期の労働問題と反共の動き

（1）戦後ストライキの大波

アメリカ史上空前の規模のストライキ

一九四五年八月に世界大戦が終わった後、アメリカには史上空前の労資対決が起こった。戦争中に労働者は超過勤務手当てにより、実質賃金は大幅に上昇していた。ところが戦争終了で超過勤務が無くなり、他方でインフレが始まったため、実質賃金は戦後一年間で一二％低下した。全国的にストライキが爆発した。終戦の翌九月に始まったストライキには、一二カ月間に四九〇万人が参加した。しかし急激な物価上昇が実質賃金をさらに低下させたために、四六年末から賃上げ闘争の第二ラウンドが始まった。

ルーサーの主張とGMストライキ

同時にアメリカ国内には戦争中に中断していたニューディール的改革が再開されるだろうという期待も生じた。労働運動の大高揚がこの期待を支えていた。労働組合員は一五〇〇万に達し、主要産業は組織化されていた。その力をもってCIO指導者たちは組合が経済生活のあらゆる局面に参画する「産業民主主義」の新時代を切り開きたいと願った。

UAWのウォルター・ルーサーがその中心だった。ルーサーは一九〇七年ウェスト・ヴァージニア州のドイツ系労働者の家に生まれた。父親は熱心な社会主義者で、組合活動家だった。子供たちも社会主義者として育った。ウォルターは高級熟練工としての技能を身につけ、デトロイトのフォードの工場で最高給を稼ぐ労働者になった。大不況の時代に入ると社会主義運動に没頭し、解雇されると、弟のヴィクターと一緒に世界旅行に出かけ、ソ連のゴルキーの自動車工場で一年半働き、労働者国家を建設しようとするソ連の熱意に強く印象づけられた。一九三五年に帰国した彼は、アメリカの労資関係に変革をもたらしたいと念願した。彼はUAWの内部で勢力を広げ、その過程で共産党勢力と争い、一九四六年UAWの会長になった。そして一九五二年にはCIO会長になるのである。

ルーサーたちは強力となった労働運動が、戦時中に成立した政府・実業・労働の協力体制を利用して団体交渉の範囲を拡大し、労働側が企業運営の諸権限に食い込み、さらにアメリカ経済の構造的変革、すなわち「産業民主主義」を実現することを待望した。

一九四六年GMに対するストライキにおいて、UAWは自動車の価格引き上げなしでの賃金引き上げを要求しただけでなく、組合の要求に対応できないならば、それを証明するためにGMが財務状況を明らかにするよう要求した。その意味は重大だった。しかし一一三日間の長期ストライキに対抗しながら、GMはこの要求を拒絶した。企業は賃金については譲歩したが、経営上の問題については組合に譲歩することを断固として拒絶したのだった。組合側もインフレの中での賃上げという労働者の現実的関心に対応して、結局は賃金を中心とした伝統的要求に立ち戻った。

オペレーション・デキシー　CIOは運動の拡大を図った。その一つがオペレーション・デキシー（南部作戦）だった。CIOはアメリカの保守勢力の基盤となっている南部の人種差別と低賃金に打撃を加えて、新しい未来を切り開こうとした。一九四六年に始まったオペレーション・デキシーでは、CIOは何百人というオルグを雇い、繊維や煙草、その他の南部の工業において組織化キャンペーンを開始した。しかし作戦は失敗に終わった。南部の政治的・経済的指導層はこれを撃退した。大きかったのは暴力的脅迫だった。

（2）　反共の動きとタフト－ハートレー法

対ソ感情の激変　戦時中のアメリカ労働民衆にとってソ連はファシズム打倒、民主主義擁護のために一緒に戦った盟友であった。一九四七年初頭にはアメリカ人の七割はソ連との友好政策の推進を支持していた。しかし一九四七年三月、トルーマン大統領はギリシア・トルコ援助に関連して、世界を自由主義陣営と共産主義陣営に区分する考えを強く表明した。このトルーマン・ドクトリンの発表以来、事態は急転し、急激な世論の転換が起こった。ソ連の方も国を取り巻く資本主義世界への疑いを強くし、軍事占領した東欧諸国に対する専制的な支配を固めた。アメリカ国内にあった親ソ感情は急激に冷却した。そのため共産主義者はアメリカを転覆するための陰謀に加担しているのではないかという「大恐怖」感情が広がったのである。

タフト＝ハートレー法

この動きと平行して、連邦議会では共和党と民主党南部派の保守連合が、「長年の亡命生活から帰還した王党派のように」、ニューディールに対する「反革命」に乗りだしていた。一九四六年には共和党が上下両院の支配権を掌握した。実業界はワグナー法の徹底的な改訂を要求した。その成果がタフト＝ハートレー法（一九四七年労使関係法）だった。主導者のロバート・タフト上院議員はタフト元大統領の息子で「ミスター・リパブリカン」と呼ばれ、一貫してニューディールに反対してきた実業界の政治的寵児だった。フレッド・ハートレーは共和党の下院議員である。

この法律はワグナー法を右寄りに修正し、労使関係のきわめて広範な問題を取り扱った包括的な立法だったが、労働団体による不当労働行為を詳細に列挙することによって組合活動に制限を加えることが中心になっていた。さらに組合役員に対して非共産党員宣誓供述書の提出を義務づけ、また各州に労働権確定法（ライト・ツー・ワーク法）を制定する自由を認めた。これは個々の州が州法によって労働協約で従業員の強制的な組合加入を禁止することを認めるものであった。また重大な争議に対しては国家的緊急事態という範疇《はんちゅう》を設けて六〇日間の冷却期間をおくよう強制する権限を大統領に与えたり、様々な制限を組合活動に加えるものであった。トルーマンはこの法案について激しい拒否教書をつけて差し戻したが、議会はこれを乗り越えてしまった。

「赤狩り」の始まり

このようにトルーマンは労働組合運動を擁護する姿勢に立つ一方、強く反共の政策を展開した。一九四七年の連邦公務員の忠誠審査を命ずるトルーマンの大統領行政命令で「赤狩り」が始まった。過去において共産党員と交際があったり、共産党の外郭団体に加わったり、それに同調したことがあるというだけで忠誠心の欠如とされ、解雇された。同様な審査が各州においても行われた。共産主義思想とわずかでも関係、または共通性がありそうな一切の思想や提案が疑惑の対象になった。疑惑だけで、個人は職と友人を失った。政府、企業、学校、あらゆるところで「赤狩り」が行われた。それはアメリカが狂ったとしか言いようのない風潮であり、その影響は世界的に広がっていったのである。

（3）　一九四八年の大統領選挙戦

このような趨勢《すうせい》に逆らいながら、一九四八年の大統領選挙に際して「革新党」を結成して出馬したのがヘンリー・ウォーレスだった。彼はニューディール期に農業長官として農民救済にあたり、戦時中はローズヴェルトの下で副大統領に登用され、トルーマン政権下で商務長官も務めた大物政治家だった。戦争が終わった時、彼は国内的にはニューディールを拡大し、対外的にはソ連との平和的共存を図ろうとして大統領選挙に乗り出したのである。彼は勇気ある選挙戦を展開した。彼は共産党員の自由な言論を擁護し、冷戦ショーヴィニズム（狂信的排外主義）を批判し、南部では白人黒人合同の聴衆の前で演説した。しかし彼は一〇〇万票をわずかに超える票を得たにすぎなかった。冷戦が開始され、国家的危機にあると考えられた情況の下で対ソ友好と容共を説くことは政治的に自殺行為だったのである。

労働陣営はタフト－ハートレー法を「奴隷労働法」だとして、その撤廃のためのキャンペーンを展開した。トルーマンも保守的国会との対立を深め、同法反対の立場を強く労働者に訴えた。労働陣営は強くトルーマンを支持した。大統領選挙は共和党のトマス・デューイ（ニューヨーク州知事）が勝つものとの予想に反して、トルーマンは農民と都市労働者に支持されて勝利した。トルーマンが興奮して新聞に語ったように、彼の当選は「労働者のおかげ」だった。そしてそれは反共リベラル路線の勝利であった。

(4) 狂ったような反共の時代

労働運動からの共産主義者の追放

冷戦が展開する中で、反共ヒステリーが全国に吹き荒れ、組合はその狂気に影響された。一九四九年のCIO大会はCIO役員は共産党あるいはいかなる全体主義的団体に所属してはならないという決議を採択した。左翼に率いられた組合の中で最大だった統一電機労組（UE：ユナイテッド・エレクトリカル・ワーカーズ）はすでにCIOから脱退していたが、次の二年間に左翼指導者を頂く一一の組合がパージされ、CIOは総計九〇万人のメンバーを失った。これらの組合の大部分は、企業側から攻撃されて次々に消滅した。ハリー・ブリッジスの組合が西海岸で生き残り、ハワイにまで拡張したのが注目される例外だった。

世界労連から国際自由労連へ

労働運動の国際的連帯も変化した。戦時中に連合国の労働運動の間には国際主義的感情が高まり、特にイギリス労働運動ではソ連労働組合への共感が高まり、英ソ労働組合委員会が創設され、戦争終了後にイギリスの労組指導者たちは、ソ連を含めた世界の労働組合連合の創設を提案し、世界労連（ワールド・フェデレーション・オブ・トレード・ユニオンズ）が一九四五年十月に創設された。

AFLはこれへの参加を拒絶したが、CIOは熱心に代表を派遣した。しかしその後、CIOは世界労連にマーシャル・プラン支持を要求し、拒絶されると世界労連を脱退し、代わって非共産圏の労組の国際組織として国際自由労連（インターナショナル・コンフェデレーション・オブ・フリー・トレード・ユニオンズ）が結成されたのである。

マッカーシー旋風

反共ヒステリーをいやが上にも高めたのがウィスコンシン州選出の共和党上院議員ジョーゼフ・マッカーシーの台頭だった。一九五〇年二月、彼はアメリカ国務省内に共産党員がおり、対外政策の立案に携わっているという衝撃的な発表を行った後、議会の査問委員会に次々に容疑者を呼び出し、全国的なヒステリー状態を引き起こした。一九五二年に上院で非難決議を受けて没落するまで、彼は共産主義についての根拠のない非難を継続し、新聞、テレビの注目を浴びた。マッカーシズムは多くの人々にとって悪夢のような恐怖を引き起こした。ハリウッドも赤狩りの対象となり、チャールズ・チャプリンさえもアメリカに「帰国」することができなくなった。気丈なチャプリンはイギリスで作った映画『ニューヨークの王様』で非米活動委員会にホースで水をかけて、赤狩りを揶《や》揄《ゆ》した。また一九五一年に制定されたマッカラン法（国内保安法）は、共産主義団体およびその外郭団体に対して大きな制限を加え、防衛関係事業における雇用の禁止、共産主義に関係した人物の入国禁止を定めた。

スターリン批判の衝撃

共産党にとって打撃となったのは、アメリカ国内における反共の嵐だけではなかった。ソ連においてスターリン批判が起こったのである。一九五三年三月モスクワでスターリンが死亡したが、その後、一九五六年第二〇回ソ連共産党大会においてフルシチョフが四時間にわたって、それまで神格化されていたスターリンの犯罪行為を厳しく批判する演説を行ったのだった。その秘密報告「個人崇拝とその結果について」の全文をアメリカ国務省が入手して、世界に公表した時、衝撃の波紋は全世界に広がった。それまでスターリンを無謬《むびゅう》の指導者として仰いできた各国共産党は多大の衝撃を受けた。全世界で共産主義運動に混乱が広がった。

そのような中で、いかにして共産主義運動を立て直すべきか。これが世界各国の共産党の課題となった。アメリカ共産党も内部改革を必要とした。しかし反共の中軸であるアメリカで、一九四六年から一九五七年まで党首だったウィリアム・Z・フォスターの下で、党の自己改革は進展しなかった。党員は次々に党を去った。その後、ユージン・デニスが、次いでかつてIWW活動家だったことのあるエリザベス・ガーリー・フリンが党首の座を継いだが、一九五〇年代後半には共産党はアメリカ生活における一つの勢力ではなくなってしまったのである。

図10－2　労働者仲間に及んだ赤狩り

1950年７月，ロサンゼルスのクライスラーの工場の外で，仲間から殴られる自動車労働者。彼は，誰が共産党に属していたかを告げるのを拒否した時，仲間たちから殴られた。

出典：American Social History Project, *Who Built America*, Vol.２（New York, 1992), p.501.

第11章 「ビッグ・レイバー」の時代——一九五〇年代

1 AFLとCIOの合同、巨大労組の制度

（1） AFLとCIOの合同

戦後、急速に有利になっていく資本の勢力に対抗するために、労働運動の二つの陣営が協力すべきとの声が強くなった。ハリー・S・トルーマンはタフト－ハートレー法を撤廃させることはできなかったし、朝鮮戦争を経て一九五三年には共和党のアイゼンハワー政権ができた。他方、労働陣営においてはAFLとCIOの違いが少なくなった。AFLにも産業別組織形態が導入されたし、CIOからは共産主義勢力が追放された。そしてAFL会長ウィリアム・グリーンとCIO会長フィリップ・マレーはともに一九五二年に死亡し、ジョージ・ミーニーがAFLの、ウォルター・ルーサーがCIOの会長に就任した。この交替を機にして労働運動は一九五五年に合同を達成し、AFL－CIOとなった。統合への動きはAFL会長のミーニーが主導権をとった。AFLはCIOの二倍近くの規模だったからである。

AFL主導の合同

ジョージ・ミーニーは一八九四年ニューヨーク市に生まれ、父の職業を継いで配管工の徒弟となり、一九一五年に配管職人になり、組合に加入した。戦後の労働指導者には大学出が多くなっていくのだが、彼は生え抜きのブルーカラー労働者として出発した。やがて配管工組合の活動家となり、一九三九年AFLの会計書記長となり、一九五二年にグリーン会長の死に伴い、AFL会長に就任した。彼は現実主義的な労働指導者で、自らストライキを打って出た経験はなく、

ましてや社会運動などに関心はなく、組織労働の目的は拡大する戦後経済の中で物質的利益を追求することだと信じ、アメリカの労働運動への共産主義の浸透に強く反対し、アメリカの対ソ冷戦政策を強く支持した。ミーニーの保守主義がその後のアメリカ労働運動の歩みを大きく規定したのである。

「ビッグ・レイバー」（強大な労働者組織）

合同時のAFL－CIOは一二六三万を擁し、アメリカ史上、最強の労働者組織だった。基幹産業の大部分の労働者が組織されており、彼らの賃金・労働条件は団体交渉で定められるようになり、ビッグ・ガヴァメント、ビッグ・ビジネス、ビッグ・レイバーの三者鼎立《ていりつ》と言われるほど、労働組合は強大な勢力となった。一九五五年の労働組合員の合計数は一六一三万人、組織率は三二％に達した。一九五〇年代、そして一九六〇年代も含めて、アメリカ組織労働の黄金時代が訪れたのである。

ただし一九三〇年代の戦闘性は失われた。それは現代資本主義体制の一部という性格を強めた。以下、一九五〇年代を中心に、AFL－CIOの機構や性格の概要を説明しておこう。それらは一九六〇年代以降に変化を重ねていくが、やはり現代アメリカ労働運動の骨格を理解するには、当時のAFL－CIOの諸制度についての理解が必要なのである。

（2）AFL－CIOの組織構造と機能——制度的説明

全国的産業・職業別組合の連合体

AFL－CIOは全国的な産業・職業別組合の連合体であり、労働組合や労働者全体の利益のための立法活動、国際活動や加盟組合に対する援助等を中心としており、組織化活動、団体交渉、ストライキ行動などはそれぞれの全国組合がそれぞれの責任において指導・実践する。日本の企業別組合とは違い、アメリカでは企業を超えて横断的に全国組合が組織され、企業なり地域なりにその支部組織をもっているのである。

AFL－CIOの最高意思決定機関は定期大会であり、二年に一回開催され、規約の改正、基本的政策の決定、役員の選出などが行われる。日常的な意思決定機関としては会長、書記長、多数の副会長からなる執行評議会が設置されており、日常的な管理事項を執行している。ワシントンの中央本部にある事務局には調査、教育、組織など多数の部局が置かれ、専門スタッフが配置されている。地方には各州に州本部が置かれ、郡、市などを単位とした地域本部があり、これらの地方組織を通じて政治活動、コミュニティ活動などを行っている。

加盟組合　加盟組合は産業・職業ごとに組織されており、その全国本部は大きなビルを構えている。組合員は全国的な産業・職業別組合の各ローカル組合（地方支部）に所属している。各全国組合の最高意思決定機関は各大会であり、意思決定機関として執行委員会が置かれており、労働組合の日常業務は会長の指揮の下に本部職員が中心となって執行される。なおカナダをも組織している幾多の組合があり、一般に国際（インターナショナル）という名称を付けている。

各ローカル組合には会長、書記長以下の役員がいるが、大規模なローカルを除き、会長以外の役員は兼務または非常勤のことが多い。各ローカルには単数または複数の企業の労働者が所属しており、その規模は数万人が所属するものから数十人のものまで様々である。また各職場には職場委員（ショップ・スチュアード）がいる。

現代資本主義体制の一部　アメリカの労働組合は労働者の権利や経済的利益の擁護のために、連邦・州・地域における立法活動に力を入れている。しかし政治的独立性を保っており、特定の政党との同盟関係は公式にはない。ただし一般に民主党と連携しており、選挙においても一般に民主党候補を支援している。

この巨大労組は現代資本主義体制の一部としての性格を強め、国際的には反共的な国際自由労連の中心として世界労連に対抗した。労働組合のイデオロギーはいわゆるビジネス・ユニオニズムで、社会主義思想の影響は弱くなった。アメリカには有力な「労働者政党」が存在していない。労組は社会運動としてよりも、利益集団として機能する。ミーニー会長は述べた。「我々は何ら特定の理論的またはイデオロギー的なイメージで、アメリカ社会を作り変えることを求めない。我々は絶えず上昇する生活水準を求めるのだ」。

（3）団体交渉体制

団体交渉の諸制度　アメリカの労働組合は、団体交渉に重点を置く経済的組織である。労働組合は組合員の賃金の引き上げ、付加給付の増大、労働条件の改善などを目標としている。ワグナー法は労働者の権利として労働組合を結成し、加入し、その代表を通じて団体交渉をする権利を保障した。この点はタフト－ハートレー法によっても修正されていない。労働者のそれぞれの交渉単位は単一のローカル組合であり、それがその職場の全労働者を代表して使用者と交渉するのである。

団体交渉は産業または企業ごとに三～四年に一度行われる。団体交渉において企業と交渉するのは一般にローカル組合であるが、各企業の労働条件の均質化を図るため、全国本部の統制、指導を受ける。複数の地方支部にまたがる場合には、本部が直接交渉を担当することもある。そして労使代表間に合意された案は組合員の投票に付され、過半数の賛成で確定する。そして労働協約の有効期間中は労使双方が遵守義務を負う。日本における春闘とは違い、産業または企業ごとに、別々の時期に交渉が行われる。労使協約が期限切れになる数ヶ月前から交渉が開始される。

同じ産業のいくつかの企業の労働協約がほぼ同じ時期に期限切れとなる場合には、労働組合は、それらの企業のうち業績が良く、交渉が比較的容易と見られる企業を選んで先行して交渉を行い、その結果を受けて、ほかの企業に同一内容の協約の締結を迫るパターン・バーゲイニング（モデル交渉）がしばしば行われた。また労働側は生活コスト調整を獲得し、インフレから保護されることが多かった。こうして労使間の団体交渉が制度化し、両者の協調を基軸とする産業関係が成立した。

労資の暗黙の合意

このような経済構造の安定性について、後にクリントン大統領の下で労働長官になる経済学者ロバート・ライシュは次のように説明した。「ある種の調停が一九五〇年代に成立した。それは経営者がかつてない高い賃金を求める労働者の要求に応じたためであった。その見返りに労働者は、かつてない量の製品を生産することに協力した。こうしてこのような製品の一単位当たりのコストは低下し、そのような製品を購入できる中間階級が大量に出現した。政府はこの調停を支持するという重要な役割を演じた」。そしてこれが「国民的な暗黙の約束事」だったというのである。

つまり「資本と労働の暗黙の合意」の上に、大量生産と高賃金を結びつける広大な国内市場に支えられて、経済の繁栄が継続したというのである。パイ自体が大きくなっていったばかりでなく、配分も平等化する傾向があった。一九六

○年代では特にその傾向が強かった。このような体制は、アメリカが国際競争力において絶対的優位に立っていたから可能だったのである。

協調関係にもかかわらず、一九五〇年代においてもストライキは盛んに行われた。しかもかなりの規模で行われた。全国組合の許可を得ない山猫ストライキも起こった。日本の企業別労働組合の保守性が労使協調の形をとるのに対して、アメリカの労組は企業の外部にあり、イデオロギー的には保守的であっても、個別の労使関係は「敵対的」なのである。職能別組合の伝統もあって、組合は労使協約で決められた細かな作業規則の遵守を企業側に要求する。作業の現場は日本とはかなり異なるのである。

少数派としての社会的組合主義　ウォルター・ルーサーのような指導者にとっては賃金上昇だけでは現代労働者のニーズにとって十分ではなかった。ルーサーはアメリカをヨーロッパ型の社会民主主義国家へと変容させたいという願望を以前には抱いていた。その願望を彼は放棄はしたが、それでも組合がその機能を単に工場の内部の労働と賃金に限定するのではなく、社会改革に積極的に関与していくことを望んだ。そのような社会的組合をめざす組合活動家たちも存在した。代表的組合はルーサーの自動車労組（UAW）だった。デトロイトの場合、あらゆる側面にUAWの関与が存在した。デトロイトの全世帯のうちの六割以上が労働組合員を抱えていたのだから、多様な組合活動は市内のあらゆるところに影響を及ぼしていたのである。

（4）その他の諸性質

組合ヒエラルヒー　ビッグ・レイバーは大きな機構と専門化した組合役員を必要とした。そしてアメリカの労働組合は企業の外にあることを特徴としている。換言すれば企業から独立したヒエラルヒーが、企業の外部に存在する。労働者が出世を望む場合、組合組織のヒエラルヒーで上昇するほうが、企業の下級管理者になることよりも魅力がある場合がある。組合内で一度権力や地位を得た者はあらゆる手段を使ってその地位を守ろうとし、組合内民主主義の保持に熱心でなくなる。他方、一般の組合員のほうは、組合費を支払い、それに対して組合指導者がよい労働諸条件をとってくるのを期待するといった、ちょうど保険に加入するような態度になりがちである。「保険代理店ユニオニズム」などと呼ばれる体質である。

組合の腐敗問題

これが行きつく先に組合幹部の腐敗が生じる場合があった。莫大な組合費が組合の全国本部に集まり、組合幹部が、さらにはそれと結びついたギャング組織がそれを食い物にする場合が生じたのである。

一九五七年連邦議会上院に労使関係分野の不正活動に関する特別委員会（ジョン・L・マクレラン委員長）が組織され、いくつかの組合がギャングによって汚染、支配されている実態を、二年半にわたって公聴会によって明らかにした。その中心的ターゲットが、トラック運転手のティームスター組合（インターナショナル・ブラザーフッド・オブ・ティームスターズ）であり、その会長ジェームズ・ホッファだった。その追求においてロバート・ケネディの精力的な活動が注目を浴びた。そして一九五九年には労使関係報告・公開法（ランドラム－グリフィン法）が成立した。ＡＦＬ－ＣＩＯも調査に乗り出し、ティームスター労組を除名処分にした。しかしその後もティームスター組合の腐敗状態は続いた。ホッファは一九七六年デトロイト郊外のレストラン駐車場から拉致され、マフィアに消されたとされる。彼については映画化もされ、日本でも公開された（題名『ホッファ』、一九九二年製作）。このような局面は労働組合に対する、さらには労働者階級全体に対するイメージを大きく傷つけ、労働者が現状に満足した保守的現状維持派だという批判に道を開いたのである。

ブルーカラー白人男性の組織

一九五〇年代のアメリカ労働組合の特徴の一つは、それがまず男性ブルーカラーの組織であり、製造業、運輸業、建築業で働く人々の組織であり、地域的には北東部およびカリフォルニアで全体の三分の二を占めるような組織だったということである。ホワイトカラーが組織されておらず、女性労働者や黒人その他のマイノリティが組織の外部に放置されていることが多いという弱点があったのである。その後、この点は大きく変貌することになる。

2　「豊かな社会」(?)の労働者

(1)　そびえたつ経済のアメリカ

第二次大戦が終わった時、戦禍に苦しんでいた世界にあって、アメリカはその本土を些かも侵されず、戦争経済によって生産力を飛躍的に増大させ、ニューディールが達成できなかった完全雇用を実現させていた。アメリカの経済力は圧倒的であり、アメリカ人は世界に隔絶した生活水準を享受した。一九五〇年代から六〇年代にかけてGNPは年率七％で伸びた。一九四〇年に一〇〇〇億ドルだったGNPは、一九五〇年に二八五〇億ドルに、一九六〇年には五〇四〇億ドルへと二〇年間に五倍に増えた。一人当たりの所得は一九四〇年の五九五ドルから一九六〇年の二二六三ドルへと四倍近くに増加した。アメリカは「豊かな社会」になったのだと盛んに論じられた。

多くの要因が景気を刺激した。対外的にはマーシャル・プラン、国防支出の増大と軍産複合体の形成、朝鮮戦争の軍需などがあるが、国内的には戦時中に消費が抑制され、個人貯蓄が増加していたことを背景に、消費支出が爆発的に伸張したこと、ベビー・ブームによる人口の増加、郊外への移住による住宅建築、耐久消費財需要の増加、自動車産業の伸張、ハイウエー建設という相互に関連した諸事情が存在した。

多くの労働者が経済成長の恩恵に浴した。失業保険、健康保険、有給休暇、病気休暇などの基本的福祉手当てをあてにできる人々が増えた。増大する数のアメリカ人にとって中産階級的生活水準が手の届くものになった。一九五〇年代末までにアメリカの全世帯の七五％は自家用車を、八七％はテレビを、七五％は電気洗濯機をもった。それは当時の世界にあっては驚くべき豊かさであった。

(2)　階級的緊張の緩和と豊かになった労働者階級

人口のトップの一割が国民所得の四〇％近くを得たと言われるように、不平等は継続したけれども、経済的パイが膨張を続けたので、再配分を考える必要はないという風潮が広まった。今や「労働問題」は解決されたとの論評も多くなった。『ライフ』誌は、「すべての工業国家の中で私的資本主義に最も強くしがみついている国が、無階級社会の中ですべての者に豊さを提供するという社会主義的目標に最も近接している」と主張した。アメリカが「労働者階級」という観念そのものを廃止したかに思われる論調が出てきた。大不況期の悲惨さと抗争はほとんど信じがたい遠い過去になったかに思われた。

ブルーカラー労働者の所得もホワイトカラーや専門職の収入に近付くようになっていることが盛んに論じられた。一九五六年には統計的にもホワイトカラー労働者数がブルーカラー労働者数を凌駕《りょうが》した。一九四七〜五七年の間に工場労働者数は四%減少し、事務労働者数は二三%増加した。

伝統的社会の伝統的仕事である農業と鉱業には、一九四〇年には労働力の四分の一以上が従事したのに、一九七〇年には二〇人に一人の労働者しか従事しなくなった。他方、一九四〇年には労働力の三分の一以下を構成していた専門職、経営、事務、そして販売労働者は一九七〇年にはほとんど半分へと膨張した。ブルーカラー労働者の比率は低下し、一九七〇年には三五%になった。

(3) 繁栄の裏側(?)

貧困の問題

しかし一九五〇年代のアメリカ社会は実は深刻な貧困の問題を抱えていた。労働統計局の数字では一九六〇年のアメリカ社会において全所帯の二七・五%が貧困状態にあった。高齢者、不熟練労働者、教育水準の低い者、少数民族グループ、アメリカ東部のアパラチア山脈地方の住民、移動農業労働者、失業者、独身女性たちの中に、この状態に落込んでいる人々がいた。世界で最も富んだ国であるアメリカに、これだけ多くの貧困者がいることは驚くべきことであったが、さらに驚くべきことは、この貧困の事実が顧みられなかったことである。

ホワイトカラー化の現実

アンドルー・レヴィソンが指摘したが、ブルーカラー雇用の割合は減少していても、実数は減少しなかった。一九五〇年に労働統計局は二二四〇万人のブルーカラー労働者数を報告したが、一九六九年には二六四〇万人のブルーカラー労働者がいた。さらに重要だったのは「ホワイトカラー」という用語の背後にある現実だった。いわゆるホワイトカラー雇用の中で最も増えたのは販売および事務職であり、それらの多くは熟練をほとんど必要としない低賃金職種だったし、創造的または自律的な内容をもたない賃金労働であった。

ブルーカラー労働者の不満　当時のブルーカラー労働者が仕事の場でどのように感じていたのかという問題についても幾多の調査がある。一九五〇年代半ばにラディカルな著述家ハーヴェイ・スウェイダスは実際にアセンブリー・ラインで働きながら、同僚労働者を観察して、次のように結論した。「自分の仕事に対する労働者の態度は一般に憎悪、恥、そして諦めから構成されている」。不名誉な工場労働に携わる労働者は、自分たちが中産階級的地位を買うことができないことを知っているというのである。

イーライ・チノイの『自動車労働者とアメリカの夢』（一九五五年刊）はよく読まれた本であるが、彼がインタビューした労働者は自分らが仕事から疎外されていると感じていると述べた。大きな機械化された工場に入ることは、支払われる時間に対して彼らの行動に対する「コントロールを譲渡する」ことを意味した。仕事のテンポとリズムは機械によって、そして機械をコントロールするマネジャーによって定められる。労働者は、ただただ経営者の権威に服従せねばならないというのである。

（4）　女性労働者の増加

戦争が終わると、「女性よ、家庭に帰れ」が合言葉となった。戦争が終わって第一年目に二二五万人の女性が自発的に仕事を離れ、さらに復員する男性労働者を予期して一〇〇万人の女性が解雇された。女性の労働参加は一九四五年の三七％から一九四六年の三一％へと低下した。

しかし予想されなかったことは、同じ期間に二七五万人の女性が新たに労働力に加わり、女性労働者の純減少が実は五〇万人にすぎなかったという事実である。そして統計的にみると、一九五〇年代には働く女性の数は増えたのである。働く女性の割合は一九四五年の三六％から一九四七年の二九％にまで落ちたものの、それ以降は着実に増え続け、一九六〇年には戦争中のピークを上回って三七・七％になった。戦争が触媒となって生じた労働女性数の増加は平和の到来で静まらなかったのである。

それに加えて注目されるのは、既婚女性が働くようになったことだった。一九五二年には一四〇万の既婚女性が仕事をもっていた。これは一九四〇年の三倍近くにおよび、平和時において初めてのことであるが、労働力の中で既婚女性の数が独身女性の数を追い越したのだった。また三五歳以上の女性が白人労働女性の大きな割合を構成したことも初めてのことだった。以前には労働女性の中で最大の割合を占めたのは二〇～二四歳の年齢層だったが、一九六〇年には四五～五五歳の働く女性の割合は労働力の中における二〇～二四歳の女性の割合よりも大きくなっていた。平均して家族の最後の子供が学校に入る三五歳以降になって、中産階級女性でも働きに出る場合が増えたのである。

職種は事務職や店員が多く、看護婦や電話交換手、図書館員や教師、タイピストや秘書など九〇％以上を女性が占める職業もあって、ここでも性による役割分担、そして「性別セグリゲーション」があった。このことは賃金に反映し、一九六〇年白人男性の平均年収が七一五〇ドルであるのに対し、白人女性のそれはその三分の一以下の二二四五ドルだった。そして黒人女性の場合には、農業労働者や家庭のメイドといった仕事が多く、その収入は黒人男性の三七五七ドルに対し、わずか一三九一ドルという低いものであった。

3 動き始めた黒人労働者

(1) 黒人革命を用意した南部経済の変化

シェアクロッピング制度の崩壊

次に黒人労働について説明しよう。第二次大戦後に生じた「黒人革命」の背後には南部経済の構造的変化があった。南部経済の中核だった綿花栽培のプランテーションにおいて、黒人は長らくシェアクロッパーという隷属的な小作人の地位に押し込められ、選挙権は奪われ、社会生活のあらゆる面において人種隔離の制度が樹立されていた（六九頁参照）。彼らの地位の変化は南部プランテーション制度の変質・解体とともにやってきたのである。

一九三〇年代の大恐慌により綿花は深刻な過剰生産となり、価格は下落し、南部の困窮は目を覆うものになった。ニューディール政策は労働者や農民などアメリカ民衆に大きな恩恵を与え、黒人もある程度その恩恵にあずかったが、驚くべきことにその政策が黒人小作農を土地から追い出す過程の、つまりシェアクロッピング制度解体への転換点となったのである。以下、藤岡惇の著作を参考にしながら説明してみよう。

ニューディールの農業政策として有名な農業調整法（AAA：アグリカルチュラル・アジャストメント・アクト）は、連邦政府が農民と協約を結び、補償金を与えて作付け制限をさせ、農産物価格の上昇を図ろうとするものだった。ところが南部の綿作プランテーションの場合、政府と協約を結ぶのは土地所有者としてのプランターだった。そして旧来の作付け実績の二五～五〇%にも及ぶ作付け制限の実施で、大量の労働力が不必要となった。またプランターは補償金を利用して機械化を図り、小作制度から賃労働を使用する大経営への転換が始まった。地主は小作農の住居、施設を取り壊し、零細な小作農地の境界を取り払い、自己の経営を賃金労働とトラクターを用いる資本主義的大農場へと改造し始め、多くの黒人小作人が土地から追いたてられた。

南部農業の機械化と黒人の排除

一九三〇年代にはトラクターの導入はまだ散発的で、手労働が優勢だったが、第二次大戦中には労働力不足とあいまって、トラクターがかつてない速度で普及し始めた。しかし綿摘みが機械化されていない段階では、まだ大量の手労働が必要であり、小作制が残っていることが必要だった。機械制大農場への移行のこの障害を取り除いたのが自動綿摘み機械（コトン・ピッカー）の実用化だった。一九四七年のことである。これ以降、綿作の全面的機械化が始まった。こうして一九五〇～六〇年代にはシェアクロッピング制度に基づくプランテーションは全面的に崩壊し、南部農業はカリフォルニアと大差ないような資本主義的な機械制大農場に姿を変えていくのである。

それとともに、膨大な黒人人口が南部農村から追い出された。白人を含めると、南部で農業を離れた人口は一九三〇～七〇年の間に約一二〇〇万に及んだとされる。北部に向かう者も多く、黒人問題は南部問題から全国的問題となり、農村問題から都市問題へと転換した。黒人の基本的な存在形態は南部プランテーションのシェアクロッパーから都市の下層プロレタリアートへと転換した。一九五〇年代以降の公民権運動の大展開の背後には、黒人の存在形態の巨大な変化が存在したのである。

(2) 黒人革命の開始――黒人労働者の運動

民主党政権の政策

すでに第二次世界大戦がヨーロッパで始まった時、連邦政府は黒人問題の解決に着手し始めた。前述したように、A・フィリップ・ランドルフの働きかけで出された一九四一年のローズヴェルト大統領の行政命令は、軍需産業、連邦政府における差別撤廃を指令し、公正雇用実施委員会を設けて、その監視に当たらせた。さらにトルーマンは大統領としては初めて有色人種地位向上協会(NAACP:ナショナル・アソシエーション・フォー・ジ・アドヴァンスメント・オブ・カラード・ピープル)の全国大会で演説し、人種間のギャップを埋めることを誓った。一九四六年トルーマンは人種差別撤廃をめざす公民権委員会を発足させ、四八年には軍隊内の人種隔離を止めさせる行政命令を出した。朝鮮戦争にアメリカはその歴史上初めて人種統合された軍隊を送ったのである。

黒人たちはかなりの力をつけており、それが社会的にも認められるようになっていた。黒人の所得は一九三九年の白人の四〇%から一九四七年には五九%へと上昇し、黒人の非識字率は一九五〇年には一一%へと低下していた。黒人の野球選手ジャッキー・ロビンソンがメジャー・リーグに迎え入れられたのは一九四七年のことだった。そして一九五二年アメリカ国内における黒人のリンチによる殺人はゼロを記録したのである。

黒人革命の始まり

そして一九五四年五月、連邦最高裁判所はブラウン対教育委員会事件において、公立学校の人種差別を定めたカンザス州法は合衆国憲法違反であるとして、公教育において「分離すれど平等」の原則を否定した。それは公教育だけでなく、人種隔離制度の原理それ自体に広がらざるをえないものであった。

一九五五年アラバマ州モントゴメリーで行われたバス・ボイコットは黒人の差別撤廃の大衆運動のきっかけとなった。あのローザ・パークスはデパートで裁縫女性として働いていた黒人女性労働者であり、長いことNAACPの活動家だった。そしてバス・ボイコットを組織したエドガー・ニクソンは、一九二三年プルマンのポーターとなり、Ａ・フィリップ・ランドルフに率いられた寝台車ポーター友愛会に加入し、一九三八年にはモントゴメリー支部の会長となった人物であった。そしてバス・ボイコットを実践したのは、バスを通勤手段として利用する黒人労働者たちだったのである。

キング牧師の登場

ここから登場するマーティン・ルーサー・キング牧師の行動は、南部における差別制度の撤廃だけでなく、一九六〇年代には北部都市における黒人労働者の解放にまで広がっていくが、彼の行動を理解するためには、彼が学生時代に資本主義経済制度に対する批判的解釈を吸収したことが重要である。彼は「資本主義体制は搾取と偏見と貧困に基づいており、我々が新しい社会秩序を確立するまではこれらの問題を解決できないだろう」と考えており、「マルクスは資本主義の経済的側面を正しく分析していたと〔キングは〕信じていた」。著書『自由への大きな歩み』（原著一九五八年、邦訳一九五九年刊）の中で、彼は次のように説明している。「私は十代の初めからありあまる富と目もあてられない貧困との間の深淵の問題に深く心を捉えられていたが、私はマルクスを読むことによって、一層この深淵を意識するようになった。現代のアメリカ資本主義は社会改革によってこの溝を大いに埋めてきたとはいえ、さらによき富の分配の必要性はなお残っている。その上、マルクスは経済体制の唯一の基礎に利潤追求の動機を置くことの危険性を暴露していた」。公民権運動は労働問題と関連して展開していったのである。

（3）　黒人労働者の状態

多数の黒人が南部農村から南部および北部の都市に流入した。南部の遅れた農村で育った彼らは工業的な技能をもたず、労働市場においては底辺労働者を構成し、第二次労働市場において慢性的な失業に苦しんだ。一九五五〜五九年に白人の失業率は四・三％だったのに、黒人その他の非白人男性の場合には一〇・六％だった。

ＡＦＬ－ＣＩＯの原則は人種差別の禁止にあり、ＡＦＬとＣＩＯの合同にあたって締結された合同規約は、同連盟に所属するすべての労働者は人種、信条、皮膚の色、民族的な起源にかかわらず、平等な権利をもつことを定めていた。

そしてＡＦＬ－ＣＩＯにおいて人種差別禁止の先頭に立ったのが社会主義者Ａ・フィリップ・ランドルフだった。ＡＦＬ－ＣＩＯの毎時の大会において副会長の一人であるランドルフが立ち上がり、人種差別を実施している組合を名指して非難する姿が見られたのだった。そしてランドルフの闘いは一九六〇年代にも継続し、若い時期に共産主義者だったベイヤード・ラスティンとともに一九六三年のワシントン大行進を指導することになるのである。

第12章　アメリカが揺れた激動の中での労働者——一九六〇年代

1　旺盛だった労働組合運動

（1）社会的変革運動と労働者

一九六〇年代は自己満足的な一九五〇年代と異なり、アメリカに内在する多様な問題をえぐり出していく時代だった。公民権運動、学園闘争、フェミニズム、ベトナム反戦、果てはヒッピーの登場。多様な変革運動が社会を揺るがした。音楽ではフォークとロックが全盛となり、映画は「アメリカン・ニュー・シネマ」の時代となった。しかし社会運動において目立ったのは黒人、大学生、女性、多様なマイノリティであり、白人男性労働者は体制に編入された保守派だというイメージが広がった。労働者は社会的変革の担い手だという古典的マルクス主義は、もはや当てはまらないとニューレフトによって批判された。

保守的で反共に徹したジョージ・ミーニーは、ビジネス・ユニオニズムに徹し、社会的理想の追求に熱意が不足していた。しかしながら労働組合運動が沈滞したのではなかった。一九六〇年代のアメリカ経済は組合運動にとって有利だった。一九七〇年代初頭までは経済成長が継続したからである。五〇年代の狂ったような反共ヒステリーは収まり、タフト－ハートレー法の反共宣誓条項は一九六五年に最高裁によって無効とされ、労働者の間にも左翼の復権が幾らか見られた。また多くの労働者が時代の子として一九六〇年代の激動に参加したのである。組合組織率は一九五六年の約三四％から一九七二年の二六・七％へと低下したが、組合員数は一九五六年の一八〇〇万人から一九七二年の二一〇〇万人近くへと増加した。

(2) ケネディ－ジョンソン民主党政権と労働運動

ケネディと労働運動

一九六〇年の大統領選挙にあたってジョン・F・ケネディは、南部出身のニューディール派のリンドン・B・ジョンソンを副大統領候補とした上で、選挙運動の力点を北東部の都市・工業地域、およびカリフォルニア、つまり労働組合基盤の地域に注ぎこんで当選した。組織労働もケネディと民主党を勝利させるために全面的に協力した。連邦議会、州知事、州議会において、労働者に支援された政治家たちの勢力が伸張した。

政界には労働組合に対する共感が広がり、リベラル－労働連合が活性化した。ケネディは行政命令によって連邦公務員に対して団結権、団体交渉権を認可し、公務労働者の組合組織の大拡張が生じた。一九六三年ケネディは労働者を前に、「私は過去三〇年にわたって、労働組合ほど我が国の福祉のために貢献した勢力を知らない」と語った。ケネディの「ニュー・フロンティア」政策は労働陣営を勇気づけた。八年間に及んだアイゼンハワーの時代とはワシントンの雰囲気は変わったのである。

民主党政権と労働運動

ケネディとジョンソンの民主党政権は労組側の意見に耳を傾け、労働側の政治的プログラムの多く（公共事業、公共住宅、病院建設、メディケア、メディケイド、福祉の充実など）を支持した。政権と組織労働との間には絶えざる意見の交換があり、労組代表はしばしばホワイトハウスを訪れ、大統領と懇談した。

一九六三年秋にケネディは暗殺され、ジョンソンが大統領に昇格した。ジョンソンは労組代表たちに対して彼の政策への支持を要請した。一九六四年の大統領選挙で共和党がバリー・ゴールドウォーターという超保守的な候補者を出すと、労働側は恐れを覚え、さらに熱心にジョンソンを支持した。副大統領候補となったヒューバート・ハンフリーはミネソタ州の農民・労働党から政界入りした経歴をもつリベラル派の政治家であり、労働運動に密接に結びついていた。選挙ではジョンソンは大勝利を収めた。そして労働陣営に支持された多数の民主党リベラル派議員が当選した。

この地滑り的勝利を背景に、ジョンソンは彼の掲げる「偉大な社会」（グレート・ソサイエティ）、そして「貧困撲滅戦争」（ウォー・オン・ポヴァティ）の諸立法を制定させることができた。一九六四年の公民権法、六五年の投票権法など人種差別禁止に向けての前進も大きかった。さらに一九六五年にはそれまでの移民制限法に含まれていた人種差別主義を否定した新しい移民法が成立した。組織労働は彼らの政治的要求をジョンソンを通じて実現した。ジョンソンは「彼らの大統領」だったのである。

（3）「偉大な社会」をめざして

貧困の再発見と「偉大な社会」

一九六二年、社会主義者のマイケル・ハリントンの著書『もう一つのアメリカ――合衆国における貧困』（邦訳一九六五年）は全土に貧困が広がっていることを衝撃的な形で提示し、全国的な関心を集めた。労働統計局の数字によれば、一九六〇年にはアメリカで全世帯の二七・五％は貧困状態にあり、最も豊かな一％が国富の三分の一を所有し、底辺の二〇％は〇・五％しか所有していなかった。これ以後、貧困問題が重要な政治課題となるのである。

民主党リベラル派には「拡大版ニューディール」として政府による経済・社会の制御で「全般的に豊かな社会」をめざすべきだとの認識があり、その「偉大な社会」構想の中で労働組合は大きな役割を演じるはずであった。代表的立法としては経済機会委員会を設けた経済機会法、厚生地域保全法、公立学校への連邦の援助をうたった初等・中等教育法、高齢者や貧困者などへの医療があった。一九六四年の公民権法、六五年の投票権法、一九六五年の移民法も拡大版ニューディールの一環だったのである。

特に注目されるのは、メディケア（老齢者・障害者医療保険制度）とメディケイド（低所得者医療保険制度）だった。それらは労働運動が三〇年以上にわたって要求してきたものであり、強力な医師会ロビーの反対を抑えて実現したのだった。その他、議会は労働運動が支持する多様なプログラムを採用した。それらの中には公共事業、公共住宅、病院建設、職業訓練の拡大、福祉制度の改善が含まれていた。こうしてケネディ－ジョンソン期は「ニューディール以来アメリカの労働運動にとっての最上の時期」となったのである。

貧困撲滅戦争

一九六四年の経済的機会法で「貧困撲滅戦争」が開始された。それは経済機会局を樹立し、雇用と教育についての機会を増大させることをめざした。職業部隊（ジョブ・コー）は都市の黒人青年に対する職業訓練を供給した。近隣地区青年部隊は約二〇〇万の青年に仕事を提供した。「アメリカ奉仕ボランティア」は一種の国内平和部隊であり、多数の理想主義的な教師を貧困学区に派遣した。最も注目すべきはコミュニティ行動プログラムであり、貧しい地域民衆自体が貧困撲滅に直接参加するという理念に立っていた。

この時期の経済成長に助けられて、アメリカ政府が定義する貧困者の数は一九六二年の人口の二三％から一九七三年の一一％へと低下した。しかし貧困撲滅戦争の成果は限られていた。ベトナムの戦費が増大する中で、国内の貧困対策に大量の資金を注ぐことはできなくなったのである。ベトナム戦争なかりせば、ジョンソンはフランクリン・ローズヴェルトを継承した輝ける大統領としてその名を歴史に残したであろう。

ＡＦＬ－ＣＩＯは全国政治において、また州、地方の労働組織を通じて、民主党との連携を強めた。いくつもの工業州においては労働団体と民主党との密接な協力体制が成立し、地域によっては民主党はイギリスの労働党に似た存在となった。これに期待をかけたのが社会主義者のマイケル・ハリントンなどであった。彼らは社会党で活動するよりも、民主党に加入して、民主党を社会民主主義の方向に改革しようと努力したのである。

（4）公務労働者の労働運動の活性化

ケネディの行政命令と公務労働者の組織化

公務労働者の組合加入急増のきっかけとなったのは連邦公務員に団結権・団体交渉権を認めた一九六二年一月のケネディの行政命令だった。いくつもの州がこれに倣った。公務労働者の間の組合組織率は一九七六年には三九％に上昇する。

公務労働者の二つの全国組織が発展した。アメリカ州・郡・都市被雇用者組合連盟（ＡＦＳＣＭＥ：アメリカン・フェデレーション・オブ・ステート・カウンティ・アンド・ミュニシパル・エンプロイイーズ）はジェリー・ワーフ会長の指導の下で拡張を続け、一九七一年には約五五万人を擁するようになった。ただし大部分のメンバーはブルーカラーまたは低所得の事務員だった。連邦政府に雇用されている労働者の組合であるアメリカ政府従業員連盟（AFGE：アメリカン・フェデレーション・オブ・ガヴァメント・エンプロイイーズ）は一九六〇年代に膨張し、一九六九年には四八万以上を擁するようになった。また国際消防夫組合も活動が活発化した。

公務労働者の労働運動

公的部門の労働者は教師や事務労働者のような比較的安定した公僕（シヴィル・サーヴァント）だけでなく、街路掃除夫、郵便配達人、ゴミ収集人、病院労働者、ジャニターのような不熟練・半熟練の職種にわたっており、彼らのうちの多くが黒人であり、低賃金だった。法的制限にもかかわらず、彼らはしばしばストライキに訴えた。ストライキする労働者は専門職（特に教師と看護婦）からゴミ収集人や消防夫にわたっていた。公務労働者のストライキのうち最もよく知られているのが、一九六八年メンフィスの黒人からなる衛生労働者のストライキであろう。彼らは賃上げを要求し、「私は人間です」と書いたプラカードを掲げた。マーティン・ルーサー・キングが暗殺されたのはこの労働闘争の支援に出かけた時だったのである。

公的雇用の激増と低賃金

公的雇用は労働力の中で急速に増大しつつある分野だった。一九四七～六七年の二〇年間にあらゆるレベルの公的従業員の数は、一一〇％以上、すなわち五四七万四〇〇〇人から一一六一万六〇〇〇人へと増加した。

以前は公的雇用といえば、安定した高い地位の職種を意味した。雇用は安定しており、年金と休暇があり、教師は長期の夏休みのゆえに羨ましがられた。しかし一九六六年の調査では、政府のホワイトカラー労働者は民間のブルーカラー労働者よりも低賃金だった。一九六〇年代にトラック運転手は教師よりも多くを稼いだ。公的従業員は私的産業における労働者よりも一〇～三〇％少ない賃金しか稼がなかったのである。

教員組合

教師の組合組織化は、アメリカ教師連盟（AFT：アメリカン・フェデレーション・オブ・ティーチャーズ）の下で、アルバート・シャンカー会長に率いられて、一九六〇年代および一九七〇年代に著しく進展した。学校予算の削減と闘う教師のストライキが頻発した。巨大な専門家団体である全国教育協会（NEA：ナショナル・

エデュケーション・アソシエーション）は次第にメンバー数が増加し、一九六〇年代には団体交渉団体となり、労働組合として認識されるようになった。

大学の教員たちも組合組織化にむかって進み始めた。一九七三年には二八八の大学に教員組合が組織されていた。その組合が「アメリカ大学教授協会」（ＡＡＵＰ：アメリカン・アソシエーション・オブ・ユニヴァーシティ・プロフェッサーズ）である。

2　ベトナム戦争の時代

（1）ベトナム戦争と労働者たち

反戦運動の高まり

ベトナム戦争が激化し、米軍の戦死者の数が増えるにつれて、アメリカ国内における反戦運動は激しさを増した。一九六八年一月のテト攻勢でサイゴンのアメリカ大使館の内部にまで戦闘が持ち込まれた時、アメリカ人は衝撃を受けた。この戦争には勝てないという感情が国民の間に広がった。ユージン・マッカーシーがジョンソンに対抗してニューハンプシャ州で民主党の大統領予備選挙に出馬、四二％を得票した。ジョンソンは再選に出馬しないことを表明した。一九六八年はアメリカ史上、最も騒然たる年の一つになった。ロバート・ケネディの暗殺、キング牧師の暗殺、荒れ狂う黒人暴動、反戦運動。ショッキングな事件が次々に起こった。八月シカゴでは民主党大会がヒューバート・ハンフリーを大統領候補に指名し、反戦派の提案を否決したが、市内では反戦デモ隊と警官隊との血なまぐさい衝突が展開された。

労働運動とベトナム戦争

ベトナム戦争に関してＡＦＬ－ＣＩＯ指導部は民主党政権との協力関係を維持した。民主党は改革の党だったからであり、ジョンソンは彼らの大統領だったからである。さらにミーニー会長は強烈な反共の意思を抱く保守派だった。

しかしベトナム反戦は労働者の間にも広がった。すでに一九六五年秋、ＡＦＬ－ＣＩＯ全国大会で反戦の抗議者たちの声が聞かれた。ＵＡＷの役員は南ベトナムを「腐った軍事独裁」と呼んだ。同年Ａ・フィリップ・ランドルフに率いられた「ニグロ・アメリカ労働協議会」はベトナム戦争に反対する決議を通した。戦争が進展するにつれて労働組合内の反戦感情は高まった。世論調査では労働組合員は一般大衆よりもエスカレーションを支持しないことが示された。一九六六年アメリカ通信労組による内部調査では、五六％はベトナムからの撤退または交渉に賛成であり、現状またはエスカレーション支持は四〇％にすぎなかった。

ルーサーの反逆とその死　労働運動内部におけるベトナム反戦、そしてミーニー執行部への批判を代弁したのが、ＵＡＷのウォルター・ルーサーだった。問題はベトナムだけではなかった。ルーサーとミーニーとの間には、労働運動をどのような方向に展開していくべきなのかをめぐって本質的な路線対立が存在したのである。

ルーサーはかつては社会主義者だった。そしてミーニーのような強烈な反共主義者ではなかったから、対外政策でも意見を異にした。また代表的な「社会的組合主義者」として、彼は黒人問題や貧困なマイノリティ労働者の問題にＡＦＬ－ＣＩＯがもっと真剣に取り組むべきことを主張した。一九六三年のワシントン大行進にも彼は参加した。彼はまたＡＦＬ－ＣＩＯの大会が贅沢な避暑地で開催されるような体質を批判した。

高まるベトナム反戦の動きの中で彼は動いた。一九六八年七月、対外政策についての意見の不一致を大きな理由として、ＵＡＷはＡＦＬ－ＣＩＯから正式に脱退した。そしてトラック運転手のティームスター組合と合同して「労働行動同盟」（ＡＬＡ：アライアンス・フォー・レイバー・アクション）を結成した。この組織は反戦感情を明瞭に表明したが、それだけでなく、未組織労働者の組織化、そして重要な政治的・社会的・経済的諸問題を扱うことを目的とした。しかし一九七〇年五月、ルーサーは飛行機事故で死亡した。ＡＬＡはその閃光を失い、消滅した。

（2）　一九六八年の大統領選挙と労働運動――ハンフリーの選挙戦

一九六八年の大統領選挙での民主党候補のヒューバート・ハンフリーは労働運動にとっては理想的な候補者だった。彼はかつてミネソタ州民主農民労働党の創設に加わった最も親労働的な民主党政治家だった。通常の年だったならば、彼の出馬はニューディール的伝統を守るための政治的努力の絶頂を意味したであろう。

しかし一九六八年は通常の年ではなかった。ベトナム戦争があり、ハンフリーはジョンソン大統領を後ろ盾にして大統領候補に立候補したのだった。反戦派で有力な闘いを展開していたロバート・ケネディは暗殺された。他方では公然たる人種主義者のアラバマ州知事ジョージ・ウォーレスが民主党から離れて、アメリカ独立党を結成して大統領選挙戦に出馬した。彼は南部白人を基盤に、さらには北部のブルーカラー層へも訴えながら、活発な選挙運動を展開した。ハンフリーはリチャード・ニクソンの共和党からだけでなく、民主党内の右派から、そして激烈な反戦を叫ぶ左派の若者たちから強大な挑戦に直面した。労働指導者たちはハンフリーを民主党の候補として受け入れたが、反戦運動者たちは彼のリベラルな性格を無視した。組織労働はその通例の同盟者たちから孤立してしまい、右派と左派の両方から攻撃されたのである。

民主党は大混乱に陥った。反戦リベラル派はハンフリーから離れた。ウォーレスは愛国主義を鼓吹し、反戦運動の過度のレトリックに対する嫌悪を表明し、南部白人だけでなく、ブルーカラー労働者にも向かっても、反戦運動者、戦闘的黒人、ヒッピー、左派知識人への嫌悪を掻き立てようとした。そして共和党のニクソンは、戦闘的な反体制派の言動に反感を抱く一般民衆、いわゆる「サイレント・マジョリティ」に呼びかけたのだった。

ハンフリーは敗北した。しかし一般投票ではニクソン四三・四%、ハンフリー四二・七%で、一%以下の僅差だったのである。そしてウォーレスは一三%を得票した。ウォーレスが立候補しなかったならば、ハンフリーがニクソンに楽勝したであろう。ともあれ、一九六八年におけるハンフリーの落選、ニクソンの勝利は労働運動にとって痛い打撃だった。ニクソンは反労働的な政治家だった。

(3)　ベトナム戦争をめぐっての労働運動の分裂

ベトナム戦争をめぐって、労働運動は反戦のハト派と戦争支持のタカ派とに分裂した。ベトナム戦争は歴史家クリスチャン・アッピーが「労働者階級戦争」と名づけたように、アメリカ軍兵士は圧倒的に労働者階級から徴兵されており、

図12－1　ハンフリー副大統領が食肉労組の集会で演説する様子

出典：Lelie F.Orear and Stephen H. Diamond, *Out of the Jungle : The Packinghouse Workers Fight for Justice and Equality*（AFL-CIO, ca., 1973).

戦死したり負傷したのは労働者階級の若者だったから、仲間がそのように生死を賭して戦っているのに、ただ反戦を唱えればよいという単純な問題ではなかった。労働者の対応は分かれたのである。

フィリップ・フォーナーが強調したように、労働運動の中で反戦運動も強く起こった。一九七〇年には反戦派の二二人の組合指導者がベトナム戦争を「金持ちの戦争、貧乏人の戦闘」と名付けて強く批判する宣言を発表した。また若い世代の労働者が不満を表明し始めた。冷戦の反共観念が段々と薄れ、容共左翼も政治的論争に参加した。国内の冷戦風潮には変化が生じていたのである。

労働者の中のミーニー支持派

反戦運動に反対し、ベトナム戦争を支持する労働者も多数いた。よく知られているのが、一九七〇年反戦デモがニューヨーク市の建設労働者によって襲撃された事件である。五月四日オハイオ州ケント大学でキャンパス内の反戦デモに州軍が出動し、興奮した兵士たちの射撃で四人の学生が殺された。事件は国中に衝撃を与え、ニューヨーク市では共和党リベラル派のジョン・リンゼー市長が死者を悼んで市の旗を半旗にするように布告した。

ところがハード・ハットをかぶった世界貿易センターの建設労働者たちは「共産主義の奴らを殺せ」と叫びながら、反戦デモを襲撃し、七〇人を負傷させた。ハード・ハットのこの事件はあまりにも有名であり、労働者階級と反戦運動との亀裂を象徴するものとして宣伝されたのである。

南修平はこの事件の背後にあった建設労働者たちの世界、彼らの保守主義の背後にあった複雑な状況を説明している。ニューヨークの建設労働者は誇り高い白人熟練工の世界を築き上げ、独特の文化を培い、見習い制度によってその職業的世界を守ってきた。しかし一九六〇年代に入ると、その世界は公民権団体から、また高まるリベラリズムの勢力から激しい批判に曝されるようになった。彼らの組合はマイノリティの雇用拡大を求める代表的リベラルたるリンゼー市長との対立を深め、彼らの代表、ピーター・ブレナンを労働長官にすることになるニクソン政権と結びつき、その世界を脅かす勢力に反撃したのだというのである。

戦争をめぐって分裂を続けた労働陣営　しかしこの事件以降、いくつもの組合が戦争に反対する公式の声明を発して、AFL－CIOの公式の戦争支持から離れたが、最後まで戦争支持を続けた労働者もおり、アメリカの労働者はベトナム戦争については分裂した状態だったのである。そして大学の学園でもベトナム戦争賛成、あるいは少くとアメリカの敗北反対の学生も多かったのである。

（4）労働運動における反逆の表れ

若手労働者の反逆ムード　一九六〇年代から七〇年代初頭にかけて注目されるのは、幾多の組合において一般組合員の間で戦闘性が増大し、指導部を突き上げ、指導部の交替が次々に生じたことであった。六〇年代の反逆的なムードが職場に入りこみ、管理者の命令への不服従が広がった。驚くほど欠勤率が高くなった。そして欠陥製品が増えた。若い労働者はその労働環境に批判的となり、自分たちの仕事をもっと意味あるものにするように求めた。六〇年代の社会運動が若い労働者たちに影響を及ぼしていたのであり、労働者は増大する「権利意識」を示した。まだ職はあったので、若い労働者は職場で恐れを知らなかった。六〇年代末から七〇年代初頭には組合幹部の支配に抗しながらの山猫ストライキ、協約拒絶、サボタージュが噴出した。

ローズタウン・ストライキと疎外の問題　一九七一年オハイオ州ローズタウンにおけるGM社のシボレー自動車工場におけるストライキは多くの関心を集めた。この工場は自動車産業で最も高度に自動化されており、その労働者はほとんどが若者だった。輸入小型車と競争するために「ヴェガ」と呼ばれる車種の生産が始められ、生産性を引き上げるために一連の変化が導入された。若い労働者たちはこれに反抗し、打ちこわしに近い「スロウ・ダウン・ストライキ」を始めた。これは「六〇年代の新しい感覚」を反映する長髪の若者たちのストライキだった。ストライキ指導者は

コラム12　ニューヨーク市交通ストライキと郵便ストライキ

一九六〇年代から七〇年代にかけて起こった労働運動の盛り上がりの代表として二つのストライキを挙げよう。一九六六年一月一日、ニューヨーク市では共和党リベラル派のジョン・リンゼーが市長に就任した。ところが同じ元旦の朝、市では地下鉄とバスのストライキが始まり、市内の公共交通機関は麻痺した。リンゼー市長は就任演説で、そのストを「公共的利益に反する非合法のストライキ」として攻撃した。しかしストを指導した運輸労組のマイケル・クィルは一歩も譲ろうとしなかった。クイルら八名のストライキ指導者は裁判所によってスト解除までの投獄を命令された。クイルはテレビ・カメラの前で「牢屋で朽ちようとも、ストを解除しない」と語り、牢に入れられた。ストは二週間続いた。ストが終わってから一五日目、クイルは心臓発作で死亡したが、彼の行動は、市内の公共労働者の間における組合活動の開幕劇となった。ニューヨーク市はその後、盛んなストライキによって苦しめられるのである。

新しい戦闘性の驚くべき事件は、一九七〇年三月二〇万人の郵便労働者が起こしたストライキだった。彼らのストライキは非合法だったが、一九七〇年三月にニューヨーク市で始まった郵便ストライキは一週間以内に一五州にわたる二〇〇の都市に広がる巨大な山猫ストライキとなり、配達はストップした。

彼らの力の源泉は公衆の共感にあった。郵便労働者は法律を破っているけれども、賃上げに値するというのが公衆の認識だった。このストライキが与えたショックの一つは忠誠な郵便配達夫たちがいかにわずかしか稼いでいないかの発見であった。ニクソン大統領は郵便物を仕分け、配達するのに軍隊を派遣して対応した。ニューヨーク市だけでも三万人の兵士が動員された。しかしこれは非効果的であり、ストライキは成功した。連邦議会は賃金を引き上げ、郵便制度を再組織した。

インタビューによる社会調査者、スタッズ・ターケルに語った。若い労働者は不況期に育った親たちがボスに従順に服従したのを嫌がっているのだと。若者たちは「人間的権利」の主張に関心を寄せるようになっているというのである。

ここから労働の疎外の問題が浮かびあがった。一九七二年のターケルの著作『ワーキング』は、疎外に関する多数の労働者の声を収録している。そして一九七三年に連邦政府の保険・教育・福祉省は『アメリカにおける仕事』と題する報告書を刊行した。報告書は「著しい数のアメリカ労働者は彼らの労働生活の質に不満をもっている。退屈で繰り返しの、無意味に思われる課業、自律性に欠けた仕事はあらゆる職業のレベルの労働者の間に不満を惹起している」と記した。

チャヴェスの農業労働者組織化運動　六〇年代から七〇年代に多くの人々の共感を引き寄せたのは、セザール・チャヴェスの指導の下に、統一農場労働者組合（UFW：ユナイテッド・ファーム・ワーカーズ）によってカリフォルニアでメキシコ系の農業労働者の組織化活動が進んだことだった。その闘争はメキシコ系アメリカ人（チカーノ）の公民権行動の特徴を帯びた。宗教団体、学生、公民権団体からの広範な支持が寄せられた。チャヴェスは大学のキャンパスを含めて全国を回り、葡萄《ぶどう》、レタスやワインに対するボイコットを呼びかけ、多くの民衆からの支持を得た。全国的な不買運動はかなりの成功を収めた。葡萄のボイコットには四七〇〇万人が参加したとされている。

（5）ニューレフト学生運動と労働運動の関係

ニューレフトについての一般的理解　ニューレフト運動と労働者階級とは対立するものだったという理解が広がっている。両者の関係は、ニューヨーク市のハード・ハットの建設労働者による反戦学生デモ襲撃事件を象徴として説明された。確かにニューレフト学生運動に影響を与えたとされるC・ライト・ミルズは、ラディカル・ペシミズムの立場から、先進資本主義諸国においては、社会的変革の担い手を労働者階級に求める古典的マルクス主義が時代遅れになっていると主張した。そして若いラディカルたちの間では「アメリカ労働者階級の中心部分は資本主義制度の中に統合されている」とか、「プロレタリア的階級意識は合衆国には存在しない」といった主張が盛んになされ、労働者階級についての悲観的論議が展開されたのだった。

ニューレフトと労働運動とのつながり　しかしニューレフトは以前の労働ラディカルの諸運動との結びつきをもっていたのである。ニューレフト学生運動の中核組織、民主的社会のための学生団（SDS：スチューデンツ・フォー・ア・デモクラティック・ソサイエティ）の系譜は、アメリカ社会党の外郭組織である学生産業民主主義連盟（スチューデント・リーグ・フォー・インダストリアル・デモクラシー）に遡る。つまりアメリカ・ニューレフトの中核組織は旧左翼を母体にして生まれたのである。

ニューレフト活動家たちと労働運動の一部との間には、密接な交流があった。SDSのトム・ヘイドンは「依然として、労働運動は我が国の経済的困難に対する民主的で平等主義的な解決の前進において重大な勢力であると我々は信じている」と語った。他方、UAW会長ルーサーは「SDSはアメリカにおける進歩勢力に献身した学生諸組織の前衛」だと述べた。そして筆者はSDSの有名な「ポート・ヒューロン宣言」が出されたポート・ヒューロンを訪れたことがある。そこで筆者はSDSの会議が行われたのは、ポート・ヒューロンにあるUAWの保養施設だったということを知らされたのである。

3　黒人労働者の運動

（1）黒人労働者の前進

公民権革命　一九五四年のブラウン判決を受けて、アメリカ黒人の英雄的時代が始まった。まず運動のリーダーシップを取ったのは黒人中産階級であり、この段階を象徴したのがマーティン・ルーサー・キング牧師の登場だった。衝撃的な事件が次々に起こった。白人側からの暴力に対して、キングは非暴力抵抗を民衆の直接行動と結びつける運動方式を打ちたて、白人大衆の共感を掻き立てた。一九六四年、ジョンソン大統領の下で公民権法が成立した。これにより教育、公共施設の使用に関して、さらに一般の宿泊、飲食などの施設に関して差別が禁止された。南部各地の「白人専用」、「黒人用」の区別は一切否定された。翌一九六五年には投票権法が成立した。そして一九六〇年代後半になると、黒人の若者たちは「ブラック・パワー」のスローガンの下に、過激化していった。北部の都市ゲトーに集中するようになった黒人大衆は、その過酷な経済状況に対して怒りを爆発させたのである。運動の主体は黒人下層労働者になっていったのである。

黒人労働者の低雇用と労働組合

前章で述べたように、南部のシェアクロッピング制プランテーションが崩壊し、都市へ移住した黒人の多くは慢性的な低雇用状態に置かれた。職業的訓練に欠ける彼らは望ましい職に就くことは困難だった。公民権法による人種差別の撤廃は、それだけでは黒人労働の職業生活に恩恵を与えたわけではなかった。都市の多くの黒人は第二次労働市場に回され、望ましい職業には就けず、極度の貧困に苦しんだ。それでも一九五四年から一九六九年までの間に黒人の熟練工の数は二倍になり、三〇万人から七五万人へと増加し、半熟練工は一三〇万人から二一〇万人へと増加した。ＡＦＬ－ＣＩＯも差別解消に向かって前進しつつあった。一九六三年ＡＦＬ－ＣＩＯの全組合の五万五〇〇〇のローカルのうち、人種隔離されたローカルは一七二にすぎなかった。そして一九六〇年代初期に黒人とマイノリティ労働者は、合わせると労働組合員総数の約四分の一を構成したという計算もある。つまりアメリカの諸制度の中で、労働組合は最も人種統合された制度になったのである。

アファーマティブ・アクション

黒人労働者の状態改善には「アファーマティブ・アクション」（積極的差別是正措置）が大きな役割を果たした。公民権法などによる差別廃止だけでは平等は実現しない。差別されてきた者たちの困難な状況は、差別を課してきたアメリカの歴史に責任があるのだから――として、彼らが多数者に追いつくために取られるようになったのが、「アファーマティブ・アクション」だった。具体的には雇用や教育をめぐって取られたマイノリティおよび女性に対する優遇措置である。一九六四年のジョンソン大統領の行政命令、労働省のガイドライン、裁判所の判決などにより広く施行されるようになった。ジョンソン大統領の行政命令は連邦政府と契約する企業は人種、体色、性別、出身国にかかわりなく、労働者の雇用と待遇を保証する「積極措置」をとる旨を約束せねばならないと定めたのだった。

(2) 黒人暴動とブラック・パワー

都市黒人の窮状と黒人暴動

それでも、大挙して都市に群入した黒人労働者たちの生活条件の改善はなかなか進まなかった。南部農村で生活できなくなった彼らは北部の産業労働者、都市住民として暮らす訓練を受けておらず、絶望的な貧困と失業に苦しみ、黒人地区では犯罪が多発した。警官は彼らを荒々しく扱った。その中で彼らの怒りが爆発した。前から都市に居住していた白人たちは彼らを歓迎などしなかった。都市内部における黒人の進出は、白人労働民衆にとって競争の激化、そして都市の街路が犯罪で危険になることを意味したのである。

一九六四年七月、ニューヨークのハーレムで大規模な黒人暴動が起こった。次いで一九六五年八月、ロサンゼルスの黒人地区、ワッツで大規模な黒人暴動が爆発した。一九六六年夏にはサンフランシスコ、ミルウォーキー、クリーブランドなど、何十という都市のゲトーで暴動が爆発した。その後の数年間、寝苦しい夏の季節がくると、各地で黒人暴動の波が都市を襲った。「長く暑い夏」(ロング・ホット・サマー)と呼ばれたものである。

黒人労働者の暴動は一九六七年七月のデトロイトで頂点に達した。暴動は一週間続き、市警察、州軍、さらには連邦軍が出動した。黒人の若者たちは、ゲリラ戦のように建物に閉じこもって兵士や警官にライフルをあびせかけるという「内乱状態」になった。市内の六分の一近くが破壊され、死者は四三人(黒人三三人、白人十人)に達し、七〇〇〇人が逮捕された。その後のデトロイトは荒涼たる「地獄の町」となった。筆者は一九七〇年代に一年間、そのデトロイトに住んだのである。そして一九六八年キング牧師が暗殺されるや、一〇〇以上の都市で黒人暴動が発生し、四六人が死んだ。

ブラック・パワー

若い黒人の一部はイデオロギー的にも急進化し、「ブラック・パワー」というスローガンを掲げた。ブラック・ナショナリズムはアメリカ帝国主義反対、ベトナム反戦運動と結びついた。また黒人の人種的特性、文化的伝統を強調し、白人文化への同化、融合を拒絶する黒人分離主義の立場が現れた。

政治的にも黒人は新しい状況に入った。南部では黒人が大規模な有権者集団として登場し、南部の政治構造は激変した。それまで人種差別維持を叫んでいた白人の民主党候補も、その多くが黒人有権者を意識せねばならなくなった。南部でも北部でも黒人の市長や州・連邦レベルの議員が多数当選するようになった。人種関係においてアメリカは本質的に変化し始めたのである。

4 「ミドル・アメリカ」(白人下層中産階級) と黒人との関係

(1) 白人下層中産階級の苦しみ

「ミドル・アメリカ」とエスニシティ

黒人の進出に対して白人労働民衆はどのように対応したのだろうか。このことに関連して「ミドル・アメリカ」という言葉が用いられるようになった。社会史家マクシーン・セラーは説明した。「この集団は南欧・東欧系のエスニック・コミュニティの四〇〇〇万人から成り立っている。彼らの大部分は北東部および五大湖地域の大都市に住み、ローマ・カトリックであり、工業労働者、事務員、小商店主として生計をたてている。彼らの大部分は一九六〇年代~七〇年代の経済的・社会的諸問題に対処するのが、ますます困難になりつつある」と。またマイケル・ノヴァクはこれにアイルランド系をも加えて七〇〇〇万人という数字を挙げた。つまりブルーカラー労働者、下級事務職員、小店主などからなる下層中産階級（ロワー・ミドル・クラス）であり、「白人エスニック」であり、宗教的にはカトリックや東方正教会の教徒であり、「豊かな社会」に住んでいない白人であるというのである。

白人ブルーカラー労働者階級の生活

ノヴァクは、エスニックな労働者階級の家庭を訪れた時の印象を、次のように説明している。旧式な住居、花柄の壁紙、軍服を着た息子と白髪の祖父母の額入りの写真、キリストの最後の晩餐の複製、大きくて古い家具、長年の家具光沢剤とワックスからくる匂い。これらによって印象づけられる。彼らは自由時間の大部分を家族と一緒に過ごす。多くの者が週に一回は親や兄弟の家を訪れる。最大の楽しみは一族の集まりである。彼らの生活は家族と近隣地区に集中している。労働者階級家族にとっては経済的未来は良くなりっこがない。昇進とか新しいキャリアに胸を膨らませる中産階級とは違っている。ここには快適な郊外に住み、クラブに加入し、社交生活を楽しむ上層中産階級とは区別される独自の生活スタイルがあるのだというのである。

社会的大変動への不適応　この膨大な集団は徐々に社会的地位を高めてきた。しかし彼らの多くは新しい時代の諸問題に対処することが困難となり、不満を高めた。それには色々な理由があった。第一は生活苦だった。一九七〇年代初めにはインフレで物価が上昇した。テレビは贅沢な郊外の住宅、素晴らしい休暇、子供たちのための一流の大学、つまり「アメリカの夢」を映しだした。しかし、彼らはこれらが彼らの手の届かない夢にすぎないことを知っていた。人間を月にまで送り込むだけの技術文明をもつアメリカ社会は、肉体労働者を尊敬しなくなった。彼らは、社会が尊敬するような職業に就くための訓練を受けていないのである。

学園の反乱、都市暴動、ヒッピー、徴兵拒否、反戦運動、そして中絶、麻薬、ポルノ、犯罪率の上昇。一九六〇年代に一気に高まったこれらの現象は、彼らが教えこまれてきた価値観、つまり勤勉、権威への尊敬、愛国主義と対立した。つつましい生活を送っている彼らには、この社会的変化を受け入れることは困難だった。彼らはエスニックだったから、アメリカ的価値観を受け入れることに人一倍努力してきた。それがベトナム反戦運動の陣営から批判されたのである。

これがアメリカ労働民衆の中にある「生活に根ざした保守主義」の問題である。快適な郊外居住地区に住む上層中産階級の「リベラリズム」とは区別される彼らの心性は、アメリカの支配的風潮に対する反発をはらんでいるのである。一九六八年の選挙戦においてニクソンと共和党は、黒人やラディカル化した白人の若者たちから、さらには郊外に住む上層中産階級の「リベラリズム」から、「ミドル・アメリカ」の白人層を切り離そうとして、「サイレント・マジョリティ」というレトリックを利用したのだった。

深刻化する都市問題と「ミドル・アメリカ」　彼らの上には上層中産階級の快適な生活があり、下には貧しい黒人がいた。豊かなワスプ（WASP：ホワイト・アングロ・サクソン・プロテスタント）と幸運なエスニックは郊外に去り、都市には彼らと、新しく大流入した黒人が残された。富裕層が郊外に移住したので、都市の課税基盤は縮小し、都市財政が逼迫した。学校は老朽化し、住環境は悪化し、犯罪が増えて街路は安全でなくなった。彼らは貧しいが、生活保護を受けるほどの低い収入ではない。都市の福祉は黒人貧困層に向けられる。それを貧しい白人エスニックが支えるという状況が生じたのである。

（2）「ミドル・アメリカ」と黒人との関係

複雑な愛憎関係

労働者階級白人エスニックは、黒人に対して複雑な愛憎関係にあった。上層中産階級リベラルは豊かな郊外に住み、安全地帯から白人エスニックの黒人に対する態度を非難した。しかし白人エスニックが頑迷な人種主義者であるという証拠はないとノヴァクは述べた。一九七〇年のハリス世論調査によれば、人種別学に賛成する者はアングロサクソンの二一%に対して、アイルランド系は六%、イタリア系は五%にすぎなかった。アングロサクソンのほうが、黒人と白人の共学に反対が多かったのである。白人エスニックが黒人に対してとりわけ強い人種主義的感情を抱いているわけではなかったのである。快適な郊外に居住する上層中産階級よりも、彼らには根底的な意味で人種差別意識は薄かったのである。

しかし白人エスニックは近隣居住地区、学校、職をめぐって、また都市政治をめぐって黒人との競争関係に入った。中産階級上層白人が黒人の利害と直接的に衝突することがないのに対して、白人エスニックは都市社会において黒人と角つき合わせて暮らさざるをえないのである。黒人の数はどんどんと増え、しかも公民権運動の展開によって良く組織されていた。そのために、労働者階級白人エスニックが、黒人および白人リベラル上層中産階級の連合と争うという図式ができあがったのである。

近隣地区と職をめぐる争い

多くの白人エスニックは、自分たちの居住地区に黒人が入ってくることに反対した。彼らにとって近隣地区は単なる地理的場所ではなかった。互いに知り合った密接な隣近所の付き合いの場であり、住居、店、居酒屋、街角など、長らく愛着の対象があるコミュニティだった。そこに異なる新来者が来るのに彼らは反対した。特に貧しい黒人が来ると犯罪率が上昇し、街は汚くなるからである。したがって黒人学童を白人地区へ、白人学童を黒人地区へ、強制的にバスで運んで共学を実施する「バシング」（強制バス通学）には彼らは反対であった。

黒人の進出は必然的に職業をめぐる争いを引き起こした。都市経済の悪化の中で、失業が深刻になり、白人は「先任権」（セニョリティ）を主張した。それは白人労働者が組合運動によって企業から勝ち取った権利であった。一時解雇（レイオフ）される時には、勤務年数の少ない者から解雇されるのである。新しく都市にやってきた黒人は当然勤務年数が少なく、先に解雇されるから、彼らは「先任権」の制度を人種差別だとして攻撃した。上層中産階級が貧しい黒人と経済的に競争する必要がなかったのに対して、職業的機会をめぐって白人労働者は黒人との熾烈な競争に直面したのである。

そして上層中産階級の郊外への移住のために、都市黒人の状態の改善のためのコストは下層中産階級の白人に背負わされることになった。居住地域、職業、学校を黒人と分かち合わねばならない彼らを、快適な郊外に住む恵まれた階層が、人種主義者として攻撃することになったのである。「これは不必要で悲劇的な誤りである。エスニック有権者を保守派に譲り渡す必要はないのだ」とノヴァクは主張した。彼らと黒人は都市の居住環境、学校、職業機会、医療、地位の改善について実質的に同じ利害関係をもっている。両者は歩み寄って同盟関係を結ぶべきだというのである。しかしこの「虹の連合」の形成は容易には進行しなかったのである。

5　フェミニズムの台頭と女性労働者

（1）勢いづいた女性解放運動

六〇年代フェミニズムの始まり　一九六〇年代になると、時代の激動を受けて、女性解放（ウィメンズ・リブ）運動が盛んになった。一九六三年にベティ・フリーダンが『フェミニン・ミスティーク』（女らしさの神秘、邦訳『新しい女性の創造』一九六五年刊）を出版した時の反響は衝撃的であった。フリーダンは女性が独立した一人の人間としてその能力を全うし、自己を確立すべきことを説いたのだった。フリーダンのこの考えは特に高等教育を受けた上層中産階級女性たちを目覚めさせ、様々な女性解放運動の先駆けとなった。

政府の側でも、女性の雇用の機会均等や性による差別をなくすための方策が考えられ始めた。一九六一年ケネディ政権下で「女性の地位に関する大統領委員会」が設置され、エレノア・ローズヴェルトを議長に、一九六三年には雇用の平等や女性の政治参加の促進、育児施設の拡充などの要求を織り込んだ報告書が提出された。

そして一九六三年、賃金平等法が議会を通過し、その翌一九六四年には注目すべき公民権法の成立を見た。公民権法はもちろん人種による差別をなくすためのものだったが、その中には雇用の差別を禁じる第七条に「人種および性別によって」として、女性を含めることが定められたのだった。

フェミニズムの高まり　一九六六年全国女性組織（NOW：ナショナル・オーガニゼーション・オブ・ウィメン）が結成された。NOWはフリーダンを初代会長に選び、憲法の男女平等権修正（ERA：イコール・ライツ・アメンドメント）、育児施設の拡充、平等な教育、共稼ぎ夫婦や貧困家庭への税の優遇措置、妊娠中絶（アボーション）の権利などの要求を掲げて運動した。

さらに一九六〇年代後期にはラディカル・フェミニズムの運動が盛んになった。ラディカル・フェミニズムはマルクス主義や社会主義的な思想背景をもつものから、男性を敵とし、同性愛社会樹立を唱えるレスビアン的なものまで、実に多様な運動が存在した。しかもその多くは、自然発生的に地域の女性が集まって自分たちの問題をオープンに話し合うという「意識高揚」の方法を利用して、幅広く論じ合うという形をとった。

（2）　女性労働者の状態

女性の労働参加の深まり　女性はそれまで彼女らに閉ざされていた熟練職種や専門職業に大量に入り始めた。例えば一九六〇～七〇年の間に男性大工の増加が六〇〇〇人以下だったのに、女性大工は八〇〇〇人も増加した。女性電機工の数は二四八％も急増した。女性はまた記録破りの数で専門職に入り、この一〇年間で女性弁護士の割合は二倍となった。こうして一九六〇年代の終わりまでに女性は全国労働力の四三％を構成するにいたった。高度の教育を受け、専門職について安定した生活を送る女性も増えてきた。

このような増加にもかかわらず、女性は依然として経済の下方にいた。また一九八〇年代になってから広く認識されるようになるが、最大の問題は女性の間における貧富の格差の拡大、二極化傾向であり、「貧困の女性化」という言葉もできた。子供を抱えた女親家庭の貧困化が進行した。それはまず黒人女性に顕著で、黒人女性の三人に一人は十代で母親になり、生活を福祉に頼らざるをえず、多くは都市のゲトーで暮らした。一九八〇年の統計では黒人の母子家庭は四六％に上り、その平均年収はわずか七〇〇〇ドルで、政府の定めた貧困線を下回った。

「保護の鎖」の撤廃

女性に対する差別の多くは法的措置によって否定され、実際上すべての職業が女性に開放された。二〇世紀初頭に多くの州によって制定された女性のための保護立法は、女性が「弱い性」であるという考え方に立っているとして、反撃を受けるようになった。その結果、一九六〇年代以降にこれらの保護立法の大部分は多くの州議会、また裁判所の判決によって撤廃されたのである。

女性の労働への進出に関連して、家族形態や性関係にも大きな変化が生じた。離婚率は驚くほど高くなった。家族形態は多様化した。伝統的家族、片親家族、拡大家族、養子縁組、同棲などである。また結婚しない女性が増えた。

第13章　忍び寄る保守化と移民の流入——一九七〇年代

1　労働運動と一九七二年の大統領選挙

（1）民主党改革とマクガヴァン候補

労働民衆にとって、一九七〇年代は混迷の時期だった。一九六八年の大統領選挙で共和党に敗れた民主党においては、「ニュー・ポリティックス派」と呼ばれた改革派が台頭し、古いタイプの地方政治家に対抗して草の根的な革新運動が起こり、一九七二年、ジョージ・マクガヴァン支持に結集し、マクガヴァンが民主党大統領候補に指名された。

マクガヴァンは元々歴史学者出身で、サウス・ダコタ州選出のリベラル左派の上院議員であり、一貫してベトナム戦争を批判し、ベトナムからの全米軍の即時撤退を主張した。さらに、人種統合のための強制バス通学の促進、新しいライフスタイルを選択する自由、兵役拒否者への恩赦、福祉政策の拡大などを唱えた。

ニュー・ポリティックス派は経済的には豊かな、教育程度の高い白人の上層中産階級の市民を中心とし、若い急進派の主張に同調して、積極的に政治参加を行うようになった者たちだった。彼らは中絶、マリファナ、同性愛などの個人の道徳問題については寛容で、ヒッピー的な生き方をも容認する傾向にあり、人種統合のさらなる推進を強調した。郊外に居住して、貧しい黒人とは直接的に競合することのない階層である。彼らが変革を要求する黒人と連合したのである。したがって党大会においては、確かに女性や黒人の代議員は増えたが、党大会の構成はそれまでの民主党支持層の多数を占めてきた中下層の白人労働者を十分に代表していなかったのである。

（2）　ＡＦＬ－ＣＩＯ指導部、マクガヴァンを支持せず

ミーニー指導部の中立政策

通例ならば、ＡＦＬ－ＣＩＯは民主党のマクガヴァンを支持するはずであった。それにマクガヴァンは一貫してプロ・レイバーの政治家だった。ところがジョージ・ミーニー会長がマクガヴァン支持に強く反対したため、ＡＦＬ－ＣＩＯは大統領選挙において中立の政策をとることになった。リチャード・ニクソンが反組合の政治家だったにもかかわらずなのである。

ミーニーのこの態度をめぐっては、様々な意見が交わされてきた。一つには愛国主義の問題があった。ニクソンの敗北を望むかと質問されて、ミーニーは答えた。「私は降伏を唱える者によって彼が打ち負かされるのを見たくはない。私はベトナムにおける降伏を信じない」。彼は民主党政権が行ってきたベトナム戦争を支持してきたのだった。そして彼は反共主義者であり、労働運動の内部における保守的な職能別組合、とりわけ彼の母体たる建築関係労組を支持基盤としてもち、伝統的な民主党指導部と結びついていたのである。

しかしまた彼のマクガヴァン反対には文化的要素もあった。ミーニーは民主党大会における同性愛やヒッピーに関する議論を嫌った。民主党大会の後、彼は述べた。「我々は三日間にわたって演説者たちに耳を傾けた。我々はゲイとリブの連中に耳を傾けた。我々はアボーショニストの主張を聞いた」。彼はそれらに対して強い嫌悪感を抱いたのである。

しかしおそらくもっと重要だったのは、パワー・ブローカーとしての労組指導者の立場だったろう。マクガヴァンが大統領に当選すると、ミーニーに批判的な組合内リベラル派と同盟しそうだったからである。労働運動内の保守派の勢力を維持するには、マクガヴァンでは困るのだった。

マクガヴァン支持の諸組合

しかしマクガヴァンを支持した組合もあった。「社会的組合」としての性格の強いＵＡＷとその同盟者たちは、一九六〇年代に民主党内に流入してきた活動家たちとの同盟を希望しており、党改革を支持した。四〇以上の全国組合がマクガヴァンのための選挙運動を行った。これに加えて教師たちの巨大な団体、全国教育協会（ＮＥＡ：ナショナル・エデュケーション・アソシエーション）もマクガヴァン支持で動いた。

（3）ニクソン大統領とウォーターゲート事件

マクガヴァンへの労組の支持は部分的なものに終わり、ニクソンは大勝した。しかし連邦議会選挙では民主党が圧勝した。下院の新分野は民主党二四四、共和党一九一だった。白人労働民衆はマクガヴァンが代表したアッパー・ミドル・クラスのリベラリズムから離れたが、民主党のニューディール・リベラリズムを支持し続けたのである。

そしてアメリカ人はベトナムにおいて歴史上初めて敗戦を知り、アメリカの力の限界を知った。ヘンリー・キッシンジャーと結んでのニクソンの世界戦略は効果を上げたが、この問題についてはここでは触れずにおこう。アメリカ人に打撃を与えたのが、ウォーターゲート事件だった。ワシントンのウォーターゲート・ホテルにある民主党本部で、電話盗聴事件が発覚した。再選を有利にするために大統領の側近グループが謀略チームを設立し、多様な謀略を行った、その一端が暴露されたのだった。ニクソンは再選されたが、その後の議会の調査で事件の背後が暴露されるにつれて、アメリカ中がこの話題で溢れかえり、一九七四年八月、ニクソンは大統領職を辞し、ホワイトハウスを去った。

政権は副大統領ジェラルド・フォードに引き継がれた。そして一九七五年四月、サイゴンは陥落し、ベトナムからの完全撤退が実現した。しかしアメリカの労働民衆には経済的苦難の時代が訪れたのである。

2　グレート・U・ターンの始まりと経済的危機の到来

（1）グレート・U・ターンとは

「アメリカの世紀」の終わりの始まり　一九七三年、七四年、七五年、アメリカ全体が混迷の状態に陥った。国際的な経済競争の激化、石油危機、ベトナムでの敗北、ウォーターゲート事件、ニクソンの辞任、深刻な景気後退。アメリカにとって悪夢のような時期となった。アメリカ経済に構造的な危機が襲い、それとともにアメリカ労働運動にも混迷の時期が訪れた。右肩上がりの経済成長の時代が終わった。「アメリカの世紀」は終わろうとしていたのである。

一九七〇年代に入って目立つようになったアメリカ経済の停滞は一時的な現象ではなかった。ベネット・ハリソンとバリー・ブルーストーンはその著『危険な大転進』(原著一九八八年、邦訳一九九〇年刊)において、一九七〇年代初頭を境にしてアメリカ経済に「グレート・U・ターン」が起こり、実質賃金の停滞、所得格差の拡大、貧困人口比率の増加、低賃金雇用の比率増加などが起こっていることを実証している。

アメリカは第二次大戦後の三〇年近くの間、国際経済の頂点にあって、世界に隔絶した超大国としての地位を誇った。日本も含めて、諸工業国家は第二次大戦で生産施設を破壊され、困窮の極みに陥った。戦争直後の日本では、アメリカの生活水準は日本の二〇倍だと言われたものである。しかし諸国はやがて経済復興を成し遂げ、一九六〇年代に入ると高度経済成長の時代に入った。日本では池田勇人首相が「所得倍増」論を唱え、実際に所得は倍増していった。それとともに、アメリカが構築した国際的な経済構造にヒビが入った。他方、アメリカではベトナム戦争のコストが急上昇し、インフレが起こった。

工業製品輸入の増大

西欧と日本は一九六〇年代後期にはアメリカに対して競争を仕掛けるようになり、鉄鋼、自動車、機械器具、電化製品などの工業製品が奔流にようにアメリカに流れ込むようになった。一九六九～七九年の一〇年間にアメリカの輸入額はほぼ倍増した。外国の工業製品は安くて、しばしば良質だったから、アメリカ人は輸入工業製品を購入するようになった。輸入工業製品の価額は一九七〇年にはアメリカ国内生産の一四%以下だったが、一九七九年には四〇%近くへと上昇した。一九八六年になるとアメリカの家族と企業は、国産品に一〇〇ドル使うごとに、四五ドルもの輸入品を買っている勘定になった。靴、織物、服飾品、自動車、鉄鋼、工作機械、家電品、そしてついにはコンピュータ、半導体までが日本、ドイツ、スカンディナヴィア諸国、イタリアからだけでなく、韓国、台湾、ブラジルなどの新興工業国からアメリカに大量に流れこんできた。

アメリカの輸出は農産物と高度技術製品に特化し、アメリカの貿易収支は一九七一年から赤字に転じた。世界貿易に占めるアメリカの比率は一九六〇年代の一六%から一九七〇年の一四%、一九八〇年の一一%へと低下した。一九八〇年比較では日本の鉄鋼業が生産量でアメリカを追い抜いた。こうして一九五〇年代に構築されたアメリカ絶対優位の戦後世界経済体制は崩壊していったのである。

ブルーカラー・ブルース　一九六〇年代の終りごろには、賃金は価格上昇に歩調を合わせなかった。一九七〇年、典型的な労働者は年に九五〇〇ドルを稼いだ。この数字は彼らを豊かな中産階級よりも、むしろワーキング・プアの近くに置くものだった。当時、流行語になったのが「ブルーカラー・ブルース」という言葉である。それまで上昇を続けてきたブルーカラー労働者の稼ぎが下降し始めることを予感させたのである。一九七〇年代以降、アメリカ経済は相対的地位が低下し、それとともにアメリカの労働組合運動も混迷の状態に入っていくのである。

（2）　石油ショック、スタグフレーションと労働者生活の苦しみ

ベトナム戦争のコスト増によってアメリカにはインフレが起こった。ベトナム戦争は景気を刺激するのではなく、経済の足を引っ張るものになったのである。もっと広く言えば、アメリカ経済の軍事化全体がアメリカの経済的困難を深めたのだった。ソ連との冷戦で軍需産業は肥大化し、企業は軍需の生産に資本と技術的ノウハウを注ぎこみ、軍需以外の分野には遅れが生じた。非軍需生産においてはアメリカ以外の国々が大きな発展を遂げた。平和経済に立脚した日本の経済成長がその典型であった。

そこに一九七三年、思いもかけぬ重大な危機、石油危機が襲った。イスラエルとアラブ諸国との間の第四次中東戦争の最中に、石油輸出国機構（OPEC）に結集したアラブ産油諸国は石油戦略を発動し、原油生産削減とアメリカ、西欧向け輸出の禁止・削減、さらには輸出価格の四倍化を断行した。石油価格、石油製品価格は暴騰し、エネルギー・コストは上昇し、物価を押し上げた。経済学者たちは「スタグフレーション」という言葉を発明した。経済停滞、つまりスタグレーションとインフレーションを結びつけた造語である。

一九七四〜七五年には二桁インフレ、マイナス成長、失業率の急騰が起こり、深刻なリセッション（景気後退）となり、何百万人もが職を失った。公式の失業率は一九七五年初めに九％に達した。しかし実際の失業率はおそらくその二倍近くになったと言われた。

（3）　カーター大統領の時代の低迷

カーター大統領と経済

深刻なスタグフレーションに直面して、共和党保守派に属したフォード大統領からは斬新な対策は期待できず、一九七六年の大統領選挙には民主党の前ジョージア州知事ジミー・カーターが当選した。カーターには組織労働との結びつきがほとんどなかったが、都市部における彼の勝利は労働組合の支持に負うところが大きかったし、議会では民主党の優位が続いた。しかしカーターは議会操作、官僚操作に未経験で、多くの施策が難航した。

彼は政治過程の民主化、黒人の地位向上、人権の尊重、性の平等といった問題については熱心だったが、福祉財政や企業規制などの経済問題についてはむしろ保守的な立場に傾いた。その背後には、白人中産階級の保守化だけでなく、福祉政策が高度の財政負担となっており、赤字財政の重大な要因となっているという事情があった。

国内でカーターを苦しめたのは厳しい経済状況だった。スタグフレーションは対処が困難だった上、一九七九年にはイラン革命が勃発し、テヘランでアメリカ大使館人質事件が起こり、経済的には第二の石油危機が襲い、インフレ、失業、ガソリン高騰にアメリカは苦しめられた。そして一九八〇年の選挙ではカーターを弱腰と攻撃し、強いアメリカの再建をアピールした共和党のロナルド・レーガンが勝利したのだった。

「許容する社会」から保守化の時代へ

一九七〇年代後半は、一九六〇年代と比較しての保守化傾向が特徴だった。一九七〇年代前半には六〇年代の継続という側面が強く、「許容する社会」（パーミッシヴ・ソサイエティ）の状況が出てきた。人種平等の方向は定着していき、大学においては学生の様々な権利が認められ、ベトナムからアメリカ軍は撤退した。若者が髭《ひげ》を伸ばし、ジーンズをはき、マリファナを吸い、「自由な性」を求めても、それらは「許容」される当たり前の風俗となった。しかし揺り返しがきた。

一九七〇年代の後半になると、保守的市民の間には「許容する社会」の風潮への反発、伝統的価値観を擁護する雰囲気が高まった。彼らは性の解放、妊娠中絶の合法化、マリファナの自由化、公立学校における祈禱の禁止などが、伝統的価値を脅かし、道徳の乱れと家庭の崩壊を促し、社会に規律を失わせると反発した。

労働組合への攻撃

一九七〇年代の経済状況の下では、労働組合運動はうまく進展しようがなかった。労働組合の組織率は一九六〇年の三一・四％から一九七〇年の二七・三％、一九八〇年の二四・七％へと低下した。製造業の空洞化により、伝統的に組合が強力だった諸産業の比重が下がり、それまで組合があまり関与しなかったホワイトカラー、サービス職種の比重が増したこと、組織化が困難なサンベルト地域への製造業の移転も大きな要因となった。経済危機の結果、企業は組合攻撃を強め、組合は多くの損失に苦しんだ。レイオフ、工場閉鎖、工場の移転、すべては組合の力を掘り崩した。

労働者と階級意識

一九七〇年代の労働者の意識をどのように捉えたらよいのだろうか。一方には組合結成に立ち上がる男女労働者たちがいた。一九七九年に封切られた映画『ノーマ・レイ』はノース・カロライナ州の繊維工場で働く女性が圧制に立ち上がり、アメリカ繊維労働者組合から派遣されたオーガナイザーに助けられて組合結成に成功する有様を描いている。実話に基づいており、主演のサリー・フィールドがこれによりアカデミー主演女優賞を受けたことは、労働運動を支持する社会の雰囲気があることを示していよう。

また一九七〇年代後半のある石油化学工場の白人ブルーカラー労働者については、社会学的調査を竹田有が紹介している。ここの労働者は工場の内部においては自分たちをホワイトカラーとは異質の生産的労働を行っている「労働者」（ワーキングマン）として認識している。つまり「階級意識」を抱いている。ところが職場を離れた生活の場では、金持と貧困者とに挟まれた中流の消費者意識を抱き、ホワイトカラーと自分たちを区別しないというのである。彼らは自分たちが生産的労働者として正当な賃金を得ていないとして資本主義に対して批判的であるが、資本主義に代わる体制を考えず、「アメリカ人」として意識しているというのである。おそらくこういったところが、大体のアメリカ労働者の気持ちだったのであろう。

3　グローバル化の中で生じた新しい移民の大流入

(1)　一九六五年移民法とその後の移民の変化

一九六五年移民法の内容　一九六〇年代後期以降、アメリカに流入する移民に変化が生じ、アメリカ労働民衆の構成に大きな変貌が生じた。ジョンソン大統領は一九六五年に新しい移民法を制定させた。それは、アメリカ移民政策における人種差別主義に別れを告げる画期的な法律だった。この法律は移民制限を廃止したものでも、移民流入数の大幅な増大を意図したものでもなく、年間移民受け入れ制限数を東半球からは一七万人、一国当たりの年間入国許可数の上限を二万人と定めた。これでアジアからの実質的禁止が廃止された。他方、西半球からの移民受け入れの上限は十二万人と定められた。ラテン・アメリカとカナダからの移民が初めて制限された。画期的だったのは、従来の国別割当てが廃止されたことだった。

それに代わって、移民受け入れ許可の優先制度が設けられた。第一の優先枠(七四%)はアメリカ市民および永住外国人の非直系親族に与えられた。第二は専門職者、第三は「科学または芸術において例外的な能力」をもつ者、第四は「特定の熟練・非熟練労働を行う資格のある移民」である。難民には六%が割当てられた。重要なことは、以前からと同様に、合衆国市民の「直系親族」(親、配偶者、子供)は枠外とされたことである。このため実際の年間移民数は二九万という制限枠を越えることになった。

その後の移民法改定　その後も移民法は幾度も改定され、移民受け入れ枠は拡大した。一九七六年には一国からの年間移民受け入れの上限二万人という枠が西半球にも適用されるようになった。一九八〇年の難民法は難民の通常の年間受け入れ数を五万人に増やし、移民受け入れ総数を二九万から三二万に増やした。一九八六年には非合法移民についての移民改革・管理法が制定された。そして一九九〇年の移民法改定では移民受け入れ枠を拡大し、九五年以降は六七万五〇〇〇人とした。またアメリカ経済の国際競争力を上昇させるために、高い専門的知識をもつ者の移民枠が年間十四万人に拡大された。

移民の増加と人口構成の変化

合衆国への移民は劇的な増加を見せた。一九六一～六五年には年平均移民数が約二九万人だったのに、一九七八～八一年には五四万を越えた。枠外の直系親族、そして難民のための特別措置が移民数を膨張させたからである。さらに一九九〇年代には合法移民の受け入れは移民法改正に伴い、増大した。このほかに多数の非合法移民がメキシコなどから入っており、移民の実数は毎年百数十万人になった。

重要なことは、全移民のうちヨーロッパ系移民の比率が一九七〇年の三一%から七九年の一三%へと激減したのに代わって、アジアとラテン・アメリカからの移民が一九七八年には八二%を占めるようになったことである。開発途上国から大量の移民が流入する新しい時代に入ったのである。この間の事情については拙著『「民族」で読むアメリカ』（一九九二年刊）においていくらか詳細に説明した通りである。

移民の増加により合衆国の人口構成が変わってきた。二〇〇〇年の国勢調査では、合衆国総人口二億八一四二万人はヨーロッパ系白人六九・一%、ヒスパニック一二・五%、黒人一二・一%、アジア系三・六%、先住民〇・七%、その他一・九%から構成されるようになった。ヨーロッパ系は七割以下となり、またマイノリティ人口の中では黒人よりもヒスパニックのほうが多くなったのである。

（2）アジア系の諸グループ

アジア系の増大と特徴

アジア系移民は驚異的な増加を見せた。一九五〇年代にはアジア系移民は移民入国者の六%で、十五万人にすぎなかったのが、一九八〇年代には四六%を占め、全部で二五〇万人を超えた。その結果、アメリカ国内のアジア系人口が増大した。

かつては少数のアジア系の存在が、ヒステリックな反対を巻き起こしたのに、今やアジア系の多くが「模範的マイノリティ」として見られるようになった。社会経済的に見てアジア系の所得の平均は、アメリカ人の主流と同等か、それを上回る状態へと上昇した。一九八〇年アジア系の家族収入の中央値は二万三〇〇〇ドル、日系は二万七〇〇〇ドルで、アメリカ人全体の一万六〇〇〇ドルを大きく上回っていた。この上昇を支えたアジア系の資質としては、道徳的な真面目さ、強い勤労意欲、アメリカ的価値観を吸収しようとする熱意、そして教育への熱心さが挙げられている。

しかし貧困生活を送っているアジア系も多く、不安定な低賃金職種で苦しい状況に耐えている。アジア系も著しい分極化状況の中にあるのである。

中国系

アジア系移民も中国系、韓国系、フィリピン系、ベトナム系、インド系、その他、多様であるが、ここでは代表として中国系の場合について述べておこう。アメリカにおける中国系人口は一九六〇年の二四万人から一九八五年の一〇八万人へと激増した。中国系人口の過半数は移民であり、ほとんどがニューヨーク、ロサンゼルス、サンフランシスコ、ホノルルといった巨大都市圏に定住している。ニューヨークのチャイナタウンの人口は一九四〇年にはわずか一万人ほどだったのが、一九八五年には約十万人に膨れ上がった。

しかしチャイナタウン以外に住む中国系も増えた。中国系は二つのグループに分かれている。一つは「山の手の中国人」（アップタウン・チャイニーズ）である。中国系の三〇％以上が専門職に属し、高い教育を受け、高い収入を稼いでいる。他方、中国人の約三〇％は肉体労働やサービス労働に従事している。その多くは新しい移民で、チャイナタウンに住み、英語を話せない者も多く、低賃金で貧困と疎外に苦しむ「下町の中国人」（ダウンタウン・チャイニーズ）である。

ニューヨークのチャイナタウン

ニューヨークのチャイナタウンは、中国からの移民の大流入と衣料品産業の再生で大変貌を遂げた。一九六〇年代には南部諸州、日本、そして第三世界諸国に追い上げられて衰退したニューヨークの衣服産業は、中国人移民の流入によって再び活況を呈するようになった。ニューヨークのチャイナタウンの衣料品工場には、二万人の中国人女性が働くようになった。もう一つは食堂産業である。約四五〇軒の食堂に一万人が働くようになった。この二つの産業が拡大すると、チャイナタウンは様々な商品を売る商店や露店で大賑わいを見せるようになった。

チャイナタウンでは、あいつぐ移民の流入のため賃金は低下し、労働条件は悪化した。非合法入国者も多く、中国人が中国人に雇われており、政府機関の統制が及ばず、標準的な労働慣行が無視された。国際女性服労組などによる組織化の努力もあったが、法定最低賃金は無視され、第二次労働市場の最底辺の極限状況が現出したのである。

（3）ヒスパニック

ヒスパニック系の増加　移民系諸集団のうち最大の問題となったのはヒスパニック、すなわちスペイン語を話すラテン・アメリカ系の人々である。一九九〇年の統計では合衆国におけるヒスパニック人口は二〇〇〇万の大台を突破し、総人口の八％を占めることになった。そのうちメキシコ系が一二六〇万、プエルトリコ系が二三〇万、キューバ系が一一〇万だった。ヒスパニック系はカリフォルニア、テキサス、ニューヨーク、フロリダの四州、それも大都市に集中する傾向が強い。そして二〇〇〇年の統計ではヒスパニック人口は黒人を追い越して人口の一二％を占めるようになったのである。

ヒスパニック系の間で、貧困線以下の者は三割近くを占めた。これは教育水準の低さとも関係していた。一九八〇年カリフォルニアでは、メキシコ系の約四分の三は第八学年以上を終えていなかった。彼らが伝統的なラテン・アメリカ文化を捨てたがらず、スペイン語に固執する者が多いことも、彼らの社会経済的地位の改善を妨げてきている。そして後述する不法移民の大半はメキシコからの入国者である。

メキシコ系移民の歴史　合衆国におけるメキシコ系の始まりは、一八四八年に南西部がメキシコから合衆国に併合された時にあるが、メキシコからの多くの移民は主として二〇世紀に入ってから始まった。一九二〇年代になると、アメリカ経済の好況に引きつけられて、約五〇万人のメキシコ人が移住してきた。移民制限法は西半球には適用されなかった。しかしそれだけでなく、アメリカで働くために手続きなしで入国する者も多かったのである。なにしろ両国の国境は長さが三〇〇〇キロ。メキシコ湾からテキサスのエル・パソまではリオ・グランデ川が国境だが、それから西は陸続きであり、何の仕切りもなかった。多くのメキシコ人が南西部の大農場の季節労働者として働いたが、シカゴなどの中西部の工業地帯で働く者も多くなった。

メキシコ系移民の第一波は一九二九年の大恐慌で終わった。アメリカで失業が広がると、メキシコ人追放が叫ばれるようになった。在米メキシコ人の人口は一九三〇年の六〇万から一九四〇年の四〇万以下へと減少した。

ところが第二次大戦でアメリカが労働力不足になると、アメリカ政府はメキシコ人労働者を確保するために、一九四二年にメキシコ政府との間に「ブラセロ協定」を結んだ。ブラセロとは臨時的な季節労働者を指すスペイン語である。政府が仲介して農場主との間に短期の契約を結ばせ、一定の法的保護の下で働かせる制度である。南西部の農場主らの強い要求のために、この制度は一九六四年まで続いた。その他に永住ビザでの移民も増えていき、一九五〇年代には二七万人、一九六〇年代には四四万人が合衆国へ移住した。

メキシコ系の状態　メキシコ系の大部分は南西部に集中した。一九八〇年カリフォルニア、テキサス、ニューメキシコ、アリゾナ、コロラドという南西部五州の全人口の二割がメキシコ系だった。かつては農業労働が彼らの主要な生計であったが、今では彼らのほとんどは都市居住者であり、多くの都市に「バリオ」と呼ばれる彼らの居住地区ができた。

平均すると彼らの教育水準は低く、多くが肉体労働者であり、ホワイトカラーや専門職の割合は低かったが、彼らも経済的にも変容しつつあった。一九三〇年から七〇年の四〇年間にメキシコ系の男性労働力は、農業は四五％から九％へ、不熟練労働者は二八％から一二％へと減少する一方、専門職・技術職は一％以下から六％以上へ、ホワイトカラー職は八％から二二％へ、熟練職は七％から二一％へと増大した。

（4）　非合法移民問題

メキシコからの非合法移民の流入　今日、注目を集めているのがメキシコからの非合法入国者である。以前は何の仕切りもなかったから、国境を越えての移動は合衆国の南西部経済の一部となっており、一季節だけ、あるいは精々二、三年留まって、金が貯まれば故郷に帰るという出稼ぎがほとんどだった。国境に金網や壁が設けられ、国境を越えることが犯罪となったのは、第二次世界大戦以後のことだったのである。非合法入国の増大の直接の要因となったのは、一九六五年移民法が、それまで移民制限の枠外に置かれていた西半球からの移民に年間一二万人という制限を加えたことだった。そして一九七六年、一国からの移民の受け入れ枠は最大一年二万人となった。

国境のあちこちで警備隊と密入国者の「いたちごっこ」が繰り広げられた。合衆国が張りめぐらした国境の金網や壁が越えられる。国境警備員に逮捕されると、略式裁判ですぐにバスで送還される。取締りを避けるために「コヨーテ」と呼ばれる密輸業者の事業が繁栄した。コヨーテは国境地域の地形から警備隊員の配置、休憩時間まで熟知しており、次々にメキシコ人を越境させ、トラックや貨物列車で合衆国内の目的地にまで運ぶのである。

非合法入国者は劣悪な労働条件に抗議すれば、すぐに強制送還されるので、雇い主の言うがままに違法の低賃金で働く。ロサンゼルスの場合、縫製工場で女性が働き、大半が州の規定する最低賃金以下の賃金しか貰っていない状況が報道された。またメキシコ人女性は白人家庭の家事労働に多く、白人女性の専門職、事務職などへの著しい職場進出がメキシコ人女性の不法労働に基礎を置いている事例も多いとされた。メキシコ系の非合法移民の男性はビルの建築現場、道路の補修と清掃と交通整理、その他実に多様な仕事に従事した。

一九八六年移民改革・管理法　議会では十年近くの論争の後、「一九八六年移民改革・管理法」が制定された。主要な改正点は二つあった。一つはそれまでに合衆国に五年以上在住していることが証明できる不法移民に対して定住許可を与え、最終的には帰化権を与えることである。第二には、在留資格をもたない不法移民を雇用した事業主に対しては最高一万ドルの罰金と六年以下の懲役を科するというのである。しかしメキシコからの入国希望者があとを絶たない以上、問題は今日も継続しているのであり、しかも法の実施についていえば、非合法移民を雇用して処罰されることなど、ほとんどなかったのである。

（5）グローバル化の中での国際労働力移動

ラテン・アメリカ系、アジア系への合衆国の入移民の転換、また非合法移民の増大の背後には、地球的規模での世界資本主義の構造変化がある。グローバリゼーション、つまり地球の経済的一体化が進む中で、開発途上諸国は中心諸国が支配する世界市場に統合され、農村内部にも資本主義的な商品・貨幣関係が浸透し、農村は変貌した。他方、人口の爆発的な増大が生じた。このため無尽蔵と言ってよいほどの膨大な低賃金労働力が出現したのである。

多くの農民が故郷の農村を離れた。農村から排出された膨大な人口は、急速に肥大化する都市に向かった。途上国には次々に巨大都市が生まれた。一九八〇年人口四〇〇万以上の都市は世界に三八あり、そのうちの二三は開発途上国にあった。しかし都市経済は彼らに安定した雇用を提供できなかった。こうして周辺諸国は、都市が吸収できない膨大な労働力を国外に放出しつつあるのである。メキシコの場合、メキシコ市の人口は急増し、メキシコ市大都市圏の人口は一五〇〇万、全国人口のほぼ五分の一に達した。しかし流入人口に見合う雇用機会はなく、市の郊外には不完全就業者層の住む地域が、土地を不法占拠する形で広がった。

失業が広がるにつれて、多くのメキシコ人が国境を越えてアメリカに向かうことになった。彼らは、世界資本主義体制に生じた周辺から中心への国際労働力移動の巨大な流れの一部なのである。世界は「ボーダーレス」の時代に入り、物資、資本、情報だけでなく、労働力それ自体が国境を越えて大量に移動する時代に入ったのである。

第14章　レーガン‐ブッシュ期の労働民衆——一九八〇年代

1　ロナルド・レーガン政権の反労働政策

（1）かつての映画俳優組合委員長の右旋回

一九五〇年代に成立した労資間の「暗黙の合意」は一九八〇年代のロナルド・レーガン大統領の時代に完全に否定された。資本の側が組織労働に対して「一方的な階級闘争」に突入し、これをレーガン政権ははっきりと支援したのである。レーガンは映画俳優出身という特異な経歴をもって政界に登場した。元々は民主党支持者で一九四七年から計七年間、映画俳優組合（SAG：スクリーン・アクターズ・ギルド）の委員長を務めた。『アメリカ労働指導者人名辞典』（一九八四年）にもレーガンの略歴が説明されている。彼はハリウッドの赤狩りの後、右傾化し、テレビ出演と全国講演で資本主義の福音を説くようになり、共和党を支持し、一九六六年カリフォルニア州知事になり、一九七〇年に再選され、そして一九八〇年に大統領に当選し、八四年にも再選された。

それまで民主党を支持してきた労働民衆の中にも、レーガンに投票した者たちも多かった。「レーガン・デモクラット」である。一九六〇年代に荒々しく登場した多様な反体制的な文化や過激な運動を苦々しく思っていた「サイレント・マジョリティ」、一九七〇年代における生活苦、カーター政権の下でのアメリカの対外的屈辱を恥じた人々が、郷愁を掻き立てるようなレーガンの言葉に引かれて民主党を離れたのだった。

（2）　レーガンの経済政策とその恩恵を受けた人々

市場原理主義の経済運営

レーガン政権は、連邦政府が民衆の福祉のために経済社会に積極的に介入するというニューディール以来の政策を逆転させようとした。彼は自助とか民間の創意といったアメリカの伝統的な価値観を主張した。レーガン政権は大幅減税と規制緩和によって民間企業を活性化させ、市場経済の機能を通じて不況を克服できると考えた。そして企業および富裕者のために大減税を行い、トップの所得税率を一九七〇年代の七〇％から一九八六年の二八％へと削減した。他方一万ドル以下の所得の家族は連邦税の減額は五八ドルにすぎなかった。さらに州および地方政府が連邦からの援助の削減を埋合わせるために増税したので、労働者階級の税負担は逆に増大した。

減った歳入を埋め合わせるために、レーガンは学校給食、食糧スタンプ、奨学金、職業訓練、低所得者用住宅などの福祉支出を削減した。他方、レーガンは大規模な軍拡を開始した。それは世界的に見て市場原理主義が復活した時代だった。レーガンがその中心であり、イギリスにはマーガレット・サッチャーが現れ、日本には中曾根康弘首相が現れ、経済学ではミルトン・フリードマンが名声を博した時代だった。先進資本主義諸国において「新自由主義」により所得格差が拡大する時代へと世界が移っていくのである。

リセッションと景気の好転

レーガンの経済政策（レーガノミクス）は初めアメリカ経済を痛め、一九八二年深刻な不況がアメリカを覆い、アメリカ労働者の約一一％が失業した。しかし一九八三年から景気は好転し始め、金持ちに対する大幅減税でスーパーリッチたちの豪奢な生活が繰りひろげられた。金融投機が高収益の職を生み出した。その下に何百万というホワイトカラー・専門職業家が増加し、新しい郊外に瀟洒《しょうしゃ》な住宅を作って生活を楽しんだ。彼らは都市環境の悪化と貧困層の増大に関心を向けず、自己利益だけに目を向ける「ミー・ゼネレーション」と呼ばれる生活を送ったのだった。

レーガノミクスの破綻——双子の赤字

レーガンの経済政策は大きな弊害を伴った。福祉予算が削減された一方、大規模な軍拡により大きな財政赤字が生じた。さらにアメリカは貿易収支が赤字に転じ、債権国から債務国、それも世界最大の債務国に転落した。地代、配当、資本利得、利子などの不労所得に陽が当たり、賃金は冷遇され、経済的不平等が拡大した。国際競争力の低下によりアメリカ産業の空洞化が進んだ。多数のホームレスが都市の景観を特徴づけるようになった。元々格差社会のアメリカが極端なばかりの格差社会になっていくのが、レーガンおよびその後継者たるジョージ・ブッシュ大統領の政権期だった。

（3）　政府と企業による労働運動抑圧

連邦航空管制官組合に対する弾圧

レーガン政権は労働組合に明確に反対する態度を打ち出した。一九八一年八月連邦航空管制官組合（PATCO：プロフェッショナル・エア・トラフィック・コントローラーズ・オーガニゼーション）の一万三〇〇〇人が違法のストライキに突入すると、レーガン大統領は通告通り参加者全員を解雇した。この組合が一九八〇年の選挙においてレーガンを支持した例外的な労働組合だったにもかかわらずであった。そしてこのエリート主義的な航空管制官の組合は労働陣営から孤立しており、労働陣営はその組会の闘争を支援しなかった。しかしともかくレーガンは公務員による違法ストは一切許さないという強い意思を示し、「ホワイトハウスに友がいる」ことを示して、反組合的経営者を励ましたのである。

「コンセッション」の嵐

レーガン政権に後押しされて、経営側は組合攻撃を強め、組合に譲歩を迫った。一九六〇年代～七〇年代には組合が組織されている分野では、公然たる賃金カットは事実上存在しなかったのに、一九八〇年代には組合の「コンセッション」（譲歩）という言葉が流行語となった。組合がそれまでに獲得してきた賃金・付加給付、休暇などの労働条件の一部をあきらめ、使用者に返却することである。不況の谷間だった一九八二年に始まった「コンセッション」の嵐は、経済が回復期になっても止むことなく、一九八五年には団体交渉の適用を受けた労働者の三分の一が、賃金の凍結やカットの憂き目を見たのである。

リストラ＝反労組政策

国際的な競争の激化に対応して、企業は労働コストの削減を計るために、それまでの労使間の「暗黙の合意」を廃棄した。企業は経営をリストラクチャーすること、日本でいう「リストラ」に務めるようになった。労働者の解雇、賃金カットが組合の反対を押して強行された。企業は常雇いの従業員数を押さえ、パートタイマーをはじめとする低賃金の「非正規労働者」（コンティンジェント・ワーカー）の雇用を増やし、低賃金の下請業者に仕事を肩代わりさせた。先任従業員は高い賃金を受け取り続けたとしても、新規採用者の賃金レートは下がった。第二次大戦後に始まった長期の賃金上昇の時代は終わった。工場閉鎖の波が広がり、アメリカの工業地帯は荒廃した。一九七〇年代に始まった「グレート・U・ターン」がいよいよ本格化したのである。

2　「コンセッション」の嵐の中で低迷する労働運動

（1）「コンセッション」――一九八〇年代の労働組合

組合組織率の低下、組合への攻撃　労働組合は危機に瀕した。一九五三年に三四％だった組織率は一九八〇年に二四・七％になり、一九九〇年には一六・一％にまで落ちた。組織労働者は全雇用者のうちの七人に一人しかいなくなったのである。一九八〇年から一九九〇年までの間に、私企業では組織率は二〇・四％から一二・一％へ、製造業では三二・三％から二一・六％へ、建設業では三〇・九％から二一・〇％へと低下した。ただし公的部門では組合組織化が進展し、組織率は三五・九％から三六・五％へと上昇したのである。アメリカでは「組合回避産業」が一九八〇年代にブームとなり、多数のコンサルタントと弁護士が組合つぶし計画を企業に売り込んだのだった。アメリカほど組合の組織率が低下した国はなかった。一八八五年における他の先進工業国の組織率はスウェーデン九五％、イギリス五二％、ドイツ四二％、カナダ三七％、日本二九％、フランス二八％だった。

ミーニーに代わったカークランド　一九七九年、AFL‐CIO会長ジョージ・ミーニーが引退し、しばらく後に死亡した。後を継いだレーン・カークランドはミーニーとは異なる種類の人物に思われた。彼は学歴も高く、アメリカ社会における新しい傾向を認識しており、労働運動がホワイトカラーや専門職業者にもっとアピールすべきこと、非白人をも指導部に登用すべきこと、女性を引きつけるべきことなどを認識していた。また彼は労働運動の統一に努力し、UAWとティームスターがAFL‐CIOに復帰することになった。

そしてAFL－CIO本部は準備に二年半の年月を費やして一九八五年に『変貌する労働者と労働組合』を発表した。この報告書は組合再興に向けての青写真であり、かつての社会党の指導者、ユージン・デブスの言葉の引用で締めくくられていた。それはAFL－CIOに組合運動再興の準備があるというシグナルを送ったものであった。しかしカークランドには実行力が欠けていた。

恵まれた組織労働者

営々たる組合運動により、アメリカの組織労働者の多くはかなり恵まれた条件を獲得してきた。『変貌する労働者と労働組合』は次のように述べた。「労働組合員は一般人口よりも教育水準が高く、高卒、大卒の比率が高い。高校を卒業していない者は一般人口での二八％に対して組合員では一六％、大学を終えているのは一般人口での一六％に対して組合員では二一％である」と指摘した上で、「経済的には組合員世帯は典型的に中産階級（ミドル・クラス）であり、六五％は二万～五万ドルの収入をもつが、一般人口では五三％であり、職業別では、組合員の四一％はホワイトカラーであり、二〇％は熟練技能工または職長である。これに対して一般人口ではホワイトカラーは三三％、熟練技能工は七％にすぎない」と書いた。

UAWのある古参組合員は述べた。「今では自動車労働者は別荘、ボート、年金、医療保険その他をもっています。貧しい人々、未組織の人々に対する関心は薄くなっています」。かつては恵まれない労働者が必死の努力で労働組合を形成し、中産階級によじ登ろうと努力した。今や組合労働者の多くは典型的な中産階級になったのである。しかし彼らの間でも状況が悪化し、下層へと転落する動きが生じてきたのも、一九八〇年代の状況だったのである。

（2）労働運動の周辺の社会運動は活発

活発化した市民運動と差別の撤廃

労働運動の停滞にもかかわらず、アメリカ社会における改革の動きは止まらなかった。一九八〇年代には人種、マイノリティ、女性に平等な権利を認めるべきことについては明確なコンセンサスが定着していた。また多様な改革団体の活動が活発に展開された。差別否定の動きは、多様な分野で進行した。一九六七年に制定された「雇用における年齢差別禁止法」では四〇～六五歳の者の雇用に関して年齢による差別を禁止したが、一九七八年にはこれを修正して、七〇歳までに延長した。社会的弱者への措置としては一九九〇年に、全米の心身障害者に対する差別を禁止する画期的な「障害をもつ米国民法」（ＡＤＡ：アメリカンズ・ウィズ・ディスアビリティーズ・アクト）が制定された。これは障害者と健常者の権利を同等と宣言し、障害者が権利を行使する上での障害を一切排除することを要求したもので、画期的な機会平等法だった。

反核・環境保護・貧困者救助　レーガンの強硬な対外政策に対抗して、反核・平和運動は盛り上がった。一九八二年四月には全米各地で「爆心地週間」（グラウンド・ゼロ・ウィーク）の集会とティーチ・イン（討論集会）が行われ、六月にはニューヨークで一〇〇万人が参加しての史上最大の反核デモが挙行され、八月には全米反核行動が展開された。

環境保護運動の活躍は目覚ましかった。一九九〇年には民間の全国規模の環境関連団体は四四二にのぼり、一九九〇年四月二二日の「アース・デー」にはアメリカ中が環境保護の大合唱に包まれた。貧しい人々を支援する活動も行われ、一九八六年五月二五日にはアメリカ国内の貧しい人々の救済資金を集める目的で、「ハンズ・アクロス・アメリカ」が行われ、アメリカ大陸の大西洋岸（ニューヨーク）と太平洋岸（ロングビーチ）間の六六〇〇キロを人の手で結ぶ形で「人間の鎖」――あちこちで切れてはいたが――ができあがった。

3　企業とリストラ、生産立地の移動

（1）　経済停滞の深まりとその原因

アメリカ経済の悪化　一九七〇年代に生じたアメリカ経済の低迷は一九八〇年代にも継続し、とりわけ製造業の衰退がアメリカ労働者の運動や生活に甚大な影響を及ぼすことになった。一人当たりの所得の年平均増加率に著しい緩慢化が起こった。それまでの時期には二・九％だったのが、一九七四〜八九年には一・六％へと低下した。働く既婚女性が増加し続け、家族所得の実際の減少から救った要因となった。それどころか、一九九〇年の労

働者の一人当たりの実質週所得は一九七三年の水準を一九・一%下回ったとされた。様々な要因がアメリカ経済の悪化をもたらしたが、前述したように、国際的な要因が大きかった。アメリカ絶対優位の国際経済体制は崩壊し、アメリカ企業の収益性と競争力が低落したのだった。

リストラの時代へ　多くのアメリカ企業は構造改革、すなわちリストラ（リストラクチャリング）に取り組むことになった。国際競争の圧力を受けて、多くの企業は「ダウンサイズ」するよう努力し、労働力を削減した。企業は危機に直面しても、以前のように価格引き上げを行うことはできなくなっていた。高価格では消費者は外国製品を買うようになるからである。経営者は労働コストの削減に必死となった。それには三つの道があった。一つは前述した組織労働への反撃である。第二は労働コストを削減するための諸方策、いわゆるリストラである。第三はコンピュータ化による技術革新である。

労働者の解雇、賃金カットが組合の抵抗を抑えて強行された。また低賃金の下請け業者に仕事を肩代わりさせた。企業はできるだけ仕事を細分化して、コストを抑えようとし、「不正規労働者」（「コンティンジェント・ワーカー」）の雇用を増やした。パートタイム労働者が増えた。その中で女性労働力の増大が加速した。

（2）　生産立地の移動と多国籍化

サンベルト　企業は製造部門を低賃金、緩い環境規制、低い税の地域へと移した。都市中心部にあった工場は郊外に移転した。特に重要だったのは、南部諸州のサンベルトおよび国外への生産立地の移転だった。サンベルト、すなわち「太陽のあたる地帯」とは、南部のヴァージニアから南のフロリダへ、西へはテキサスを通ってカリフォルニア州南部へ広がる地域である。連邦資金によるスーパーハイウエー網、効率的な電信網、そしてインターネットのネットワークがこの広大な南部地域を中西部と北東部の旧メトロポリタン・センターと結びつけた。冷房装置の導入も南部への移動を好ましいものとした。南部の各地に工場地帯が出現し、北東部と中西部の工業労働者は減少した。一方、南部はすっかり変わった。一九七〇年代に増え始めかつての伝統的な製造業地域にはゴーストタウンが増えた。

たヒスパニック系、東南アジア系労働者がフロリダ、テキサス、カリフォルニアに大量に流入し、これが低廉な非組合労働者の大きなプールを築いた。

多国籍企業

多くのアメリカ企業が多国籍企業となり、製造部門を途上国の低賃金地域に移して利潤を確保した。また海外の安い部品を使うことで、企業は利益を確保した。一九七〇年代以降、海外直接投資の大きなブームが起こった。一九七一〜七六年の間にアメリカのカラーテレビ製造企業はその製造部門を東南アジア各地に移した。フォード自動車会社はその最も進んだ自動車製造コンプレクスをメキシコに建設した。

一九六〇年代まではラテン・アメリカや東南アジアへのアメリカ企業の投資の大部分は、鉱物資源の採掘、または栽培される原料の採取と加工に焦点を置いていた。しかし今や幾多のアメリカ企業は低賃金の外国の工場から部品を購入したり、外国に工場を設けて、そこで生産するようになった。コンピュータによって代表される新しい技術革新が開発途上国における高度の製造業生産を可能にしたのである。

アメリカ企業の国際化の流れは留まるところを知らなかった。初めそれはアメリカ経済の強さの証拠として受け取られたが、国内の弱さの証拠だということが判明してきた。生産の国際化は、もはや国内製造を補うものではなく、それに取って代わるものになった。企業は世界中に様々な業務を分散させた。中枢の経営本部を本国に置き、増大する生産労働者を低賃金国に求めた。ニューヨークやシカゴ、ロサンゼルスのような「世界中枢都市」には繁栄が集中した。企業は繁栄したが、アメリカ国内では製造業労働者の職は失われた。

産業の空洞化

そのような措置はアメリカの製造業基盤を浸食し、アメリカ産業の「空洞化」が生じた。アメリカの企業は生産を低賃金国に移すか、日本のように高品質の製品を低価格で作る国から部品や半製品を買うようになった。こうして産業強国としてのアメリカの地位は低下した。北東部の工業都市において、多くの工場が閉鎖され、失業者が増加した。その結果、企業の利潤は増加したが、アメリカ人一般の生活水準は、停滞、そして下降を開始したのである。

（3）　サービス経済化と労働環境の悪化

サービス中心の経済へ

アメリカ経済においてサービス産業の比重が過剰なほど大きくなった。一九五〇～九〇年の間の四〇年間に製造業雇用がすべての非農業雇用に占める比率は一九五〇年の三三・七％から一九九〇年の一七・三％に低下した。代わってサービス、経営、情報、娯楽部門における職が増大した。初めこの「サービス革命」は歓迎された。煙突から煤煙が出る風景は消えて、街は綺麗になった。多くの都市が物品の生産中心地から行政、金融、情報交換の中心地へと移行した。サービス経済は高学歴で高給の管理・専門職労働者の層を拡大させた。都市は新しいオフィスビル、医療・教育機関、ホテル、ショッピングモール、スポーツセンターでダウンタウン地域を活性化しようとした。かつての鉄鋼都市、ピッツバーグの大変化がそれを象徴していた。

サービス部門の二種類の職種

しかしサービス部門は高給の職種と低賃金の職種に分裂しており、圧倒的に低賃金職種が多い。ある推定によれば、一九八五年における五六〇〇万のサービス部門の職のうち、九〇〇万は高級の職種（経営職と専門職）だが、二〇〇〇万は低賃金職種だった。製造業職の四分の三近くは中所得のカテゴリーに属したから、サービス経済への移行は、中所得社会から所得格差によって特徴づけられる社会への移行を意味したのである。製造業から追い出された多くの労働者が最後に行き着くのは、小売業を代表とするサービス部門で、賃金は製造業よりも著しく低いのである。

労働強化と労働時間の延長

ホワイトカラー部門においても、労働の過度の強化に労働者は苦しむようになった。邦訳されたジル・フレイザーの『窒息するオフィス――仕事に脅迫されるアメリカ人』（原著二〇〇二年、邦訳二〇〇三年）、ジュリエット・ショアの『働きすぎのアメリカ人――予期せぬ余暇の減少』（原著一九九一年、邦訳一九九三年）が伝えているように、ホワイトカラー部門においても、失業を恐れて働きすぎが増大し、余暇が減少し、絶えず失職の恐怖に悩まされ、「カゴのリス」に似たような脅迫観念に迫られた悲惨な状況が叙述されている。

そしてショアによれば、製造業労働者の場合も含めて、この数十年の間にアメリカでは労働時間は増大し、余暇の時間が減少しているというのである。彼女は資本主義は余暇の増加をもたらしてきたという経済学の通説を覆し、資本主どく現れていると述べている。

義が人間の労苦のすさましい増大を伴っていることを明らかにしており、特に労働運動が弱いアメリカでこの傾向がひどく現れていると述べている。

(4)　コンピュータ経済

他方で新しい技術革新が懸命に模索された。第二次大戦後に始まったコンピュータ革命は、一九七〇年代から新しい局面に入った。コンピュータ技術はアメリカ人の経済生活に驚くべき転換をもたらした。コンピュータ化された工場とロボットは労働コストを引き下げることによって効率を高めた。コンピュータは「情報革命」を引き起こした。図書館においてはコンピュータ化されたネットワークがカードのカタログに取って代わり、Eメールとファクスの伝達は郵便システムを補い、携帯電話はいつでも即時の通話を可能にした。コンピュータ化されたコミュニケーションは銀行のクレジットカードを通じて、銀行業務を一変させ、人々の生活を変えた。小売業も変わった。多数の独立的な小店舗は崩壊した。

楽観的な観察者は、生産性向上はいつでも生活水準の上昇と結びついてきたのであり、究極的には価格の低下をもたらし、新技術はアメリカ人の将来の世代にとって未曾有のビジネス上の機会を創出するであろうと主張した。しかしコンピュータに代表される技術革新は、他方で多くの敗者を生み出した。以前の世代の者たちは彼らの労働人生の全体を通じて、一つの職業にしがみつき、それに上達することができたが、今や中所得のプロフェッショナルさえ、引退前に何回も職種や職業を変えるようになったのである。

4　著しい格差社会へ

(1)　所得の動向

所得成長率の低下

第二次大戦後のアメリカ社会は中産階級の厚い層の存在を特徴としていた。しかし一九七〇年代以降、製造業の衰退はアメリカ経済の衰退を意味し、アメリカ国民の経済生活の悪化を意味した。それまでの平均的実質賃金の増加、経済的階級間の格差の縮小、貧困人口比率の縮小などの傾向は逆転した。中位家族所得の成長率はマイナスには転換しなかったが、しかしその成長は鈍化した。一九七四～八八年の十五年間にその増大の平均年率は〇・〇四％という非常に小さな数字だった。働く妻・母が増加し続けたことが、実質家族所得の実際の減少から救った要因だった。

所得格差の拡大

注目すべきは著しい所得不平等化の進行である。第二次大戦終了から一九七〇年代半ばまでは、所得分配が大体安定していたのが、レーガンとブッシュ共和党政権期になって大転換が生じ、所得配分が不平等性を増した。

一九七九～八八年にアメリカの上位の二〇％の世帯の所得のシェアは四一・七％から四四・〇％へと増大する一方、最下層の二〇％の取り分は五・二％から四・六％へと減少した。そして中産層の中間の層においても、取り分は一七・五％から一六・七％に低下した。他方、上位の二〇％にある家族は所得を増やし、特にトップの五％の家族の平均増加は二三・四％、さらにトップの一％にとっては増加は実に四九・八％に及んだ。アメリカ労働者の平均の週賃金は一九八〇年の三七三ドルから一九九二年の三三九ドルに低下した。中産階級的地位を保持しようとする家族は二人の賃金取得を必要としたのである。

二つのエスカレーター

所得の分極化は、レーガン政権による所得税の累進率の徹底的削減によって加速された。「民主主義国家でありながら、低所得者層の労働者からこれほど高い率の税を取り立て、資産や高い所得のある人間からろくに税を取り立てない国はほかにない」と民主党のある有力議員は述べた。福祉支出も、教育・社会的サービスへの財政的支援も削減された。レーガン政権は「中所得者層と低所得者層のポケットから多額の金を取り上げて、一〇％の最も富裕な層にくれてやった」のである。

アメリカ社会は億万長者とホームレスという「最も衝撃的な二つの経済グループ」が恐るべき対照をなして明暗を分ける国になった。ケヴィン・フィリップスによれば、一九八〇年代における所得と富の極度の集中は一八七〇〜八〇年代の「金ぴか時代」および一九二〇年代と並ぶものだった。ロバート・ライシュが述べたように、アメリカ経済には二つのエスカレーターがあった。上に向かう小さなエスカレーターと、下に向かうずっと大きなエスカレーターであり、金持ちはさらに金持ちに、貧乏人はさらに貧乏に、そして中産階級も下に向かうエスカレーターに乗ったのである。

「ワーキング・プア」

こうして通常の労働者の下に「ワーキング・プア」（働く貧困者）が増大したのが、一九八〇年代の特徴であった。アメリカ政府による定義では、一年に少なくとも二七週は働いているか求職するが、その収入が公式の貧困水準以下の人々を指す。彼らの存在は今日までアメリカの大きな社会問題であり続けているが、この言葉が重大な社会問題として論議されるようになるのは一九八〇年代になってからであった。

荒廃する都市環境

一九八〇年代には都市の荒廃が顕著になった。サービス経済化によって煙突がなくなり、綺麗になった部分がある一方、都市の一部分はゴーストタウンになった。失業、貧困、麻薬、犯罪、治安悪化により、都市中心部から製造業が脱出し、中・高所得者、さらには商業・工業施設が郊外へ移転した。課税基盤が縮小すると、都市の財政需要は増大し、都市施設と公共サービスの悪化が進行した。増税、受益者負担が増えると、市民の郊外への脱出が加速した。こうした悪循環が都市を苦しめた。犯罪は驚くほど激増した。受刑者数は一九八〇年の三三万人から一九八八年の六二万人へと九年間に二倍近くに増えた。一九八七年にアメリカ国内で発生した犯罪は三四四〇万件、一九九一年の殺人被害者数は二万四〇〇〇人だった。レーガン＝ブッシュ時代とは犯罪激増の時代だったのである。

(2) 底辺の人々――アンダークラスとホームレス

アンダークラス　貧困者は巨大都市に集中し、そのスラムには下層階級よりも下の「アンダークラス」(底辺階級)と呼ばれる人々が群住した。ハーヴァード大学のウィリアム・J・ウィルソンはホワイトカラーと熟練ブルーカラーからなる「ミドル・クラス」、半熟練職の「ワーキング・クラス」、不熟練レイバラー、サービス労働者からなる「ロワー・クラス」を想定し、このロワー・クラスの下に「アンダークラス」があると整理した。そしてアンダークラスの特徴を、教育や訓練が十分でなく、多くが都市中心部の特定の地域に居住し、国の定めた貧困線よりもはるかに下の収入しか得られず、長期的失業にあえぎ、あるいは職探しそのものをも諦めて、労働市場から脱落した者たちであり、人生の希望すら失い、半永久的に福祉の受給者であることが多い。そしてその大きな部分を黒人が占めていると説明した。

失業、そして不安定な就業状態は自尊心、技能、精神的健全さを失わせがちであり、飲酒、麻薬、家庭崩壊、家庭内暴力、校内暴力、犯罪に導く。上昇した黒人はゲトーから脱出するので、コミュニティの基本的組織である教会、学校、商店、リクリエーション施設などは崩壊していく。その結果、アンダークラスの子供たちはゲトーの外部ではごく当たり前となっている生活条件を奪われたまま成長することになる。

アンダークラス化の問題は、黒人女性に特に重くのしかかった。家庭崩壊現象は驚くべき割合に達した。夫のいない黒人女性世帯主家族の割合は一九八三年には四二％に達した。若い黒人女性の出産の半分以上が婚姻外出産だった。ゲトーの若い黒人男性は失業に悩まされ、家族の扶養が困難なのである。

アンダークラスの出現は人種差別のみに帰することはできない、とウィルソンは指摘した。教育歴のある、熟練をもつ黒人は上昇を開始し、連邦政府の「アファーマティブ・アクション」により、ゲトーから脱出できた。取り残された黒人がアンダークラス化したのである。彼によれば、黒人の社会的上昇を規定する主要な要因はすでに「人種」ではない。対策は雇用、職業訓練、医療保険、教育改革、犯罪・麻薬対策に求められねばならないというのである。黒人である同教授の説明は説得的である。

ホームレス

一九八〇年代、九〇年代初めの時期のアメリカの都市の特徴的風景となったのが、ホームレスの激増だった。ホームレスの数は最高で七〇〇万人とさえ推定され、ニューヨークでも九万人に及ぶと言われた。かつてホームレスはアルコール依存症や精神薄弱者で労働の意欲を失った落伍者というイメージで見られていた。しかし社会学的調査が進むにつれて、その実態が判明してきた。

ジェームズ・ライトによるサンプル調査では、一〇〇〇人のホームレスのうち、驚くべきことに二二〇人は家族そろってのホームレスであり、そのうち十六歳以下の子供が九九人、大人が一二一人（女性八三人、男性三八人）だった。単身ホームレスは一〇〇〇人のうち七八〇人であり、その内訳は成人男性五八〇人、成人女性一五六人、未成年四七人となっていた。女性と子供の合計が三七五人で、実に四割近くを占めた。成人男性の単身ホームレス五八〇人のうち、六五歳以上は一七人にすぎなかった。非老人の成人男性五六三人のうち一八八人は退役軍人であり、ベトナム戦争の退役者が多かった。残りの三七五人のうち、精神障害をもつ者は一二五人で、二八人が身体障害者だった。

さらに重要なことは、残りの二二二人のうちの半分の一一二人が何らかの仕事をもっていたことである。七人はフルタイムで、二七人はパートタイム、七八人は日雇いや季節的仕事についていた。残りの一一〇人は失業中だが、そのうちの六一人は仕事を探していた。以上のどれにも属さない「同情に値しない浮浪者」は四九人にすぎなかった。要するにホームレスは無為無職、アルコール依存症の落伍者などではなく、働く意欲をもちながら、失業し、家賃を払うこともできない人々なのだった。

（3）　黒人労働者の状態

一九八〇年代の黒人の状態

黒人革命はアメリカを変えた。黒人の状態は以前と比べて改善された。しかしまだ平均的には彼らの生活の現実は劣悪だった。一九八九年に刊行された包括的な調査報告書『共通の運命――黒人とアメリカ社会』は「今日のアメリカ黒人の地位は一九三九年以来の進歩を基準にすれば、半分満たされたコップであり、一九七〇年代以後も持続した白人との不均衡を基準にすれば、半分は空のコップであると特徴づけられる」と結論した。

黒人一人当たりの所得の平均は大体において順調に伸びてきたが、一九八七年、平均して黒人は白人の所得の五八％しか得ていなかった。

それだけでなく、黒人の間にも著しい内部格差が存在した。全黒人家族の二〇％以上は年収三万五〇〇〇ドル以上の所得を有し、さらに五万ドル以上の高額所得家族も全黒人家族の九％を数えた。黒人の急速な分極化が進行したのである。人種差別の除去、アファーマティブ・アクションを利用して多くの黒人が中産階級へと上昇した。一九八〇年の統計で、就労している黒人の五六％がホワイトカラー、熟練労働者、専門職業家など、中産階級の仲間入りを果たしているとされており、黒人中産階級は黒人貧困層を上回っているのである。黒人中産階級は以前から存在した。しかし以前の黒人中産階級は黒人コミュニティを相手にしていた。黒人の弁護士、医者、牧師、商人、実業家がおり、その所得の大部分は黒人社会から得られたものだった。ところが今では黒人中産階級の所得の大部分はアメリカの主流から得られたものである。

深刻な黒人貧困層の問題　しかし他方、貧困な黒人の存在は重大である。一九八八年、政府の公式の貧困水準（四人家族で年収一万二〇九一ドル）以下の人口は総数約三二〇〇万人（全人口の一三％）で、白人人口の一〇％、黒人人口の三二％、ヒスパニック人口の二七％だった。

重視されるべきは、アメリカ経済の悪化との関連である。貧困と差別という特別の遺産のために最も恵まれなかった層が、景気後退の影響を最も深刻に受けたのである。特に問題は以前には工場があった都市中心部から工場がなくなったことだった。貧しい地区に住む黒人には働き口がないのである。代表的な工業都市だったデトロイトの人口は減少の一途を辿り、一九五〇年には一八五万だったのに、一九九〇年には九七万になった。一九八二年デトロイト市の黒人の失業率は三一％で、全国の黒人失業率の二倍以上だった。このような経済的構造変化の中でアンダークラスの問題が深刻化したのである。

（4）女性労働者の進出

女性労働の増加と諸問題

労働力への女性の参入は増大を続けた。家庭の外で働く女性の比率は一九六〇年の三五％から一九九二年の五八％へと上昇した。一九五〇年代までは主に若年、未婚、マイノリティの女性が働きに出たのに、女性労働力は既婚で子供のいる中高年齢層の中産階級へと拡大した。労働力人口の中での女性の比率は一九七二年には三六％だったが、一九九四年には四六％を占めるようになった。女性の労働力参加の増大にはフェミニズムの影響、機械化による家事労働の軽便化だけでなく、経済的理由があった。生活水準を維持するためには家族員による複数の収入（ダブル・インカム）が必要となったのである。

さらに働く女性のうちでパートタイマーが増えてきた。一九九五年、一週間の労働時間が三五時間以下のパートタイマーは、男性の一八％に対して女性の場合には三四％に及んだ。そして同じ一九九五年、フルタイムで働く週賃金の中間値は男性の五二二ドルに対して女性は三九九ドルだったのである。

一九八〇年代に入って最大の女性問題は二極化傾向だった。フェミニズムの波に乗って上昇していく女性労働者がいる一方、子供を抱えて生活苦にあえぐ母親たちがいた。「貧困の女性化」と言われたが、それは特に黒人女性に顕著であり、三人に一人は一〇代で母親になった。一九八〇年の統計で黒人の母子家庭の平均年収はわずか約七〇〇〇ドルだったのである。

ＥＲＡの挫折

男女の平等な権利を憲法によって保障することをうたった平等権修正条項（ＥＲＡ）は、一九七二年に議会を圧倒的多数で通過し、またたく間に三〇州が批准を済ませた。それは「法の下における権利の平等を合衆国も、いかなる州も性によって否定したり制限してはならない」と規定していた。ところがその後、反対運動が一部の地域で活発化し、一九七九年の期限を延長した一九八二年になっても、規定の三八州に足りず、とうとう廃案に追い込まれてしまった。その背後には徴兵問題などが絡んでいたが、それだけでなく、一九七〇年代後半から保守化してきた社会状況があった。一九六〇年代の様々な運動を行きすぎだとして苦々しく思っていた人々は、伝統的な価値観、家庭の復権を唱える保守派の主張に惹かれたのである。

5　ジョージ・ブッシュ政権の時代とリセッション

(1)　一期で終わったジョージ・ブッシュ大統領

一九八八年の大統領選挙戦では民主党のマイケル・デュカキス候補は、レーガンの下で副大統領だったジョージ・ブッシュ（親）に敗北した。しかし民主党は議会両院のコントロールを保持したので、ブッシュ政権は議会対策に慎重を期さねばならなかった。

ブッシュが大統領職にあった時期に、息を呑むような速度でソ連権力の崩壊が進行した。一九八九年十二月、ブッシュとゴルバチョフの米ソ両首脳はマルタ島で会談し、ブッシュはソ連と東欧諸国の民主化を支持する立場を表明し、緊張緩和を促進する姿勢を打ち出した。冷戦は終わった。そしてブッシュはイラクのサダム・フセインのクエート侵略に対して、一九九一年「砂漠の嵐」作戦で大勝利を収め、アメリカ国民は短期間ながら、愛国主義の爆発にふけり、ブッシュの支持率は九〇％近くにまで上昇した。しかしその幸福感は長続きしなかった。

(2)　深刻なリセッションの到来

一九九一年後半、アメリカは深刻なリセッションに入った。製造業、建設業を中心に国内で解雇の嵐が吹き荒れた。ビッグ・スリーも大量解雇に踏み切った。一九九二年に入って、アメリカの失業者は約九〇〇万とされたが、その他に多様な潜在失業者を入れると、労働人口の一二％を超えるとも報道された。

「親の代より豊かになれない」との叫び

失業はブルーカラーだけでなく、ホワイトカラーに多いのが特徴だった。かつて豊かな生活を誇った「中産階級」の間でも「下方移動」の恐怖がひしひしと迫り、「アメリカの夢が失われた」という叫びが高まった。「親の代よりも生活が苦しくなった」という実感、「自分の子供の代にはもっと暮らしむきが悪くなるのではないか」という不安がアメリカ全体を覆った。アメリカは冷戦と湾岸戦争の勝利の陶酔から醒めて、「宴の後」の空しさをかみしめたのだった。

図14－1　ロサンゼルス暴動（1992年4月）

黒人だけでなく，多様な人種・民族の者たちが商品を略奪した。貧者の暴動だったのである。

出典：John M Faragher, and others, *Out of Many: Histroy of the American People* (Upper Saddle River, N. J., 1997), p.1029.

ホワイトカラー・リセッション

かつてのアメリカには高い給与を保障されたホワイトカラーが中産階級の中核として存在していた。しかしそのような安定的職種が失われつつあった。ホワイトカラーが「レイオフ」される場合、以前にはそれは一時的休職を意味したが、復職の見込みのない永久解雇を意味するようになった。九〇年代初頭のリセッションは「ホワイトカラー・リセッション」と呼ばれた。こうしてレーガン、ブッシュの共和党政権のアメリカ国内は貧富の格差の拡大、実質所得の低下、失業、家庭崩壊、ホームレス、犯罪、麻薬、アンダークラスといった惨憺《さんたん》たる状況を呈して終るのである。

他方、アメリカの経営者たちは極端な高給を得ていた。深刻な景気後退で解雇が増加する中で、企業経営者の異常に高い給料に対して、米国民の厳しい目が注がれた。アメリカの上位三〇社の企業トップの平均年俸は三二〇万ドル。これはイギリスの約三倍、ドイツ、フランスの四倍、日本の六・四倍に達していると日本の新聞は報じた。

（3）　ロサンゼルス暴動

アメリカ社会の危機的状況を象徴したのが一九九二年の四月末から五月にかけて爆発したロサンゼルス暴動だった。黒人青年に対するロサンゼルス市警の四人による「過剰な暴行」が無罪の評決を受けたことをきっかけに大暴動が起こった。ブッシュ大統領は連邦軍四五〇〇名と連邦警察隊一〇〇〇名を投入したが、死者五八人、逮捕者一万四〇〇〇人、放火で破壊された家屋五〇〇〇軒という最悪の暴動となった。注目すべきは、それが黒人暴動として始まりながら、人種暴動に終らなかったことである。暴動にはヒスパニック系もアジア系も、そして白人も参加した。暴徒は突如とし

コラム13　モノンガヒラ川流域のゴーストタウン化

アメリカ工業の衰退に伴い、かつてアメリカ経済の中核だった多くの工業都市がゴーストタウンのような光景を呈するようになった。その象徴がピッツバーグ周辺のモノンガヒラ川流域の変貌である。

一九世紀半ば以来、アメリカの鉄鋼業の中心であり、ピッツバーグ、ホームステッド、クレアトンのような鉄鋼都市の生活はUSスティール、ベスレヘム、その他の鉄鋼会社の回りに回っていた。ところが一九八〇年代にアメリカの鉄鋼産業は劇的な損失を蒙った。問題は鉄鋼会社が操業を近代化するのに長期的に投資しなかったことに起因した。

モノンガヒラ川流域ではUSスティール社は一九七九年には二万六五〇〇人を雇用していたが、一九九〇年にはわずか四〇〇〇人しか雇っていなかった。一八九二年のストライキで歴史に登場するホームステッドの工場は一九八六年に閉鎖した。モノンガヒラ川流域に残った人々はしばしば職を見つけることができないか、家を売ることができない、かつての鉄鋼労働者だった。約三万人のレイオフ労働者についての調査では、四〇歳以上の者たちの過半数は失業中か、あるいはパートタイムの低賃金職で低雇用だった。多くの者が精神的・肉体的問題に取りつかれ、あきらめの感情に取りつかれていた。

映画『ディア・ハンター』（一九七八年製作）で描かれた鉄鋼産業の町クレアトンはピッツバーグ南方約一五マイルの丘の上に位置して、活発な小都市であり、スラブ系、イタリア系、アイルランド系コミュニティが活発だった。第二次大戦が終わった時、そのコークス工場は世界最大であり、その副産物部門は何千という多様な産物を製作した。映画の中には一九七〇年ごろのウクライナ系労働者の結婚式、ベトナムへの出征のためのパーティが出てくる。そこには見事なまでにヨーロッパ系エスニック労働者の世界が描かれていた。しかしもうその世界は終わった。一九八〇年代半ばまでに、クレアトンは約三五％という恒久的な失業率に悩まされ、破産していたのである。

て「無料」になった高価な消費財を略奪した。逮捕者の内訳はヒスパニックが五〇%、黒人が三七%、白人が一〇%という数字も挙げられた。この暴動は人種の別を越えた貧者の暴動だったのである。

第15章　労働運動に起こった革新の動き——一九九〇年代

1　若き大統領クリントンと労働民衆

（1）クリントン大統領の政策

クリントンの大統領当選と労働組合　湾岸戦争の勝利でジョージ・ブッシュ（親）大統領の支持率は八八％という驚嘆すべき率に達したが、やがて深刻な不況の中で生活の悪化が人々の不満を掻き立てた。一九九二年の大統領選挙戦にあたりブッシュは民主党のビル・クリントンに敗北した。

一九四六年生まれ、つまり戦後生まれのクリントンは一九六〇年代に若者だった世代であるが、民主党内の新しい穏健派に属しており、かつて党の中心的基盤を構成していた中産階級とブルーカラー労働者層に訴えながら、景気回復、医療制度改革、浪費的福祉の改革を強調する選挙戦を展開した。しかしまた彼は一九六〇年代以降に台頭した多くの活動家たちと共通する感覚を有していた。彼は副大統領候補に環境保護論者の上院議員アル・ゴアを選んだ。

彼の当選にはＡＦＬ－ＣＩＯの多大の支援があった。一九九三年のＡＦＬ－ＣＩＯ大会でレーン・カークランド会長は述べた。「我々は一九九二年の大統領選挙におけるＡＦＬ－ＣＩＯの役割を誇りに思っています。共和党の反労働者勢力による一二年にわたるホワイトハウスの占拠があの選挙で終わりました。ビル・クリントンが選挙に勝ったのは、彼が働く家族の窮状を理解し、彼らにとって最大の関心のある事柄について行動することを約束したからであります」。同じ大会に出席したクリントンはこれに応じた。「私はアメリカの労働運動のための新しいパートナーシップを望んでおり、それが一つの理由となって大統領となったのです。我々は多年にわたり労働者を抑圧してきた政府を労働者とともに働く政府によって置き換えようとしているのです」。

クリントン政権と組合役員との間には対話のルートが開かれた。機械工組合の会長は述べた。「クリントンは彼のオフィスを開いた。我々には訪問できる閣僚たちがいる。……ＡＦＬ－ＣＩＯ会長カークランドは大統領補佐官と定期的な昼食会をもち、時には財務長官が加わる」と。

議会の中の一人の社会主義者サンダーズ

一九九〇年ヴァーモント州からは「社会主義者」バーナード・サンダーズが連邦議会下院に当選していた。下院におけるこの「孤独な男」は、一九九二年には「時の人」となった。大統領選挙戦に独立候補として富豪のロス・ペローが出馬したため、もしかしたらブッシュもクリントンも選挙人票の過半数をとれないかもしれない。両党伯仲している中で、いずれの党にも属していないサンダースの際どい票で大統領が決まるかもしれないとの予想が語られたからである。サンダースはニューヨーク市生まれのユダヤ人で、「はっきりとした社会主義者」だった。日本ではほとんど知られていないが、彼は連邦議会への当選を続け、今はヴァーモント州選出の上院議員である。また彼はアメリカ議会史上最初の社会主義上院議員である。

クリントン政権の社会・経済政策

厳しい景気後退の最中に選出されたクリントンは、経済の回復に最大の関心を寄せた。彼は軍事費をはじめとする政府支出の削減を提案する一方、職の創出と経済成長を図るための新しい支出を提案した。そのためにはアメリカ経済の国際競争力の強化を図らねばならなかった。クリントン政権は全米にコンピュータの端末を利用した高度情報ネットワークを築き上げ、経済の効率化、競争力の強化を図るという構想を発表した。対外的にはガットを通じた自由貿易体制を推進する一方、カナダ、メキシコとの間に交渉されていた北米自由貿易協定（ＮＡＦＴＡ：ノース・アメリカン・フリー・トレード・アグリーメント）を正式に結んだ。これにより人口とＧＮＰ規模で欧州連合（ＥＵ：ユーロピアン・ユニオン）を凌ぐ自由貿易圏が形成された。ただしＮＡＦＴＡは労働運動の反対を押し切っての実現であった。

彼はまず医療改革に取り組んだ。当時のアメリカにはメディケア（老齢者・障害者医療保険）とメディケイド（低所得者医療保険）のほかには、労働組合や企業による、また個人加入の医療保険しかなく、医療保険に全く加入していない人が三七〇〇万人にも達していた。クリントンはすべての国民が加入できるような健康保険制度を作ることを念願し、医療制度改革作業委員会を設立して、ヒラリー夫人をその委員長に当て、一九九三年に政府案を発表したが、医師会や共和党の反対のために法案の成立を断念した。

またクリントン政権は生活保護制度改革にも取り組んだ。一〇代の未婚の母が増えて、貧困家庭への扶養児童家族援助（AFDC：エイド・ツー・ファミリーズ・ウィズ・デペンデント・チルドレン）の費用が増大し、恒久的な依存階級を作り出しつつあるという状況があった。彼は生活保護と労働を結びつけ、受給期間を二年間に限り、職業訓練を受けさせ、その間に職を探させ、職が見つからない時は最低賃金を貰う政府の失業対策事業の職に就かせるという改革案を一九九七年に実現させた。しかし反対も多く、この深刻な問題の解決には道遠しだった。

クリントン政権の労働関係の陣容

彼が労働長官に任命したロバート・ライシュは、ハーヴァード大学の労働経済学者であり、親労働的であった。共和党政権の下でアメリカの労使関係の基調は敵対的だったが、ライシュ労働長官は労使が敵対する時代を終わらせ、チームワークと相互信頼の時代を築くべきと呼びかけた。彼によれば、長期的に高利益を上げている企業は従業員を経費カットの対象としてではなく、育成すべき財産と見なしており、今後、グローバル化、技術革新が進む中で企業の競争力は労働者のスキルとモチベーションに依存するようになる。したがって企業が競争力を維持していくためには、協調的な労使関係を築いていくことが必要であると彼は訴えた。

あまりにも多くの仕事に忙殺されて一期で辞職を申し出たライシュ長官に代わって、一九九七年、新労働長官には黒人女性のアレクシス・ハーマンが任命された。再選を支えた黒人層と女性層に配慮したのである。

一連の失望、しかし支持を維持

しかしクリントン政権に対しては一連の失望が訪れた。医療保険改革は挫折したし、貿易問題では組織労働が反対していたNAFTAが締結された。また一九九四年の中間選挙での共和党の勝利に対応して、クリントンは妥協を余儀なくされ、中道路線をとった。一九九六には再選されたが、その後にはクリントンの深刻な不倫問題が起こった。それでも任期中に最低賃金の引き上げ、教師十万人の新規採用、小学校の少人数クラスの実現、育児支援サービスの拡充、雇用差別禁止などの多様な改革が企てられた。総じてクリントンは労働民衆から支持され、人気は高かったと言えよう。とりわけ、彼の任期の後半に経済が好調になったことが大きかった。

（2）クリントン時代の経済状況

経済の回復

一九九〇年代初頭に起こった深刻なリセッションの後、クリントン政権の下で経済の著しい回復が見られた。インフレはかなりの程度収まり、失業率は一九九六年には二・九％にまで下がった。そして一九九〇年代後半にはアメリカ経済はインフレがほとんどないまま、高度経済成長が続く「ニュー・エコノミー」の時代になったとまで言われた。日本ではバブルの崩壊、「失われた九〇年代」だったのに、アメリカは好景気が続いたのである。クリントン政権は雇用面ではかなりの成果を挙げた。ただし雇用増加の大部分はサービス業や小売業など第三次産業におけるものだった。

ワーキング・プアと格差の拡大

経済の好調にもかかわらず、労働民衆の経済状況は芳しいものではなかった。クリントン政権の最後の年、つまり二〇〇〇年になっても、労働統計局によれば、人口の一一・三％は公式の貧困レベル以下の生活をしていた。そして約六四〇〇万人、労働人口の四・七％は「ワーキング・プア」として分類された。貧困率はフルタイム労働者の場合三・五％であり、パートタイム労働者の場合、一〇・二％だった。そしてワーキング・プアの五分の三はフルタイムの労働者だった。

景気が良くなったことで、富裕層の利益が増大した。一九九〇年代の経済拡大の恩恵は富裕層がほとんど独り占めしたと言われた。労働民衆の間でも賃金格差は拡大した。金融、情報技術など、もともと高賃金の職種では、好景気の持続とともに賃金が上昇した。他方、賃金水準の低い職種では逆にリストラが進み、好景気にもかかわらず賃金が上がらず、賃金カットに見舞れることもあって、賃金格差が広がったのである。後になってからであるが、温和なリベラルとしてのクリントンの姿を見て、筆者は好感を抱いたのだが、その限界は隠しようもなかったのである。

2　スウィーニーＡＦＬ－ＣＩＯ新会長の登場

（1）改革の必要性を自覚した労組幹部たち

それまでのアメリカ労働運動　前述したように、アメリカの労働組合運動には一九七〇年代以降、苦難の時期が訪れた。組合組織率は一九六〇年の三一・四％から七〇年の二七・三％へ、八〇年の二四・七％、九〇年の一六・一％へ、そして九五年には一五・八％へと低下していった。レーガンとブッシュ（親）の共和党政権時代は、労働者と組合にとって最悪の時期だった。しかし一九九〇年代におけるクリントン政権の到来は、労働運動にとって新しい環境を用意した。

新しい組織化の必要性　労働運動指導者たちの間に自己反省が生じ、労働運動を変えるべきだとする機運が高まった。反省点は二つあった。第一は新しい組織化の必要性である。組合に組織化されていない膨大な低賃金労働者がいた。労働運動が再活性化するには労働組合にとって非伝統的な膨大な労働者、一方におけるホワイトカラー、専門職、他方における未組織の低賃金労働者、すなわち女性、マイノリティ、サービス労働者、パートタイム労働者などにまで運動を拡大していく必要がある。彼らこそ組合を切実に必要としているのだという認識が高まってきた。そして新しい組織化に立ち向かうためには、第二に組合は内部改革を行って「社会運動」としての性格を取り戻さねばならない。このように考える新潮流が生じた。しかも連邦政治は民主党政権の下にあった。

反対派の台頭　一九七九年にミーニー会長に代わったレーン・カークランドは、彼なりの努力をした。しかし労働史家のＭ・デュボフスキーが述べたように、「カークランドのＡＦＬ－ＣＩＯはミーニーのＡＦＬ－ＣＩＯと変わることなく行動した」。ミーニーの時代と同様に、組合運動は組織された組合員だけの直接的利益に応じるサービス機関にすぎず、指導部は自己満足状態を続けた。澎湃《ほうはい》として起こっている多様な社会運動との関係も冷淡なものだった。カークランドはミーニーの「複製品」にすぎないとの不満が高まった。

ＡＦＬ－ＣＩＯ本部に対する不満は長いことくすぶっていたが、反対は一部の労組に限られていた。ＵＡＷのダグラス・フレーザー会長は労働組合と六〇年代以来の多様な社会運動とを統合するような「進歩的同盟」の必要を主張したが、彼の呼びかけはカークランドに無視された。ＡＦＬ－ＣＩＯ執行評議会では三人の全国組合会長が反対分子だった。フレーザーおよび全米州郡市従業員労組のジェリー・ワーフ、機械工組合のウィリアム・ウィピシンガーであり、三人はそれぞれ民主党内の革新派とつながっていた。また彼らは社会主義者のマイケル・ハリントンから影響を受けていた。ハリントンは一九六八年にはアメリカ社会党の共同議長になったが、幅広く労働者を糾合するには民主党から働きかけるべきだとして社会党を離れ、民主党員として活動していたが、一九八三年にはアメリカ民主社会主義団（デモクラチック・ソーシャリスト・オブ・アメリカ）を結成したのだった。

他の全国組合もＡＦＬ－ＣＩＯ主流派から離れ始めた。合同衣服・繊維労組、コミュニケーション労組、そしてサービス従業員国際組合（ＳＥＩＵ：サービス・エンプロイイーズ・インターナショナル・ユニオン）などである。一九九〇年代初めにはＵＭＷ（統一炭鉱夫労組）のダイナミックな若いリチャード・トラムカも、ＡＦＬ－ＣＩＯ本部に批判的な活動家として現れた。

一九九四年の中間選挙で共和党が大勝利を収め、ギングリッチ下院議長を中心に「保守革命」が開始された時、労働運動の指導をカークランドに任せておけないとする動きが高まった。ＡＦＬ－ＣＩＯ内に「反乱」勢力が形成された。これが「ニュー・ヴォイス」（新しい声）と呼ばれたグループである。

一九九五年二月ＡＦＬ－ＣＩＯ執行評議会では、五時間にわたって激しい論争が続き、カークランドに退陣要求が突きつけられた。その後、カークランドは会長職を自発的に辞任したほうがよいと判断し、後任にＳＥＩＵ出身の会計書記長のトマス・ドナヒューを推薦すると表明した。以後、事態は混沌たる様相を呈したが、結局、ジョン・Ｊ・スウィーニーとドナヒューの争いとなった。

スウィーニーとSEIU

スウィーニーは一九三四年ニューヨーク市に生まれ、父はバス運転手。一九五五年に大学を卒業し、一九五八年に国際女性服労組（ＩＬＧＷＵ）の調査部門に採用された後、ＳＥＩＵ

に加わり、やがてその会長になった。彼はマイケル・ハリントンのアメリカ民主社会主義者団（デモクラティック・ソーシャリスツ・オブ・アメリカ）のメンバー、つまり広い意味で社会主義者だった。

スウィーニーは一九八〇～九五年の十五年間にSEIUの会長として同組合を五五万から一〇〇万人近くのメンバー数にまで拡大させた。それは大部分の組合が縮小しつつある中で傑出した業績だった。SEIUの組合員は公務員（連邦、州、自治体、学校）が五三％、医療健康福祉（病院、老人ホーム、診療所、在宅介護など）が四三％、ビル・サービス（清掃、窓拭き、警備）が一七％、オフィス・サービス（事務、管理）が一三％、関連産業七％からなっており、人種的には白人六三％、黒人一九％、ヒスパニック一〇％、アジア系三％、その他五％となっており、また女性が五八％で、男性を上回っていた。

一九九五年の会長選挙

一九九五年一〇月ワシントンのAFL－CIO本部において歴史的な会長選挙が行われた。一八八六年のAFL創設以来、一一〇年間の間にAFLおよびAFL－CIOには五人の会長がいただけだった。この期間に大統領は二〇人代わったのだから、統計的にそれはアメリカにおける「最も安全な職」と言われた。一八九四～九五年にジョン・マクブライドがゴンパーズに代わったことがあったが、それ以来百年ぶりに、スウィーニーに率いられた連合勢力はAFL－CIOの歴史における画期的な民主的選挙を強行したのである。スウィーニーはドナヒューに対して、五六％対四四％で選出された。

(2)　スウィーニー新会長の下でのAFL－CIO

スウィーニー新会長

スウィーニー新会長は、「アメリカの労働運動は変わらねばならない」と宣言し、それまでのAFL－CIOの方針を鋭く批判した。そして彼の下で女性とマイノリティの重視、組織化キャンペーンの拡大、政治活動の活発化などの方針が採択された。

彼は述べた。「我々は組合員も非組合員も含めて社会全体の働く人々を代表する社会運動として行動する必要がある」。労組は「公民権グループ、女性グループ、キリスト教会、ユダヤ教会、地域社会活動家、環境保護団体、その他、社会

図15－1　スウィーニー AFL-CIO 会長（1995～2009年）

出典：Melvyn Dubofsky and Foster R. Dulles, *Labor in America* (Wheeling Ill., 1999), p. 335.

正義を確信し、地域での賃上げを切望するあらゆる人々に手をさしのべる」と。新執行部はリベラル左派の路線に立った。新聞は労働組合がついに「深い眠りから目覚めた」と報じた。

新しい組織化とその結果　新方針の中軸をなしたのが「組合費の三〇％」を投入するという組織化運動であり、「オーガナイザー訓練」だった。「組織局」が独立した部局として新設された。組織局は相互の組合の活動を調整し、オーガナイザーの養成を大々的に開始し、年内に一〇〇〇人のオルグを採用する計画を立てた。そしてローカル・レベルの大衆参加型運動、地域社会との連帯が重視された。組織化運動の結果、一九九八年には四七万五〇〇〇人が新しく組合員になった。同年のアメリカ全土の組合員数は一九九七年と比較して一〇万一〇〇〇人増加して、一六二〇万人になった。ＡＦＬ－ＣＩＯは草の根重視型の社会運動型労働組合運動を志向すると同時に、地域社会との連帯の強化へと動いた。

アメリカの労働組合はクリントンによるＮＡＦＴＡ（北米自由貿易協定）に反対したが、同協定が発効すると、新しい態度をとることが必要となった。スウィーニーはメキシコに赴き、メキシコにおける労働組合運動の活性化、労働条件の改善がアメリカの労働者にとっても良好な条件をもたらすとして、アメリカとメキシコの労働運動の協力関係の強化を呼びかけた。働く民衆の国際的連帯がスウィーニーの強い方針だった。

（3）組合の合併

スウィーニーが会長になる以前から、アメリカの労働組合には組織率の低下を食い止めるために組合の合併が進んでいた。ＡＦＬ－ＣＩＯ合同時の加盟組合は一三七だったが、一九八五年には九五となり、一九九五年には七八となった。

組合の合併によって一組合あたりの平均組合員数は一九五五年の九万二〇〇〇人から一九九五年の十六万七〇〇〇人へと増加した。例えばUAW（統一自動車労組）もその現在の正式名称を訳せば「アメリカ統一自動車、航空機、農機具労働者国際組合」となるように、自動車のほか、航空機、農機具の労働者を組織し、さらにビール、食品、楽器、リクリエーション用品、家庭用品、眼鏡、玩具、出版その他も組織するのであり、自動車労働者はUAW全組合員の半分を占めるにすぎないのである。

AFL－CIO傘下の組合は七五組合であるが、そのうち組合員が一〇〇万を超えるのが、ティームスター組合、全米州・郡・市労働組合、SEIUである。その他にAFL－CIOの外部に規模は最大であるが、純粋組合から少々ずれるのが全米教育協会（NEA）で、メンバー数は一七〇万人だった。

（4）注目された活動

活性化と宅急便ストライキ

クリントン政権下でのインフレなしの経済成長が、労働組合の活性化を刺激した。レーガン－ブッシュ政権時代とは異なり、親労働的な政権下にあったことも追い風となった。活性化した労働運動を象徴したのが、日本でも大きく新聞報道された一九九七年の宅配便ストライキである。世界最大の宅配便会社、UPS（ユナイテッド・パーセル・サービス）に対する全米ティームスター組合のストライキには一八万五〇〇〇人が参加し、十五日間続いた。一日一二〇〇万個という全米小荷物運送の八割を扱う世界最大の宅配会社に対して、AFL－CIOはスト支援の大規模な融資を表明し、全面的支援に結集した。最終的にはハーマン労働長官が仲介に乗り出し、労組側は要求の最大の柱だったパートタイム労働者問題で一万人の正社員への登用、正社員に比べて格差が大きかった時給の大幅アップなどを勝ち取った。ティームスター労組会長ロン・ケアリーは「歴史的なストライキとなった。我々労働者が企業の強欲にたち向かったのだ」と勝利を宣言した。このストは全米の新聞、テレビから連日トップニュース並みの扱いを受け、世論の三分の二がストを支持した。パートタイム労働の増加を単にUPSだけの問題とはせず、広くアメリカ国民に訴えるという作戦が世論の大きな支持を得たのだった。

WTO大会での大荒れ　一九九九年十二月一日、世界貿易機関（WTO：ワールド・トレード・オーガニゼーション）の閣僚会議に出席するために世界各国から代表がシアトルに到着した時、各種の環境団体と並んで多様な労働団体の激しい抗議行動にぶつかった。会場となったビルを環境団体の数千人のメンバーが取り囲み、ほとんどの閣僚が会場に近づけず、午後には五万人の労働団体のデモが合流した。たちこめる催涙ガスの中をつっこむ警官隊、腕を組み、座り込みを続ける活動家たちが警官隊に引きずりだされ、ついには州軍が動員された。

「大企業の利益を優先し、勤労者の職を奪うWTO粉砕！」「自由貿易は地球の森の崩壊に導く！」。デモ隊が掲げるプラカードは、WTOが推し進めようとしている自由貿易拡大によって犠牲になる者たちの抗議を表明していた。この事件もまだまだアメリカの労働運動は活力を保持していることを感じさせたのである。

（5）学者・知識人たちとの協力

スウィーニーの下での労働運動の活性化は大学にも大きな反響を呼び起こした。一九九六年十月、コロンビア大学では歴史学教授エリック・フォーナーがキャンパスで「労働運動とのティーチ・イン」を企画し、これにはスウィーニーが参加した。ベトナム戦争の時代以来、AFL－CIOのトップリーダーたちは大学のキャンパスを避けてきたのだった。またこのティーチ・インにはアメリカ・フェミニズムの象徴、ベティ・フリーダンも参加した。ウィスコンシン大学やデトロイトにあるウェイン・ステート大学など十以上の大学で同様なティーチ・インが行われた。一方、AFL－CIOの役員たちも学者たちを招き、労働運動再活性化の道を討議した。

フォーナー教授は述べた。「多数の大学教員や知識人が労働運動の再生を支援したいと思っている。アメリカの進歩的な社会変革は強力な労働運動がなければ実現できない。また強力な労働運動がなければ、今日の保守的な傾向を変えることはできない」。

スウィーニー新会長の下での労働運動の活性化は、労働運動の未来への期待を掻き立てた。労働史家のスティーブ・バブソンは述べた。「組合再生の見込みは一九七〇年代以来のどの時期におけるよりも一九九〇年代において明るいように見える」と。日本でもアメリカ労働運動の新動向を伝える本や論文がいくつも出版された。

第16章　ほのかな希望の光——二一世紀に入って

1　ジョージ・W・ブッシュの時代と労働運動の大分裂

（1）最大多数を得票したアル・ゴアの落選

ゴアとブッシュ　二〇〇〇年民主党大会において、アル・ゴアは大統領候補指名受託演説において「働く家族」という表現を九回使い、「すべての働く家族のために、大統領への候補指名を受託する」と宣言した。彼はクリントン政権によって蓄積された財政黒字を「福祉、教育、年金、中産階級向け減税」などに振り向け、勤労者世帯の生活向上をめざす考えを強調した。労組は前例のないほど多額の選挙資金を出し、電話、戸別訪問でゴアを支援した。

他方、共和党が候補に立てたブッシュ前大統領の息子、ジョージ・W・ブッシュは「思いやりのある保守主義」を標語にし、「忘れられた人たちにも繁栄をもたらす」と訴え、党大会には多数のマイノリティや同性愛者を動員して、白人重視、金持ち優遇と言われた共和党が政策を大転換した印象を抱かせる演出をした。なお、ここではブッシュの父と息子を区別するために、息子のほうにはWを付けて区別することにする。

多数票を得たのにゴアは落選　得票結果は一般票ではジョージ・W・ブッシュが五〇四五万六〇〇〇票で四七・八七%、ゴアが五〇九九万九九〇〇票で四八・三八%だった。ゴアのほうが三四万票近く多かったのである。さらに緑の党のラルフ・ネーダーが二八八万二九五五票（二・七四%）を獲得した。国民の過半数がブッシュを支持したのではなかったのである。よく知られているようにフロリダ州で民主・共和両党の得票差があまりにも小さかったので、複雑な過程が開始され、結局ブッシュがフロリダを獲得し、当選したのだった。

アメリカの大統領選挙は、有権者がその州に割当てられた大統領選挙人団（上院二名＋人口に比例した下院議員数の合計）に投票し、一票でも多く得た候補者がその州の選挙人の票のすべてを獲得するという間接選挙方式であるため、一般投票で最多の票を得た候補が落選する場合が稀に起こるのである。ゴアが当選していたら、アメリカは、そして世界もかなり変わっていたことであろう。

(2)　ジョージ・W・ブッシュ政権

共和党大会における大衆向けのレトリックにもかかわらず、ジョージ・W・ブッシュ政権はレーガン政権以来の共和党右派の路線を進んだ。クリントン政権下で生じた財政黒字を利用して大型減税を手がけ、富裕層を優遇し、格差はますますひどくなった。またブッシュ政権には「ネオコン」と称される閣僚やブレーンが多く、対外的にはタカ派であり、経済的には減税、規制緩和、自由貿易促進、福祉削減など「新自由主義」路線をとった。

そして二〇〇一年九月十一日に九・一一「同時多発テロ」が起こった。ニューヨーク金融街の機能は麻痺し、アメリカ経済は大打撃を受け、景気後退が決定的となった。ブッシュ政権はアフガニスタン、イラクへの対テロ戦争を展開した。初めは労働運動もブッシュの対テロ戦争を支持した。それはアメリカ国民の圧倒的な立場だったからである。

しかし報復戦争の現実は労働組合の態度を変えさせていった。そして二〇〇三年にはUSLAW（U・S・レイバー・アゲインスト・ウォー）が発足し、同年AFL－CIOの執行委員会はブッシュ政権のイラク攻撃に対する批判を表明した。

二〇〇四年および二〇〇六年の選挙

二〇〇四年の選挙でも民主党のジョン・ケリー候補は「戦時大統領」を自称するブッシュの勢いを逆転させることはできなかった。しかしブッシュ政権の戦争政策に対する批判は高まり、二〇〇六年の中間選挙では共和党は大敗北を喫し、民主党が多数党となった。イラク戦争の最大の根拠とされた大量破壊兵器が発見されず、米兵の死者が千人を超えると、厭戦気分が広がり、ブッシュの支持率は二〇〇八年二月には一九％にまで低下した。

（3）　ＡＦＬ－ＣＩＯの分裂とＣＴＷの成立

ＡＦＬ－ＣＩＯの分裂　ブッシュ政権期にアメリカ労働運動史における重大な事件が起こった。ＡＦＬ－ＣＩＯの分裂である。一九九五年のジョン・Ｊ・スウィーニー新会長の選出で新生面が開かれるかに思われたが、二一世紀に入っても組織率は上昇せず、低下したのである。組織率は二〇〇二年一三・三％、二〇〇三年一二・九％、そして二〇〇四年には一二・五％になった。

スウィーニー執行部の下で見るべき成果が挙がらないことに業を煮やした反対勢力が、改革派の内部で台頭した。その急先鋒がＳＥＩＵの新会長となったアンドルー・スターンだった。彼は労組の弱さの原因を、大企業と対等に交渉できないいくつもの小規模組合の存在にあると主張した。彼の改革案ではＡＦＬ－ＣＩＯ傘下の六〇産別組織を二〇組織程度に統合し、また予算権限をＡＦＬ－ＣＩＯ執行部に委ねることを提案した。労組の相手は巨大企業なのだから、組合は統合により組織拡大を実現し、現状を打破するだけの資金と規模を蓄えねばならないとして、中央集権による交渉力強化を主張したのである。

この主張に対しては改革派の内部からも、「非民主的な上からの組織化だ」、「労組の自主性を無視したトップダウン・アプローチだ」、「弱小組合を無視した非民主的なものだ」という声が上がり、改革派の内部でも対立が深まった。分裂のきっかけとなったのは二〇〇四年の大統領選挙における民主党候補ジョン・ケリーの敗北だった。ＡＦＬ－ＣＩＯは巨額の選挙寄付金を注ぎこんだが、ケリーは敗北した。これを機に、スウィーニーのやり方には限界があるとして、執行部が強い批判に曝されたのだった。

「勝利のための変革連合」（ＣＴＷ）の結成　二〇〇五年九月、ＳＥＩＵが中心となり、「勝利のための変革連合」（ＣＴＷ：チェンジ・ツー・ウィン）が結成された。結成の経過を略して言えば、参加したのは七組合で、中心はスターンの組合であるSEIU（一八〇万人）であるが、これにトラック運転手を中心とするティームスターズ（一四〇万人）のほか、縫製・繊維労組・ホテル・レストラン従業員組合、全米食品・商業労組、大工・指物師合同友愛会、北米レイバラース国際組合、それに統一農場労組が加わり、参加組合員は合計で約七〇〇万人にのぼった。これによりAFL－CIOは組合員の約三分の一を失ったのである。

両組織の間には色々と違いがあった。AFL－CIOの主流が鉄鋼や自動車などの業種が多く、組合員はすでにある程度の生活水準を達成したミドル・クラスが中心であるのに対して、CTWはサービス産業を中心とし、ビル清掃員やスーパーマーケット従業員など、移民、さらには非合法移民を含み、下層労働者を組織化の対象としており、とりわけSEIUにその傾向が強かった。そして二〇〇八年の民主党の大統領候補者指名に際してCTW側はバラク・オバマへの、AFL－CIO側の組合の多数がヒラリー・クリントンへの支持を表明した。しかし民主党内でオバマ支持が決定されるや、AFL－CIO側もオバマを精力的に支援したのだった。

（4）労働者と労働組合の状況

国際競争の激化と所得格差の拡大

グローバル化の波の中で国際的な競争が激化した。二一世紀になると中国からの競争が強くなった。巨大な人口を擁する中国がアメリカのおよそ十分の一という安い賃金で働く労働者を使用して、安価な製品を輸出し、アメリカの雇用を奪うようになったのである。アメリカではブルーカラー労働者の雇用減少が著しくなり、解雇された労働者はサービス部門、それもパートタイマーや派遣などの非正規労働に職を求めるようになった。

そして所得格差の拡大は著しかった。二〇〇七年、アメリカ人口の最も富める一％が国の富の総額の三四・六％を所有し、次の一九％が五〇・五％を所有していた。つまりアメリカ人のトップの二〇％がアメリカの富の八五％を所有し、人口の八〇％は一五％しか所有していないという状況だったのである。富裕層への減税で投資を刺激すれば景気がよくなり、富は全体にいきわたるというのがブッシュ政権のシナリオだったが、減税の果実は富裕層だけに集中したのである。

ブッシュ政権期の労働組合活動　労働組合の状況は悪化した。しかし労働運動は時として勢いを盛り返した。組合組織率は二〇〇七年の一二・一%から二〇〇八年の一二・四%へとわずかながら上昇した。私的部門の組織率も二〇〇七年の七・五%から二〇〇八年の七・六%へと上昇した。

この増加の大部分はサービス部門においてであり、特にカリフォルニアなどの西海岸諸州が著しかった。また目立ったのは教師を含めて公共部門の従業員の組合だった。公的部門の組合には法的制限があるが、組合の政治的パワーが効力を発揮するし、また地方政府には外国からの競争の脅威もないからである。

日本のジャーナリズムも時々アメリカのストライキを伝えてきた。二〇〇四年にはカリフォルニア州の食品スーパー労働者七万名が十月にストライキに入り、ストは年を越した。また同年イェール大学の事務職員二九〇〇人と食堂・清掃などの従業員約一一〇〇人が三週間に及ぶストライキを挙行。学生、教員スタッフ、地域住民の共感と支援を得て、賃金引上げや年金引き上げを獲得した。同大学の労働史家、デイヴィッド・モンゴメリー教授のストライキ支援が注目された。二〇〇五年十二月にはニューヨーク市で地下鉄やバスでストライキが勃発した。ストは三日間で終ったが、ブルックリン橋を凍えながら歩く通勤者たちの写真が日本の新聞にも掲載された。

(5) 非合法移民労働者の問題

労働運動の活性化を支えた重要な勢力は移民だった。そして今日、無視できないのは非合法移民の存在であり、その数は一二〇〇万人と推定されている。非合法移民の問題にどう対処するかは労働運動にとって厄介な問題だった。長年にわたってアメリカの労働運動は非合法移民反対の態度をとっていた。そして一九八六年の「移民改革・管理法」では、在留資格のない不法移民を雇用した事業主は、罰金刑および懲役刑に処すると定められていた。しかし法の実際の執行に関して言えば、不法移民を雇用した雇い主への処罰などほとんど行われず、不法移民の雇用が事実上増大するというのが実情だった。しかも雇い主が労働者を不法移民として申告すれば、直ちに国外追放の措置がとられるから、不法移民は違法な低賃金ででも隠れて、黙って働かざるをえない。そして彼らの極度の低賃金はアメリカ市民および合法移民の賃金を圧迫することになる。したがって労働運動は不法移民の労働に反対してきたのだった。

しかしこれだけ非合法移民が増えてくると、労働運動は移民に対する政策を大きく転換せざるをえなくなった。二〇〇〇年ＡＦＬ－ＣＩＯは在留資格をもたない非合法移民を含めたすべての移民に対して、合法的に滞在する道を開くことへの支持を表明した。背後には、労働運動が多数の移民、さらに不法移民を包摂するようになっているという状況があった。

そして移民たちの間で、連邦議会で審議されている不法移民の取締まり強化の法案に反対する運動が高まった。二〇〇六年の三月および五月、全米一〇〇ほどの都市で五〇〇万人にも及ぶヒスパニック系移民とその支援者たちが大規模な集会やデモを展開し、アメリカ社会を揺るがす運動として盛り上がった。特に三月のロサンゼルスにおける一〇〇万人集会は大きな関心を掻き立てたのだった。

（6）リーマン・ショックと世界的不況の到来

そしてブッシュ政権については、政権末期に訪れた巨大な不況の嵐について触れねばならない。二〇〇七年夏、サブプライムローン問題が表面化し、アメリカ住宅バブル崩壊をきっかけに多分野の資産価格の暴落が起こった。これが端緒となり、二〇〇八年九月にはリーマン・ブラザーズが破産。連鎖反応により、世界的な金融危機となった。解雇の波はアメリカ全土に広がった。この状況の中で二〇〇八年の大統領選挙が行われたのである。

2　オバマ大統領の下での労働民衆

(1)　二〇〇八年大統領選挙とオバマの大統領就任

オバマの大統領就任　二〇〇八年、アメリカ史上最初の黒人大統領、バラク・オバマの当選には労働組合側からする積極的支援があった。資金面のみならず、組合員によるボランティア的選挙活動がオバマ大統領の誕生に寄与したのだった。オバマは二〇〇九年一月の大統領就任演説で「今日問われているのは、……各家庭が適正な賃金の仕事を見つけ、費用負担ができる医療を手にして、尊厳ある退職後の生活を送る手助けを政府ができるかどうかだ」と述べて、労働民衆の生活を重視する姿勢を打ち出した。そして九月にピッツバーグでのＡＦＬ－ＣＩＯ大会に列席したオバマ大統領は、自分が「大統領に立候補した根本的理由は、勤労者家庭のために立ち上がり、中産階級の夢をかなえるためでした」と述べた。彼の態度は前大統領ジョージ・Ｗ・ブッシュの労働政策を逆転させるものだった。彼は語った。「我々は過去八年間に見てきたところの組織労働に対する政策の多くを逆転させねばならないと、私は信じています」。

オバマ政権の諸政策　オバマが労働長官に任命したヒルダ・ソリスは合衆国内閣における最初のヒスパニック女性だったが、母親は統一ゴム労組で活動し、父親はティームスターのオルグだった。ソリス自身は移民労働者の地位向上運動などに取り組み、カリフォルニア州議会、連邦議会における「労組寄り」の政治家だった。労働側からは一斉に歓迎の声があがった。

オバマ大統領が議会を通過させた最大の業績は医療保険改革であった。議会での反対が激しく、ヨーロッパや日本に比べればきわめて不十分極まるものでありながら、オバマ政権によってまとめられた改革案は議会での討議にかけられ、難航したが、二〇一〇年三月、僅差で可決されたのだった。

（2）オバマ政権期の経済的苦難――格差の広がり

ところで経済に関する限り、オバマは不運だった。就任したオバマを待ち構えていたのは、ブッシュ政権下で生じたリーマン・ショックに始まるアメリカ企業の危機的状況だった。二〇〇九年四月、アメリカ製造業の中核たる自動車メーカー、クライスラーとGMの両社が破産した。製造業として史上最大の倒産だった。オバマ政権はUAWに労務費削減を合意させ、事実上の一時的国有化に踏み切って、両社を救済した。しかし苦境に立ったのは自動車産業だけでなく、アメリカ経済全般であり、それがアメリカ労働民衆全体の生活に影響を及ぼしたのである。二〇〇九年、国内の失業は深刻となり、十月には失業者は一五七〇万人、失業率は一〇・二％となった。また二〇〇九年の全国における貧困人口は四三五六万人で、前年から三七四万人の増加であり、米国民の七人に一人は貧困状態にあった。就任時の国民の熱狂にもかかわらず、十一月にはオバマ政権に対する国内の支持率は五〇％を割った。そして二〇一〇年の中間選挙で民主党は下院で六〇以上の議席を減らして過半数を失った。期待が大きかっただけに、失望も大きかったのである。

大きな問題は所得格差の広がりだった。それは一九八〇年代のレーガン政権時代以来、著しくなってきたアメリカの病弊だった。親労働的姿勢をとったクリントン政権の時代にもその傾向は継続し、二一世紀に入ってジョージ・W・ブッシュ政権時代にはさらに著しくなった。そしてオバマ政権も雇用回復を重要課題として掲げながらも、この趨勢《すうせい》を抑えられなかったのである。

（3）ウォール街占拠運動

このような状況に対する抗議は二〇一〇年末から始まっていたが、二〇一一年九月に突如として世界の注目を集める事件となった。ウォール街占拠運動である。九月十六日以降の毎日、ウォール街から約一〇〇メートル離れたズコッティ公園で千人を超えるデモ隊の抗議の座り込みが続いた。彼らはウォール街を貧富の格差を作り出す強欲資本主義の象徴と見なし、一％の大金持ちたちが九九％の民衆を収奪していると見なし、「我ら九九％の声を聞け！」、「一％の大金持ちから税金を取り立てよ！」と叫んだ。そして十月一日にはデモ隊はブルックリン橋を占拠。交通は止まり、警察は七〇〇人以上を逮捕した。抗議者たちは社会的・経済的不平等、高い失業率、貪欲、腐敗、そして政府に対する大企業の不当な影響に反対した。この自然発生的な社会的抗議運動は全米各地へと波及し、大きな社会的衝撃を与えた。シカゴ、ボストン、ボルティモア、サンフランシスコ、ロサンゼルス、シアトル、デンヴァー、各地で「我らこそ九九％だ！」という声が響いた。深刻な失業、四六〇〇万に及ぶ貧困層。アメリカ労働民衆の格差是正を求める声が上がったのである。そしてアメリカだけでなく、ヨーロッパのいくつもの都市で市場万能主義への抗議の声があがった。

（4）世論調査が示す資本主義への疑惑

そして注目されるのは、アメリカ人の間に現代資本主義体制について微妙ではあるが、感覚の変化が生じているらしいことである。アメリカの世論調査機関ピューによれば、アメリカの世論に資本主義に対する広範な懐疑（スケプティシズム）が広がっており、なんと資本主義に代わる社会主義への支持がアメリカの新しい世代においては多数派として出現しつつあるのかもしれないというのである。二〇一〇年五月、ピュー世論調査はその調査結果を次のように要約した。すなわち「社会主義はそれほどネガティヴではなく、資本主義はそれほどポジティブではない」と。もちろん資本主義はアメリカ人の「マジョリティ」によってポジティブに見られているが、「マジョリティ」といっても五二％にすぎず、三七％は否定的反応を示し、残りはよくわからないと述べたという。色々なデモ隊のプラカードに「ノー・キャピタリズム！」というスローガンは珍しいものでなくなった。また二〇一〇年のギャロップ世論調査ではアメリカ人の三七％は資本主義よりも優れてものとして社会主義を「プリファー」しているというのである。筆者にとってこれは驚くべき調査結果であった。アメリカ人の実際上すべてが資本主義を熱烈に支持しているはずだと筆者は考えていたが、実はそうでもないらしいのである。

アメリカの社会主義勢力

アメリカにも社会主義的勢力がわずかながら存在し、いくつもの団体に分立している。団体としては合衆国共産党、社会労働党、合衆国社会党、アメリカ民主主義者団、そして社会主義労働者党がある。ＩＷＷさえもその形骸は今でも存在している。ＡＦＬ－ＣＩＯの会長だったジョン・Ｊ・スウィーニーも社会主義者である。彼はアメリカ民主社会主義者団に所属していた。重要なのは今は亡きマイケル・ハリントンのように、労働運動と連携しながら民主党内で活動している人々であろう。そしてアメリカ合衆国上院には二大政党のいずれにも属さない社会主義上院議員、バーナード・サンダーズが長年にわたってヴァーモント州の選挙民の支持を集めていることが思い起こされる。彼は二〇一二年にも再選された。そして緑の党があり、ラルフ・ネーダーの存在は大きい。

「道徳的資本主義」への待望

もちろんアメリカで社会主義的政党政治が展開される日が近づいているなどということはありえない。しかしアメリカにおいても資本主義体制に批判的な人々がかなりの比率で存在しているということは重要であると筆者は考える。様々な労働民衆がアメリカ資本主義のあり方を批判し、アメリカの経済体制をよりよいものにすることを希望しているのである。リザベス・コーエンの用語を借りれば、彼らはアメリカの体制をまずは「道徳的資本主義」に変えることを望んでいるのだといえよう。

ただし今日、アメリカの組織労働が置かれている状況はきわめて厳しいものがある。スウィーニーは二〇〇九年にＡＦＬ－ＣＩＯの会長を辞任し、ＵＭＷのリチャード・トラムカに代わった。ＣＴＷのアンドルー・スターンも辞意を表明している。今後どうなるのか、注目していきたい。

（5）　二〇一二年の大統領選挙

アメリカでは二〇一二年十一月に大統領選挙の投票が行われた。オバマ政権第一期は苦難に満ちていた。二〇〇八年の金融危機で失われた雇用危機からの回復の足取りは重く、共和党のミット・ロムニー候補から激しく攻撃された。しかし景気低迷から抜け出せなかったものの、オバマは金融危機が経済恐慌に陥ることを食い止めたし、自動車産業を救済し、医療保険（オバマケア）をともかくも実現させたし、イラク戦争を終わらせ、ビンラディン殺害に成功し、核兵器反対の意思を表明し、ノーベル平和賞を受章した。経済的苦境はアメリカだけでなく、世界的趨勢であった。そして選挙直前の時期にアメリカ経済は改善傾向に入り、高水準ながら失業率は幾らか低下した。

経済的苦境の中で大統領選挙戦は大接戦となった。アメリカ経済をどのように運営していくべきか。大論争が展開された。我が家の愛読する『中日新聞』はロムニーの主張について、「ロムニーがサンタクロースならばトナカイを解雇し、こびとたちの仕事も外部委託するだろう」と揶揄《やゆ》し、「正社員を減らし、社内でやっていた仕事を安く請合う会社へ委託する。安い労働力を求めて生産を国外へ移す」という立場だと要約し、「大富豪のロムニー氏は、日本でもすっかり定着した経営手法の代表だ。職を失い、窮地に陥っても、それは自己責任だという」と述べ、オバマについては、「いや、貧しい人でも医療や教育を受けられるようにして、中間所得層を増やすことこそ、国を豊かにする。そう主張したのが、オバマ氏だ。これこそ現代世界の対立軸、各国共通の論点である」と述べた。

このように要約されるオバマに対して労働組合の多くが精力的に支援したことは言うまでもなかろう。オバマはＧＭ社を破綻から救済し、労働者の雇用を守った。オバマは製造業が集積するオハイオなどに連日入り、労働側は「グラウンド・ウォー」（地上戦）と呼ぶ「どぶ板選挙」を展開。運動員たちが戸別訪問し、オバマ当選のために大運動をした。出口調査ではオバマは黒人層で九三％、ヒスパニック系からも七一％、女性の五五％、三〇歳未満の若年層の六〇％を抑えたが、他方、白人層の支持率は三九％に過ぎなかったという。二一世紀半ばには白人人口が人口の過半数を割ると予想されており、そのような人口構成の変化が及ぼす今後の影響を考えさせる選挙結果であった。

しかし選挙人票でオバマは大差をつけながらも、一般得票率は僅差の勝利であり、三分の一が改選される上院は民主党が多数を確保しながらも、全議席が改選される下院では共和党が議席の過半数を維持したのであり、今後の政権運営は困難が予想されている。

それにしても今回の二人の大統領候補には人種・民族・文化の面で重要なアメリカの変化が現われている。オバマはケニア人の父、白人の母をもつハワイ生まれの黒人であり、ミドルネームはフセインであり、ロムニーはキリスト教の中でも全く非正統派のモルモン教徒である。このような二人がアメリカの国家元首の地位を争ったということは、アメリカ社会が大きく転換していることを示すものであろう。

（6）アメリカ労働民衆史を貫徹するもの

さて、金持ちと企業に減税することによって景気を刺激し、雇用を増やせると考える共和党の路線と、働く民衆の福祉に力点を置き、金持ちに負担をかけるという民主党の路線は、今後も対立を継続するであろう。

この二つの勢力の配置がかなり明瞭になったのは、一九三〇年代における「ローズヴェルト連合」の形成の時であった。二〇世紀後期において選挙の度ごとに「ローズヴェルト連合の解体」が言及されてきたが、その連合の基本は今日もなお続いているのである。

さらにもっと遡《さかのぼ》るならば、企業中心の保守勢力、労働民衆に力点を置いたリベラル勢力、それを補完する弱体な左派勢力――このようなアメリカの勢力配置は南北戦争以降のアメリカ史の一世紀半の大半を通じて存続してきたと言えるのではなかろうか。

ただし労働民衆の間には生活に根ざした保守の気風も存在する。本書においてはこの保守の気風についての説明が十分ではなかったし、労働組合勢力の減退の諸原因についても十分な説明をなしえなかった。そしてまた世界資本主義体制におけるアメリカ資本主義の位置づけ、世界史的視野でアメリカ労働者の歴史を語るという点も不十分であった。

ともあれ、筆者は一九世紀の初め以来、ほぼ二〇〇年にわたってアメリカの労働民衆の歴史を辿ってきたが、この間に起こった変化は実に巨大なものであった。一九世紀の初めの典型的な白人労働民衆は独立自営の職人や農民であり、朝起きてその日に何をするかは、自分で決めた。誰にも彼は従属していなかった。しかし今日の労働民衆の圧倒的多数は雇われる身分である。労働の仕方も想像を絶する変わりようを遂げた。一九世紀の初め、機械などは用いられず、人間と家畜の筋肉が、そして水力が動力だった。人は移動するのに歩くか馬を使った。二〇世紀の初めにおいても、交通の手段は馬と鉄道、市街電車だった。ところが今や機械の、それもコンピュータの時代である。昔に比べると生活は贅沢になった。人類の歴史上、これほど変化が急激だった二〇〇年はない。この急激な変化は今後も継続し、世界的に拡大していこうとしている。その未来がよいものになることをこれからの世代のために願うのみである。

筆者は歴史学者であり、労働問題についての現状分析は筆者の専門分野ではない。しかしこの二〇〇年ばかりのアメリカ労働民衆の歴史を顧みて、アメリカ労働民衆の偉大さを感じるのである。現在でもアメリカ合衆国は偉大な国である。アメリカは三億の人口と世界最大のＧＤＰを誇り、活発な文化活動を展開している国である。その偉大さを作りなしたのは働く民衆のエネルギーであった。本書においてはアメリカ労働民衆の豊かな歴史の多くの事実を省略してしまったが、労働民衆史の面白さを読者にいくらでも伝えられたら嬉しく思うのである。そのうちの四分の一、ほぼ半世紀は筆者にとっては「同時代史」である。長いこと、海の彼方のアメリカの労働民衆にアメリカ史家として、また日本の労働民衆の一人として、筆者は心を寄せてきたのである。

あとがき

筆者が生まれた一九三二年は満州国の建国が宣言され、五・一五事件で犬養毅首相が殺された年、アメリカではフランクリン・Ｄ・ローズヴェルトが大統領に当選し、ドイツではナチスが第一党に躍進した年である。小学三年生の時に太平洋戦争が勃発し、中学一年生の時、戦争が終わり、苦難の経験をし、新憲法と平和主義で育った。

九州大学に入学したのが一九五一年、朝鮮戦争の真っ只中。板付《いたづき》米軍基地のある福岡市はアメリカ兵で満ちていた。教養部のキャンパスは片面講和条約反対闘争の只中にあった。当時、西日本の学生運動の中心は九大にあり、九大の中心は教養部にあり、教養部の中心は寮にありなどと言われており、私はその寮に入り、二年生の時には寮の文化部長に選出された。私はマルクス主義の強い影響を受けたが、他方でバイブル・クラスに通い、英会話の勉強に通い、アメリカへの強い関心を抱いたのだった。

一九五三年文学部の史学科西洋史学専攻課程に進学した。指導教授の小林栄三郎先生はドイツ史が専門だったが、労働運動史への関心を強めておられ、幾人もの学生が欧米各国の労働運動史の比較研究に精を出した。研究室にはアメリカ史の書籍は少なかったが、ラディカルな労働団体ＩＷＷに関する基本図書が二冊あり、私は卒業論文のテーマとしてＩＷＷを選んだ。アメリカ史の中に資本主義に抗する民衆の動きを跡づけたいという気持ち、同時にソ連型共産主義への批判の視座を得たいという気持ちがあった。

九大西洋史の助手をしていた時、東京大学の中屋健一先生が集中講義にお見えになったことが機縁になり、私は半年間東大駒場に内地留学し、そこで「アメリカン・スタディース」について教えられ、一九六六年、名古屋の愛知県立大学の外国語学部に職を得た。そこでの私の担当は「アメリカ地域研究」だったから、私は主要な学会活動の場をアメリカ学会に求め、後には二年間、アメリカ学会の会長を仰せつかることになった。その他、関西アメリカ史研究会、アメリカ経済史研究会、さらにアメリカの一流の学者を講師として招聘《しょうへい》した京都アメリカン・スタディーズ・サマー・セミナーなどから得るところが多かった。

序章で述べたように、一九六〇年代のアメリカでは多様な運動が社会を揺さぶり、アメリカの歴史学、そして労働史学に大きな変化が生じた。この新しい動向を吸収し、その新動向を日本に紹介するのが私の仕事の一部になった。南北戦争が終わってから一九二九年恐慌にいたる時期についての『フロンティアと摩天楼』（講談社現代新書）には筆者の社会史的なアメリカ史像を盛り込んだ。ところで日本のアメリカ史研究者の間で一九七九年から二〇〇三年まで毎年、アメリカ史研究者夏季合宿セミナーが開催されたが、私はその機会を利用してセミナーの翌日に労働史の勉強会を催そうと思いたった。こうして「アメリカ労働民衆史研究会」が一九八一年に発足し、一九九七年まで続いた。

ところでIWW研究の第一人者、メルヴィン・デュボフスキーは、IWWの資料はデトロイトのウェイン・ステート大学の労働史文書館にあるから、ウェインに行けと助言してくれた。この文書館はIWW全国本部が所蔵していたすべての資料を受け継いでおり、私はここでかなりの量の資料をゼロックスで収集した。またデュボフスキーは国家権力と労働運動との関連に注目するようになった。筆者も二〇世紀については労働運動と政治との関連に関心がひきつけられていった。

第二は、アメリカ新労働史学の第一のチャンピオンだったハーバート・ガットマンが、一九八二年に京都アメリカン・スタディーズ・サマー・セミナーの講師として来日し、「社会史」的色彩の濃厚な、驚くほど刺激に富む講義を行った。新労働史は同時に移民史であり、文化史であり、女性史であり、黒人史であり、経済史であり、政治史である。ガットマンはアメリカの働く者の歴史の全体的理解の必要を力説し、働く民衆が歴史の主体として自らの世界を作り上げていったことを強調した。そのセミナーに参加した者のうち筆者を含めて四人が、ガットマンの労働史論文集を翻訳し、それが平凡社から『金ぴか時代のアメリカ』として刊行された。刊行が彼の死の後になったことは惜しいことであった。また筆者は近藤和彦に誘われて、英米のラディカルな歴史家のインタビュー集『歴史家たち』の翻訳の共同編集（名古屋大学出版会より刊行）に加わり、さらに後にはアメリカ労働史学の歴史を扱った諸論文を書くことになった。

移民史と労働史との結合が新労働史学の一つの特徴であった。そしてガットマンもデュボフスキーもニューヨークの東欧系ユダヤ人移民の第二世代だった。ユダヤ系移民の社会民主主義のほうが、ＩＷＷの極度のラディかリズムよりも私に似合っていたし、筆者は「新しい労働史」の手法を用いて、ユダヤ移民労働者について調べ、『ユダヤ移民のニューヨーク――移民の生活と労働の世界』を山川出版社から出してもらった。また筆者はアメリカにおけるエスニシティへの関心を高め、その結果、講談社現代新書の『「民族」で読むアメリカ』において、国際労働力移動と近代世界システム論を導入しながら、アメリカ労働民衆の万華鏡的状況が成立していく様を描いたのだった。

ところでアメリカになぜＩＷＷのサンディカリズムが生まれたのか。頭を悩ませていた私にデュボフスキーが、デイヴィッド・モンゴメリーに会うように勧めてくれた。本書でも紹介したように、一九世紀の熟練労働者は仕事の場において大きな力量を発揮し、時としてワーカーズ・コントロールを実行していたことをモンゴメリーは教えてくれた。それは私のＩＷＷ理解を深めただけでなく、一九世紀のアメリカ労働史の構造全体についての理解を深めてくれるものだった。彼は元共産党員として労働運動の実践に参加し、後にはイェール大学教授、そしてアメリカ史家組織（ＯＡＨ：オーガニゼーション・オブ・アメリカン・ヒストリアンズ）会長となり、昨年（二〇一一年）没した。

こうして筆者は長い年月をかけてアメリカ労働民衆史の多様な側面への関心を深め、今から一〇年ほど前からアメリカ労働民衆史の全体像を描いてみようと思い立った。学問の成果はアカデミストが独占すべきものではないし、ましてや、働く者の歴史ならば尚更だからである。

「全体史」と銘打ちながらも、本書で十分に論じることのできなかった事柄、省略してしまった事柄は多い。白人到来以前のアメリカ先住民の労働生活も、植民地時代の白人の労働生活も、独立革命における都市職人たちの行動についても省略した。一九世紀については、労働民衆の大きな部分を占めた自営農民についても、また南部の黒人奴隷たちの労働と生活についても草稿を書き始めてみたのであるが、あまりにもスペースが大きくなりすぎて、これらも断念した。

さて筆者はすでに八〇歳。大学を去り、アメリカにおける新しい研究成果を吸収できないどころか、近年はかなりの記憶喪失を悩んでいる。細かな事実について過ちを犯しているのではないか、パソコンの打ち間違いがあるのではないか心配である。本書が「オールドファッション」であると言われても仕方あるまい。かつて筆者はかなりの新しがり屋だったが、もう中堅や新進のアメリカ史研究者の業績について理解の困難さを感じることがしばしばである。筆者がアメリカ史の勉強を始めてから、アメリカ史学もアメリカ自体も大きく変わった。それでも可能な限り、アメリカ労働民衆の変化とその運動を描いたのが本書である。オールドファッションでありながら、アメリカ労働民衆の歴史を一望できるような本がほかにない以上、本書にも存在価値があると言えるのではなかろうか。

これまでに筆者はかなり多数の論文やエッセーを執筆し、いくつもの翻訳を手がけ、また学会、研究会で研究報告を行ってきた。それらには恥ずかしいものも多い。とりわけ若いころの業績は拙いものが多い。筆者の未熟が基本的理由であるが、昔は資料の入手がなかなか困難だったという事情もあった。三〇年間勤務した愛知県立大学では研究費の不足に苦しめられ続けた。しかし愛知県立大学は小規模大学ながら、良い学生たちに恵まれて幸せであった。最後に務めた愛知学院大学でも学生たちは私の授業を喜んでくれたようである。

本書の執筆にあたって、実に多くの方々から学ばせて頂いた。かなり前になるが、アメリカのいくつもの労働組合の本部や支部でお会いした活動家の方々から得たことも大きかった。長い期間にわたって筆者はかなりの量の英語・日本語の文献を読んだ。しかし参考文献リストには雑誌論文をすべて省略しただけでなく、単行本についても多くを省略した。非礼をお許しいただきたい。

ただ草稿を読んでくれた畏友安武秀岳、かつての教え子の久田由佳子、労働史研究の仲間として長い間、付き合って下さった長沼秀世、竹田有、大塚秀之、アメリカ労働の現場について教えてくれた秋元樹、経済史学の立場から筆者を啓発してくれた森杲、秋元英一といった諸氏、そして長い間、筆者のアメリカ労働史研究を暖かく見守り、助言を与えてくれたアメリカ史の仲間、有賀貞、新川健三郎、油井大三郎、有賀夏紀、古矢旬の名前を挙げておこう。またアメリカ民衆史の諸分野、移民史、黒人史、女性史研究の方々、経済史や労務管理史の研究者たち、そしてヨーロッパ社会運動史研究の方々から、私は実に多くを学んだ。そして名古屋において長いこと私を支えてくださった名古屋アメリカ研究会の方々にもお礼を申し上げねばならない。

そして半世紀にわたって筆者を暖かく世話してくれた伴侶、由紀子に感謝せざるをえない。彼女なかりせば、わが研究生活はありえなかったであろう。彼女はとても元気で今もスポーツ指導員として障害者の世話に忙しく活動している。

最後に本書の草稿を読んで、類書のない面白い本だとして評価した上で、貴重なサジェスチョンを色々と下さり、出版の労をとって頂いたミネルヴァ書房編集部の安宅美穂さんへの謝意を表しておこう。

二〇一二年十二月

野村達朗

《著者紹介》
野村　達朗（のむら・たつろう）
1932年　鹿児島県生まれ。
1960年　九州大学大学院文学研究科博士課程修了。
現　在　愛知県立大学名誉教授。
主　著　『フロンティアと摩天楼』講談社現代新書，1989年。
『「民族」で読むアメリカ』講談社現代新書，1992年。
『ユダヤ移民のニューヨーク』山川出版社，1995年。
『大陸国家アメリカの展開』山川出版社，1996年。
『アメリカ合衆国の歴史』（編著）ミネルヴァ書房，1998年。

アメリカ労働民衆の歴史
——働く人びとの物語——

2013年３月30日　初版第１刷発行　〈検印省略〉

定価はカバーに
表示しています

著　者　野　村　達　朗
発行者　杉　田　啓　三
印刷者　藤　森　英　夫

発行所　株式会社　ミネルヴァ書房
607-8494　京都市山科区日ノ岡堤谷町１
電話代表　(075)581-5191
振替口座　01020-0-8076

亜細亜印刷・清水製本

ISBN978-4-623-06530-1

Printed in Japan

人名索引

あ 行

か 行

さ　行

た　行

な　行

は　行

ま　行

や・ら行

わ　行

事項索引

あ 行

か　行

さ　行

た　行

な　行

は　行

ま　行

や　行

ら・わ行

A to Z

AAA（農業調整法） 252
AAUP（アメリカ大学教授協会） 261
ACWA（合同男性服労組） 200
AFGE（アメリカ政府従業員連盟） 260
AFL（アメリカ労働総同盟） 2, 85, 89, 208, 216
AFL-CIO 88, 243, 324
AFSCME（アメリカ州・郡・都市被雇用者組合連盟） 259
AFT（アメリカ教師連盟） 260
ALA（労働行動同盟） 262
CCC（民間資源保存団） 197
CIO（産業別組織化委員会） 209
CIO（産業別組織会議） 2, 208, 216
CPPA（革新政治行動会議） 183
CTW（勝利のための変革連合） 324
CWA（民間事業局） 198
EPIC（「カリフォルニアで貧困を終わらせよう」） 202
ERA（憲法の男女平等権修正） 275, 306
FERA（連邦緊急救済局） 197
FOTLU（組織職能・労働組合連盟） 85, 88, 89
GM（ゼネラル・モータース社） 211
ILA（国際波止場労組） 201, 215
ILGWU（国際女性服労組） 136, 200
ILWU（国際波止場・倉庫労働組合） 215
IWW（世界産業労働者組合） 2, 136, 169, 170, 176, 177
NAACP（有色人種地位向上協会） 253
NAFTA（北米自由貿易協定） 312, 313, 318
NAM（全国製造業者連盟） 159
NEA（全国教育協会） 260, 319
NIRA（全国産業復興法） 198
——に対する違憲判決 203
——第7条a項 198
NLRB（全国労働関係局） 205
NLU（全国労働組合） 73-75
NOW（全国女性組織） 275
NRA（全国復興庁） 198
NUL（全国都市連盟） 191
NWLB（全国戦時労働委員会） 231
PATCO（連邦航空管制官組合） 293
SDS（民主的社会のための学生団） 268
STLA（社会主義職業労働同盟） 123
SWOC（鉄鋼労働者組織化委員会） 213
TUEL（労働組合教育連盟） 179
UAW（統一自動車労組） 210, 212, 319
UE（統一電機労組） 218, 240
UFW（統一農場労働者組合） 267
UMW（統一炭鉱夫組合） 124, 136, 150
USスティール社 309
WFM（西部鉱夫連盟） 124
WPA（雇用促進局） 206
WTO（世界貿易機関） 320
WTUL（女性労働組合連盟） 143

参考文献

（雑誌論文を除く）

アメリカ労働史概説

American Social History Project, City University of New York, *Who Built America ?: Working People and the Nation's Economy, Politics, Culture, and Society*, 2 vols. (New York, 1989 and 1992)

Brooks, Thomas R., *Toil and Trouble : A History of American Labor* (New York, 1964)

Commons, John R., et al., *History of Labour in the United States*, 4 vols. (New York, 1918–1935)

Dulles, Foster Rhea and Melvyn Dubofsky, *Labor in America : A History*, 6th rev. ed. (Wheeling, Ill., 1999)

Foner, Philip S., *History of the Labor Movement in the United States*, 10 Vols. (New York, 1947–92)

Green, James, *World of Workers : Labor in Twentieth-Century America* (New York, 1980)

Morris, Richard B., ed., *The U. S. Department of Labor Bicentenial History of the American Labor* (Washington, D. C., 1976)

Rayback, Joseph G., *A History of American Labor* (rev. ed., New York, 1966)

Zieger, Robert, *American Workers, American Unions*, 2nd ed. (Baltimore, 1994)

オースティン，アレーン（雪山慶正訳）『アメリカ労働運動の歩み』（上下，青木新書，1954年）

タフト，フィリップ（大河内一男・川田寿訳）『労働組合――その組織と発展』（上下，時事新書，1956年）

ブレッヒヤー，ジェレミー（戸塚秀夫・桜井弘子訳）『ストライキ――アメリカの大衆ラディカリズム』（晶文社，1980年）

ペリング，ヘンリー（大河内一男・神代和欣訳）『アメリカ労働運動史』（時事通信社，1962年）

ボイヤー，R・O／H・M・モレーズ『アメリカ労働運動の歴史』2巻（岩波書店，1959年）

マーシャル，レイ／ブライアン・ランゲリング（山本隆道訳）『アメリカの労働組合』（サイマル出版会，1979年）

アメリカ労働史論文集など

Brody, David, *Workers in Industrial America : Essays on the Twentieth-Cenury Struggle* (New York, 1980)

Brody, David, *In Labor's Cause : Main Themes on the History of the American Worker* (New York, 1993)

Gutman, Herbert and Geroge S. Kealey, eds., *Many Pasts : Readings in American Social History*, 2 vols. (Englewood Cliffs, N. J., 1973)

Gutman, Herbert G., *Power and Culture : Essays on the American Working Class* (New York, 1987)

ガットマン，ハーバート（大下尚一・野村達朗・長田豊臣・竹田有訳）『金ぴか時代のアメリカ』（平凡社，1986）

トムスン，E・Pほか（近藤和彦・野村達朗編訳）『歴史家たち』（名古屋大学出版会，1990年）

竹田有『アメリカ労働民衆の世界』（ミネルヴァ書房，2010年）

事典類

Arnesen, Eric, ed., *Encyclopedia of U. S. Labor and Working Class History*, 3 vols. (New York, 2007)

Cayton, Mary Kupiec, et al., eds., *Encyclopedia of American Social History*, 3 vols. (New York, 1993)

Fink, Gary M., ed., *Biographical Dictionary of American Labor* (Westport, Conn., 1984)

Porter, Glenn, ed., *Encyclopedia of American Economic History*, 3 vols. (New York, 1980)

Thernstrom, Stephan, ed., *Harvard Encyclopedia of American Ethnic Groups* (Cambridge, Mass., 1980)

南北戦争までの時期を中心に

Faler, Paul, *Mechanics and Manufacturers in the Early Industrial Revolution, Lynn, Massachusetts, 1780–1860* (Albany, N. Y. 1981)

Foner, Eric, *Free Soil, Free Labor, Free Men : The Ideology of the Republican Party Before the Civil War* (New York, 1970)

Laurie, Bruce, *Artisans into Laborers : Labor in Nineteenth-Century America* (New York, 1989)

Pessen, Edward, *Jacksonian America : Society, Personality, and Politics* (Homewood, Ill., rev. ed., 1978)
Ware, Norman, *The Industrial Worker, 1840-1860* (Boston, 1924)
ウィレンツ，ショーン（安武秀岳監訳）『民衆支配の讃歌――ニューヨーク市とアメリカ労働者階級の形成――1788～1850年』（木鐸社，2001年）
コクラン，T・C（天川潤次郎訳）『経済変革のフロンティア――アメリカ初期工業史，1785～1855年』（ミネルヴァ書房，1987年）
トクヴィル，アレクシス・ド（井伊玄太郎訳）『アメリカの民主主義』（上下，講談社学術文庫，1972年）
トクヴィル，アレクシス・ド（松本礼二訳）『アメリカのデモクラシー』（上下，岩波文庫，2005年，2008年）
マルクス，カール（向坂逸郎訳）『資本論』（第一巻，岩波文庫，1969年）
『マルクス＝エンゲルス全集』（大月書店，全53巻，1951～1991年）
リクト，ウォルター（森杲訳）『工業化とアメリカ社会――建国から成熟への一世紀』（ミネルヴァ書房，2000年）
ローディガー，デイヴィッド（竹中興慈ほか訳）『アメリカにおける白人意識の構築――労働者階級の形成と人種』（明石書店，2006年）
長田豊臣『南北戦争と国家』（東京大学出版会，1992年）
森杲『アメリカ職人の仕事史』（中公新書，1996年）
安武秀岳『自由の帝国と奴隷制――南北戦争前史の研究』（ミネルヴァ書房，2011年）
山本幹雄『南北戦争――その史的条件』（法律文化社，1963年）

19世紀後期の労働者と労働運動

Dubofsky, Melvyn, *Industrialism and American Worker, 1865-1920* (New York, 1975)
Fink, Leon, *Workingmen's Democracy : The Knights of Labor in American Politics* (Urbana, Ill., 1983)
Glickman, Lawrence B., *A Living Wage : American Workers and the Making of Consumer Society* (Ithaca, N. Y., 1997)
Grob, Gerald, *Workers and Utopia : A Study of the Ideological Conflict in the American Labor Movement* (Evanston, Ill., 1961)
Montgomery, David, *Beyond Equality : Labor and the Radical Republicans, 1862-1872* (New York, 1967)
Montgomery, David, *Workers' Control in America : Studies in the History of Work, Tech-*

nology, and Labor Struggles (New York, 1979)

Schlesinger, Arthur M. (Sr), *The Rise of the City, 1878–1898* (Columbus, O., 1933)

Voss, Kim, *The Making of American Exceptionalism : The Knights of Labor and Class Formation in the Nineteenth Century* (Ithaca, N. Y., 1993)

Ware, Norman, *The Labor Movement in the United States, 1860–1895* (New York, 1929)

Weir, Robert E., *Beyond Labor's Veil : The Culture of the Knights of Labor* (University Park, Pa., 1996)

ゴンパーズ，サミュエル（木村誠一ほか訳）『サミュエル・ゴンパーズ自伝——70年の生涯と労働運動』（上下，日本読書協会，1969年）

ベットマン，オットー・L（山越邦夫・斉藤美加ほか訳）『目で見る金ぴか時代の民衆生活——古き良き時代の悲惨な事情』（草風館，1999年）

ミルズ，C・ライト（杉政孝訳）『ホワイト・カラー——中産階級の生活探求』（東京創元社，1971年）

ロチェスター，アンナ（山岡亮一・東井正美訳）『アメリカ農民と第三政党』（有斐閣，1959年）

小林英夫『サミュエル・ゴンパーズ』（ミネルヴァ書房，1970年）

常松洋『ヴィクトリアン・アメリカの社会と政治』（昭和堂，2006年）

巨大企業の時代と労務管理

Brody, David, *The Steelworkers in America : The Nonunion Era* (Cambridge, Mass., 1960)

ゴードン，D・M／R・エドワーズ／M・ライク（河村哲二・伊藤誠訳）『アメリカ資本主義と労働』（東洋経済新報社，1990年）

ジャコビー，サンフォード・M（森杲・木下順・平尾武久・荒又重雄訳）『雇用官僚制——アメリカの内部労働市場と“良い仕事”の生成史』（北海道大学図書刊行会，1989年）

ジャコビー，サンフォード・M（森杲ほか訳）『会社荘園制——アメリカ型ウェルフェア・キャピタリズムの軌跡』（北海道大学図書刊行会，1999年）

テーラー，フレデリック（上野陽一郎訳）『科学的管理法』（産業能率大学出版部，1969年）

ナドワーニー，M・J（小林康助訳）『科学的管理と労働組合』（広文社，1977年）

ネルソン，ダニエル（小林康助・塩見治人監訳）『20世紀新工場制度の成立——現代労務管理確立史論』（広文社，1978年）

ハウンシェル，デーヴィッド（和田一夫・金井光太朗・藤原道夫訳）『アメリカン・シス

テムから大量生産へ』（名古屋大学出版会，1998年）
ブレイヴァーマン，ハリー（富沢賢治訳）『労働と独占資本』（岩波書店，1978年）
マッケルビー，J・T（小林康助・岡田和秀訳）『経営合理化と労働組合』（風媒社，1972年）
木下順『アメリカ技能養成と労資関係――メカニックからマンパワーへ』（ミネルヴァ書房，2000年）
黒川勝利『企業社会とアメリカ労働者，1900〜1920年』（御茶の水書房，1988年）
塩見治人『現代大量生産体制論』（守山書店，1978年）
谷口明丈『巨大企業の世紀』（有斐閣，2002年）
富澤克美『アメリカ労使関係の精神史――階級道徳と経営プロフェッショナリズム』（木鐸社，2011年）
中岡哲郎『人間と労働の未来――技術進歩は何をもたらすか』（中公新書，1970年）
平尾武久『アメリカ労務管理の史的構造――アメリカ鉄鋼業を中心として』（千倉書房，1984年）
松田裕之『物語　経営と労働のアメリカ史』（現代図書，2006年）

20世紀初期の労働問題

Bernstein, Irving, *The Lean Years : A History of the American Worker, 1920–1933* (Boston, 1960)
Buenker, Joseph, *Urban Liberalism and the Progressive Reform* (New York, 1973)
Bell, Daniel, *Marxian Socialiam in the United States* (Princeton, N. J., 1967)
Dubofsky, Melvyn, *We Shall Be All : A History of the IWW* (Chicago, 1969)
Karson, Marc, *American Labor Unions and Politics, 1900–1918* (Carbondale, Ill., 1958)
Kipnis, Ira, *The American Socialist Movement, 1871–1912* (New York, 1952)
Laslett, John H. M., *Labor and the Left : A Study of Socialist and Radical Influences in the Americn Labor Movement, 1881–1924* (New York, 1970)
Shanon, David A., *The Socialist Party of America : A History* (New York, 1955)
Weinstein, James, *The Decline of Socialism in America, 1912–1925* (New Brunswick, N. J., 1967)
フォスター，ウィリアム・Z　（鈴木正四・菊池謙一訳）『アメリカ合衆国共産党史』（上下，大月書店，1954年）
ホフスタッター，リチャード（斎藤眞ほか訳）『アメリカ現代史――改革の時代』（みすず書房，1967年）
リンド，ロバート／ヘレン・リンド（中村八朗訳）『ミドルタウン』（青木書店，1996年）

レンショウ，パトリック（雪山慶正訳）『ウォブリーズ――アメリカ革命的労働運動の源流』（社会評論社，1973年）
レンズ，シドニー（陸井三郎訳）『アメリカのラディカリズム』（青木書店，1967年）
小此木真三郎『フレームアップ――アメリカを揺るがした四大事件』（岩波新書，1983年）
中田幸子『文芸の領域からIWWを渉猟する』（国書刊行会，2009年）
久田俊夫『アメリカ・サンディカリズムの頭脳――ヴィンセント・セント・ジョン』（御茶の水書房，1990年）

ニューディールと第二次大戦の時代

Cohen, Lizabeth, *Making a New Deal : Industrial Workers in Chicago, 1919–1939*（New York, 1990）
Gerstle, Gary, *Working-Class Americanism*（New York, 1989）
Lichtenstein, Nelson, *Labor's War at Home : The CIO in World War II*（New York, 1982）
Ziegler, Robert H., *The C. I. O., 1935–1955*（Chapel Hill, 1995）
ガーバー，ミルトン／エドウィン・ヤング編（永田正臣訳）『現代アメリカ労働運動史――ニューディールからタフト・ハートレイ法まで』（日刊労働通信社，1964年）
シュレジンガー，アーサー・M（二世）（中屋健一監訳）『ローズヴェルトの時代』（全3巻，ぺりかん社，論争社，1966年）
ジョセフソン，マシュー（牧田陽一訳）『シドニー・ヒルマン』（上下，第一書林，2002年）
トラットナー，ウォルター（古川孝順訳）『アメリカ社会福祉の歴史』（川島書店，1978年）
秋元英一『ニューディールとアメリカ資本主義――民衆運動史の観点から』（東京大学出版会，1989年）
河村哲二『第二次大戦期アメリカ戦時経済の研究』（御茶の水書房，1998年）
小林清一『アメリカ福祉国家体制の形成』（ミネルヴァ書房，1991年）
長沼秀世『アメリカの社会運動――CIOの研究』（彩流社，2004年）
前川玲子『アメリカ知識人とラディカル・ヴィジョンの崩壊』（京都大学学術出版会，2003年）

20世紀後半以降

Appy, Christian G., *Working Class War : American Combat Soldiers and Vietnam War*（Chapel Hill, N. C., 1993）
Dark, Taylor E., *The Unions and the Democrats : An Enduring Alliance*（Ithaca, 1999）

Dubofsky, Melvyn and Athan Theoharris, *Imperial Democracy : The United States Since 1945* (Englewood Cliffs, N. J., 1988)
Foner, Philip S., *American Labor and Indochina War* (New York, 1971)
Galenson, Walter, *The American Labor Movement, 1955-1995* (Westport, Conn., 1996)
Goldfield, Michael, *The Decline of Organized Labor in the United States* (Chicago, 1987)
Leggett. John C., *Class, Race, and Labor : Working Class Consciousness in Detroit* (Oxford Univ. Press, 1968)
Levison, Andrew, *The Working Class Majority* (New York, 1974)
Levy, Peter B., *The New Left and Labor in the 1960s* (Champaign, Ill., 1994)
Mort, John Ann, ed., *Not Your Father's Union Movement : Inside the AFL-CIO* (London and New York, 1998)
Novak, Michael, *The Rise of the Unmeltable Ethnics : Politics and Culture in the Seventies* (New York, 1971)
Seller, Maxine, *To Seek America : A History of Ethnic Life in the United States* (1977)
ウィルソン，ウィリアム・J（川島正樹・竹本友子訳）『アメリカ大都市の貧困と差別——仕事がなくなる時』（明石書店，1999年）
ウィルソン，ウィリアム・J（青木秀男監訳）『アメリカのアンダークラス——本当に不利な立場に置かれた人々』（明石書店，1999年）
ウェザース，チャールズ（前田尚作訳）『アメリカの労働組合運動』（昭和堂，2010年）
ウォン，ケント（戸塚秀夫・山崎精一監訳）『アメリカ労働運動のニューボイス』（彩流社，2003年）
ガルブレイス，ジョン・K（鈴木哲太郎訳）『豊かな社会』（岩波書店，1960年）
ケネディ，ロバート（波多野裕造・横堀洋一訳）『内部の敵』（日本外政学会，1962年）
ショアー，ジュリエット（森岡孝二ほか訳）『働きすぎのアメリカ人』（窓社，1993年）
スグルー，トマス・J（川島正樹訳）『アメリカの都市危機と「アンダークラス」——自動車都市デトロイトの戦後史』（明石書店，2002年）
ターケル，スタッズ（中山容ほか訳）『WORKING 仕事！』（晶文社，1996年）
ターケル，スタッズ（中山容ほか訳）『アメリカの分裂』（晶文社，1990年）
ハリソン，ベネット／バリー・ブルーストン（田中孝顕訳）『危険な大転進——アメリカはどこへ向かうべきか』（騎虎書房，1990年）
ハリントン，マイケル（内山満・青山保訳）『もう一つのアメリカ——合衆国における貧困』（日本評論社，1965年）
フィリップス，ケヴィン（吉田利子訳）『富と貧困の政治学——共和党政権はアメリカを

どう変えたか』（草思社，1992年）
ブラウナー，ロバート（村井忠政ほか訳）『労働における疎外と自由』（新泉社，1971年）
フレイザー，ジル・A（森岡孝二訳）『窒息するオフィス——仕事に脅迫されるアメリカ人』（岩波書店，2003年）
フリーマン，リチャード／ジェームズ・L・メドフ（島田晴男岸智子訳）『労働組合の活路』（日本生産性本部，1987年）
ベル，ダニエル（園田直之訳）『イデオロギーの終焉』（創元新社，1969年）
マンツィオス，グレゴリー編（戸塚秀夫監訳）『新世紀の労働運動——アメリカの実験』（緑風出版，2001年）
ミルズ，C・ライト（河村望・長沼秀世訳）『新しい権力者——労働組合幹部論』（青木書店，1975年）
ライシュ，ロバート（中谷巌訳）『ザ・ワーク・オブ・ネイションズ——20世紀資本主義のイメージ』（ダイヤモンド社，1992年）
ライト，ジェームズ『ホームレス——アメリカの影』（三一書房，1993年）
秋元樹『アメリカ労働運動の新潮流』（日本経済評論社，1992年）
秋元樹『デトロイト——ソーシャル・ユニオニズムの必然』（日本評論社，1981年）
大塚秀之『格差国家アメリカ』（大月書店，2007年）
岡崎淳一『アメリカの労働』（日本労働研究機構，1996年）
柏木宏『アメリカ労働運動の挑戦——労働組合とNPOの世直し作戦』（労働大学，1999年）
上坂昇『アメリカの貧困と不平等』（明石書店，1993年）
上坂昇『アメリカの下層社会』（明石書店，1992年）
砂田一郎『ラジカル・アメリカ——反国家の時代』（三一新書，1969年）
砂田一郎『現代アメリカ政治——20世紀後半の政治社会変動』（新版，芦書房，1999年）
島田晴雄『フリーランチはもう食えない』（日本評論社，1984年）
高山与志子『レイバー・デバイド——中流崩壊』（日本経済新聞社，2001年）

移民労働者

Bodnar, John, *Immigration and Industrialization : Ethnicity in an American Mill-town* (Westport, Conn., 1977)
Erickson, Charlotte, *American Industry and the European Immigrant, 1860–1885* (Cambridge, Mass., 1957)
Howe, Irving, *World of Our Fathers : The Journey of East European Jews to America and*

the Life They Found and Made (New York, 1976)
Jones, Maldwyn, *American Immigration* (Chicago, 1960)
Riis, Jacob A., *How the Other Half Lives : Studies among the Tenements of New York* (New York, 1890, 1957reprint)
クオン，ピーター（芳賀健一・矢野裕子訳）『チャイナタウン・イン・ニューヨーク』（筑摩書房，1990年）
グレイザー，ネイサン／ダニエル・モイニハン（阿部斉・飯野正子訳）『人種のるつぼを越えて――多民族社会アメリカ』（南雲堂，1986年）
サッセン，サスキア（森田桐郎ほか訳）『労働と資本の国際移動』（岩波書店，1992年）
タカキ，ロナルド（富田虎男監訳）『多文化社会アメリカの歴史』（明石書店，1995年）
トマス，W・I／F・ズナニエッキ（桜井厚訳）『生活史の社会学――ヨーロッパとアメリカにおけるポーランド農民』（御茶の水書房，1983年）
ハイアム，ジョン（斎藤眞・阿部斉・古矢旬訳）『自由の女神のもとへ』（平凡社，1994年）
明石紀雄・飯野正子『エスニック・アメリカ』（有斐閣，新版，1997年）
伊予谷登士翁『グローバリゼーションと移民』（有信堂，2001年）
梅棹忠夫監修『世界民族問題事典』（平凡社，1995年）
柏木宏『アメリカの外国人労働者』（明石書店，1991年）
貴堂嘉之『アメリカ合衆国と中国人移民』（名古屋大学出版会，2012年）
粂井輝子『外国人をめぐる社会史――近代アメリカの日本人移民』（雄山閣出版，1995年）
高野房太郎『明治日本労働通信――労働組合の誕生』（岩波文庫，1997年）
田中きく代『南北戦争期の政治文化と移民』（明石書店，2000年）
二村一夫『労働は神聖なり，結合は勢力なり――高野房太郎とその時代』（岩波書店，2008年）
野村達朗『「民族」で読むアメリカ』（講談社現代新書，1992年）
野村達朗『ユダヤ移民のニューヨーク――移民の生活と労働の世界』（山川出版社，1995年）
森田桐郎編『国際労働力移動』（東京大学出版会，1987年）

女性労働史

Davies, Margery W., *Woman's Place is at the Typewriter : Office Work and Office Workers, 1870–1930* (Philadelphia, 1982)
Dublin, Thomas, *Women at Work : The Transformation of Work and Community in Lowell, Massachusetts, 1826–1860* (New York, 1979)

Kessler-Harris, Alice, *Out to Work : A History of Wage-Earning Women in the United States* (New York, 1982)

Tentler, Leslie, *Wage-Earning Women : Industrial Work and Family Life in the United States, 1900–1930* (New York, 1979)

Wertheimer, Barbara, *We Were There : The Story of Working Women in America* (New York, 1977)

Milkman, Ruth, ed., *Women, Work, and Protest : A Century of Women's Labor History* (Boston, 1985)

カーバー，リンダ／ジェーン・S・ドォーハート編（有賀夏紀ほか訳）『ウィメンズ・アメリカ——論文編』（ドメス出版，2000年）

ジョーンズ，ジャクリーン（風呂本淳子ほか訳）『愛と哀——アメリカ黒人女性労働史』（学芸書林，1997年）

ハレーヴン，タマラ（正岡寛司監訳）『家族時間と産業時間』（早稲田大学出版部，1990年）

フリーダン，ベティ（三浦冨美子訳）『新しい女性の創造』（大和書房，1965年）

有賀夏紀『アメリカ・フェミニズムの社会史』（勁草書房，1988年）

大橋秀子『金子喜一とジョセフィン・コンガー——社会主義フェミニズムの先駆的試み』岩波書店，2011年）

佐藤千登勢『軍需産業と女性労働——第二次世界大戦下の日米比較』（彩流社，2003年）

松田裕之『電話時代を拓いた女たち』（日本経済評論社，1998年）

山内恵『不自然な母親と呼ばれたフェミニスト——シャーロット・パーキンズ・ギルマンと新しい母性』（東信堂，2008年）

杉本貴代栄ほか編『日米の働く母親たち』（ミネルヴァ書房，1996年）

黒人労働者

Foner, Philip S., *Organized Labor and the Black Worker, 1619–1973* (New York, 1974)

Jacobson, Julius, ed., *The Negro and the American Labor Movement* (New York, 1968)

キング，マーティン・L（雪山慶正訳）『自由への大いなる歩み』（岩波新書，1959年）

本田創造『アメリカ黒人の歴史』（新版，岩波新書，1991年）

竹中興慈『シカゴ黒人ゲトー成立の社会史』（明石書店，1995年）

樋口映美『アメリカ黒人と北部産業』（彩流社，1996年）

藤岡惇『アメリカ南部の変貌——地主制の構造変化と民衆』（青木書店，1985年）